中文社会科学引文索引(CSSCI)来源集刊

RENMIN

人大法律评论

UNIVERSITY

《人大法律评论》编辑委员会·组编

LAW

2022年第1辑·总第35辑

REVIEW

法律出版社
LAW PRESS·CHINA
——— 北京 ———

图书在版编目(CIP)数据

人大法律评论. 2022年. 第1辑 : 总第35辑 / 《人大法律评论》编辑委员会组编. -- 北京 : 法律出版社, 2023

ISBN 978-7-5197-7778-4

Ⅰ. ①人… Ⅱ. ①人… Ⅲ. ①法律-文集 Ⅳ. ①D9-53

中国国家版本馆CIP数据核字(2023)第253742号

人大法律评论(2022年第1辑·总第35辑)
RENDA FALÜ PINGLUN
(2022 NIAN DI-1 JI · ZONG DI-35 JI)

《人大法律评论》编辑委员会 组编

策划编辑 沈小英
责任编辑 毛镜澄
装帧设计 李 瞻

出版发行 法律出版社
编辑统筹 法治与经济出版分社
责任校对 王晓萍
责任印制 吕亚莉
经　　销 新华书店

开本 710毫米×1000毫米 1/16
印张 24 **字数** 427千
版本 2023年10月第1版
印次 2023年10月第1次印刷
印刷 北京虎彩文化传播有限公司

地址:北京市丰台区莲花池西里7号(100073)
网址:www.lawpress.com.cn
投稿邮箱:info@lawpress.com.cn
举报盗版邮箱:jbwq@lawpress.com.cn

销售电话:010-83938349
客服电话:010-83938350
咨询电话:010-63939796

书号:ISBN 978-7-5197-7778-4
定价:148.00元

凡购买本社图书,如有印装错误,我社负责退换。电话:010-83938349

《人大法律评论》编辑委员会

卷首语

通往"田野"的几种进路

发端于人类学的田野研究，让人们开始了解如何亲历世界，发现斑斓。这种研究方式经过不断发展，成为许多人类学、社会学研究者的必经之路。对于熟稔规范教义分析的法学人来说，如果能收获一些有别以往的视野，不失为学术路上一桩趣事。

事实上，任何一部法律都不是空中楼阁，它来自我们真切生活的"田野"之上。法学的研究乐趣不仅有专注严谨与确定性的规范教义分析，也有对鲜活的人、文化、生活与社会发展的关注。或许，当下法学研究者的幸福就在于，可以自由选择不同的"公路"，体验一段难忘的旅程，拍出属于自己的"公路电影"。无论是遵循传统范式行进，还是寻求前沿的创新突破，我们都需要基于现实，探索法学路上的智识收获。

因此，《人大法律评论》本辑设置专题"部门法中的田野研究"，希望呈现不同于传统分析的"另一条道路"。让我们把"车"开进"田野"，进入每个部门法的背后，去获取一些新发现。与之而来的追问便是，怎样进入这片"田野"？本辑收录的 8 篇专题文章，作者都在展现各自的路径，总结经验，发挥学术想象力和提炼理论命题。发现部门法"田野"的方式，既有定性分析、思想实验，也有定量统计等不同方法，每个法律部门、每个法条的生成和运作过程也都是"田野"的体现。

当我们跟随研究者的思路一起进入这片"田野"，会发现诸多问题都值得研究。法学研究，也就在这样的"田野"中获得了新的生命力。张永健撰写的《部门法的实证研究——共有的环球比较》，以"实证比较法"（empirical comparative law）取径，对各法域民法典物权编进行编码，围绕民法的共有制度，进行世界 156 个法域的"巡礼"展示，拓宽了物权研究的视角。桑本谦的《民法的起源：一个思想实验》则采用"思想实验"的形式,重新理解民法的起源、功能以及发挥作用的机制,主要是以默认规则为基础,主流的交易模式本身蕴含智慧与价值,这也就是"民法比民法学更聪明"的原因。另外,法律实证研究者会基于现象发现的基础上,对因果关系进行阐释,并尝试给出法学层面的解决方案。此外,亲历现场也能给予研究新的灵感。刘杨《基层治理的中心工作模式及其长效机制——兼论法治政府建设的路径探索》一文,走向专项整治工作的第一线,考察基层治理的机制,同样也能提炼出我国地方和基层法治政府建设的实践模型与参考路径。黄瑞《司法隐性知识如何传递——以法院师徒制法官培养模式的变革为切入点》一文则进入法院内部,揭示出长期以来师徒制法官培养模式是我国法院系统司法隐性知识传递的一个重要方式,但如今因制度、文化、关系的资源变化,日渐式微。文章在充分的经验材料基础上,从整体性视角思考隐性知识与师徒制何去何从。

除上述研究方法外,定量研究方法也呈现了另一种风景。柯振兴《"一裁两审":劳动争议解决机制的效率悖论及其改进——基于2014~2018年北京法院审理的4431件劳动者严重违反用人单位规章制度案件判决书》一文,整理了2014~2018年北京法院审理的严重违反规章制度案件,发现在不同程序阶段中,或多或少存在审结时间拖延的现象,根本原因是企业恶意上诉和裁审不一致,由此探讨改进的可能性。周晨与林喜芬的实证研究《犯罪嫌疑人社会身份、平等保护与审前羁押决定——基于实证素材的回溯、启示与反思》发现在东西方,社会身份均不同程度地影响审前羁押决策者的决定。因此,应充分保障刑事法律援助制度的有效实施,强化对弱势嫌疑人的权利供给。身在何处,田野或许就在何处。法学研究者每日身处书斋,阅览"漫山遍野"的文献,如何避免"只见树木不见森林",如何通过自身寻找到方法,就需要重新审视自己最熟悉的领域和身边周遭的一切事与物。秦天宝和雷盟、张睿琦《回归法学本位的环境法学研究(1979~2020年)——基于8960篇核心期刊文献计量分析》一文,通过对8960篇核心文献量化研究,勾勒出环境法学的发展图景。阳李《外部学科知识、学科交叉与学术影响力——基于中国法学学术论文引证的实证考察》一文,则基于法学论文中引证外部学科知识的角度,关注法学研究如何吸收其他学科的智慧。

我们踏向"殊途",归来仍是"同路人"。本辑中收录的其他论文,也都展现了同一片天地,不同的智慧创获。陈龙的《保护作品完整权声誉要件的反思和修正》围绕主客观标准，对侵权判定要件进行重构。陈越瓯的《红色经典作品版权纠纷中法律传统的整合逻辑》则认为，东西方的版权观念既有冲突，也存在整合的可能性。两篇文章的风格虽然迥异，但都体现出知识产权法学领域的乐趣。关注域外，也有助于思考的深入，曾元君介绍了澳大利亚性侵法律的改革实践，“青鹰”作者李焕集基于国内外真实案件思考营救酷刑能否因刑法违法阻却事由而正当化。

每一位学术路上的赶路人，总会有迷茫困顿之时，实现吾道不孤的途径，或许就是既有争鸣，亦有共鸣。本辑的精心编排即旨在为各位同仁展现不同的风光，期待在“田野”之中寻找到共同的希望。

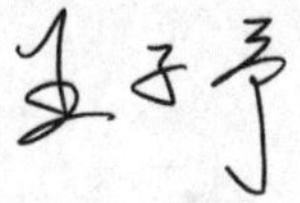

2023年10月1日于立德楼

人大法律评论　　　　目　录　　　　2022年第1辑

专题:部门法中的田野研究

部门法的实证研究

——共有的环球比较

张永健*

内容提要：

世界各法域几乎均有按份共有和区分所有两种共有类型，但按份共有之外的特别共有却往往规范方式不同，而且不一定各法域都有。共同墙与共同壁的共有是各法域中常见的规范方式，但合作式住宅则只有北欧、美国等少数法域承认；英格兰和爱尔兰的小区的共有方式，介于区分所有与合作式住宅之间。一般性的特别共有可以分为3种常见典型类型：瑞士、中国等法域的共同共有；普通法法域的合有；苏联各加盟国的俄式共有。荷兰、苏格兰等法域则有别具一格的特别共有。

关键词：

特别共有　家庭共有　区分所有　合作式住宅

---

* 美国康奈尔大学法学院 Clarke 讲席教授、东亚法中心主任。作者感谢康奈尔大学法学院图书馆员艾莉森·谢伊(Alison Shea)和法学院学生拉坎达·雷德(Lachanda Reid)对于美国区分所有和合作式住宅的研究协助，康奈尔大学法学硕士瓦尔特·罗梅罗(Walter Romero)协助研究拉丁美洲的制度；陈冠廷、欧苡均、杨智文在编码最后阶段提供临门一脚的重要协助；阿图尔·萨洛蒙斯(Arthur Salomons)回答关于荷兰的制度、帕维尔·道贝克(Pavel Doubek)协助搜寻斯洛伐克(Slovakia)制度、张安泠(Anne-Line Schwint)协助搜寻摩纳哥(Monaco)和卢森堡(Luxembourg)制度。笔者过去物权法编码计划中感谢过的助理，也都有各自的贡献。感谢亨利·史密斯(Henry Smith)教授的宝贵意见。感谢侯猛教授邀稿。

一、导　　论

本文以“实证比较法”(empirical comparative law)[1]取径,研究世界 156 个“法域”(jurisdictions)[2]的共有制度。由于本论题的研究工程极为浩大,故本文仅能展开基础工作。笔者建议有志于撰写民事财产法博士论文的研究生,接续本文的初步成果,完成一本完整的共有分析论著。以下先逐一说明本文的研究范围与不足之处,这些不足之处,即为后来者可以完善精进之处。须先说明的是,为便于读者阅读,凡是引用某法域之民法典者,直接在正文引用条号;而引用该法域其他法律者,则在注脚中注明法律名称。

第一,本文不处理按份共有。笔者已经在英文专著中以两章的篇幅,研究过按份共有的管理、转让、分割。[3] 本文首要关注的是下文定义的“特别共有”。本文主要探讨的共有类型谱的区分方式是共有人内部治理规则(governance rules),而非共有人的身份(如夫妻)或共有的起源(如继承)。

第二,本文的编码来源是各法域民法典的物权编。[4] 换言之,本文只会记录在各法域民法典物权编中出现的共有类型,无论其定义之详略。这是因为笔者只能完整搜集各法域民法典物权编。民法典中的亲属(家庭)编很可能有夫妻共有,合同编可能有从合伙而来的共有类型。例如,保加利亚物权法中只有

---

〔1〕 关于实证比较法,参见张永健:《中国民法典物权编在世界物权法的位置——量化比较法路径》,载《环球法律评论》2019 年第 1 期。

〔2〕 “法域”不是国家,而是有自身法律体系的区域,如美国各州、加拿大各省、英国的苏格兰,就都有各自的私法体系。156 个法域的清单,See Yun-chien Chang, Nuno Garoupa & Martin T. Wells, *Drawing the Legal Family Tree: An Empirical Comparative Study of* 170 *Dimensions of Property Law in* 129 *Jurisdictions*, Journal of Legal Analysis, Vol. 13:1 (2021)。

〔3〕 See Yun-chien Chang, *Property Law: Comparative, Empirical, and Economic Analyses*, Cambridge: Cambridge University Press, 2023, p. 179 – 229.

〔4〕 住宅小区适用的区分所有是例外,笔者海量搜索特别法,务求全面。

按份共有,但夫妻共有、合伙共有存在于其他部门法中。[5] 德国(第718条至第719条)在债法中规范合伙的共有。挪威的合伙共有也是在公司法情境中讨论。[6] 法国(第1402条)、苏里南(第168条)有夫妻的共同财产。葡萄牙的特别共有存在于夫妻财产与区分所有中的共有部分。[7] 捷克[8]、立陶宛[9]、斯洛伐克[10]在按份共有之外只有夫妻间的特别共有。美国有8个州有受法国法、西班牙法影响而创设的夫妻共同财产(community property),其只能在夫妻之间设定,而相关规范与传统普通法承认的3种共有不同。

再次强调,夫妻共有,以及下文摘述的家庭共有,都是依据共有人身份所作的分类,并非依据内部治理规则。换言之,夫妻共有、家庭共有只是说明了共有人的资格(未婚者不能自愿成立只有夫妻才能成立的共有);而夫妻或家庭成员关于共有的内部治理规则,可能与同一法域的按份共有或特别共有的内部治理

---

〔5〕 See Dimitar Stoimenov, *National Report on the Transfer of Movables in Bulgaria*, in Wolfgang Faber and Brigitta Lurger eds., National Reports on the Transfer of Movables in Europe, Volume 4: France, Belgium, Bulgaria, Poland, Portugal, Berlin: De Gruyer, 2011, p.450.

〔6〕 See Jan-Ove Faerstad & Martin Lilja, *National Report on the Transfer of Movables in Norway and Denmark*, in Wolfgang Farber and Brigitta Lurger eds., National Report on the Transfer of Movables in Europe, Volume 5: Sweden, Norway and Denmark, Finland, Spain, Berlin: De Gruyter, 2010, p.288.

〔7〕 See Sandra Passinhas, *Property and Trust Law in Portugal*, Alphen aan den Rijn: Wolters Kluwer, 2019, p.97.

〔8〕 See Lubos Tichy, *National Report on the Transfer of Movables in Czech*, in Wolfgang Farber and Brigitta Lurger eds., National Report on the Transfer of Movables in Europe, Volume 6: The Netherlands, Switzerland, Czech Republic, Slovakia, Malta, Latvia, Berlin: De Gruyter, 2010, p.335.

〔9〕 See Andrius Smaliukas, *Property and Trust Law in Lithuania*, Alphen aan den Rijn: Wolters Kluwer, 2017, p.125.

〔10〕 See Ivan Petkov, *National Report on the Transfer of Movables in Slovakia*, in Wolfgang Farber and Brigitta Lurger eds., National Reports on the Transfer of Movables in Europe, Volume 6: The Netherlands, Switzerland, Czech Republic, Slovakia, Malta, Lavtia, Berlin: De Gruyer, 2010, p.437.

规则完全相同、略有不同或颇多不同。本文之所以未探讨民法典物权编以外编的共有类型,是因为笔者无力深究各法域夫妻共有的内部治理规则是否与物权编共有的内部治理规则有异。固然有些法域会以民法典物权编定义所有的共有类型,并在民法典其他编中直接套用物权编的共有类型,但没有深入研究每个法域的全部民法规范前,笔者实难确知各法域的做法。同样的顾虑也适用于在合同编中出现的合伙人共有规范。若有人能通览不同法域的民法典各编,详尽整理各种共有的内部治理规则,是非常有意义的比较法研究。

第三,本文研究范围虽然包括建筑物的"区分所有"(condominium)及"合作式住宅"(cooperative),但只会列出具备此种物权安排形式的法域,而不会深入其细节。[11] 须强调的是,合作式住宅严格言之,并非共有类型,因为所有权其实是由法人单独所有的,而住户则是基于成为法人股东而"共有"。但合作式住宅与区分所有是两种最常见的安排住宅小区的物权形式,彼此有竞争、替代关系,因此本文不能完全略而不提。区分所有之所以异于按份共有与特别共有,在于区分所有会捆绑单独所有与共有。套用一个区分所有结构的多个物(一份或多份土地,加上一栋或多栋建物),必然有单独所有的部分以及共有的部分。按份共有与特别共有均可单独存在,无须(在概念上也不可能)在同一物上分出单独所有的部分。

在现代高层住宅出现前,类似的共有形态是相邻土地的分界栅栏或紧邻建筑的共同墙(party wall)、共同壁(common wall)。共同壁更接近区分所有,因为除墙壁共有外,墙壁各自围出的立体居住空间为住户分别所有。典型的分界栅栏则是单纯的共有,因为栅栏在物理上独立于其他地上物。有些法域的规范明确适用共同壁,但不确定是否适用分界栅栏;有些法域则明确包括两者。本文会列出有共同壁规范的法域,但不会深究其是否适用分界栅栏,也不分析共同壁是按份共有还是特别共有,或是有其他内部治理规则。

"分时共有"(time share)是新兴的、按照时间切割用益物权的共有类型,常运用于度假用的住所,其规范往往在民法典以外,使笔者无法完整掌握,因此本文不会探讨。

---

〔11〕 关于欧洲法域区分所有的比较,See Christoph U. Schmid & Christian Hertel, *Real Property Law and Procedure in the European Union*, Würzburg: European University Institute Florence, 2005, p. 19 – 21。

第四,一些文献会以自愿共有、意外共有、强迫共有区别共有类型。[12] 阿富汗(第1978条)、阿根廷(第2004条)、埃及(第850条)、科威特(第847条)、叙利亚(第805条)也明确规定不能分割的共有(强迫共有)。建筑区分所有中的共有部分,就是一种强迫共有。家庭法可能强迫夫妻共有,也可能预设夫妻共有,但容许夫妻选择别种财产安排(或可称为"半强迫共有"或"预设共有")。继承是常见的意外共有。

第五,另一个重要议题是共有存在于个别物或整体"概括财产"(patrimony)[13]。夫妻财产制下的共有一般应该存在于个别物上(也就是夫妻共有一系列物);遗产的共有则一般应该存在于总体遗产(整个概括财产)上。差别在于,后者处分或分割会一体涉及全部财产,而不能单独挑出一两个物处分或分割。许多民法典并未言明共有客体,而其学说、实务或许也不乏厘清或争论,因而本文先略过此一重要问题。

在此局限下,本文更像是提出"研究纲领"(research agenda),即提出学界未来的研究方向,而不是撰写研究论文。但是,本文仍有两方面的贡献:

(1)倡议以"过录簿"(codebook)将法律内容转化成数字的实证比较法取径。[14] 以数字替代文字,看似"卑之无甚高",但运用起来可以形成颇大影响。以数字取代文字,就必须设定严格的条件。以本文研究为例,唯有某法域的共有制度符合A、B、C……条件时,才能记录为1;符合D、E、F而无A、B、C时,才能记录为2。但若某法域有A、B、D,该如何记录?此种情况就必须另创分类。编码法律内容,而非只摘述法律规范,迫使研究者必须写清楚A、B、C、D、E、F这些条件为何。非典型法域常常存在,因此此种方法颇有必要,在共有研究上尤其如此。光看英文文献,就会发现有以下词语用以描述共有的概念:

---

〔12〕 See Caroline Cauffman & Vincent Sagaert, *National Report on the Transfer of Movables in Belgium*, in Wolfgang Faber and Brigitta Lurger eds., National Reports on the Transfer of Movables in Europe, Volume 4: France, Belgium, Bulgaria, Poland, Portugal, Berlin: De Gruyer, 2011, p.291. 其将比利时的共有类型分为:意外、强迫、自愿共有3种。

〔13〕 关于概括财产的概念,参见张永健:《资产分割理论下的法人与非法人组织 〈民法总则〉欠缺的视角》,载《中外法学》2018年第1期。

〔14〕 更多讨论与举例,参见张永健:《法实证研究方法论:实证比较法的五种取径》,载《月旦法学杂志》2022年第326期。

co-ownership, concurrent ownership, ownership indivision, joint ownership, indivisible ownership, tenancy in common, joint tenancy, tenancy by the entirely, tenancy in partnership,等等。这些词语有些同义,但问题不大;有些词语在不同作者笔下,或不同法律条文翻译中,定义范畴完全不同,其有时指共有(作为上位概念),有时指按份共有,有时指共同共有。研究者必须透过概念的表象,直指不同共有制度的特征,才能准确分类各法域的共有制度。

(2)运用此种实证比较法取径,笔者发现,特别共有可以分为三大典型:瑞士、中国等使用的共同共有;英美国家等普通法系法域使用的“合有”(joint tenancy);俄罗斯等苏联各加盟国的(姑且称之)“俄式共有”。

二、特别共有

按份共有、区分所有、分时共有等共有形式以外的共有,统称为“特别共有”。本部分探讨的特别共有,只考量民法典物权编(或功能相近的编,如《法国民法典》第二编)中,能依据婚姻或家庭以外的法律关系而成立者。凡是与住宅小区相关的共有,不纳入本部分,而于第五部分讨论。家庭共有,也就是共有人不仅限于夫妻两人的共有,于第四部分讨论。本部分讨论的特别共有,常见原因是合伙、继承;但并非所有法域的合伙、继承都是特别共有。[15]

---

[15] 例如,在苏格兰,合伙有法人格,所以合伙财产不是合伙人的共有财产。See David L. Carey Miller, Malcolm M. Combe, Andrew J. M. Steven & Scott Wortley, *National Report on the Transfer of Movables in Scotland*, in Wolfgang Faber and Brigitta Lurger eds., National Reports on the Transfer of Movables in Europe, Volume 2: England and Wales, Ireland, Scotland, Cyprus, Berlin: De Gruyter, 2009, p. 447. 美国多数州承认合伙是有法人格的组织(entity), See Joseph William Singer, *Property*, New York, NY: Aspen Publishers, 2010, p. 380。在荷兰,未清算前的合伙,不适用《荷兰民法典》第三编第 189 条以下的特殊共有规定。法国的遗产继承则适用一般共有(相当于按份共有)。参见尹田:《法国物权法》,法律出版社 2009 年版,第 277 页;[法]弗朗索瓦 · 泰雷、[法]菲利普 · 森勒尔:《法国财产法》(下),罗结珍译,中国法制出版社 2008 年版,第 671 页。

此类共有的第一个子类型为“共同共有”(joint and indivisible ownership)。[16]共同共有具备以下特征:(1)共有人只有隐性的份额,份额大小往往尚未确定。(2)原因法律关系结束前,共有人不得请求分割。(3)共有人需得到其他共有人同意才能转让隐性份额。(4)共有人全体同意(或依照共同关系之法律规定或合同约定决策方式)时才能处分共有财产;没有单一共有人之处分被推定为有权处分的规定。采取该类型共有的法域有中国(第 297 条至第 304 条)、列支敦士登[17]、南非[18]、韩国(第 271 条至第 274 条)、瑞典[19]、瑞士(第 652 条至第 654 条)、土耳其(第 701 条)[20]。

此类共有的第二个子类型为“合有”[21](joint tenancy),盛行于普通法系。此种共有的特征是:(1)“四个齐一”(four unities),即时间、占有、原因法律关

〔16〕 此种英文翻译方式, See Yun-chien Chang, Weitseng Chen & Ying Chieh Wu, *Property and Trust Law in Taiwan*, Alphen aan den Rijn: Wolters Kluwer, 2022, p. 164。

〔17〕 Sachenrecht §§31 – 32.

〔18〕 See C. G. van der Merwe, Marius Johannes de Waal & David L. Carey Miller, *Property and Trust Law in South Africa*, Alphen aan den Rijn: Wolters Kluwer, 2002, p. 318. (适用到合伙)

〔19〕 Vol. Sascha Schaeferdiek, *Schweden*, in Susanne Frank and Thomas Wachter eds., Handbuch Immobilienrecht in Europa: Zivil- und Steuerrechtliche Aspekte des Erwerbs, der Veräusserung und der Vererbung von Immobilien, Munich: C. F. Müller, 2015, p. 1280. (如同德国合伙法下的共同共有)

〔20〕 See Tugrul Ansay, *Law of Property*, in Tugrul Ansay, Don Wallace Jr. and Işık Önay eds., Introduction to Turkish Law, Alphen aan den Rijn: Wolters Kluwer, 2020, p. 171. (适用于合伙与继承)

〔21〕 “合有”这一翻译,参见高富平、吴一鸣:《英美不动产法:兼与大陆法比较》,清华大学出版社 2007 年版,第 275 页。

系、权利内容都整齐划一。[22] (2)"生存者权"[23](right of survivorship; jus accresendi),即一共有人死后,其隐性的共有份额不会由后嗣继承,而是由其他共有人均分。[24] (3)共有人可以随时请求分割(severance),转变为按份共有。其他类型的特别共有,因为容许隐性份额继承,所以不会有存续时间、原因法律关系的齐一。占有的齐一指任何"合有人"均可占有全部的共有物;其他类型的特别共有,规定特别共有人一起占有,但通常没有明确规定是否任何特别共有人均可占有全部的共有物。权利内容的齐一,是指各共有人的权利的性质、期限、程度相同,这在其他类型的特别共有中也成立。采取合有的法域包括:澳大利亚[25]、加

---

[22] 更进一步的说明,参见高富平、吴一鸣:《英美不动产法:兼与大陆法比较》,清华大学出版社 2007 年版,第 276 ~ 277 页。但要注意,"四个齐一"虽然是英美法传统上的要求,但至少在美国,许多州已经形同不要求"四个齐一"。原因在于,在一些情境中,原本的单独所有权人想要将部分的所有权分给其他人(如配偶或子女)。在传统普通法之下,单独所有权人必须先将所有权移转给一个暂时的名义上的单独所有权人——美国法很生动地称为"稻草人"(strawman),再由此人将物移转给原本的所有权人及其他要成为共有人的人,以符合"四个齐一"。试想,如果原本的单独所有权人可以直接将所有权移转给其他人而成立合有,则至少在获得共有的时间上不齐一而违反了传统普通法的规定。但是,通过"稻草人"的交易,只是徒增交易成本。因此,不少州虽然仍保持合有,但容许所有权人跳过"稻草人",直接将部分权利移转给他人而成立合有。

[23] "生存者权"这一翻译,参见高富平、吴一鸣:《英美不动产法:兼与大陆法比较》,清华大学出版社 2007 年版,第 277 页。要注意,美国部分州废除了合有下的生存者权,部分州则限制只有在夫妻、多数信托受托人间等少数情形下方允许生存者权。美国各州的普通法及调整普通法的制定法各不相同,所以美国的物权法无法一概而论。

[24] 普通法中的"整有"(tenancy by the entirety)就是"合有"适用于夫妻财产的版本。其共有利益同样不会由后嗣继承。只有略多于半数的美国州承认整有。农村土地的农户整有,同样是在某一农户成员过世时,由其他农户成员取得共有利益。参见汪洋:《土地承包经营权继承问题研究——对现行规范的法构造阐释与法政策考量》,载《清华法学》2014 年第 4 期。

[25] See Samantha J. Hepburn, *Property and Trust Law in Australia*, Alphen aan den Rijn: Wolters Kluwer, 2002, p. 144 – 148.

拿大[26]、英格兰、中国香港特别行政区[27]、爱尔兰[28]、马来西亚[29]、新西兰[30]、尼日利亚[31]、新加坡[32]、南太平洋法域[33]、乌干达[34]、美国[35]。

此类共有的第三个子类型,姑且称为“俄式共有”。此种共有的特征是:(1)份额不确定,但未明确规定共有人是否可以单独转让份额。(2)除非其基础法律关系另有规定,原则上任一特别共有人可以在无法达成共识时,随时请求法院判决确定份额,然后请求分割出自己的份额(其他特别共有人可维持共有)。(3)特别共有财产必须经过全体共有人同意才能出售,但每个特别共有人均有权处分共有财产(其处分被推定为有权处分);其他特别共有人唯有在交易相对人明知或可得而知作出处分的特别共有人无权时,才能主张交易无效。采取此种共有的法域包括:亚美尼亚(第 189 条及第 198 条至第 199 条)、阿塞拜疆(第 213 条及第 222 条至第 223 条)、白俄罗斯(第 246 条及第 256 条至第 257

---

〔26〕 See Bruce Ziff, *Principles of Property Law*, Toronto, Canada: Thomson Reuters, 2014, p. 338 – 344.

〔27〕 See Say Goo & Alice Lee, *Land Law in Hong Kong*, Hong Kong: LexisNexis, 2019, p. 282 – 288.

〔28〕 See Fiona de Londras, *Principles of Irish Property Law*, Dublin: Clarus Press, 2011, p. 152.

〔29〕 See Ainul Jaria Binti Maidin & Zuraidah H. J. Ali, *Property and Trust Law in Malaysia*, Alphen aan den Rijn: Wolters Kluwer, 2014, p. 96.

〔30〕 See Gordon Williams, *Property and Trust Law in New Zealand*, Alphen aan den Rijn: Wolters Kluwer, 2011, p. 93 – 94.

〔31〕 See Imran Oluwole Smith, *Property and Trust Law in Nigeria*, Alphen aan den Rijn: Wolters Kluwer, 2018, p. 112 – 113.

〔32〕 See Alvin See, *Yip Man and Goh Yihan*, *Property and Trust Law in Singapore*, Alphen aan den Rijn: Wolters Kluwer, 2018, p. 75 – 81.

〔33〕 See Sue Farran, *Property and Trust Law in South Pacific*, Alphen aan den Rijn: Wolters Kluwer, 2013, p. 31 – 32.

〔34〕 See David Justin Bakibinga, *Property and Trust Law in Uganda*, Alphen aan den Rijn: Wolters Kluwer, 2018, p. 55 – 56.

〔35〕 See Joseph William Singer, *Property*, New York: Aspen Publishers, 2010, p. 248 – 356.

条)、哈萨克斯坦(第209条及第220条至第221条)、吉尔吉斯斯坦(第266条及第272条至第273条)、摩尔多瓦(第366条至第370条)、俄罗斯(第244条及第253条至第254条)、塔吉克斯坦(第292条及第301条至第302条)、乌克兰(第368条至第370条)、乌兹别克斯坦(第216条及第225条至第226条)。克罗地亚[36]、斯洛文尼亚[37]的规定也基本相同。

此类共有的第四个子类型,姑且称为"简易定义型的共有"。此类型法域明确区别按份共有与另一种共有,但仅大略定义后者。采取此种共有的法域包括:爱沙尼亚[38]、蒙古(第108条)、越南(第210条)、波兰(第196条第2项)[39]、罗马尼亚(第667条至第668条)[40]、塞尔维亚[41]。

---

〔36〕 See Tatjana Josipovic, *Property and Trust Law in Croatia*, Alphen aan den Rijn: Wolters Kluwer, 2013, p. 80 - 81.

〔37〕 See Jerca Kramberger Škerl & Ana Vlahek, *Property and Trust Law in Slovenia*, Alphen aan den Rijn: Wolters Kluwer, 2020, p. 124; Claudia Rudolf, Vesna Rijavec and Tomaž Keresteš, *National Report on the Transfer of Movables in Slovenia*, in Wolfgang Faber and Brigitta Lurger eds., National Reports on the Transfer of Movables in Europe, Volume 1: Austria, Estonia, Italy, Slovenia, Berlin: De Gruyter, 2009, p. 614.

〔38〕 See The Law of Property Act §70Ⅳ.(份额未定,但没有其他明确规定;其他法律会界定法律关系。)

〔39〕 波兰《民法典》简单定义了特别共有,其中关于合伙的规定符合特别共有。See Jerzy Pisuliński & Kamil Zaradkiewicz, *National Report on the Transfer of Movables in Poland*, in Wolfgang Faber and Brigitta Lurger eds., National Reports on the Transfer of Movables in Europe, Volume 4: France, Belgium, Bulgaria, Poland, Portugal, Berlin: De Gruyer, 2011, p. 553 - 554(如适用于合伙); Magdalena Habdas, *Property and Trust Law in Poland*, Alphen aan den Rijn: Wolters Kluwer, 2018, p. 169 - 178.

〔40〕 See Catalin Gabriel Stanescu, *Property and Trust Law in Romania*, Alphen aan den Rijn: Wolters Kluwer, 2017, p. 70 - 71.

〔41〕 See Law on Basis of Ownership and Proprietary Relations §18.

以下法域则不属于以上任一典型类型。苏格兰[42]非常独特,特别共有只适用于信托、非法人团体。其有“生存者权”,但共有人没有(随时)请求分割的权利。

北马其顿[43]的特别共有介于共同共有与俄式共有之间:任一特别共有人可以随时请求确定自己的份额,并与其他特别共有人成立按份共有;适用于遗产、夫妻财产。

《荷兰民法典》第三编第190条至第191条[44]规定,某一特别共有人不得任意转让其对特定特别共有物的持份,除非共有关系性质使然,特别共有人可以任意转让其对全部特别共有关系下之物的持份。当其他全体特别共有人都同意时,上述共有人仍可以转让持份;上述共有人也可以依据《荷兰民法典》第三编第168条请求法院介入。然而,以继承产生的特别共有为例,因为继承的性质使然,某一继承人仍不得转让其全部继承财产的持份[45]。

三、共 同 墙

共同墙(共同壁)是邻居共有的最早形式。本部分记录房屋的共同壁以及地的共同墙规范,而不深究邻居共有共同墙的方式是按份共有还是特别共有。有共同墙、共同壁规范的法域包括:阿富汗(第1922条)、阿尔及利亚(第707条)、阿根廷(第2006条)、比利时(第653条)、玻利维亚(第173条)、巴西(第

---

〔42〕 See David L. Carey Miller, Malcolm M. Combe, Andrew J. M. Steven & Scott Wortley, *National Report on the Transfer of Movables in Scotland*, in Wolfgang Faber and Brigitta Lurger eds., National Reports on the Transfer of Movables in Europe, Volume 2: England and Wales, Ireland, Scotland, Cyprus, Berlin: De Gruyter, 2009, p. 447.

〔43〕 See Act on Ownership and Other Real Rights § §59 –65.

〔44〕 Arthur F. Salomons, *National Report on the Transfer of Movables in the Netherlands*, in Wolfgang Farber and Brigitta Lurger eds., National Reports on the Transfer of Movables in Europe, Volume 6: The Netherlands, Switzerland, Czech Republic, Slovakia, Malta, Lavtia, Berlin: De Gruyer, 2010, p. 137 (称为“special communities”,如适用于合伙).

〔45〕 笔者感谢阿图尔·萨洛蒙斯(Arthur Salomons)解释荷兰法之规范结构。

1327 条)、布隆迪(第二编第 116 条)、柬埔寨(第 215 条)、哥斯达黎加(第 386 条)、刚果(金)[46]、萨尔瓦多(第 853 条)、厄立特里亚(第 1107 条)、埃塞俄比亚(第 1278 条)、危地马拉(第 505 条)、巴布亚新几内亚(第 612 条)、海地(第 528 条)、洪都拉斯(第 830 条)、印度尼西亚(第 633 条)、伊朗(第 109 条)、伊拉克(第 1087 条)、以色列[47]、意大利(第 873 条)、约旦(第 1276 条)、科威特(第 850 条)、拉脱维亚(第 1070 条)、利比亚(第 823 条)、美国路易斯安那州(第 675 条)、中国澳门特别行政区(第 1284 条)、墨西哥(第 953 条)、摩尔多瓦(第 356 条)、蒙古(第 140 条)、摩洛哥(第 116 条)、荷兰(第五编第 62 条)、尼加拉瓜(第 1642 条)、巴拿马(第 553 条)、葡萄牙(第 1371 条)、美国波多黎各(第 507 条)、卡塔尔(第 844 条)、加拿大魁北克(第 1003 条)、罗马尼亚(第 660 条)、南非[48]、东帝汶(第 1293 条)、突尼斯[49]、土耳其(第 721 条)、乌拉圭(第 607 条)、阿联酋(第 1198 条)、委内瑞拉(第 688 条)。

此外,法国、布基纳法索、科摩罗、多米尼加、科特迪瓦、卢森堡、马达加斯加、毛里求斯、尼日尔、塞内加尔、塞舌尔、多哥之民法典,条文号(第 653 条)与规定内容都相同,规范共同壁之共有。

四、家庭共有

共有人只限于家庭成员,但又不限于夫妻两人的家庭共有,读者应该不会陌生。农村土地承包的特殊双重共有,第一重是土地由集体所有,[50]第二重是

---

[46] Loi N° 73 - 021 Du 20 Juillet 1973 Portant Regime General Des Biens, Regime Foncier Et Immobilier Et Regime Des Suretes Telle Que Modifiee Et Completee Par La Loi N° 80 - 008 Du 18 Juillet 1980 § 39.

[47] See Real Estate Law § 49.

[48] See C. G. van der Merwe, Marius Johannes de Waal and David L. Carey Miller, *Property and Trust Law in South Africa*, Alphen aan den Rijn: Wolters Kluwer, 2002, p. 325.

[49] Code des Droits Reels § 72.

[50] 农业村社的土地为集体所有的设计,也可见于埃塞俄比亚《民法典》(第 1489 条)、老挝《财产法》(Property Law) § § 9 - 13。

农户成员的"整有"(tenancy by the entirety)[51]。

以下法域也有家庭共有:阿尔巴尼亚(第222条至第230条)、阿尔及利亚(第738条至第742条)、巴林(第809条)、埃及(第851条)、约旦(第1061条)、利比亚(第855条)、缅甸[52]、蒙古(第125条)、卡塔尔(第879条)、南太平洋法域[53]、叙利亚(第806条)、阿联酋(第1183条)、越南(第212条)。

五、区分所有住宅与合作式住宅

要将房屋建筑分割为许多个单位(apartment; unit),至少有3种典型的安排方式。

区分所有(其英文名称有许多种:condominium; strata title; horizontal property; unit ownership; sectional ownership; divided co-ownership),由单位(又可称专有部分)的私人单独所有权以及公共设施的共有构成。此处之共有可能是按份共有,也可能是其他共有形式。采用区分所有的法域包括:阿富汗(第1979条)、阿尔巴尼亚(第209条)、阿尔及利亚(第743条)、阿根廷(第2037条)、亚美尼亚(第224条)、澳大利亚[54]、奥地利[55]、阿塞拜疆(第226条至第237条)、巴林(第814条)、白俄罗斯(第273条至第274条)、比利

[51] 参见张永健:《农村耕地的产权结构——成员权、三权分置的反思》,载《南大法学》2020年第1期。

[52] See The Land Nationalisation Act of 1953 §1(农地是家庭共有,但规定只有这样一句话).

[53] See Sue Farran, *Property and Trust Law in South Pacific*, Alphen aan den Rijn: Wolters Kluwer, 2013, p. 31 - 32. 该法域没有明确的家庭共有概念,但是依据当地的习惯法,如船只、汽车等动产,可以是家庭共有,或是盖房子时,各家庭成员若有贡献劳力、材料,房屋也可以是家庭共有。有时取得的即使是一般动产,也可算入家庭共有。

[54] See Robert Chambers, *An Introduction to Property Law in Australia*, Sydney: Lawbook, 2013, p. 114.

[55] Wohnungseigentumgesetz 2002.

时[56]、玻利维亚(第184条)、巴西(第1331条)、保加利亚[57]、加拿大[58]、智利[59]、中国(第271条)、哥伦比亚[60]、哥斯达黎加(第265条)、克罗地亚[61]、古巴[62]、塞浦路斯[63]、捷克[64]、丹麦[65]、多米尼加[66]、厄瓜多尔[67]、埃及(第856条)、萨尔瓦多[68]、赤道几内亚(第396条)、厄立特里亚(第1114条)、爱沙尼亚[69]、

---

〔56〕 See Vincent Sagaert, *Property Law*, in Marc Kruithof and Walter De Bondt eds., Introduction to Belgian Law, Alphen aan den Rijn: Wolters Kluwer, 2017, p. 211.

〔57〕 See Ownership Act § § 37 – 49.

〔58〕 See Bruce Ziff, *Principles of Property Law*, Toronto, Canada: Thomson Reuters, 2014, p. 364 (Condominium Act).

〔59〕 LEY 19.537 – DE CONDOMINIOS.

〔60〕 Ley que regula el régimen de propiedad horizontal.

〔61〕 See Tatjana Josipović, *Property Law*, in Tatjana Josipović ed., Introduction to the Law of Croatia, Alphen aan den Rijn: Wolters Kluwer, 2014, p. 108.

〔62〕 Ley-Decreto 407 of September 16, 1952.

〔63〕 Tatiana Eleni Synodinou, *Property and Trust Law in Cyprus*, Alphen aan den Rijn: Wolters Kluwer, 2020, p. 92.

〔64〕 Katerina Ronovská, Eva Dobrovolná, Bohumil Havel & Vlastimil Pihera, *Property and Trust Law in the Czech Republic*, Alphen aan den Rijn: Wolters Kluwer, 2020, p. 71.

〔65〕 Line Olsen-Ring & Gerhard Ring, *Dänemark*, in Susanne Frank and Thomas Wachter eds., Handbuch Immobilienrecht in Europa: Zivil- und Steuerrechtliche Aspekte des Erwerbs, der Veräusserung und der Vererbung von Immobilien, Munich: C. F. Müller, 2015, p. 109.

〔66〕 Reglamento General de Registros de Títulos, *modificado por Resolución No.* 2669 – 2009, del 10 de septiembre de 2009, Art. 100.

〔67〕 Ley de propiedad horizontal.

〔68〕 Ley de Propiedad Inmobiliaria por pisos y apartamentos.

〔69〕 Apartment Associations, ActApartment Ownership Act.

埃塞俄比亚[70]、芬兰[71]、法国[72]、格鲁吉亚(第208条)、德国[73]、希腊(第1002条及第1117条)、危地马拉(第528条)、几内亚比绍(第958条)、洪都拉斯[74]、中国香港特别行政区[75]、匈牙利[76]、印度[77]、印度尼西亚[78]、伊拉克[79]、以色列[80]、

---

〔70〕 Asress Adimi Gikay, *Property and Trust Law in Ethiopia*, Alphen aan den Rijn: Wolters Kluwer, 2018, p. 78.

〔71〕 C. G. van der Merwe, Marius Johannes de Waal & David L. Carey Miller, *Property and Trust Law in South Africa*, Alphen aan den Rijn: Wolters Kluwer, 2002, p. 47.

〔72〕 参见尹田:《法国物权法》,法律出版社2009年版,第317页;Christoph U. Schmid & Christian Hertel, *Real Property Law and Procedure in the European Union*, Würzburg: European University Institute Florence, 2005, p. 20。

〔73〕 Christoph U. Schmid & Christian Hertel, *Real Property Law and Procedure in the European Union*, Würzburg: European University Institute Florence, 2005, p. 20.

〔74〕 Ley de propiedad horizontal.

〔75〕 Say Goo & Alice Lee, *Land Law in Hong Kong*, Hong Kong: LexisNexis, 2019, p. 935.

〔76〕 Ferenc Szilágyi, *National Report on the Transfer of Movables in Hungary*, in Wolfgang Faber and Brigitta Lurger eds., National Reports on the Transfer of Movables in Europe, Volume 3: Germany, Greece, Lithuania, Hungary, Berlin: De Gruyter, 2011, p. 647.

〔77〕 The Maharashtra Apartment Ownership Act, 1970.

〔78〕 Eddy M. Leks, *Property and Trust Law in Indonesia*, Alphen aan den Rijn: Wolters Kluwer, 2018, p. 40.

〔79〕 Farhat J. Ziadeh, *Property Law in the Arab World: Real Rights in Egypt, Iraq, Jordan, Lebanon, Libya, Syria, Saudi Arabia and the Gulf States*, London: Graham & Trotman Limited, 1979, p. 32.

〔80〕 Land Act § §52 – 77.

意大利[81]、日本[82]、约旦[83]、哈萨克斯坦[84]、科威特(第848条)、吉尔吉斯斯坦(第245条至第250条)、利比亚[85]、列支敦士登[86]、立陶宛[87]、卢森堡[88]、拉脱维亚[89]、中国澳门特别行政区(第1313条)、北马其顿[90]、马来西亚[91]、马耳他[92]、墨西哥(第951条)、摩尔多瓦(第355条)、摩纳哥[93]、蒙古(第142

---

〔81〕 Antonio Gambaro & Ugo Mattei, *Property Law*, in Jeffrey S. Lena and Ugo Mattei eds., Introduction to Italian Law, The Hague: Kluwer Law International, 2002, p. 284.

〔82〕 日本建筑物区分所有的法律规定,参见《日本民法典》,王书江译,中国法制出版社2000年版,第295页。

〔83〕 Farhat J. Ziadeh, *Property Law in the Arab World: Real Rights in Egypt, Iraq, Jordan, Lebanon, Libya, Syria, Saudi Arabia and the Gulf States*, London: Graham & Trotman Limited, 1979, p. 32.

〔84〕 Aigoul Kenjebayeva, *Property Law*, in Zhenis Kembayev ed., Introduction to the Law of Kazakhstan, Alphen aan den Rijn: Wolters Kluwer, 2016, p. 119.

〔85〕 Farhat J. Ziadeh, *Property Law in the Arab World: Real Rights in Egypt, Iraq, Jordan, Lebanon, Libya, Syria, Saudi Arabia and the Gulf States*, London: Graham & Trotman Limited, 1979, p. 32.

〔86〕 Sachenrecht § 170a.

〔87〕 Andrius Smaliukas, *Property and Trust Law in Lithuania*, Alphen aan den Rijn: Wolters Kluwer, 2017, p. 125.

〔88〕 Loi du 16 mai 1975 portant statut de la copropriété des immeubles bâtis, http://data.legilux.public.lu/eli/etat/leg/loi/1975/05/16/n1/jo.

〔89〕 The Law on Residential Property of 1995.

〔90〕 Act on Ownership and Other Real Rights § 95.

〔91〕 Ainul Jaria Binti Maidin & Zuraidah H J Ali, *Property and Trust Law in Malaysia*, Alphen aan den Rijn: Wolters Kluwer, 2014, p. 70.

〔92〕 Condominium Act (https://legislation.mt/eli/cap/398/eng/pdf).

〔93〕 Loi n. 1.329 du 08/01/2007 relative à la copropriété des immeubles bâtis, https://www.legimonaco.mc/305/legismclois.nsf/db3b0488a44ebcf9c12574c7002a8e84/5cae6ed82023b8bec125773f003d619a! OpenDocument&Highlight=0,329.

条)、荷兰[94]、新西兰[95]、尼加拉瓜[96]、挪威[97]、巴基斯坦[98]、巴拿马[99]、巴拉圭(第2128条)、秘鲁(第958条)、菲律宾[100]、波兰[101]、葡萄牙(第1420条)[102]、波多黎各[103]、卡塔尔(第884条)、加拿大魁北克(第1038条)、罗马尼亚[104]、俄罗斯(第289条至第291条)、苏格兰[105]、塞尔维亚[106]、新加坡[107]、斯

---

〔94〕 Christoph U. Schmid & Christian Hertel, *Real Property Law and Procedure in the European Union*, Würzburg: European University Institute Florence, 2005, p. 20.

〔95〕 Elizabeth Toomey, *New Zealand Land Law*, Wellington: Thomson Reuters, 2017, p. 1217.

〔96〕 Ley que reglamenta el régimen de propiedad horizontal.

〔97〕 Stein Hegdal, *Norwegen*, in Susanne Frank and Thomas Wachter eds., Handbuch Immobilienrecht in Europa: Zivil- und Steuerrechtliche Aspekte des Erwerbs, der Veräusserung und der Vererbung von Immobilien, Munich: C. F. Müller, 2015, p. 910.

〔98〕 The Sindh Condominium Act, 2014.

〔99〕 Ley sobre el régimen de propiedad horizontal.

〔100〕 The Condominium Act.

〔101〕 Magdalena Habdas, *Property and Trust Law in Poland*, Alphen aan den Rijn: Wolters Kluwer, 2018, p. 189.

〔102〕 Sandra Passinhas, *Property and Trust Law in Portugal*, Alphen aan den Rijn: Wolters Kluwer, 2019, p. 100.

〔103〕 Condominium Act.

〔104〕 Catalin Gabriel Stanescu, *Property and Trust Law in Romania*, Alphen aan den Rijn: Wolters Kluwer, 2017, p. 73.

〔105〕 Christoph U. Schmid & Christian Hertel, *Real Property Law and Procedure in the European Union*, Würzburg: European University Institute Florence, 2005, p. 20.

〔106〕 Miloš Živković, *Country Report Serbia*, http://www.ius.bg.ac.rs/prof/materijali/xivmil/vdpCountryReportSerbiaF30092007.pdf, 2007, p. 17.

〔107〕 Hang Wu Tang & Kevin F. K. Low, *Tan Sook Yee's Principles of Singapore Land Law*, Singapore: LexisNexis, 2019, p. 753.

洛伐克[108]、斯洛文尼亚[109]、南非[110]、韩国[111]、西班牙[112]、斯里兰卡[113]、苏里南[114]、瑞典[115]、瑞士(第712a 条)[116]、叙利亚(第811 条)[117]、泰国[118]、东帝汶(第1340 条)、突尼斯[119]、土耳其[120]、土库曼斯坦(第221 条)、乌干达[121]、乌克

[108] Law No. 182/1993 (https://www.zakonypreludi.sk/zz/1993-182) Art. 2.

[109] Jerca Kramberger Škerl & Ana Vlahek, *Property and Trust Law in Slovenia*, Alphen aan den Rijn: Wolters Kluwer, 2020, p. 132.

[110] C. G. van der Merwe, *Marius Johannes de Waal and David L. Carey Miller, Property & Trust Law in South Africa*, Alphen aan den Rijn: Wolters Kluwer, 2002, p. 346.

[111] 韩国集合建筑物所有与管理的法律规定,参见《韩国民法典:朝鲜民法》,金玉珍译,北京大学出版社 2009 年版,第 303 页。

[112] Rafael Súnchez Aristi & Nieves Moralejo Imbernón, *Property and Trust Law in Spain*, Alphen aan den Rijn: Wolters Kluwer, 2013, p. 83.

[113] Pubudini Wickramaratne Rupesinghe & Nuwan Rupesinghe, *An Introduction to Housing and Land Laws in Sri Lanka*, Geneva: Centre on Housing Rights and Evictions, 2007, p. 5.

[114] Cornelius Van der Merwe, *European Condominium Law: Nine Key Choices*, in Amnon Lehavi ed., Private Communities and Urban Governance, Cham: Springer, 2016, p. 134.

[115] Cornelius Van Der Merwe ed., *European Condominium Law*, Cambridge: Cambridge University Press, 2015, p. 8.

[116] Georg von Segesser & Josef Caleff, *Property and Trust Law in Switzerland*, Alphen aan den Rijn: Wolters Kluwer, 2018, p. 41.

[117] Farhat J. Ziadeh, *Property Law in the Arab World: Real Rights in Egypt, Iraq, Jordan, Lebanon, Libya, Syria, Saudi Arabia and the Gulf States*, London: Graham & Trotman Limited, 1979, p. 32.

[118] Condominium Act 2008.

[119] Code des Droits Reels § 85.

[120] Tugrul Ansay, *Law of Property*, in Tugrul Ansay, Don Wallace Jr. and Işık Önay eds., Introduction to Turkish Law, Alphen aan den Rijn: Wolters Kluwer, 2020, p. 165.

[121] David Justin Bakibinga, *Property and Trust Law in Uganda*, Alphen aan den Rijn: Wolters Kluwer, 2018, p. 65.

兰(第382条)、阿联酋(第1188条)、美国〔122〕、乌拉圭〔123〕、乌兹别克斯坦(第211条)、委内瑞拉〔124〕、越南(第214条)等。

区分所有以外的两种形式,都没有运用共有。合作式住宅(Cooperative)

---

〔122〕 Ala. Code § §35 - 8A - 101 et seq., Alaska Stat. § §34.08.010 et seq., Ariz. Rev. Stat. Ann. § §33 - 1201, Ark. Code Ann. § §18 - 13 - 101, Cal. Civ. Code § §4000 et seq., Colo. Rev. Stat. § §38 - 33 - 101 et seq., Conn. Gen. Stat. Ann. § §47 - 68a et seq., Del. Code Ann. tit 25 § §2201 et seq., Fla Stat. Ann. § §718.101 et seq., Ga. Code Ann. § §44 - 3 - 70 et seq., Haw. Rev. Stat. Ann. § §514B - 1, Idaho Code Ann. § §55 - 1501, Ill. Comp. Stat. Ann. §765 - 605/1, Ind. Code Ann. § §32 - 25 - 1 - 1 et seq., Iowa Code Ann. §499B.1 et seq., Kan. Stat. Ann. § §58 - 3101 et seq., Ky. Rev. Stat. Ann. § §381.9101 to 381.9207, La. Rev. Stat. Ann. § §9:1121.101 et seq., Me. Rev. Stat. Ann. tit 33, § §1601 - 101, Md. Real Prop. Code Ann. § §11 - 101 et seq., Mass Gen Laws Ann ch 183A § §1, Mich. Comp. Laws Ann. § §559.101 et seq., Minn. Stat. Ann. § §515B.1 - 101 et seq., Miss. Code Ann. § §89 - 9 - 1 et seq., Mo. Ann. Stat. § §448.1 - 101, Mont. Code Ann. § §70 - 23 - 101, Neb. Rev. Stat. §76 - 801, Nev. Rev. Stat. § §117.010 et seq., N. H. Rev. Stat. Ann. § §479 - A:1 et seq., N. J. Rev. Stat. Ann. § §46:8B - 1 et seq., N. M. Stat. Ann. § §47 - 7A - 1, N. Y. Real Prop. Law § §339 - d et seq., N. C. Gen. Stat. § §47C - 1 - 101, N. D. Cent. Code § §47 - 04.1 - 01, Ohio Rev. Code Ann. § §5311.01, Okla. Stat. Ann. Tit 60 § §501, Or. Rev. Stat. §100.010, Pa. Cons. Stat. Ann. Tit 68 § §3101 et seq., RI Gen. Laws § §34 - 36.1 - 1.01 et seq., S. C. Code Ann. § §27 - 31 - 10 et seq., S. D. Codified Laws Ann. § §43 - 15A - 1 et seq., Tenn. Code Ann. § §66 - 27 - 101 et seq., Tex. Prop. Code Ann. Ch. 82, Utah Code Ann. § §57 - 8 - 1 et seq., Vt. Stat. Ann. tit 27 § § 1301 et seq., Va. Code Ann. § §55.1 - 2003, "Wash. Rev. Code Ann. § §64.32.010 et seq., Wash. Rev. Code 64.34.010", W. Va. Code § §36B - 1 - 101 et seq., Wis. Stat. Ann. § §703.01, Wyo. Stat. § § 34 - 20 - 101 et seq., D. C. Code § §42.1901.01 et seq.

〔123〕 Mariana Barua, *Property and Trust Law in Uruguay*, Alphen aan den Rijn: Wolters Kluwer, 2018, p. 23.

〔124〕 Ley de propiedad horizontal.

实施于:澳大利亚[125]、加拿大[126]、丹麦[127]、英格兰和威尔士[128]、芬兰[129]、印度[130]、以色列[131]、挪威[132]、波兰[133]、瑞典[134]、美国的部分

---

〔125〕 Brendan Edgeworth, Butt's Land Law, Sydney: Thomson Reuters, 2017, p. 954; Owners Corporations Act 2006 Sec. 3.

〔126〕 Bruce Ziff, *Principles of Property Law*, Toronto, Canada: Thomson Reuters, 2014, p. 370 – 371.

〔127〕 Line Olsen-Ring & Gerhard Ring, *Dänemark*, in Susanne Frank and Thomas Wachter eds. , Handbuch Immobilienrecht in Europa: Zivil- und Steuerrechtliche Aspekte des Erwerbs, der Veräusserung und der Vererbung von Immobilien, Munich: C. F. Müller, 2015, p. 109; Christian von Bar ed Sachenrecht in Europa: Systematische Einführungen und Gesetzestexte. 1. Dänemark, England, Finnland, Schweden, Osnabrück: Universitätsverlag Rasch, 1999, p. 63 – 64.

〔128〕 Peter Sparkes, *Property and Trust Law in England and Wales*, Alphen aan den Rijn: Wolters Kluwer, 2019, p. 93 – 94.

〔129〕 Christoph U. Schmid & Christian Hertel, *Real Property Law and Procedure in the European Union*, Würzburg: European University Institute Florence, 2005, p. 19; Erkki J. Hollo, *Property and Trust Law in Finland*, Alphen aan den Rijn: Wolters Kluwer, 2019, p. 92.

〔130〕 Maharashtra Co-Operative Societies Act, 1960.

〔131〕 Corporate Law § 345.

〔132〕 Stein Hegdal, *Norwegen*, in Susanne Frank and Thomas Wachter eds. , Handbuch Immobilienrecht in Europa: Zivil- und Steuerrechtliche Aspekte des Erwerbs, der Veräusserung und der Vererbung von Immobilien, Munich: C. F. Müller, 2015, p. 910; The Housing Cooperatives Act Sec. 1 – 1.

〔133〕 Lydia Coudroy de Lille, *Housing Cooperatives in Poland: The Origins of A Deadlock*, Urban Research and Practice, Vol. 8:1, p. 17 – 31(2015).

〔134〕 Ulf Jensen, *National Report on the Real Property in Sweden*, in Real Property Law and Procedure in the European Union, Florence: European University Institute https://www.eui.eu/Documents/DepartmentsCentres/Law/ResearchTeaching/ResearchThemes/EuropeanPrivateLaw/RealPropertyProject/Sweden.PDF, 2010, p. 30; Sascha Schaeferdiek, *Schweden*, in Susanne Frank and Thomas Wachter eds. , Handbuch Immobilienrecht in Europa: Zivil- und Steuerrechtliche Aspekte des Erwerbs, der Veräusserung und der Vererbung von Immobilien, Munich: C. F. Müller, 2015, p. 1280; The Cooperative Housing Act Chap. 3.

州[135]。合作式住宅的特色是,一个公司拥有整栋建筑物与土地,住户是公司的当然股东,并与公司签订专有部分的长期租赁合同。[136] 抵押通常以整栋建物与土地为标的,如果一个住户无力负担每月的抵押还款金额,而其他住户不代垫,抵押权人就有权拍卖整栋建物与土地。不少法域同时有区分所有和合作式住宅两种安排,供市场挑选。

[135] Alaska Stat. § 34.08.010 et seq., Ariz. Rev. Stat. § 10-3101 et seq., Cal. Civ. Code § 4000, Colo. Rev. Stat. Ann. § § 38-33.3-101, et seq., Colo. Rev. Stat. Ann. § § 38-33.5-101, et seq., Conn. Gen. Stat. Ann. § § 47-200, et seq., Del. Code Ann. tit. 25, § 81-101, et seq., Fla. Stat. Ann. § § 719.101, et seq., Haw. Rev. Stat. Ann. § § 421H-1 et seq., Haw. Rev. Stat. Ann. § § 4211-1 et seq., 805 ILCS 5/1.01--805 ILCS 5/2., 805 ILCS 5/2.35, 805 ILCS 105/101.01, Burns Ind. Code § § 5-20-3-1 et seq., Ind. Code Ann. § § 23-17-1-1 et seq., Iowa Code Ann. § § 499.1 et seq., Iowa Code Ann. § 499A.102, La. Rev. Stat. Ann. § § 12:499.1 et seq., Me. Rev. State Ann., tit. 13 § § 1741 et seq., Md. Code Ann., Corps. & Ass'ns § § 5-6B-01, Mass. Gen. Laws Ann. Ch. 157B, § § 1, et seq., Mich. Comp. Laws Ann. § § 450.3100 et seq., Minn. Stat. § § 515B.1-101 et seq., Minn. Stat. § § 308A.001 et seq., Mo. Rev. Stat. § § 357.010 et seq., Nev. Rev. Stat. Ann. § § 116.001 et seq., Nev. Rev. Stat. Ann. § § 81.410, N. J. Stat. Ann. § § 46:8D-1 et seq., N. Y. Coop. Corp. Law § § 1 et seq., N. C. Gen. Stat. § § 47F-1-101 et seq., N. C. Gen. Stat. § § 54-111 et seq., Ohio Rev. Code Ann. § § 1729.01 et seq., 68 Pa. Cons. Stat. Ann. § § 4101 et seq., 68 Pa. Cons. Stat. Ann. § § 5101 et seq., 68 Pa. Cons. Stat. Ann. § § 4321, R. I. Gen. Laws § § 7-6.1-1 et seq., S. D. Codified Laws § § 47-22-1 et seq., Utah Code Ann. § § 16-6a-101, Vt. Stat. Ann. tit. 11 § § 1581 et seq., Vt. Stat. Ann. Tit. 27A, § § 1-102 et seq., Va. Code Ann. § § 55-424 et seq., Rev. Code Wash. § § 23.86.007, Rev. Code Wash. § § 24-06-005, W. Va. Code § § 36B-1-101 et seq., D. C. Code Ann. § § 29-901 et seq.

[136] Michael H. Schill, Ioan Voicu & Jonathan Miller, *The Condominium versus Cooperative Puzzle*: *An Empirical Analysis of Housing in New York City*, Journal of Legal Studies, Vol. 36, (2007). 以纽约市房地产市场的实证研究为例,虽然区分所有的住宅市价较高,但在高度重视隐私和希望决定邻居人选的纽约市,能够使既有住户控制新住户人选的合作式住宅仍占据一席之地。

英格兰和爱尔兰制度则介于区分所有与合作式住宅之间。[137] 在英格兰称为"commonhold"的制度下,一个私人公司拥有共用部分,专有部分所有权人则是公司股东,专有部分各自私有。因此,其与区分所有制度不同,没有任何不动产是共有的;其与合作式住宅也不同,从土地到建筑物有不止一个所有权。英格兰地区同时有"commonhold"与合作式住宅两种制度。

以小区使用的产权安排形式为引,可以进一步探究私法学者应该时时放在心上的理论问题:在合同法已经允许合同自由的前提下,其他法律的"必要功能"(essential role)[138]为何?以合作式住宅为例[139],在各种法人、公司形态已经被允许设立的前提下,即使某一法域没有制定合作式住宅的专门法律,不动产开发商仍可以依据公司法设立合作式住宅的闭锁型公司(不允许股东任意转让股份),并与住户设定居住权或长期租赁权,并以整栋住宅与土地为担保,向银行申请融资、办理抵押。[140] 换言之,笔者只在少数法域发现合作式住宅的"授权法"(enabling act),但这并不重要。法律体系中的各种规范,可以像是积木——只要零件齐备,玩家可以自己组合出任何事物。对于必要功能的提问,就是问是否有基本的积木组不出来,但其又非常关键。例如,物权法的必要功能是对世、排他;信托法、公司法的必要功能是有限责任,即完全的"特别财产防御"(entity shielding)。[141]

合作式住宅的"授权法",功能有大有小,在部分法域更是必要。例如,有些

---

〔137〕 Cornelius Van Der Merwe ed., *European Condominium Law*, Cambridge: Cambridge University Press, 2015, p. 6, 43 – 44.

〔138〕 Henry Hansmann & Reinier Kraakman, *The Essential Role of Organizational Law*, Yale Law Journal, Vol. 110, p. 387 – 440 (2000); Gabriel Rauterberg, *The Essential Roles of Agency Law*, Michigan Law Review, Vol. 118, p. 609 – 654 (2020).

〔139〕 区分所有的必要功能比较显而易见,参见 Michael Heller & James Salzman, *Mine!: How the Hidden Rules of Ownership Control Our Lives*, New York: Atlantic Books, 2021, p. 148 – 149。

〔140〕 See Thomas W. Merrill & Henry E. Smith, *Property: Principles and Policies*, New York: Foundation Press, 2017, p. 734.

〔141〕 参见张永健:《资产分割理论下的法人与非法人组织 〈民法总则〉欠缺的视角》,载《中外法学》2018 年第 1 期。

法域的租赁有年限上限,无法如美国的实务一样设定99年的租期;租赁在绝大多数大陆法系法域没有完整的对世、排他效力,这使交易安排难以杜绝风险。居住权的范畴在许多法域限于为了权利人与其家人的必要需求,投资客因而却步。各法域的既有法制也不一定都容许将公司股份、租赁契约、管理委员会会员资格等制度全部严密捆绑在一起,甚或不允许部分转让,不允许任意转让。对此,相关交易者固然可以利用合同约定违约金,但只要一方不能对违约者使用违约交易无效的法宝,对被违约者来说,风险永远存在。缺乏合作式住宅的"授权法"导致的大大小小漏洞、风险、不确定性,也会影响银行融资的成功率与借款利率。因此,合作式住宅的"授权法"在功能上仍有其存在的必要:单是开发商可以依据授权法规设立一个法律体系中有特殊名称的交易(合作式住宅),就能节省交易成本,降低融资难度。上述合作式住宅的其他功能,在部分法域也是关键。

六、结　论

本文是民法共有制度的"巡礼",为该领域的环球比较法研究设置了骨架,并邀请学界为此研究添入血肉。

按份共有之外的特别共有,可以分为三大类,其各有不同特征;部分法域的定义较为简明,部分则与三大类型各有部分重叠。

地球人口持续增长,越来越多的人"住在同一个屋檐下"。区分所有这种小区共有形式,虽然从概念萌芽至今时间不长,[142]但已成为全世界几乎每个法域都承认的共有形式。合作式住宅的起源很早,但采取其的法域不多,在整体住宅市场的市占率也少。英国的"commonhold"只在爱尔兰获得共鸣。

---

[142] See Cornelius Van Der Merwe ed., *European Condominium Law*, Cambridge: Cambridge University Press, 2015, p.9–24. 追溯区分所有2000年来的源流与演变,其在第二次世界大战后才被广泛接受。

An Empirical Comparative Study of Co-ownership Forms

Yun-chien Chang

Abstract: Almost all jurisdictions in the world recognize two co-ownership forms: tenancy in common and condominium, but the rules for what I call "special co-ownership", which is a general co-ownership form that is different from tenancy in common, are often different, and not all jurisdictions have such a special co-ownership form. Legal norms regarding common walls are prevalent, but the form cooperative is only sanctioned in Northern Europe and the U. S. The commonhold stipulated in England and Ireland is a residential co-ownership form that is neither condominium nor cooperative. Three special co-ownership forms are widely used: joint and indivisible ownership sanctioned in China, Switzerland, among others; joint tenancy in the common-law jurisdictions; and the Russian style co-ownership recognized in the former USSR republics. Special co-ownership forms in the Netherlands and Scotland are sui generis.

Key words: Special co-ownership; Familial co-ownership; Condominium; Cooperative

基层治理的中心工作模式及其长效机制*

——兼论法治政府建设的路径探索

刘　杨**

内容提要：

本文以苏南X区“263”专项整治行动的工作实践经验为依托，考察基层治理的中心工作模式及其长效机制，并探讨这一机制对于法治政府建设的意义。在中心工作模式中，治理者需要先行设定明确的治理目标，然后根据具体的目标对治理体系进行改造，从而充分聚集并高效利用治理资源。中心工作模式能够有效改善整体治理环境，使后续治理工作在更好的基础上展开，并通过激活既有制度和推动制度建设形成长效机制。中心工作模式的长效机制反映了基层治理规范化、制度化的转型趋势，与法治政府的内涵高度契合，可被视为一种法治政府建设路径的探索实践。这一实践构成了“规划—试验”型法治政府建设的雏形，可以成为我国地方和基层法治政府建设的重要参考路径。

关键词：

基层治理　中心工作　长效机制　法治政府

一、问题与进路

在我国当前的经济社会发展阶段，基层治理长期面临诸多挑战。治理任务繁重、治理资源短缺、权责配置不清等问题较突出，对治理过程和治理效果产生了直接影响。为了应对上述挑战，基层治理体系经过长时间的摸索和总结，形成了一

---

* 国家社科基金重点项目“中国特色社会主义法治理论研究”（项目编号：22AZD057）阶段性成果。

** 中南财经政法大学法学院副教授。

套独特的中心工作治理模式。通过中心工作,治理体系可以在一定的组织范围内集中行政资源,并充分动员其中的行政力量,以达成特定的治理目标。[1]

在基层治理领域,中心工作具有重要意义。基层中许多关键性行政管理事务,以及一些重要的法律和政策执行,都需要通过中心工作这一模式推动和落实。长期以来,基层治理体系通过启动和开展中心工作,不仅在一定程度上缓解了治理困境,收获了比较好的治理效果,而且通过对中心工作实践经验的不断总结,逐步完善相关的制度和组织基础,建构出一套体系性的治理模式。在实践中,面对多样而繁重的治理任务,常规的科层化治理运作方式时常捉襟见肘,中心工作因此被反复启动,成为治理体系解决重点治理问题的常用手段。随着实践经验的积累,治理体系围绕中心工作开展了大量的制度建设,使作为具体治理手段的中心工作日趋成熟,相关的运作机制和组织架构也越发稳定。总体上,基层治理领域的中心工作主要呈现两个方面的特征:一是从实践频率来看,中心工作形成了一种常态化的倾向,成为重要的治理方式;二是从运作机制来看,中心工作的制度化和组织化程度不断提高,[2]已经演变成一种成熟而稳定的治理模式。

中心工作为学界所关注,首先缘于其有别于常规治理的一系列特征。中心工作主要是指地方党委统一安排的工作,与政府职能部门的日常性工作存在明显差异。[3] 治理者通过将常规性工作升级为中心工作,进而通过运动的方式展开实践。[4] 因此,中心工作成为基层运动型治理的主要内容和目标。[5] 随着研究的深入,中心工作的常态化特征进入了研究者的视野。在常态化的现象之下,中心工作与运动式治理的差异得以凸显,中心工作作为基层党政体制领

---

〔1〕 参见欧阳静:《中心工作与县域政府的强治理》,载《云南行政学院学报》2017 年第 6 期。

〔2〕 参见刘杨:《"专项治理"科层化的实践机制与制度前景——以鄂中 X 镇食品药品监督管理所的执法工作为个案》,载《法商研究》2017 年第 1 期。

〔3〕 参见赵树凯:《乡镇治理与政府制度化》,商务印书馆 2010 年版,第 9 ~ 10 页。

〔4〕 参见狄金华:《通过运动进行治理:乡镇基层政权的治理策略　对中国中部地区麦乡"植树造林"中心工作的个案研究》,载《社会》2010 年第 3 期。

〔5〕 参见欧阳静:《论基层运动型治理——兼与周雪光等商榷》,载《开放时代》2014 年第 6 期。

导介入治理事务的主要机制,[6]并非制度化治理的替代物,[7]而是与后者形成相互依存、相互作用的关系,共同推动基层政府的运作。[8]

总体上,既有研究对中心工作的特征和机制已有较全面的把握,这构成了本文研究的重要基础。具体来看,既有研究侧重考察基层治理体系从常规运作到中心工作的过程,主要是从微观视角揭示中心工作的内在运行机制。上述研究对中心工作的发生过程和内部机制形成了较完整的认识,但在把握其治理的外部条件和实践变迁层面略显不足。经验表明,在治理现代化和法治建设的影响下,作为治理模式的中心工作也发生了转变。此前,基层治理领域的大部分中心工作具有阶段性特征,在完成特定的治理目标之后,相应的治理任务回归常规的科层化运作状态;而在特定治理需求再次出现后,中心工作便会重新启动,如此周而复始,陷入"治乱循环"。[9] 上述特征反映出中心工作模式与当前治理转型的紧张关系,也成为中心工作发展所需要解决的主要问题。如今,在法治建设的要求下,中心工作模式试图跳出"治乱循环",在规范化、制度化和长效化等方向上改革发展,产出更加丰富的治理实践成果,因而值得研究者的关注。

因此,本研究将在既有研究的基础上,侧重考察中心工作在外部环境变迁下的转型实践,关注其治理成效的制度转化机制,并在法治政府建设的视角下探讨中心工作的意义与前景。具体而言,本文主要讨论三个层面的问题:第一,根据田野经验,梳理和总结中心工作的运作过程,解释什么是基层治理领域的中心工作模式;第二,在上述总结的基础上,对焦中心工作治理成效的制度建设经验,揭示何为中心工作长效机制;第三,在法治转型的整体视域下,讨论上述长效机制何以能够成为可行的法治政府建设探索方式。

---

[6] 参见杨华、袁松:《中心工作模式与县域党政体制的运行逻辑——基于江西省D县调查》,载《公共管理学报》2018年第1期。

[7] 参见程同顺、邢西敬:《"中心工作"机制:乡镇运行模式的一种解读——基于L市辖区乡镇的分析》,载《江苏行政学院学报》2018年第2期。

[8] 参见狄金华:《通过运动进行治理:乡镇基层政权的治理策略 对中国中部地区麦乡"植树造林"中心工作的个案研究》,载《社会》2010年第3期。

[9] 参见唐皇凤:《常态社会与运动式治理——中国社会治安治理中的"严打"政策研究》,载《开放时代》2007年第3期。

本文的田野经验,主要来自 2018 年 7 月笔者与所在研究团队在苏南 X 区开展的基层调研活动。在此期间,该区正在开展江苏省"263"专项整治行动。[10] 经验显示,"263"专项整治行动属于典型的中心工作,苏南 X 区的基层治理体系围绕这一具体工作开展了大量的治理活动,并围绕既有的治理成果进行了长效建设。因此,本文将以上述经验为实例,通过机制分析和个案拓展,实现对中心工作模式及其长效机制的准确把握,并探讨其对于当前法治政府建设的意义。

二、基层中心工作的实践及其机制:苏南 X 区"263"专项整治行动的个案分析

2016 年 12 月 1 日,中共江苏省委、江苏省人民政府印发《"两减六治三提升"专项行动方案》(以下简称《"263"方案》),开启了江苏"263"专项整治行动的序幕。根据上述《"263"方案》,"263"专项整治行动主要涉及经济结构调整、治污减排、生态保护、政策调控、执法监管等内容,包含大量行政管理和社会治理事宜,需要基层治理体系主导实施。经验表明,"263"专项整治行动属于典型的中心工作,其运作过程分为设定治理目标、重构治理体系、调动治理资源 3 个阶段,上述 3 个阶段中的组织运作和治理行动构成了中心工作模式的主要内容。

(一)设定治理目标

设定明确的治理目标,是启动中心工作的前提。在现代化社会中,社会管理事务日趋庞杂,治理体系的压力由此日益繁重。即使在基层治理领域,治理者所面临的社会环境和事务类型也都非常复杂。面对庞杂的治理事务,治理者能够调动的治理资源毕竟有限,注意力又时常稀缺,[11] 往往无法面面俱到,难

---

〔10〕 "263"为"两减六治三提高"的简称。"两减",是指减少煤炭消费总量和减少落后化工产能;"六治",是指治理太湖及长江流域水环境、生活垃圾、黑臭水体、畜禽养殖污染、挥发性有机物和环境隐患;"三提升",是指提升生态保护水平、环境经济政策调控水平和环境执法监管水平。

〔11〕 练宏:《注意力分配——基于跨学科视角的理论述评》,载《社会学研究》2015 年第 4 期。

以完全兼顾所有的治理目标。因此，治理者通常需要平衡不同的治理目标，在特定的时期和要求下有所侧重，并以此合理配置治理资源，只有这样才能有效应对复杂的治理局面。中心工作是具体的治理工作，具有明确的治理目标和细化的行政内容。在实践中，通过启动中心工作，治理者能够在特定治理领域充分调动体制内外的治理资源，将注意力向中心工作目标侧重。

自改革开放以来，基层治理格局不断变化发展，基层治理的重心也在不断调整。在上述发展过程中，生态环境问题日益受到国家和社会的关注，逐渐成为基层治理中新兴的工作重点。2015 年，中共中央、国务院发布《关于加快推进生态文明建设的意见》，对生态文明建设作出进一步部署。随着生态环境建设不断被强调，各级党委政府对该领域的治理问题也日益重视。江苏省开展“263”专项整治行动，可以视为地方对中央上述治理要求的积极回应。2017 年 3 月，苏南 X 区开始推动实施“263”专项整治行动，将之设定为新的中心工作内容，在整个治理目标序列中置于优先地位。

在当前的治理体制中，中心工作目标的设定需要通过特定的党政体制运作方式来实现。[12] 随着行政体制的改革和转型，基层治理模式的总体性支配色彩不断淡化[13]，治理体系的科层化程度日渐加深，大部分基层治理事务已经转化成日常性的行政管理内容，故治理模式具有行政化的特征。在高度行政化的治理模式下，一些重点工作、突出问题的重要性无法凸显，难以为整个治理体系所重视。在上述情况下，党政体制通过“政治输出”，将普通行政管理工作转化为政治任务，通过改变治理事务的性质，将部分重要的治理目标转化为中心工作目标[14]，使此类事务能够获得更充足的治理注意力。

在党政体制设定中心工作目标的过程中，治理体系既会对既有的行政目标进行筛选，也会根据社会经济发展现状和社会需求，对治理目标进行组合和创新。“263”专项整治行动主要聚焦环境保护领域的治理，但其所涵盖的治理内

---

〔12〕 参见欧阳静：《论基层运动型治理——兼与周雪光等商榷》，载《开放时代》2014 年第 6 期。

〔13〕 参见渠敬东、周飞舟、应星：《从总体支配到技术治理——基于中国 30 年改革经验的社会学分析》，载《中国社会科学》2009 年第 6 期。

〔14〕 参见杨华、袁松：《中心工作模式与县域党政体制的运行逻辑——基于江西省 D 县调查》，载《公共管理学报》2018 年第 1 期。

容已经在一定程度上超越了环保职能原定的治理目标,是治理体系根据当前的生态文明建设和经济结构调整要求,对生态环境相关治理目标的一次创造性整合。在明确的治理目标和强大的政治压力下,基层治理者需要投入足够的注意力和治理资源,并结合自身条件进一步细化治理规划,才能适应中心工作在各方面的高强度要求。

(二)重构治理体系

中心工作的目标决定了其中治理事务的综合性和复杂性,常规的行政体制和治理方式往往难以妥善应对。因此,在明确重点治理目标之后,治理体系便需要进行相应的调整,以更好地匹配中心工作的实施。

总体上,在中心工作推动过程中,基层治理体系的改造和重组,主要是针对科层化行政体制的既有缺陷展开的。首先,是对治理组织进行改造。2017年3月,苏南X区在正式启动"263"专项整治行动的同时,也在本级区委区政府成立了"263"专项行动领导小组(以下简称"263"领导小组),由区委书记兼任组长,并在区环保局下设领导小组办公室(以下简称"263"办公室),作为此项中心工作的常设领导机构。"263"领导小组共有40多个成员单位,不仅包括行政职能与整治内容相关的政府部门,如经信局、财政局、住建局、交通局、水利局、市场监管局、环保局、安监局、城管局、公安局、国土局、规划局等,还包括下辖各街道、乡镇,就连法院、检察院这样的司法部门也都参与其中。从上述组织的性质来看,"263"领导小组并非常规意义上的行政机构,它既是党政体制领导地方行政的产物,也是地方治理体系主导中心工作的组织载体。

其次,是以新的治理组织为依托,梳理不同职能部门、行政层级之间的关系。治理体系是一个纵横交错的组织结合体,纵向上自上而下设有多个行政层级,横向上有负责不同领域的职能分工,总体上呈现出职责同构、条块分割的格局。[15] "263"专项整治行动虽然主要致力于解决环保领域的治理问题,但也涉及大量其他领域的事务,需要不同的行政职能部门开展合作治理。在实践中,"263"领导小组主要发挥议事协调和集中领导的功能。一方面,地方党委以领导小组为议事平台,协调不同职能、层级的分工与合作,主导具体的治理进程;另一方面,通过具体的治理组织,地方党委将原本较为松散的治理体系重新整

〔15〕 参见周振超:《条块关系:政府间关系的一种分析视角》,载《齐鲁学刊》2006年第3期。

合起来,统筹治理力量,形成体制合力,并落实具体的治理责任。最终,在新的治理组织的主导以及新的组织关系的影响下,原有的治理体系被重构。由于主导性组织的出现,原有的组织合作问题被转化成组织内部的管理问题,治理体系的协调性和统一性得到加强,体系内部的权责配置更加明晰,治理效率因此也会提升。

(三)调动治理资源

治理是需要消耗大量人财物资源的活动,治理体系能够调动的资源量将直接决定政府的治理能力,并影响治理的实效。随着中心工作的推进,治理者首先需要考虑的是如何调动充足的资源,以支撑治理体系的高强度运转。在中心工作的明确目标和严格要求下,基层治理体系重构的主要目标,便是要让治理者能够在更加广泛的范围内高效地集聚和投放行政资源。然而在实践中,在繁重的治理任务和压力面前,治理资源始终相对稀缺。在大多数情况下,基层治理体系往往倾向于采取重点治理的方式,即在具体的社会经济发展要求下,聚焦重大的治理目标,或在严峻的治理危机面前,优先考虑解决紧迫的社会问题。治理资源的聚集机制,是中心工作模式的核心内容。

基层治理体系拥有复杂的行政职能,不同的行政层级和部门的组织目标具有差异性。尽管中心工作在启动时设定了明确的治理目标,但若缺乏有效的激励机制,治理者仍然可能不予重视并消极应对。因此,基层治理体系运作中心工作,会对分解的治理目标匹配明确的治理责任,通过绩效考核和目标责任激励治理者,使其将所掌握的治理资源充分投入中心工作之中。在苏南 X 区推动“263”专项整治行动的过程中,区政府、各街道乡镇、各政府部门和各村民委员会、居民委员会都感受到了巨大的工作压力。从表面上看,这种压力源于上级的各种监督制度和手段,但其深层次的原因,却主要是专项整治行动中明确的绩效考评及相伴的治理责任。在强大而明确的责任压力之下,基层治理体系中的各层级和部门均将“263”专项整治行动置于优先地位,充分动员体制内外各方力量配合中心工作的开展。

具体而言:一方面,在中心工作领导机构的主导下,行政体制内部的资源得到充分聚集和高效利用。中心工作模式下的治理动员首先是行政动员,即向内挖潜,通过压力型体制充分调动行政体制内的人力物力财力[16],将其集中投放

〔16〕 参见杨雪冬:《压力型体制:一个概念的简明史》,载《社会科学》2012 年第 11 期。

于中心工作领域。另一方面,通过开放社会监督机制,大量体制外的资源也被吸纳到治理体系之中。在“263”专项整治行动过程中,为了督促基层干部积极投入中心工作,基层治理体系主动打开投诉举报的制度通道,逐渐建立起高强度的监督制度。在实践中,苏南 X 区不仅专设“263”专栏投诉举报热线,而且通过互联网、移动网络、自媒体等手段强化了治理信息的反馈机制,并将之与治理绩效挂钩,倒逼治理者向中心工作投入资源。

三、中心工作模式的长效机制

中心工作的实践机制表明,中心工作模式具有较明显的运动式特征,[17] 它为基层治理体系实施重点治理提供了可行的途径,却也因可持续性过低而造成了一定的问题。特别是对于阶段性的重点治理来说,中心工作阶段过后治理效率和效果的问题,往往与中心工作期间的高效治理和良好实效形成反差,从而使中心工作的效度一度遭到质疑。[18] 因此,在中心工作模式日益常规化[19] 以及相关的体制运转和组织运作越发成熟的背景下,对实践性治理成果进行有效的制度性转化便显得十分重要。在此意义上,中心工作模式的长效机制,具体是指治理效果的持续化机制,这主要涉及完整治理进程中治理成效保存和后续制度建设的问题。毫无疑问,这一问题已经超出了严格意义上的中心工作模式范畴:一方面,它与中心工作的实践机制高度关联,中心工作的实践结果构成了长效机制的主要基础;另一方面,它是中心工作模式在治理现代化和法治建设背景下的延伸,其中蕴含了治理活动对社会环境的改造作用,以及对既有治理体制的促进效应。

(一)通过中心工作改善治理环境

中心工作是问题导向的治理活动,其发起和运作主要围绕特定的社会问题

---

〔17〕 参见周雪光:《运动型治理机制:中国国家治理的制度逻辑再思考》,载《开放时代》2012 年第 9 期。

〔18〕 参见冯志峰:《中国运动式治理的定义及其特征》,载《中共银川市委党校学报》2007 年第 2 期。

〔19〕 参见倪星、原超:《地方政府的运动式治理是如何走向“常规化”的?——基于 S 市市监局“清无”专项行动的分析》,载《公共行政评论》2014 年第 2 期。

或治理需求展开。在社会经济发展过程中,治理领域会逐渐积累和呈现一些问题。尤其是在社会基层,治理问题的复杂性更加显著。[20] 这些问题大多是经过较长历史时期的累积而形成的,在社会中的涉及面较广,且较顽固,需要通过阶段性、整体性的治理模式才能予以解决。[21] 如“263”专项整治行动所针对的生态环境问题,就是典型的复杂治理问题。改革开放以后,东南沿海开放地区率先实现经济转型,但在工业化、城市化水平迅速发展的同时,生态环境水平也在持续下降。在经过了一段时期的积累之后,生态环境问题逐渐显现,成为制约社会经济持续发展的重要因素。当前的生态环境问题是经历过不同的社会经济发展阶段逐渐形成的,各个治理领域都有促成其形成的原因。在以经济建设为中心的要求下,地方政府优先考虑工业发展,无疑会在一定程度上轻视工业化的消极后果,在工商注册、环保评估、安全生产、国土资源等方面的行政力度也难免不足。在上述治理思路下,地方上的“小散乱污”企业持续涌入,虽然推动了地方生产总值的增长,但也给生态环境造成了巨大破坏,成为治理体系必须要应对的问题。

上述经验表明,复杂治理问题往往具有历史遗留性,是中心工作所要面对的主要难点。在社会转型的宏观背景下,随着治理思路和治理目标的转变,许多历史遗留因素不断显现,并逐步积累为治理难题。当前的生态环境问题,与地方存在的大规模“小散乱污”企业有直接关系。这些企业大多在早期通过地方政府招商引资的渠道落地经营,彼时的法规制度对企业的环保要求较低,尚不存在治理问题。但随着生态环境问题日益受到重视,相关领域的法规不断调整完善,环评和排放标准逐步提高,这些企业便开始出现违法违规的问题。在产业升级和治理转型的新形势下,治理者对上述企业的定位,逐渐由地方经济发展的贡献者转变为地方生态环境的破坏者。因此,上述治理对象的违法性主要缘于治理规则的变化,这使他们能够在治理过程中诉诸自身的历史合法性,并最终形成治理阻力。面对这种情况,治理者需要中心工作这样具有整体性、综合性的治理方式,既能一次性解决历史遗留问题,也能妥善处理治理过程中

〔20〕 参见刘磊:《基层社会政策执行偏离的机制及其解释——以农村低保政策执行为例》,载《湖北社会科学》2016 年第 8 期。

〔21〕 参见印子:《农村低保政策“走样”及其整体性治理》,载《西北农林科技大学学报(社会科学版)》2019 年第 2 期。

潜藏的矛盾冲突,从而保证复杂治理问题的顺利解决。

从实效上看,中心工作妥善解决治理领域的诸多历史遗留问题,对于改善后续的治理环境具有重要意义。随着诸多疑难问题获得解决,社会中顽固的违法现象将大幅减少,社会秩序的整体水平会得到明显提升,这都会为治理活动营造良好的外部环境。我国正处于治理转型期,在国家治理体系和治理能力现代化的要求下,治理要求和标准的提升是大势所趋。然而,治理是制度和社会的互动过程,在治理活动改造社会的同时,既有的社会结构也会对治理者和治理体系形成制约。尤其是在法治政府建设的背景下,法律规范作为治理行为的主要依据,如果与社会现状的差距过大,与社会结构的匹配程度过低,治理的效率和效果无疑会受到影响。中心工作通过解决治理领域的历史遗留问题改变了社会现状,有效地弥合了法律法规要求与社会结构之间的鸿沟,使治理工作能够在更高的起点上展开。在新的治理环境下,由于治理对象对治理规则的适应性有所增强,治理活动的冲突性随之降低,治理转型将获得良好的现实基础。在此基础上,治理体制及其运作方式能够朝着更加规范化、制度化的方向演进,这也是治理现代化、法治化的应有之义。

(二)通过中心工作提升既有制度效能

基层治理体系启动中心工作的主要原因,在于常规组织和制度的失灵。随着法律和公共政策体系的日益完善,大部分基层治理活动已经具有足够的制度支撑。因此,当前基层治理困境的主要表现,并非治理活动缺乏可以依循的规则,而是既有制度实施不力,造成治理效果欠佳。在生态环境治理中,相关的行政职能系统都设有常规化的监管制度,如针对污染排放企业的环评准入制,以及环保、安检、水务、城管、市场监管等部门均实行的定期巡查制。常规性制度的作用在于指导日常治理,为治理活动的开展提供明确的依据,并规范治理者的行为。面对常规制度的"荒置"问题,中心工作可以通过独特的组织运作和治理动员,重新激活既有的治理体制,使其发挥出应有的效用。

一方面,中心工作通过责任倒逼的方式,迫使治理者必须维持日常工作的效度。在明确的制度设定下,治理活动需要严格遵循既定的轨道展开。然而,治理实践无疑比制度设定要复杂得多,面对日常性的行政目标和治理任务,治理体制和治理者都容易产生一定的惰性,既定的制度要求并不必然能够得到严格执行。因此,治理体制内部需要安排一系列控制手段,确保日常制度的执行强度。在常规的治理环境的组织条件下,内部控制主要包括目标设定和流程控制两种方式:前者主要通过事前设定治理目标,并以明确的目标指导治理活动的开展;后者则主要通过事中管理的模式,在治理过程中以程序性要求规范治理者的具体行动。在实践中,上述两种控制方式必须结合相应的责任制,才能对治理者形成切实的约束力。与目标设定和流程控制相比,责任制属于事后管理方式,通常以具体目标的达成情况评价治理过程,从而实现对治理者的监督。

在中心工作模式下,目标责任的设置和实施都会比常规化的考核更加严厉。虽然日常治理与中心工作在运行模式上存在显著区别,但落实到具体的实施过程上,两者仍具有紧密关联。尤其是在相同的治理领域中,中心工作能够推动日常治理,日常治理也会影响中心工作的成效。因此,在中心工作的目标责任对治理者构成强烈的负向激励的同时,责任压力会外溢至相关治理领域的日常工作中,迫使治理者对常规治理分配更多的注意力,使其在面对日常工作时仍然不会懈怠。在实践中,治理者受到中心工作的影响,会自觉提升相关领域日常工作的强度,如严格把控准入标准、强化定期巡查力度等。

另一方面,中心工作还会强化外部监督机制,缓解治理体制的日常懈怠问题。与治理体制内部控制机制的功能相似,治理的外部监督机制同样可以规范具体的治理过程。以行政体制为边界,治理活动的外部监督主要表现为社会监督。随着行政信息公开制度的完善和信息技术的发展,行政体制与社会公众的沟通日益常态化和便捷化,这为治理的社会监督奠定了制度和技术基础。从现实经验来看,在没有显著责任压力的情况下,治理者缺乏充分开放社会监督渠道的动力,各个治理领域的投诉举报制度容易被忽略和搁置。但在中心工作的驱动下,既有的社会监督制度开始受到管理者的重视,成为其督促治理者行动和监督具体治理过程的重要手段。在实践中,中心工作会给整个基层治理体系带来巨大的压力,管理者需要动用一切手段督促治理者,也需要借助社会力量配合治理进程。因此,管理者会在社会中广泛宣传中心工作的目标和意义,并充分开放各类投诉举报通道。在上述环境下,基层干部会明确感受到管理上的转变,公众能够通过投诉举报等监督机制与治理体系进行有效沟通,对治理者形成实质监督。正是在这个意义上,既有的社会监督制度被重新激活,能够在政策宣传、信息公开和社会监督方面发挥重要的作用。

(三)通过中心工作推动制度创新

中心工作是为了弥补常规治理不足而形成的治理模式,由于日常治理活动的实效欠佳,常规治理模式遭遇困境,治理活动在既有制度框架中难以获得有效支持,治理者无法将规则要求转化为治理秩序,故往往需要在现行的规则和制度之外寻求解决方案,以满足治理现状的需求。因此,中心工作的推动必然包含一系列的创造性工作,这种创造性不仅表现为工作方式、治理机制的创新,还包括规则和制度的更迭与完善。同时,与组织运行和具体工作层面的机制变化相比,规则和制度的完善对于基层治理的发展来说无疑更具有意义,因为它意味着治理体制机制的整体性革新。具体而言,中心工作进程中的制度建设主要有以下两种情形。

第一,直接在原有体制框架之外另行创设新的规则和制度,填补现有治理体制的空缺。在实践中,中心工作所要应对的局面通常都较复杂,紧迫的治理目标和纷繁的治理环境对治理的体制机制提出了更高的要求。尤其是在转型期的背景下,社会结构持续变迁,治理活动的外部环境长期处于不稳定状态,社会群体的需求也在不断变化,法规和政策的滞后性容易在具体的治理场景下被放大。由于既有的治理体制对社会需求的回应能力不足,治理体系便需要通过中心工作开展一定的制度建设,以缓解社会现状与体制机制之间的压力。

在生态环境治理领域,随着环境污染问题日渐突出,生态文明建设逐步受到基层政府重视。在苏南X区的治理经验中,为了扭转不断恶化的生态环境问题,基层政府在"263"专项整治行动过程中设立了专门的综合巡查制度,并将其设定为基层组织进行日常环境治理的基本模式。在当前的基层治理体系结构中,"263"专项整治行动的细化工作仍然主要依靠行政职能部门展开,而各部门的组织层级最低也是乡镇一级,致使常规的专业监管执法无法完全深入乡村社区,仅依靠基层自治组织无法承接繁重的生态环境治理任务。因此,为了充分调动基层自治组织的干部和资源,基层政府在乡村社区采取划片管理和行政包干[22],将涉及生态环境的治理事项都整合到制度中,要求村干部在定期巡查过程中予以关注。而且,为了调动村干部的积极性,综合巡查制度还附带明确的责任要求和严厉的责任后果,确保基层自治组织能够充分投入中心工作当中。上述经验表明,面对特殊的治理目标和治理环境,基层治理若要追求足够的效度,便需要在制度的稳定性和灵活性之间寻求平衡。在上述背景下,中心工作能够赋予基层治理一定程度的制度建设空间和创新能力,以提升规则和制度对

---

〔22〕 参见杨华、袁松:《行政包干制:县域治理的逻辑与机制——基于华中某省D县的考察》,载《开放时代》2017年第5期。

治理环境的适应性。

第二,将中心工作过程中建立起来的临时性措施和组织进行常态化运作,将暂行制度转化为日常制度。尽管中心工作的主要目标是提升治理的效度,但仍然需要在整体上保持治理的规范化和制度化状态。中心工作进程中的制度变动需要保持一定的克制和限度,而不是使法规政策频繁更迭,从而影响行政体制的公信力。因此,一方面,为了保障治理活动的规范性;另一方面,为了适应中心工作的高强度要求,基层治理体系会适当设置一些暂行制度,兼顾治理的合法性和有效性。在实践中,暂行制度与日常制度并行是行政体制中的常见现象,而随着暂行制度不断实验实践,治理体系可以择其优者,推动个别成熟的暂行制度向日常制度转化,实现体制机制的发展完善。

在"263"专项整治行动期间,苏南 X 区下辖的街道和乡镇都以领导小组为基础设立了各类专门推进生态环境治理的委员会组织,主要负责促进职能部门间的协调与合作。不同类型的委员会整合了基层行政体制中不同领域的行政部门,它们在职能范围上有部分的重合交叉,却也有所侧重,如企业环保侧重企业环评和排污管理,市容环卫侧重市容市貌和城市卫生管理,水务管理侧重水体治理监管等。上述委员会组织一般通过联席会议制度运作,成员单位定期联合召开工作会议,相互通报日常工作情况和监管问题,实现部门间的信息共享和行动协同。随着联席会议制不断成熟完善,各类委员会组织逐渐成为基层治理领域部门间进行协调合作的惯用模式,临时性的组织架构和运作机制向常规化转型,成为基层治理体系开展制度建设的一个重要途径。

四、法治政府建设的路径探索

中心工作模式的长效机制反映了基层治理规范化、制度化方向上的转型,可以成为考察基层领域法治政府建设的重要角度。总体上,法治政府建设以顶层设计为牵引,通过地方(甚至基层)的实践积累逐步推进,构成一种规划与试验并行的改革路径。在上述路径下,中心工作长效机制作为一种具有浓厚试验色彩的制度建设渠道,能够结合宏观规划为政府转型持续提供有效的制度供给,构成法治政府建设进程中一种重要的实践路径。

(一)法治政府建设的目标与基础

法治政府建设以依法行政为主要目标,[23]要求社会治理、行政管理和公共服务等过程都必须以法律为依据展开,在合法性的基础上实现政府行为的有效性。2004 年 3 月,国务院制定下发《全面推进依法行政实施纲要》,首次从主体的角度提出法治政府的建设目标。2015 年 12 月,中共中央、国务院颁布《法治政府建设实施纲要(2015—2020 年)》,提出"到 2020 年基本建成职能科学、权责法定、执法严明、公开公正、廉洁高效、守法诚信的法治政府"的总体目标,并在依法行政层面作出具体部署,着重要求"完善依法行政制度体系",提出"提高政府立法质量,构建系统完备、科学规范、运行有效的依法行政制度体系,使政府管理各方面制度更加成熟更加定型"的具体目标,为建设社会主义各项事业提供有力制度保障。可见,法治政府建设首先需要解决有法可依的问题;规则和制度体系的建设与完善,始终是法治政府建设的基本目标之一,并构成了依法行政的重要基础。

首先,法治是规则之治,法治的确立和推行以完备的规则体系为基本前提。具体到基层治理领域,随着社会的日益发展,新的治理需求不断涌现,政府在市场监管、社会治理、公共服务等领域的事务持续扩展,相关职能的履行迫切需要合理明确的制度予以引导和规范,从而在具体的治理过程中保持法治的基本逻辑。因此,基层法治政府建设的首要任务,是要在各治理领域完成基本的制度建设工作,使行政审批、行政执法、行政监督等层面的活动具有法定依据,使具体的行政活动获得必要的合法性。尤其是在当前的转型期背景之下,行政体制和社会环境均处于持续变动的状态,治理活动容易受到上述因素的影响,呈现不稳定、难预期的问题。例如,在行政体制改革过程中,行政职能转变和组织结构重整使政府在不同的改革时期遵循不同的行为逻辑,导致同类型的治理活动呈现复杂多变的实践形态;在城镇化进程中,社会结构的变化和社会群体的分化改变了治理的社会基础,同样会放大具体行政行为的不确定性。在上述情况下,制度建设的紧迫性无疑更加凸显,而明确的行政制度框架能够给治理者和社会公众以稳定的预期,对于具体的治理过程及结果来说无疑具有更重要的意义。

其次,法治还是良法之治,法治的实现还要以良好的规则和制度为基础。

---

[23] 参见王贵松:《依法律行政原理的移植与嬗变》,载《法学研究》2015 年第 2 期。

这便意味着,法治政府建设进程中的制度建设工作不仅有规模和形式上的要求,而且其中具体的成果还需要符合"良法"的标准。从当前的基层治理实践来看,制度建设工作无疑难度更大。复杂多变的社会环境对法律和政策有更高要求,立法者需要投入更多的资源对社会结构及其中的利益群体进行研判,才能设计出行之有效的立法方案。而且,由于社会环境变迁,漫长的立法周期难以适应频繁变动的社会形势,法律制度的滞后性问题会更加凸显,从而在另一个层面加大制度建设的难度。因此,在总体上,良好的制度建设进程需要做好以下两个层面的工作:一是结合社会现状制定法律和政策,提高制度与社会的匹配度,不盲目拔高制度建设的标准,使其既能够满足社会公众的利益诉求,也可以适应社会的现有状况与发展趋势;二是在上述基础上,把握体制和社会的转型时机,通过制度建设的方式将具体的治理成果和改革成果固定下来,充分实现制度的规制功能和示范功能。

(二)作为路径探索的中心工作长效机制

从顶层设计来看,尽管国家对法治政府建设提出了总体目标、分解任务和具体措施,但对于地方政府尤其是基层政府而言,如何操作上述建设方案推动行政体制及其运作机制的法治转型,则是一个必须解决的实践性问题。毕竟再完善的制度设计方案也无法穷尽一切实践情形。作为法治政府建设的主要践行者,地方政府的行动会受到既有体制和社会条件的制约,不同层级、不同地区的实践情形会有所区别,改革实践始终需要结合制度设计和现状制约循序渐进。基层治理实践表明,中心工作的长效机制与法治政府建设的基础性目标高度契合,能够有效推动行政管理、公共服务、行政监督等方面的制度建设工作,对地方的法治政府建设实践形成了有效的路径供给。

第一,中心工作的问题导向特征和实践机制,能够为制度建设的有效性提供必要的验证环节。中心工作的发起和运作都具有很强的针对性,基层治理体系发动中心工作往往是为了实现特定的治理目标,这些目标既可以是特殊社会问题的整治,也可以是一些重要的治理事务。在实践中,中心工作的治理目标一般都比较复杂和艰难,常规的治理体系通常难以承接,这便需要治理者另辟蹊径,在既有的制度框架之外去寻找解决之道。因此,中心工作的运作过程必然会产生政府创新行为,其中会包含大量的制度建设工作,为非常规的治理活动提供合法性支撑。随着中心工作的推进,临时创建的规则和制度在实践中被反复实施,其优劣在治理实践中能够得到比较充分的检验。在这个意义上,中心工作的运作过程不仅包含了大量的治理创新实践,其自身也成为制度建设成效的试验场。中心工作模式下创建的规则和制度被用于应对各种特定的治理目标,它们起初都被治理者赋予了专门的功能和使命,也需要在实践中经受考察和筛选。在此过程中,一部分实效显著的临时性制度会脱颖而出,并在实践中不断调整和完善,转变为成熟稳定的制度框架。

第二,中心工作的长效机制提供了治理成果的转化渠道,能够将制度建设实践的有效性转化为制度体系的合理性,形成一套可行的制度革新机制。中心工作为治理创新提供了充足的实践空间,使治理者能够对新的规则和制度开展必要的评估。经过上述优胜劣汰的过程,部分有效性突出的制度建设成果逐渐转入长效机制,或被重新激活发挥治理实效,或由暂行制度转变为长期制度,成为日常性的体制机制要素。在此基础上,为了适应法治政府建设的要求,长效化的制度建设成果还可能通过政府立法、政策制定和体制改革等过程转化为更高层级的形式,成为依法行政制度体系的组成部分。由此,通过中心工作长效机制的驱动和衔接,行政领域的制度体系得以不断更新,社会转型具有了更好的适应能力,法治政府建设过程中对行政体制机制和法律体系的革新要求也得到了满足。

因此,对于兼具改革者和治理者双重身份的地方政府来说,法治政府建设既是一套完整的制度设计方案,也将会是一个艰辛的体制机制改革进程。在这个进程中,地方政府需要充分发挥主观能动性开展诸多创新和实验,寻求适合自身的建设方式。在上述目标的触发下,许多既有的体制机制要素被地方政府作为资源和手段投入法治改革当中,并在实践中展现出一定的有效性。也正是从这个角度看,中心工作模式及其长效机制构成了一种对于改革实践路径的探索,对于法治政府建设来说无疑具有重要意义。

(三)"规划—试验"型法治政府建设路径的雏形与推进

中心工作模式及其长效机制表明,当前的法治政府建设遵循一条规划与试验并行的实践路径。自1997年党的十五大首倡依法治国以来,国家和执政党针对建设社会主义法治国家的总体性目标开展了一系列顶层设计工作。具体到法治政府建设领域,体现为2004年的《全面推进依法行政实施纲要》和2015年的《法治政府建设实施纲要(2015—2020年)》。在法治政府建设的进程中,宏观性的法治规划具有引领作用,相关建设要求和改革目标既可以为地方层面的政府改革提供一个参考标准,也能够对具体的体制改革措施构成一种软性约束。

从实践上看,宏观性的法治规划能够大体约束地方的法治政府建设方向和举措,从而实现国家法治的整体性和统一性。但是,由于地方层面的社会经济发展程度不一,法治政府建设的制度基础和外部条件不尽相同,基本无法实现严格的一致化标准。因此,在宏观法治规划的整体性要求下,立法者和制度设计者便需要根据地方和基层的具体情况来进行细化的制度建设工作,以保证能够充分回应社会转型和社会多元背景下的具体需求。在上述要求下,微观层面的法治政府建设便需要将宏观的法治规划内容向具体的建设实践转化,并在治理实践中检验转化成果的合理性和有效性,通过反复试错来逐步提升法治政府建设的水平,最后获得较成熟和可行的方案。〔24〕

总体上,在当前的法治政府建设路径下,政府的体制机制改革既要符合宏观的法治规划,也会在匹配体制和社会条件的过程中展开制度试验,在整体上构成一种“规划—试验”型法治政府建设路径。但是,在社会快速转型和区域差异显著的大前提下,这种法治政府建设模式无疑能够有效平衡中央和地方的关系问题,〔25〕并在一定程度上缓解区域差异对法治统一形成的冲击,其将在此后相当长的一段时期内成为我国地方和基层法治政府建设的重要参考路径。

五、结 语

在社会治理改革背景下,中心工作是解决基层领域复杂治理问题的有效方式。在这一模式中,基层治理体系将一定阶段下的重点社会问题列为中心工作目标,并设置高强度的目标责任压力,促使治理者关注特定的治理事务。中心工作突破了常规的科层化行政模式,以党政体制主导基层治理过程,充分调动治理资源,有效克服了不同职能之间的协同问题,使整个治理体系统一服务于中心工作目标。在实践中,中心工作模式能够较好地贯彻法规和政策,并改善整体治理环境。在此基础上,原有低效甚至失效的制度会被重新激活,新的制

〔24〕 参见付子堂、张善根:《地方法治实践的动力机制及其反思》,载《浙江大学学报(人文社会科学版)》2016 年第 4 期。

〔25〕 参见郑智航:《法治中国建设的地方试验——一个中央与地方关系的视角》,载《法制与社会发展》2018 年第 5 期。

度也会有更好的实施条件,治理的效能将持续发挥作用。

总体上讲,基层治理的中心工作模式兼具社会治理和制度建设两项功能,其中的长效机制在实践中推进了行政管理和公共服务的制度化水平,可被视为基层治理法治化转型的一种重要实现渠道,也构成了地方和基层法治政府建设的一种具体路径。法治政府与法治国家、法治社会一同构成了中国法治的“一体两翼”。[26] 在法治政府建设的关键时期,基层政府在各领域均面临依法行政的要求和压力;然而,法治政府建设不仅需要有效的顶层设计指引,更需要改革者和治理者的实践积累。法治政府建设是一个艰难而漫长的转型过程,尤其是在复杂的基层治理领域中,面对变动的社会结构和分化的利益格局,行政体制会受到更多限制,进而有效治理的实现难度也将大幅增加。[27] 这便需要立法者和治理者提供有效的实践方案,探索出一条适合我国国情的法治政府建设路径。当然,在广阔的基层治理场域中,中心工作模式及其长效机制并非唯一的探索实践。在常规立法工作和既定改革方案之外,基层治理空间中还有许多成熟和有效的实践经验正沿着“规划—试验”型法治政府建设的路径不断发展。研究者应当不断深入关注这些经验,并于其中总结出法治建设的有益经验。

Central Work Pattern of Grassroots Governance and its Long-term Mechanism
—Also on the Path Exploration of the Law-based Government Construction

Liu Yang

Abstract: Based on the work practice of “263” special campaign in X District of Southern Jiangsu, this paper investigates the central work pattern of grassroots governance and its long-term mechanism, and discusses the significance of this mechanism to the law-based government construction. In the central work pattern, the administrator needs to set clear governance objectives first, and then transform the governance system according to the specific objectives, so as to fully gather

---

〔26〕 参见陈柏峰:《中国法治社会的结构及其运行机制》,载《中国社会科学》2019 年第 1 期。

〔27〕 参见刘磊:《基层政权建设的演变及进路——以政—民关系为视角》,载《中国法律评论》2018 年第 4 期。

and efficiently use governance resources. The central work pattern can effectively improve the overall governance environment, enable the follow-up governance work to be carried out on a better basis, and form a long-term mechanism by activating the existing system and promoting the system construction. The long-term mechanism of the central work pattern reflects the trend of standardized and institutionalized transformation of grassroots governance, which is highly consistent with the connotation of law-based government and can be regarded as an exploration and practice of the construction path of law-based government. This practice constitutes the rudiment of a "planning-experimental" law-based government construction and can become an important reference path for the construction of local and primary-level government ruled by law in China.

Key words: Grassroots governance; Central work; Long-term mechanism; Law-based government

“一裁两审”:劳动争议解决机制的效率悖论及其改进*

——基于2014～2018年北京法院审理的4431件劳动者严重违反用人单位规章制度案件判决书

柯振兴**

内容提要:

在中国,劳动争议解决机制实行“一裁两审”制。劳动仲裁为诉讼的前置程序,如果当事人对仲裁裁决不服,可以向基层人民法院起诉,如果对于一审判决不服,还可以向中级人民法院上诉。如果当事人穷尽所有程序,会造成程序冗长,这对劳动者来说尤其不利。在当前这一体制不会发生改变的前提下,仲裁机构和人民法院采取了很多措施来革除这一弊端。笔者整理了2014年至2018年由北京法院审理的劳动者严重违反用人单位规章制度案件,考察其中的几项措施,并进一步讨论如何改进“一裁两审”体制。统计结果显示:第一,即使法官大量适用简易程序加快审理,但少数案件因为案情复杂等,审结时间依然很长。第二,在上诉阶段,存在少数企业恶意上诉的情况;在起诉阶段,因为仲裁员和法官适用法律的不一致,会增加当事人不服仲裁裁决而选择起诉的意愿。这两种情况都会拖延案件的最终解决。治本之策,首先是调整案件受理费,提高当事人的上诉成本,降低恶意上诉的可能性。其次是提高仲裁员和法官适用法律的一致性,降低当事人不服仲裁裁决后的起诉意愿。同时,可以利用繁简分流改革,扩大劳动争议案件“一审终审”的适用范围,使更多案件能在一审阶段

---

* 本文曾在“《人大法律评论》2021年冬季年会|部门法研究的两种未来”上进行宣读,感谢评议人陈天昊老师的建议,也感谢《人大法律评论》编辑部的审稿意见。本文受天津社科基金项目“职场性骚扰的认定和防治规则研究”(项目编号:TJFX22-001)的资助。

** 南开大学法学院讲师。

解决。

关键词:

“一裁两审” 劳动者严重违反用人单位规章制度案件 简易程序 适用法律一致性

在我国,劳动争议解决机制为“一裁两审”制,劳动仲裁为法院诉讼程序的前置程序,当事人如果对仲裁裁决不服,可以向基层人民法院起诉,如果仍对一审判决不服,可以上诉到中级人民法院。法律如此设计,本意是为了分流案件,希望当事人通过便捷的仲裁程序解决纠纷,不必向法院起诉。然而,现实却是大量当事人不服仲裁裁决,因而起诉到基层人民法院,如果不服一审判决,还会上诉到中级人民法院,从而将劳动争议处理程序变成实质上的民事“三审”终审制。并且,根据法律规定,仲裁时限最长可达60天,一审审限最长可达6个月,二审审限最长可达3个月;在特殊情况下,经批准,一审和二审的审限都可以延长。这就导致很多时候,一件劳动争议往往需要特别长的时间才能被最终解决。其后果是,企业和劳动者都不得不付出大量的时间和经济成本,这对弱势的劳动者尤其不利。

在当前“一裁两审”制不会有大变动的背景下,劳动仲裁机构和人民法院采取了积极措施以减轻这个制度的不足。学术界和实务界也提出了很多建议〔1〕,但是基于裁判文书的实证研究目前还较少〔2〕。笔者整理了2014年至2018年北京法院审理的劳动者严重违反用人单位规章制度的裁判文书,并在此基础上展开讨论。首先,本文将呈现这类案件目前在北京法院的审判状况。其次,本文将考察劳动仲裁机构和人民法院对于“一裁两审”的几项改进措施,并提出进一步的建议。

---

〔1〕 参见涂永前、贾卿璇:《劳动争议处理研究综述及未来展望》,载《山东科技大学学报(社会科学版)》2018年第5期。

〔2〕 比如,黄宣、朱程:《劳动争议仲裁前置程序的反思与路径完善——基于353份判决书的实证分析》,载《东北农业大学学报(社会科学版)》2018年第5期。

一、背　　景

(一)劳动争议"一裁两审"制与"效率"原则

1. 效率原则在劳动争议解决中的重要性

效率是司法的重要原则,在劳动争议解决机制中尤其重要。《劳动争议调解仲裁法》第 1 条陈述的立法目的中的用词是"公正及时解决劳动争议",可见其中包含了"及时"这一效率上的要求。首先,劳动争议的及时解决,可以节约当事人的时间和精力。在这一方面,效率原则对于劳动者更加重要。相较企业,劳动者更难承担大量的时间和经济成本。此外,即使在部分案件中,劳动者有较大的概率胜诉,但为了能尽早拿到补偿金或者赔偿金,劳动者很可能选择调解妥协。虽然此时劳动者可以拿到款项,但是很难拿到全额,从而造成收入上的损失。[3] 其次,虽然企业有能力承担更多的时间和精力成本,但并非每家企业都愿意卷入冗长的程序中。因为这会分散企业精力也增加成本,特别是很多小微企业,都希望劳动争议能被尽快解决。此外,尽早结束争议解决程序,也有利于劳动关系的稳定。比如,在解除劳动关系的案件中,劳动者要求继续履行劳动合同,在仲裁和诉讼的最终结果没有出来之前,劳动者未来的工作会处于不确定状态;而企业对于是否招聘新员工填补岗位空缺也会有顾虑,即担心法院最终判决劳动者继续履行劳动合同从而造成重复招聘。但如果等待法院判决时间过长,岗位的空缺又会对企业的运营带来影响。最后,对于司法部门来说,效率原则也要求人民法院尽快处理劳动争议案件。在社会上,大部分人都需要通过工作来获得收入,因此劳动争议的数量一般也较大。如果不能设计出一个有效率的劳动争议纠纷解决机制,便会有大量劳动争议案件涌入法院挤占审判资源,而法院如果无法及时审结这些案件,就会造成案件的堰塞湖。有些劳动案件的结果关系劳动者最基本的生存,如果得不到及时审结,最后还可

[3] 王甫希等学者整理了北京市劳动争议调解中心的 10,515 件劳动争议档案,发现拥有较低权力的农民工相较城镇职工更加容易在调解中作出大的让步。参见王甫希等:《农民工劳动争议调解情况如何:差异性法律保护与争议性质的调节作用》,载《中国人力资源开发》2017 年第 10 期。

能影响到社会的稳定。[4]

需要注意的是,效率原则也并非劳动争议解决机制的唯一原则,公平原则也很重要。在美国,劳动者和企业可以在劳动合同中约定通过仲裁(并非劳动仲裁,而是普通的商业仲裁)来解决劳动仲裁,并且实行“一裁终局”。但是,这种制度会造成一定的公平问题。比如,在法院审理的案件容易引起社会关注,而仲裁基于其具有的私密性就没有这样的效果。以职场性骚扰为例,美国企业一般会要求劳动者在劳动合同中约定通过仲裁解决职场性骚扰纠纷。假如真的有高管实施了性骚扰,受害人提起仲裁并且获胜,但是由于仲裁本身的私密性,高管的性骚扰行为无法被更多人知晓,故高管即使支付了赔偿金,依然可能会继续骚扰其他下属,而其他下属因为一无所知,也容易成为新的受害者。鉴于此,2021 年,美国通过了《终止性侵犯和性骚扰强制仲裁法》(the Ending Forced Arbitration of Sexual Assault and Sexual Harassment Act)。该法规定,即使劳动者在劳动合同中同意采取仲裁方式解决性骚扰纠纷,劳动者依然可以就该事项向法院起诉。

2.“一裁两审”制与效率悖论

新中国成立以后,中国的劳动争议主要通过申诉等方式处理。改革开放以后,随着劳动合同制度的设立,企业获得了更多建立和解除劳动合同的权利,企业和员工之间的纠纷也日益增加。1986 年国务院颁布的《国营企业辞退违纪职工暂行规定》(已于 2001 年失效)第 5 条规定:“被辞退的职工对企业作出的辞退处理不服的,可以在收到辞退证明书之日起的十五日内,向当地劳动争议仲裁委员会申诉,由劳动争议仲裁委员会仲裁;对仲裁不服的,可以向当地人民法院起诉。”1994 年颁布的《劳动法》第一次以国家立法的形式确立了劳动争议解决的“一裁两审”制。

对于“一裁两审”制是否符合效率原则,现实中有争议。批评者认为,“一裁两审”制中,如果当事人不服仲裁裁决而起诉,或不服一审判决后上诉,将使劳

---

〔4〕 最高人民法院民一庭负责人曾表示:“全国法院受理的劳动争议案件数量居高不下,并呈现出关系复杂化、诉讼群体化、诉求多样化、问题疑难化的特点。劳动争议案件已经成为全国法院受理的民事案件中数量增长多、敏感程度高、涉及范围广、结案压力大的纠纷类型。”参见杨维汉:《最高法院出台劳动争议案件新司法解释》,载中国工会新闻网,http://acftu.people.com.cn/n/2013/0201/c67502-20398819.html。

动争议处理的程序冗长,对劳动者尤其不利。[5] 在劳动争议调解仲裁法征求意见的过程中,全国人大常委会任茂东等委员曾建议将其修改为“或裁或审”的方式,即“裁审自择,各自终局”。[6] 但是,《劳动争议调解仲裁法》最后还是维持了“一裁两审”制。信春鹰作关于劳动争议调解仲裁法草案的说明时指出:“这一处理程序能使劳动争议尽可能在比较平和的气氛中得到解决,尽量减少打官司。”[7] 同时,为了减轻程序冗长的弊端,该法针对小额案件设计了“一裁终局”制度。[8] 《劳动争议调解仲裁法》第 47 条规定:“下列劳动争议,除本法另有规定的外,仲裁裁决为终局裁决,裁决书自作出之日起发生法律效力:(一)追索劳动报酬、工伤医疗费、经济补偿或者赔偿金,不超过当地月最低工资标准十二个月金额的争议;(二)因执行国家的劳动标准在工作时间、休息休假、社会保险等方面发生的争议。”

从数据看,可以说仲裁终结率部分实现了立法目的。依据人力资源和社会保障部 2020 年和 2021 年的统计,2020 年仲裁终结率为 70.5%,2021 年仲裁终结率为 71.1%。[9] 更早时期,依据学者的估算,2016 年全国范围内,62% 的劳动争议案件在经历劳动仲裁后没有被起诉到法院。[10] 更早一些,依据学者的测算,从 1987 年到 2004 年,劳动争议案件中,劳动仲裁解决的占 60.8%,诉讼

[5] 参见秦国荣:《我国劳动争议解决的法律机制选择——对劳动仲裁前置程序的法律批判》,载《江海学刊》2010 年第 3 期。

[6] 参见陈默:《争议〈劳动争议调解仲裁法〉》,载新浪财经网,http://finance.sina.com.cn/roll/20071109/15201782406.shtml。

[7] 庄永廉:《“一调一裁两审”不宜轻易否定》,载中国人大网,http://www.npc.gov.cn/zgrdw/npc/xinwen/lfgz/lfdt/2007-08/27/content_370851.htm。

[8] “法律设立终局裁决制度的目的是让更多涉及劳动者基本权益的简单、小额案件以及涉及劳动标准的案件终结在仲裁阶段,既减少劳动者诉累,又节约司法资源。”参见孙航:《完善劳动人事争议多元处理机制 维护劳动人事关系和谐社会稳定——人社部调解仲裁司、最高法民一庭负责人就〈关于劳动人事争议仲裁与诉讼衔接有关问题的意见(一)〉答记者问》,载《人民法院报》2022 年 3 月 1 日,第 3 版。

[9] 参见《2021 年度人力资源和社会保障事业发展统计公报》和《2020 年度人力资源和社会保障事业发展统计公报》。

[10] 参见沈建峰、姜颖:《劳动争议仲裁的存在基础、定性与裁审关系》,载《法学》2019 年第 4 期。

解决的占39.2%。[11] 地方上,依据学者的整理,在浙江省,2008年至2012年,2010年的劳动争议起诉率达到61%,其他几年都有大约50%的劳动争议案件进入司法程序。[12] 此外,依据《深圳市劳动争议裁审衔接工作白皮书(2013—2017年)》,[13] 当事人因不服仲裁处理结果向人民法院起诉的比率为19.6%。[14] 依据《广州劳动争议诉讼情况白皮书(2014—2016)》,从2015年开始,起诉率呈明显下降趋势。2011年至2014年,劳动争议仲裁后的起诉率分别为42.6%、53.0%、60.4%、51.6%,而在2015年至2016年,仲裁后起诉率降为27.1%、26.0%。可以说,至少70%的案件中,当事人在仲裁中败诉后没有选择向法院起诉。仲裁裁决生效,既节约了双方当事人的时间成本,也为法院节约了审判资源。正如有学者所指出的:不能简单地认为我国的"先裁后审"制度过于烦琐。[15] 只是,在那70%通过仲裁解决了劳动纠纷的案件之外,30%的案件被起诉到了基层人民法院,其中一部分还可能被上诉到中级人民法院。这就会导致上述程序冗长所致的利益受损情况,需要法律予以回应。

本文所关注的就是这30%的案件,主要思考如何促进这些劳动争议及时解决。本文采取的研究方法是以裁判文书为基础的实证研究,相比于其他研究,首先,这类研究可以使分析更加精细化,比如,对于恶意上诉问题,本文先定义劳动者严重违反用人单位规章制度案件中恶意上诉的情况,然后进行统计,这样就可以准确反映出现实情况。其次,这类研究也可以为后续分析提供更可靠的基础。比如,对于仲裁和一审法院适用法律不一致的问题,本文提供了北京法院2014年至2018年严重违反规章制度案件的数据,据此可以发现过去缩小

[11] 参见朱景文:《中国诉讼分流的数据分析》,载《中国社会科学》2008年第3期。

[12] 参见徐丽雯:《我国劳动争议处理制度存在的问题与完善之策》,载《北京行政学院学报》2014年第2期。

[13] 深圳市劳动人事争议仲裁委员会:《我市首次发布劳动争议裁审工作白皮书》,载深圳市人力资源和社会保障局官网,http://hrss.sz.gov.cn/xxgk/qtxx/gzdt/content/post_2023358.html,最近访问日期:2023年11月19日。

[14] 参见余俐洁、林丽:《深圳市劳动仲裁机构5年受理劳动争议案近15万件》,载深圳新闻网,http://www.sznews.com/news/content/2018-08/21/content_19917401.htm。

[15] 参见谢增毅:《我国劳动争议处理的理念、制度与挑战》,载《法学研究》2008年第5期。

仲裁裁决和法院审判不一致的工作中的"瓶颈",继而可以讨论对其进一步的改善措施。

(二)研究设计

1. 样本的选择:劳动者严重违反用人单位规章制度案件

本文以劳动者严重违反用人单位规章制度案件为研究对象。相关法律依据为《劳动合同法》第 39 条第 2 项,即劳动者严重违反用人单位的规章制度,用人单位可以解除劳动合同。笔者选择此类案件作为研究对象,主要有以下两方面的考虑。首先,劳动争议案件的数量太过庞大,要研究全部判决并不现实。并且,各类劳动争议案件差异较大,从解雇保护案件到追索高温津贴案件,案件性质和复杂程度均不相同,涉及的金额差异也较大。如果采取随机抽样的方法,会使被选择样本之间的内部差异较大,从而缺乏代表性。因此,笔者专门选择一类案件作为研究对象。其次,劳动者严重违反用人单位规章制度案件的合法性要件非常有利于回答本文需要考察的问题。法官对此类案件的合法性审查通常包含程序性要求和实体性要求。实体性要求即法官和仲裁员对解除劳动合同是否合理具有一定的裁量权,据此可以考察仲裁员和法官在法律适用上的不同程序。程序性要件则可以用来考察用人单位是否存在恶意上诉的情况。程序性要素通常是事实问题,如果在一审中,法院已经认定用人单位解除劳动合同的行为缺乏程序性要素,那么即使用人单位上诉,二审法院也将以同样的事实判决企业败诉(下文将予以详述)。此时,用人单位的上诉就有恶意上诉之嫌。

当然,选择案件争议比较复杂的劳动者严重违反用人单位规章制度案件的弊端,就是会放大"一裁两审"制存在的问题。比如,加班工资争议纠纷案件,案情一般比较简单,在查清加班事实后即可计算加班工资。当事人在事实清楚、证据确凿的情况下,更有可能接受仲裁结果;即使当事人对仲裁结果不服起诉到法院,法官的审理也比较迅速,"一裁两审"制的弊端体现得就较少。但是对于学术研究来说,本文的目的是揭示问题,并提出建议。

2. 样本的采集

本文以"北大法宝"数据库检索案件。从理论上讲,如果法官在裁判文书中援引《劳动合同法》第 39 条第 2 款,那么劳动者严重违反用人单位规章制度的案件可以被快速又准确地检索到。然而,现实中,大量的判决书都没有引用该法条。因此,为了保障样本的抽取质量,本研究的抽样将分为两步:第一步为关键词检索;第二步为二次筛选。

第一步,使用"规章制度"和"解除"作为关键词进行检索,时间选取 2014 年 1 月 1 日至 2018 年 12 月 31 日。在地域方面,本文单独选择北京,这主要是因为北京法官撰写的判决书往往比较详细。如上所述,法官对于劳动者严重违反用人单位违章制度案件的审查包含程序性要件和实体性要件,大部分北京法官撰写的判决书都能包含这些要件,这为本研究提供了样本基础。在法院级别方面,本文只检索一审和二审法院审结的案件,不含再审案件。第二步,是二次筛选工作。有些判决书虽然包含"规章制度"和"解除"的关键词,但是其实际上并不属于严重违反规章制度的案件。比如,由于劳动者不能胜任工作而解除劳动合同的案件,虽然判决书中出现了关键词"规章制度"和"解除",但这只是用于考察员工是否胜任工作而涉及的规章制度中的绩效考评,因此这类案件要从样本中剔除。其他需要被剔除的情况包括:劳动关系实际上没有解除,只是双方产生了误会;用人单位和劳动者已经协商一致解除劳动合同;劳动合同已经因其他原因解除,用人单位再以劳动者违反规章制度为由解除劳动合同;劳动者或用人单位基于其他原因上诉(比如,对一审判决中经济赔偿金的数额有争议),二审法院的审理也不涉及对劳动者严重违反用人单位规章制度本身的审查。

在完成上述步骤后,本文还对裁判文书做了以下两方面的处理。首先,对于案情相同但起诉或者上诉的当事人不止一人的情况,本文只随机选取其中一个案件进入样本库。其次,在现实中,我国的裁判文书并没有实现全部上传到中国裁判文书网,[16]北大法宝也是如此。对此,本文的做法是,如果发现缺少二审裁判文书所对应的一审裁判文书,则会以二审文书中的一审信息为补充。对此,本文共补充了 233 份裁判文书。最后,本文共整理出 4431 份判决书,其中,基层人民法院判决书 2857 份。

---

〔16〕 参见唐应茂:《司法公开及其决定因素:基于中国裁判文书网的数据分析》,载《清华法学》2018 年第 4 期。

二、治标之策:案件审判时间挖潜及“瓶颈”

(一)劳动仲裁机构和人民法院缩短案件审判时间的努力

在不改变“一裁两审”制的前提下,提高效率的第一个方法就是缩短仲裁和法院审判的时间。首先,对于仲裁阶段,《劳动争议调解仲裁法》缩短了仲裁的裁决时限。国务院于 1993 年颁布的《企业劳动争议处理条例》(已于 2011 年失效)第 32 条曾规定:“仲裁庭处理劳动争议,应当自组成仲裁庭之日起六十日内结束。案情复杂需要延期的,经报仲裁委员会批准,可以适当延期,但是延长的期限不得超过三十日。”如今,《劳动争议调解仲裁法》第 43 条规定:“仲裁庭裁决劳动争议案件,应当自劳动争议仲裁委员会受理仲裁申请之日起四十五日内结束。案情复杂需要延期的,经劳动争议仲裁委员会主任批准,可以延期并书面通知当事人,但是延长期限不得超过十五日。逾期未作出仲裁裁决的,当事人可以就该劳动争议事项向人民法院提起诉讼。仲裁庭裁决劳动争议案件时,其中一部分事实已经清楚,可以就该部分先行裁决。”其次,《劳动争议调解仲裁法》并没有规定简易程序,仅仅规定“简单劳动争议案件可以由一名仲裁员独任仲裁”。2017 年,人力资源和社会保障部发布《劳动人事争议仲裁办案规则》,其中第三章第三节特别规定了简易处理程序,填补了这方面的空白。地方上,如南京市,其早在 2013 年就颁布了《南京市劳动人事争议仲裁适用简易程序办法》,规定可以对当事人双方关系明晰、权利义务明确、争议事实清楚的特定案件实行简易仲裁程序,并且规定:“适用简易程序审理案件,应当自立案之日起十五天内审结。遇有特殊情况需要延期的,须经劳动人事争议仲裁委员会办公室批准,但是延长期限不得超过七日。”

法院方面的努力主要分为两个方面。首先,法院大量使用简易程序等方式加速审判。例如,在深圳,从 2012 年 5 月开始,为了快捷高效审理简易民商事案件,全市基层人民法院设立速裁庭,集中审理事实清楚、权利义务明确、争议不大的简单民商事案件,大量劳动争议案件被纳入速裁机制得到了快速处理。从 2016 年 6 月开始,深圳市中级人民法院在基层人民法院推行速裁审理机制的基础上,设立了全国首家中级人民法院速裁庭,60% 以上的劳动争议二审案件得以快速审结。[17] 在广州,根据《广州劳动争议诉讼情况白皮书(2014—2016)》,广州市中级人民法院也建有劳动争议速裁机制,该机制有助于大幅缩短二审周期。其次,培养专业的劳动法法官审理案件,以及在法院内部设立由劳动法专业法官组成的劳动法庭,从而推动案件的快速审理。上海、北京、重庆、无锡等地的法院都设有专门审理劳动争议的法庭。[18] 专业法官相较兼审理其他民事案件的法官,在审判业务上更加熟练,有利于快速审结案件。

(二)北京法院劳动者严重违反规章制度案件的相关情况

在北京法院发布的判决书中,一般可以在案件的历史回顾部分看到仲裁的受理和裁决情况。判决书通常也会记录法院的受理时间和判决时间。只是,并非每个判决书都会记录受理时间,因此无法计算一审或者二审的平均审理时长。但是,本研究的统计显示,有一半的一审案件适用了简易程序或者独任程序,而适用简易程序或者独任程序自然可以缩短审判时间。需要指出的是,劳动者严重违反用人单位规章制度案件属于劳动争议中的复杂案件,并且劳动者可能还会提出要求用人单位给付加班费等诉求。这类案件尚且有这么多案件适用简易或者独任程序,那么其他简单案件适用这些程序的比例可能更高。

但是,在适用普通程序审理的案件中,依然有一些案件需要很长时间才能完成审理。例如,“潘某宏与浙江养生堂保健品销售有限公司(以下简称浙江养生堂公司)劳动争议案”,从案号(2016)京0105民初68603号推测,该案是2016年受理的,但是审理完成的时间是2019年6月28日,但从诉求来看,该案似乎也并不复杂。[19] 再如,“北京龙举云兴教育科技有限公司与张某涛劳动争议

---

〔17〕 参见《我市首次发布劳动争议裁审工作白皮书》,载深圳市人力资源和社会保障局官网,http://hrss.sz.gov.cn/xxgk/qtxx/gzdt/content/post_2023358.html,最后访问日期:2023年11月19日。

〔18〕 参见董峻、徐庆松:《“劳动法庭”应运而生 职工维权有新“法宝”》,载中央人民政府网,http://www.gov.cn/xinwen/2014-12/12/content_2789958.htm。

〔19〕 潘某宏向审理法院提出诉讼请求,要求浙江养生堂公司:(1)支付违法解除劳动合同赔偿金589,000元;(2)支付2015年1月~5月住房补贴13,500元,手机费1500元,交通费3200元,招待费3200元;(3)支付2015年1月~5月误餐补助1400元;(4)支付2015年1季度奖金5500元;(5)支付2015年4月、5月工资30,360元。参见北京市朝阳区人民法院(2016)京0105民初68603号民事判决书。

案",其于 2017 年 11 月 15 日立案,审结日期则是 2018 年 10 月 31 日。该案判决书没有披露该企业劳动者的平均工资,但是从工资构成[工资构成为基本工资(最低工资标准 1890 元)及补助(共计 4500 元)、月度预收奖金、月度毛利奖金、年终奖]以及经济赔偿金的数额(71,924.3 元)来看,当事人仅仅是普通收入的劳动者。〔20〕而且该案一审时间很长,双方应该都已非常熟悉彼此的情况〔21〕,但是企业败诉后依然选择上诉。又如,"北京百旺沃瑞汽车销售服务有限公司与张某鹏劳动争议案",2017 年 1 月 9 日立案受理,2018 年 2 月 6 日才审结。〔22〕该案中的劳动者同样是普通职工,从事维修工作,企业同样在败诉后选择上诉。

(三)小结

综上,通过简易程序以及劳动法庭等方式,仲裁机构和人民法院缩短了仲裁和审判的时长,但是出于案件本身的复杂程度及其他原因,一些案件的审理仍然需要很长的时间。笔者认为,要让"一裁两审"更加有效,靠缩短每个程序的审理时长只是一个治标的措施,因此还需要继续探寻治本之策。

三、根本原因:企业恶意上诉和裁审不一致

笔者认为,治本之策应该是尽量减少当事人不必要的起诉和上诉。这里并非主张依靠否定当事人的法定诉权来提高效率,而是说,如果能推动当事人选择服从仲裁裁决或者一审判决,减少不必要的起诉和上诉,就可以从根本上提高劳动争议处理的效率。此外,如果案件数量多,又要求法官快速结案,法官的压力就会比较大;如果案件数量减少,法官的工作可以更有条不紊,又快又好地

〔20〕 参见北京市西城区人民法院(2017)京 0102 民初 31725 号民事判决书。

〔21〕 唐应茂和盛柳刚认为,当事人之间的信息越充分,越有利于当事人解决争议。他们的研究虽然是针对法院执行判决的研究,但是他们认为,当事人是否申请法院执行与当事人是否起诉上诉有共通性。他们以法庭审判时间代表信息充分程度,而结果也显示,审判时间越长,信息交流越充分,越有利于双方当事人减少误会,从而促成其自觉履行法院裁判而不需要申请法院强制执行。参见唐应茂、盛柳刚:《中国司法执行难的计量分析》,载苏力主编:《法律与社会科学》第 4 卷,法律出版社 2009 年版。

〔22〕 参见北京市海淀区人民法院(2017)京 0108 民初 3263 号民事判决书。

审结案件。对于“不必要的起诉和上诉”,首先是少数企业的恶意上诉,其次是仲裁员和法官对法律适用的不一致客观上增加了当事人不服仲裁裁决并起诉到法院的可能性。这两项是导致“一裁两审”制在实际运转时程序冗长的根本原因。在分析当事人的起诉和上诉意愿时,本文将参考普莱斯特和克莱恩的“案件选择理论”。该理论认为,起诉的决策因素包括双方当事人的预期成本,双方掌握的关于胜诉可能性的信息以及诉讼或者调解的直接成本。[23] 这个模型非常强调关于胜诉可能性的信息,这也提醒我们要重视法律适用不一致对于起诉的重要性。波斯纳也指出:“虽然我已经暗示一些诉讼当事人即使败诉也对司法过程表示满意,但是每一个人都喜欢胜诉而不是败诉,喜欢大胜而不是小胜。因此,我可以安全地宣称,一个潜在原告的司法服务的需求,即一个人有可能的法律诉求,与他能否胜诉(如果诉诸法庭)以及他能从胜诉中期待获得的金钱的数额或者其他财物体正相关。”[24]

(一)企业恶意上诉的情况

1. 关于恶意上诉的说明

本文中的“恶意上诉”,是指在二审法院推翻一审判决可能性极小的情况下,当事人依然选择上诉。此处只讨论企业恶意上诉而不讨论劳动者一方,主要是因为双方的举证责任不同。最高人民法院《关于审理劳动争议案件适用法律问题的解释(一)》第44条规定:“因用人单位作出的开除、除名、辞退、解除劳动合同、减少劳动报酬、计算劳动者工作年限等决定而发生的劳动争议,用人单位负举证责任。”由此可知,在劳动者严重违反用人单位规章制度案件中,由企业一方来证明解除劳动合同的合法性。因此,如果一审已经判决企业一方是因为程序原因败诉,例如,没有通知工会,那么即使企业提出上诉,二审法官大概率也会基于企业一方没有通知工会而判决企业败诉。在这种情况下,企业依然上诉,就有恶意上诉之嫌。理论上,劳动者不存在恶意上诉的情况,其只要对企业的决定(无论是程序上还是实体上)有任何疑问,都可以提起上诉。例如,在“蔡某敏与北京美廉美连锁商业有限公司(以下简称美廉美公司)劳动争议案”

---

[23] See Priest, George L. & Klein, Benjamin, *The Selection of Disputes for Litigation*, The Journal of Legal Studies, Vol. 13:1, p. 1 – 55(1984).

[24] Richard A. Posner, *The Federal Courts: Challenge and Reform*, Cambridge, Harvard University Press, 1999, p. 88.

中,劳动仲裁和一审判决都是公司胜诉,劳动者在上诉环节提出该公司未向法院提交证据证明其已按照《劳动合同法》第 43 条的规定事先将与蔡某敏解除劳动关系的理由通知工会。二审法院采纳了劳动者的意见,并以此判决劳动者二审胜诉,并指出:原审法院未考虑美廉美公司在与蔡某敏解除劳动合同时的程序问题,对蔡某敏要求美廉美公司支付违法解除劳动合同赔偿金的请求未予支持,有误,法院予以纠正。[25] 此外,学者经研究发现,此类案件的二审程序,更有可能是劳动者被企业拖入二审程序。[26] 因此,研究企业一方的上诉更有现实意义。

2. 数据的说明

在具体考察之前,本文首先定义变量。在劳动者严重违反用人单位规章制度案件中,法官主要从程序和实体两方面进行考察:程序方面主要指考察企业是否制定了规章制度,且该规章制度是否通过民主程序制定,以及企业是否将解除劳动关系的决定通知了工会;而实体方面主要指考察解雇的合理性(例如,是否过于苛刻),以及是否有相应的证据。

此外,对于胜诉和败诉,如果法院认定解除劳动关系合法,即为企业胜诉。如果法院认定解除劳动关系不合法,即为企业败诉。只是,在北京的司法实践中,还存在一种特殊情况。如上所述,解除劳动合同的案件由用人单位承担举证责任,但是在部分案件中,例如,“中能燃料配送有限公司与北京中联信诚人力资源服务有限公司等劳动争议案”中,法官认为,“在劳动者与用人单位均未能提交证据证明劳动者真实离职原因的情形下,可比照《劳动合同法》第三十六条规定的协商一致解除劳动合同情形,判令用人单位支付劳动者解除劳动关系的经济补偿金”。[27] 在这种情况下,笔者也认可企业败诉。

3. 统计结果

上文已经介绍过程序原因败诉和实体原因败诉的分类,需要说明的是,如果败诉原因既有程序上的原因(如没有通知工会),也有实体上的原因(解雇决定过于苛刻),则该案例为程序原因败诉。如表 1 所示,企业出于实体原因一审

[25] 参见北京市第二中级人民法院(2014)二中民终字第 03768 号民事判决书。

[26] 参见王蓓、程龙、吕国凡:《劳动争议诉讼的实证考察与对策研究——以公平与效率的关系为视角》,载《四川大学学报(哲学社会科学版)》2012 年第 5 期。

[27] 北京市西城区人民法院(2017)京 0102 民初 22606 号民事判决书。

败诉,有791家企业选择上诉,其中有12件在二审法院胜诉。这一统计结果也符合预期,因为二审法官可能和一审法官在合理性标准上有所不同,二审法官有改判的可能性。这些改判也可以解释为何企业的上诉意愿比较高,即收益高而成本低。例如,“北京奥特奇生物制品有限公司(以下简称奥特奇公司)与董某强劳动争议案”中,企业在仲裁中获胜,一审法院判决企业败诉并支付赔偿金170,266.07元,但是二审法院改判企业胜诉,无须支付赔偿金。[28] 成本方面,2006年国务院颁布的《诉讼费用交纳办法》规定,劳动争议案件一审和二审的案件受理费均为10元。虽然企业的诉讼成本一般还包括律师费,但是很多企业委托本公司的法务人员或人力资源部门员工担任诉讼代理人,并没有聘请律师。同时,有180家企业即使出于程序原因一审败诉,依然选择上诉,而二审结果也如预期,全部败诉。因此这些上诉可以被认为是恶意上诉。虽然恶意上诉的比例只有12%[180/(265+1203)],并不算严重,但是其也对劳动者能尽早拿到赔偿金造成了巨大阻碍。

表1 2014~2017年企业不服北京基层人民法院判决而选择上诉的情况

企业一审败诉	程序原因败诉(265件)	不上诉或者上诉后撤回:85件
		上诉:180件,其中胜诉:0件
	实体原因败诉(1203件)	不上诉或者上诉后撤回:389件
		上诉:791件,其中胜诉:12件

4.企业恶意上诉原因分析

从普莱斯特和克莱恩的“案件选择理论”和波斯纳的观点来分析,企业因为程序性原因一审败诉后仍然选择上诉是反常识的,因为即使上诉成本很低,预计的胜诉可能性也几乎为零。对此笔者的猜测是,这类企业可以通过上诉获得诉讼利益之外的收益。

---

〔28〕 一审判决企业败诉的原因是,奥特奇公司的员工手册将拒绝签收公司送达的各类文件视为严重违反劳动纪律,该规定并未考虑劳动关系履行中的具体情况,过于笼统和严苛。但是,二审法官认为,董某强虽对处罚决定持有异议,但其完全可以在签收时提出自己的意见向奥特奇公司申诉,现其拒收处罚决定的行为违反了员工手册的规定,构成严重违纪,奥特奇公司据此与其解除劳动合同符合法律规定,属于合法解除。参见北京市第三中级人民法院(2015)三中民终字第10071号民事判决书。

综合新闻报道,这些收益主要包括几个方面,其中比较值得注意的两类情况是:首先,企业通过拖延支付时间,希望员工迫于生活压力因想尽早拿到赔偿金而妥协让步。[29] 对于起诉企业违法解除劳动关系的员工来说,恶意上诉是一种刁难[30],其可以拖延劳动者拿到赔偿金的时间,同时企业也利用上诉来向其他员工传达"不要采用这种方式维权"的信息。其次,上诉还包括企业出于资金周转等原因,推迟支付因败诉而必须支付的金额。[31] 并且,案件所涉补偿或者赔偿不发生利息计算的问题,因此,利用上诉来拖延时间也可以变相减少实际履行的金额。[32] 除这些原因外,宁波法院的一份报告指出,很多制度健全的大型企业或具有一定规模但劳动争议频发的企业,一般都设置了专门的法务部门,有专人负责案件的诉讼。即使有些案件事实清楚,法律适用也正确,这些法务人员"为了与公司上层有所交代",也会选择上诉。[33] 综上,即使企业的上诉大概率在二审也会败诉,但是基于这些原因,企业仍然会选择上诉。

〔29〕 施杰在接受《工人日报》采访时亦指出:"劳动争议处理时间的延长,增大了劳动者维权的成本,许多劳动者被迫放弃自己的正当权利或谋求其他途径解决。"参见郑莉、尹雪梅、邹倜然:《莫让维权成本压垮劳动者》,载《工人日报》2014年3月11日,第2版。

〔30〕 《广州劳动争议诉讼情况白皮书(2011—2013)》也指出:"部分用人单位恶意刁难离职员工,恶意拖延支付劳动报酬或相关补偿,滥用诉权,耗尽所有处理程序,对明知必败无疑的案件,拒不接受调解,也要将'一裁二审'程序全部走完,拖延履行用人单位的法定义务等。"参见广州市中级人民法院课题组:《广州劳动争议诉讼情况白皮书(2011—2013年)》,载刘俊、王中伟主编:《社会法学研究》第1辑总第2辑,法律出版社2014年版。

〔31〕 "作为用人单位一方,涉及到资金周转等诸因素的考虑,单位在明知劳动仲裁阶段的处理结果是准确的,向法院起诉的结果必将败诉的情况下,仍然会提起诉讼,并且在一审后借助低廉的上诉费诉至中院,拖延款项的给付时间,这属于典型的'恶意'诉讼。"参见张小秀、黄乐明:《劳动争议案件诉讼费过低的合理性》,载南昌市新建区人民法院官网,http://jxxjfy.jxfy.gov.cn/article/detail/2018/10/id/3527667.shtml。

〔32〕 参见任小娟:《劳动争议案件上诉率居高不下的原因分析》,载西安市中级人民法院官网,http://xazy.sxfywcourt.gov.cn/article/detail/2014/07/id/1595094.shtml。

〔33〕 参见《关于劳动争议案件上诉率的统计与分析》,载宁波法院网,http://www.nbcourt.gov.cn/art/2016/9/9/art_3414_73119.html。

(二)仲裁和审判适用法律不一致

1. 起因

如前所述,我国劳动争议纠纷解决采取的是"一裁两审"的体制。理论上,劳动争议的仲裁和法院审判是两个独立的环节。劳动仲裁员和法院法官并不是上下级的关系,各自遵循"以事实为依据,以法律为准绳"的原则来审理案件。在现实中,存在法条不够清晰或者法律规定空白之处,劳动仲裁机构和法院会根据自己对法条的理解颁布各自的审判会议纪要或者裁判方法作为指导。有学者在调研了全国 50 家省、市、县人社局后指出,仲裁机构设在政府人力资源和社会保障部门,因此必须遵守该部门的上级政策和工作安排,"这导致它在办案依据以及法律理解适用上和法院存在明显差别"。[34] 不少文章也证实了裁审之间的规则不一致,例如,有的学者指出了劳动报酬追诉期的规则不一致问题[35],还有学者提出要统一裁审的受案范围、裁判标准和证据规则[36]。

从减少当事人起诉的角度考虑,应该推动仲裁机构和法院案件审理结果的一致性。这是因为,如果仲裁机构和法院在适用法律的时候存在显著差异,那么会向在仲裁中"败诉"的当事人释放一个信号,即使仲裁"败诉",其起诉到法院后还有很大的胜诉可能性,这等于是在鼓励当事人积极起诉。反过来,如果能实现案件被起诉到法院后,审判结果与仲裁结果基本一致,长此以往,当事人的起诉意愿就会降低。当事人在仲裁"败诉"后,考虑起诉需要付出的时间和经济成本,即结果可能是像劳动仲裁裁决一样"败诉",将促使其在决定起诉时更加谨慎。此时,对法院来说,劳动争议案件的数量便会降低,法院也不用担心大量的劳动争议案件挤占法院的审判资源,影响其他民事案件的审理。

2. 裁审规则衔接工作

要实现仲裁员和法官适用法律相一致,第一步就是要统一这两个机构的审

---

〔34〕 参见王伦刚、纪麟芮:《准司法和泛行政:劳动人事争议仲裁院性质实证考察》,载《中国法律评论》2019 年第 6 期;徐丽雯:《我国劳动争议处理制度存在的问题与完善之策》,载《北京行政学院学报》2014 年第 2 期。

〔35〕 参见邓峰:《论劳动争议裁审机制的优化》,载《中国劳动》2015 年第 18 期。

〔36〕 参见沈建峰、姜颖:《劳动争议仲裁的存在基础、定性与裁审关系》,载《法学》2019 年第 4 期。

判规则。中共中央、国务院《关于构建和谐劳动关系的意见》(中发〔2015〕10号),明确提出"加强裁审衔接与工作协调,积极探索建立诉讼与仲裁程序有效衔接、裁审标准统一的新规则、新制度。"此后,人力资源和社会保障部与最高人民法院联合发布了《关于加强劳动人事争议仲裁与诉讼衔接机制建设的意见》。2017 年,人力资源和社会保障部等部门联合发布《关于进一步加强劳动人事争议调解仲裁完善多元处理机制的意见》,再次强调加强仲裁与诉讼的衔接:"建立仲裁与诉讼有效衔接的新规则、新制度,实现裁审衔接机制长效化、受理范围一致化、审理标准统一化。"

根据这些文件的精神,从中央层面开始,人力资源和社会保障部与最高人民法院不断共同发布审判指导意见。例如,2020 年 7 月 10 日,人力资源和社会保障部与最高人民法院就新冠疫情中的劳动法等问题发布了第一批劳动人事争议典型案例。2021 年 6 月 30 日,人力资源和社会保障部与最高人民法院又联合发布第二批劳动人事争议典型案例,这批案例主要涉及违法超时加班问题。2022 年,人力资源和社会保障部与最高人民法院发布《关于劳动人事争议仲裁与诉讼衔接有关问题的意见(一)》,继续指导推动仲裁与诉讼的衔接工作。在地方层面,一些地方的劳动仲裁机构和人民法院联合发布规范性文件,有的甚至早于中央层面的行动。例如,北京市一直在推动裁审的规则统一工作。早在 2009 年,北京市高级人民法院、北京市劳动争议仲裁委员会就发布了《关于劳动争议案件法律适用问题研讨会会议纪要》,之后又陆续发布了《关于劳动争议案件法律适用问题研讨会会议纪要(二)》和《关于审理劳动争议案件法律适用问题的解答》。又如,浙江省,从 2012 年开始,连续 5 份《关于审理劳动争议案件若干问题的解答》都是由浙江省高级人民法院民事审判第一庭和浙江省劳动人事争议仲裁院联合发布的。除制定联合文件外,一些地方还推进信息共享,打破裁审衔接工作"信息壁垒",包括不断加强信息化手段的应用,共同打造数据共享、信息比对、协同办案等在线工作平台。上海市和深圳市还披露了裁审结果对比情况。在上海,经过调解、仲裁的案件有 10% 进入诉讼程序;进入诉讼程序的案件裁审结果一致率超过 75%。[37] 在深圳,生效判决结果与仲裁裁

〔37〕 参见孙航:《完善劳动人事争议多元处理机制 维护劳动人事关系和谐社会稳定——人社部调解仲裁司、最高法民一庭负责人就〈关于劳动人事争议仲裁与诉讼衔接有关问题的意见(一)〉答记者问》,载《人民法院报》2022 年 3 月 1 日,第 3 版。

决结果完全一致的占比61.36%;判决支持诉求与仲裁裁决结果一致但金额不一致的占比17.6%;判决支持诉求与仲裁裁决结果部分不一致的占比15.85%;判决结果与仲裁裁决结果完全不同的占比5.19%。[38] 但是,上述报告的不足之处在于没有对案件进行区分。在有些案件中,仲裁员和法官的自由裁量权比较少,仲裁员和法官适用法律的一致性就比较高。本文选择的劳动者严重违反用人单位规章制度案件中的企业若要合法解除劳动合同,企业的解除除需要符合程序性要件外,也需要满足解除的合理性条件,而合理性就属于自由裁量的范围。选择这类案件作为考察对象可以更好地揭示仲裁员和法官适用法律不一致的情况。

3.北京法院违纪解除案件的裁审情况

表2显示,2014~2018年有20%左右的案件,仲裁裁决和法院审判结果不一致。[39] 考虑到在北京市,劳动仲裁和法院审判对于劳动者严重违反用人单位规章制度案件适用的规则是一致的,那么,这说明仅仅依靠裁审规则的统一不可能实现适用法律的统一。首先,仲裁员存在错判的情况。需要注意的是,并非仲裁员和法官适用法律不一致,仲裁裁决就是错误的。这里所指的情况是,企业在劳动仲裁中胜诉,但是一审法官出于程序性原因判决企业败诉。例如,一审法官发现企业的规章制度并不是经过民主程序制定的,但是仲裁裁决企业胜诉,可以倒推仲裁员并没有发现这个足以导致企业"败诉"的事实。但这种情况并不多,5年中也只有34件。其次,一审法官和仲裁员对于解雇合理性的标准不一致,而一审法官有权力也有意愿推翻仲裁裁决。只是这个结果可能导致当事人对于仲裁裁决的不信任,更有可能使其在仲裁失败后将争议起诉到法院,使程序更加冗长。

---

〔38〕 参见《深圳市劳动争议裁审工作白皮书来啦!》,载微信公众号"深圳市中级人民法院"2018年8月21日,https://mp.weixin.qq.com/s/6fMPhHO_riKwfvkWGnRKZA。

〔39〕 这5年的比例分别是:2014年:(76+52)÷530=24%;2015年:(66+38)÷474=22%;2016年:(59+33)÷482=19%;2017年:(58+47)÷595=18%;2018年:(77+65)÷678=21%。

表2 2014~2018年北京基层人民法院劳动者严重违反用人单位规章制度案件审判结果(与劳动仲裁裁决结果相比较)

单位:件

仲裁裁决①	基层人民法院审判	2014年	2015年	2016年	2017年	2018年
公司胜诉	公司胜诉	105	102	100	129	208
公司败诉	公司败诉	297	268	290	361	328
公司胜诉	公司败诉	76	66	59	58	77
公司败诉	公司胜诉	52	38	33	47	65
总数		530	474	482	595	678

①仲裁结果中剔除了不予受理等没有实体裁决结果的情况。

四、改善之策

(一)修改诉讼费

笔者认为,要提高"一裁两审"的效率,减少不必要的起诉和上诉,第一个治本之策是提高诉讼成本。一些研究发现,案件标的额会对当事人对于起诉和上诉的决策产生影响,例如,有学者考察了中国台湾地区的劳动争议解决机制后发现,劳动争议所涉及的数额越大,劳动者一方就越可能去起诉。特别是,如果金额在5000新台币以下,则只有10%的案件会起诉到法院;如果金额增加到15,000~35,000新台币,那么(调解失败后)起诉的可能性会增加18%。[40]

既然案件的收益会影响当事人起诉和上诉的决策,那么同理,起诉和上诉的成本也会影响相关决策。法院的案件受理费就是一项重要的成本。2006年,国务院颁布的《诉讼费用交纳办法》规定,劳动争议的案件受理费是每件10元,而不是按照诉讼请求金额的比例交纳。此举是为了降低诉讼成本,鼓励当事人(特别是劳动者一方)通过诉讼维护自身权益。但是现在来看,如此低的案件受理费也会助长企业的恶意上诉,故而应该被修改。目前,对于修改劳动争议案

〔40〕 See Huang Kuo-Chang, Chen Kong-Pin & Lin Chang-Ching, *An Empirical Investigation of Settlement and Litigation*, Journal of Empirical Legal Studies, Vol. 7:4, p. 786 - 810(2010).

件受理费用的观点有两种:第一种观点认为,对劳动者起诉和上诉维持10元的案件受理费,将用人单位或者用人单位以及较高收入的劳动者起诉和上诉的案件受理费调整为按照诉讼标的金额的比例执行。[41] 第二种观点则主张诉讼收费双轨制,即劳动争议案件的一审、二审实行不同的收费标准。一审案件可以按照现有标准收费,但进入二审的案件可以按照诉讼标的金额的比例标准收费。[42] 笔者赞成第二种方法。首先,修改二审案件的受理费标准,提高上诉的经济成本,从而降低恶意上诉的可能性。其次,有针对性地修改二审的收费标准而保持一审的收费标准不变,这样对于现有体制的总体改动较小,比较有利于修改的顺利推进。

(二)统一仲裁和审判的法律适用

1. 法院一审、二审判决结果一致性较高的原因探讨

在讨论仲裁机构和法院适用法律不一致之前,本文先分析法院一审和二审法官审判结果一致性较高的原因,从而为提高仲裁员和法官的法律适用一致性提供借鉴。对此笔者认为,一审、二审法官的审判结果一致性较高,既是法官业务素质的体现,也得益于制度安排。

首先,要成为法官,应受过专业的法学教育,特别是位于大城市的法院,其中很多法官都具有硕士研究生学历。此外,法官都通过了法律职业资格考试。因此,法官的法律素养和能力比较高,有利于他们对法律的解读趋于一致。

其次,制度的作用也非常重要。对于一审法官来说,在司法责任制的背景下,其非常在意其所审的案件是否被二审法官改判。如果是一审判决出现错误,那么不仅一审法院的荣誉将会受损,法官本人也会受到批评教育以及收入方面的损失。[43] 因此,法官必须认真研究法律,认真审判,避免出错。同时,一审法官重视上级法院的内部审判指导,遇到疑难案件会采取书面或者口头的方式向上级法院汇报,希望得到二审法院的指导意见。二审法官也会通过正式和

---

[41] 李小军:《劳动争议中用人单位恶意诉讼的防治》,载《哈尔滨学院学报》2012年第4期。

[42] 参见《关于劳动争议案件上诉率的统计与分析》,载宁波法院网,http://www.nbcourt.gov.cn/art/2016/9/9/art_3414_73119.html。

[43] 参见席月民:《民商事案件二审改判的标准及其规则之治》,载《中国政法大学学报》2018年第3期。

非正式途径进行指导,最高人民法院印发的《关于规范上下级人民法院审判业务关系的若干意见》第10条规定:"中级人民法院通过审理案件、总结审判经验、组织法官培训等形式,对基层人民法院的审判业务工作进行指导。"此外,对于二审法官来说,在法官享有自由裁量权的案件中,虽然其可以自己的标准推翻一审法官的标准,但是这个权力也不能被任性使用。2007年,时任最高人民法院审判委员会委员和民事审判第一庭庭长的纪敏就指出,要从维护法院权威、法律权威的高度来认识依法维持一审判决的重要意义,所以,"对于原判决中基于自由裁量权作出的判项,二审法院应当认真研究该裁量的出发点和案件的具体情况,除非出现畸轻畸重并致当事人利益显失平衡的情况,否则不能轻易改判"。[44] 根据这一精神,二审法官在审理案件时会充分尊重一审法官的自由裁量权,即使法官之间对于解除劳动合同的合理性标准不同,除非是畸轻畸重,否则二审法官不会轻易改判。

2. 提高仲裁员和法官适用法律一致性的建议

首先,基于一审和二审法官的判决情况来分析,统一仲裁员和法官的法律适用,目前还存在一定的障碍。一方面,劳动仲裁员的业务素质还有待提高。上文揭示了仲裁员存在错判现象,这一点在法官身上几乎不会发生,法院二审改判基本上是基于合理性标准问题。另一方面,仲裁员队伍的建设仍然存在一些问题,如在待遇方面,相较法官,仲裁员的收入不高,且编制也不稳定。[45] 因此,劳动仲裁机构很难吸引高素质人才,也很难留住内部培养的人才。在现实中,即使仲裁机构提供了业务培训,一些仲裁员在工作几年后,或者辞职去当律师,或者考公务员进入法官队伍,从而使仲裁机构提高仲裁员业务水平的努力

---

[44] 纪敏:《公正司法,一心为民,廉洁自律,一生平安——在全国民事审判工作座谈会上的总结讲话》(2007年4月10日),载最高人民法院民事审判第一庭编:《民事审判指导与参考》2007年第2集(总第30集),法律出版社2007年版。

[45] 侯玲玲认为:"我国应给予劳动仲裁员类似法官的正式编制,并参照享受法官任职条件和待遇,以提高劳动仲裁员的地位,增强职业荣誉感。"参见侯玲玲:《劳动争议一裁终局制度的反思与改革》,载《法商研究》2017年第3期。赵磊和刘畅也指出,劳动仲裁员存在事业发展壁垒,"……仲裁员的职业发展和劳动报酬与其专业程度和努力程度并无直接关系。这成为很多优秀仲裁员流失的主要原因"。参见赵磊、刘畅:《我国劳动争议调解仲裁制度恢复30年回顾与展望》,载《中国劳动》2018年第2期。

付诸东流。因此,很多学者也提出,可以通过聘请一些退休法官,或者聘请更多社会上的兼职仲裁员来提高劳动仲裁机构整体的业务能力。

其次,如上文所述,仲裁机构和法院在规则统一方面已经取得了很大进展。同时,与一审、二审法院之间的互动类似,劳动仲裁机构与法院也有一些互动,除促进审判规则的统一外,也会共同研讨重点案例,进行观摩交流活动。但是,目前依然有很多法院选择单独发布指导审判的规范性文件,毕竟法律并没有要求必须由两个部门联合发布这些文件。例如,2020年,山东省高级人民法院民一庭就单独发布了《涉疫情劳动争议案件法官会议纪要》。

最后,即使仲裁机构和法院统一了规则,但遇到需要仲裁员和法官自由裁量的案件时,依然容易导致二者适用法律的不一致。笔者认为,一方面,规范性文件可以对自由裁量权进行限制,客观上减少仲裁机构和法院对于法律适用的不一致。这里以劳动者旷工案件为例,法官需要决定,企业因为劳动者在1年内连续或者累计旷工多少天而解除劳动合同才属于合法解除。有些法院的规范性文件已经涉及这个问题。另一方面,劳动仲裁和一审之间的关系需要重构。第一,法院系统为了统一法律适用实现同案同判,引入了类案检索等制度。如果要在仲裁机构和法院之间统一法律适用,则也需要引入这样的制度。目前,有些地方确实对此进行了探索,如山东省烟台市烟台开发区就建立了案件定期回访制度,"对当事人不服仲裁裁决起诉至法院的案件,定期回访,与办案法官沟通,了解法院的处理情况,对比相应的裁决,找出裁审不一致的问题,为下个同类案件打好基础"。[46] 但是要实现类案检索机制,还需要仲裁机构和法院上级部门的协调。第二,一审法官需要像二审法官尊重一审判决一样尊重劳动仲裁裁决。目前的情况是,劳动仲裁裁决对一审法官没有类似一审判决结果之于二审法官的非正式约束力。当然,从组织结构来看,法院和劳动仲裁机构之间也并非权力意义上的监督或者隶属关系。如果要在这方面实施改革,则需要它们共同的上级部门进行协调;对于仲裁员和法官有自由裁量权的案件,要求一审法官从维护法律权威的高度去尊重劳动仲裁裁决,除非利益重大失衡,否则一般不轻易干预。

---

〔46〕 丛堃、王世羚:《烟台开发区仲裁院全面施行裁审衔接制度》,载大众网,https://yantai.dzwww.com/kfqxwzx/gdxw/201904/t20190418_16882237.htm。

(三)繁简分流

2020 年,最高人民法院颁布了《民事诉讼程序繁简分流改革试点实施办法》(以下简称《繁简分流实施办法》)。《繁简分流实施办法》第 5 条第 1 款和第 2 款规定:"基层人民法院审理的事实清楚、权利义务关系明确、争议不大的简单金钱给付类案件,标的额为人民币五万元以下的,适用小额诉讼程序,实行一审终审。标的额超出前款规定,但在人民币五万元以上、十万元以下的简单金钱给付类案件,当事人双方约定适用小额诉讼程序的,可以适用小额诉讼程序审理。"这一规定后来被 2021 年 12 月修改的《民事诉讼法》所吸收。《民事诉讼法》第 165 条规定:"基层人民法院和它派出的法庭审理事实清楚、权利义务关系明确、争议不大的简单金钱给付民事案件,标的额为各省、自治区、直辖市上年度就业人员年平均工资百分之五十以下的,适用小额诉讼的程序审理,实行一审终审。基层人民法院和它派出的法庭审理前款规定的民事案件,标的额超过各省、自治区、直辖市上年度就业人员年平均工资百分之五十但在二倍以下的,当事人双方也可以约定适用小额诉讼的程序。"笔者认为,虽然一审案件的繁简分流不能直接解决企业恶意上诉的问题,但是,通过将一些小额案件设定为一审终审,也能促进尽早解决劳动争议。

需要注意的是,这个规定并没有对适用小额诉讼程序的案件类型进行划分。案件划分的标准主要是案件的定性和案件的金额,前者要求"事实清楚、权利义务关系明确、争议不大的简单金钱给付类案件";后者要求"各省、自治区、直辖市上年度就业人员年平均工资百分之五十以下",并且"标的额超过各省、自治区、直辖市上年度就业人员年平均工资百分之五十但在二倍以下"。《繁简分流实施办法》和《民事诉讼法》对小额诉讼一审终局的规定可以解决学者对《劳动争议调解仲裁法》中劳动争议部分案件一裁终局制度的两个批评。第一个批评是,在立法技术上列举式立法会带来外延问题。《劳动争议调解仲裁法》仅仅列举了"劳动报酬、工伤医疗费、经济补偿或者赔偿金"4 种情况,没有"等"字,因而和这几类金钱给付类似的应休未休带薪年休假的工资问题等争议,如果不被纳入一裁终局范围,则会引生争议。[47] 如今,《繁简分流实施办法》和

〔47〕 参见侯玲玲:《劳动争议一裁终局制度的反思与改革》,载《法商研究》2017 年第 3 期;劳动争议案件一裁终局制度实施效果评估课题组(曹可安、孙瑜香执笔):《劳动争议案件一裁终局制度实施效果评估》,载《中国劳动》2014 年第 5 期。

《民事诉讼法》并没有对案件类型设限,可以避免这一弊端。第二个批评是,案件类型和标准规定得过于简化,如有些案件的标的额小,但是案情复杂,不适合作为"一裁终局"的案件。〔48〕 这次《繁简分流实施办法》和《民事诉讼法》对纳入小额诉讼一审终局案件的要求就是"事实清楚、权利义务关系明确、争议不大",从而可以化解这一问题。但是,这种立法方式可能会带来另一个问题,即法官不一定会在自由裁量权内尽量减少适用小额诉讼程序。对一审法官来说,一审终局的压力较大。例如,当事人败诉后上访的情况,之前都是由二审法官来处理,小额案件实行一审终审后,现在就是由一审法官来处理,而一审法官不愿意承担这些压力,就会缩小小额案件的认定范围,让更多的案件可以被上诉到二审法院。这个问题在劳动仲裁阶段就有发生,依据一份调研报告,仲裁员在面对可以适用一裁终局的案件时,不敢也不愿意去适用一裁终局,不希望矛盾集中在仲裁阶段。〔49〕 对此,笔者建议,在保留法官自由裁量权的同时,仲裁机构和法院可以从过去的仲裁和审判实践中总结出一类"事实清楚、权利义务关系明确、争议不大的简单金钱给付类案件"的清单,供法官参考,并鼓励法官适用。目前,劳动仲裁中可以适用"一裁终局"的案件类型已经被扩展,〔50〕这些案件类型都可以为一审的小额诉讼提供参考。例如,本文所提到的劳动者严重违反用人单位规章制度案件中企业解除劳动合同不符合程序要求,又如在员工不能胜任工作而导致解除劳动合同案件中,企业在解除劳动合同前并没有依法

---

〔48〕 参见谢增毅:《我国劳动争议处理的理念、制度与挑战》,载《法学研究》2008 年第 5 期。

〔49〕 参见劳动争议案件一裁终局制度实施效果评估课题组(曹可安、孙瑜香执笔):《劳动争议案件一裁终局制度实施效果评估》,载《中国劳动》2014 年第 5 期。

〔50〕 人力资源和社会保障部、最高人民法院《关于劳动人事争议仲裁与诉讼衔接有关问题的意见(一)》第 10 条规定:"仲裁裁决涉及下列事项,对单项裁决金额不超过当地月最低工资标准十二个月金额的,劳动人事争议仲裁委员会应当适用终局裁决:(一)劳动者在法定标准工作时间内提供正常劳动的工资;(二)停工留薪期工资或者病假工资;(三)用人单位未提前通知劳动者解除劳动合同的一个月工资;(四)工伤医疗费;(五)竞业限制的经济补偿;(六)解除或者终止劳动合同的经济补偿;(七)《中华人民共和国劳动合同法》第八十二条规定的第二倍工资;(八)违法约定试用期的赔偿金;(九)违法解除或者终止劳动合同的赔偿金;(十)其他劳动报酬、经济补偿或者赔偿金。"

向第一次考核中不能胜任工作的员工提供调岗或者培训。[51] 在这些情况中,企业即使提起上诉大概率也是败诉。如果金额也符合法律要求,则应该鼓励法官适用一审终审,帮助当事人尽早解决劳动争议。

(四)一审终审

早在 2012 年,广东省高级人民法院的法官就指出,劳动争议纠纷解决机制应该向完全的一审终审转型。谭玲法官认为,"为实现简化程序、减少诉讼的价值目标,我国宜牺牲程序的完整性以换取纠纷处理的高效性,取消当事人的上诉权,以缩短劳动争议案件的处理周期,及时保护当事人尤其是劳动者的合法权益,实现从部分劳动争议案件一裁终局到全部劳动争议案件'一裁一审'的转型"。同时,这个一审终审也需要重构仲裁机构与法院的关系,即仲裁和一审是类似于一审与上诉审的关系。[52]

笔者认为,这一建议可以从法院内部一审和二审法官法律适用统一性的角度来评价。从表 1 的统计结果来看,这个结论可以得到支持。劳动者严重违反用人单位规章制度案件中,程序性原因败诉的一审案件上诉到二审,依然是全部败诉,而实体性原因败诉的一审案件上诉到二审,也只有 12 起案件被二审法院改判,可见,二审法官推翻一审判决的比例非常低。并且,出于实体原因被二审改判,并不意味着一审判决就是错误的,只能说明一审法官和二审法官对于合理性的认定标准不一致。既然一审和二审法官的法律适用相当统一,那么理论上可以取消中级人民法院的二审程序。从全过程来看,如果把劳动仲裁视为一次审判,仲裁加上一审,可以被视为两次审理,这样与其他民事案件的审理也相差不大。但是这个建议的内在缺陷在于,它是基于一审和二审法官在法律适用上的一致性提出的,而这个一致性的实现,前提之一就是有二审法院的监督。如果没有改判率指标,在缺乏监督的情况下,一审法官未必会像以前一样精研法律,甚至可能会出现错判的情况。所以,这个建议虽然可以在不改变劳动仲裁机构和法院的前提下,直接减少一道程序,促进劳动争议的及时解决,但是其

[51] 根据《劳动合同法》第 40 条的规定,劳动者不能胜任工作,经过培训或者调整工作岗位,仍不能胜任工作的,用人单位提前 30 日以书面形式通知劳动者本人或者额外支付劳动者 1 个月工资后,可以解除劳动合同。

[52] 参见谭玲:《劳动争议案件一裁终局制度的现实困境与未来转型》,载《人民司法》2012 年第 1 期。

忽视了一审、二审之间的内在联系,需要被谨慎对待。

(五)小结

在本部分,本文提出了在"一裁两审"的制度下提高效率的4个建议。这4个建议可以直接或者间接减少当事人的起诉或者上诉,特别是涉嫌恶意上诉的情况。从实施的难度来看,第四个建议最激进,被采用的可能性最小。第二个建议虽然可以间接降低当事人不服从仲裁裁决而选择起诉的可能性,但是需要上级部门协调,难度也不小。第一个建议和第三个建议是目前来看可操作性最大的,如果被采纳,至少可以减少案件的上诉率,使更多案件在一审阶段就完结,对于劳动者来说可以减少时间和经济成本。

"First Arbitration to be Followed by Two Levels of Trials" System-The Paradox of Efficiency in the Labour Dispute Mechanism and its Improvement

—Based on 4,431 Judgments of Severe Violations of Work Rule Adjudicated by Courts in Beijing from 2014 to 2018

Abstract: China's labor dispute settlement mechanism adopts the "first arbitration to be followed by two levels of trials" system. Labor arbitration is a procedural prerequisite for litigation. If the parties are dissatisfied with the arbitration result, they can file a lawsuit in the district court. If dissatisfied with the district court's judgment, they can also appeal to the intermediate court. Therefore, if the parties exhaust all procedures, the procedure will be lengthy, especially detrimental to the employee. The arbitration agency and the court have taken many measures to reduce this drawback in the past few years. By sorting out discharge cases due to severe violations of work rules adjudicated by district and intermediate courts from 2014 to 2018 in Beijing, the author reviews these measures and further discusses how to improve the system. Statistical results show that, first of all, even if judges apply summary procedures to speed up trials, a few cases still take a long time to complete due to complex circumstances. Secondly, during the appeal stage, there are cases where a few companies appeal maliciously. During the district court stage, the arbitrator and the judge's inconsistent application of law will increase the parties' willingness to be dissatisfied with the arbitration result and choose to sue. These situations will delay the final settlement of the case. The fundamental solution is first to adjust the court acceptance fee, increase the parties' appeal costs, and reduce the possibility of malicious appeals. Secondly, it is to improve the consistency of the application of law by arbitrators and judges and reduce the willingness of parties to sue. At the same time, reform by diverting the complicated and simple lawsuits and expanding the types of lawsuits that cannot be appealed so that more cases can be resolved at the district court stage.

Key words: first arbitration to be followed by two levels of trials; discharge cases due to severe violations of work rules; summary procedure; consistent application of the law between arbitrators and judges

犯罪嫌疑人社会身份、平等保护与审前羁押决定

——基于实证素材的回溯、启示与反思

周　晨*　林喜芬**

内容提要：

犯罪嫌疑人的社会身份是一种可能影响审前羁押决定的因素。基于实证素材的回溯与研究发现：在我国，先前犯罪记录、种族、户籍、年龄、性别、职业、受教育程度等社会身份均不同程度地影响审前羁押决策者的决定，无论是保释（取保候审）还是羁押，以及保释方式、保释金数额等。社会身份对审前羁押决定的影响可通过风险控制原则、保护弱者原则和社会资本理论进行学理解释，然而差异性羁押决定所包含的歧视性决定依然值得关注。对此，不仅应充分保障刑事法律援助制度的有效实施，强化对弱势犯罪嫌疑人的权利供给，还应考虑通过统计检测实现对办案机关裁量公平性的有效监督。

关键词：

社会身份　审前羁押　平等保护　权利供给　统计检测

一、问题的导出：为何关注审前羁押决定的公平性

在刑事诉讼程序中，国家强制力的介入有一定的必要性和必然性。审前羁押作为一种最严厉的强制措施，将会使犯罪嫌疑人的人身自由受到较严重的侵害。一般而言，审前羁押具有预防实体风险（防止犯罪嫌疑人再实施其他犯罪行为）和预防程序风险（防止犯罪嫌疑人自杀、逃匿、毁损证据及妨碍证人作证

---

* 上海政法学院法律学院讲师。

** 上海交通大学凯原法学院教授、中国法与社会研究院研究员。

以避免影响后续刑事审判的进行)的双重功能。[1] 但不可否认,审前羁押常常与犯罪嫌疑人的人权保障之间存在一些难以调和的"矛盾":其一,在法院审判定罪之前,暂时性羁押会对犯罪嫌疑人的家庭、工作及其他社会关系产生诸多负面影响。[2] 其二,大量研究表明,审前羁押将会减弱犯罪嫌疑人准备辩护的能力,并且影响法官的量刑判断,导致刑罚加重。[3] 其三,法律法规虽然对审前羁押设置了一套适用标准,但裁判者仍然享有一定的自由裁量权,而对于审前羁押决定的监督和救济手段却没有审判阶段那般丰富。在此意义上,审前羁押与否(grant or deny bail)的决定对犯罪嫌疑人的人身权利与整个刑事诉讼的走向均会产生深远影响。因此,审前羁押决定的公平性与审判环节的裁判同样重要,甚至更加不容忽视。

"法律面前人人平等"是当今社会普遍追求的法治原则之一。该平等保护原则不仅应体现在审判阶段的定罪与量刑问题上,也应当在审前羁押决定中得到贯彻。然而,在我国,社会身份不同导致的差异已在当前刑事审前程序中有所显现。有媒体报道显示,社会经济条件较差的犯罪嫌疑人,或者外地户籍的犯罪嫌疑人,审前被羁押的比例往往更高,这一现状可能构成对平等保护原则的背离,也引起了一些学者的关注与反思。[4] 域外刑事司法理论界对该问题展开了长期而持续的关注并取得了可资借鉴的成果,其集中体现在:一是利用大量案例数据检测多个影响审前羁押决定的社会身份因素,实证地展示了这些因素的影响效果;二是基本解释了各个因素对审前羁押决定产生影响的具体原因。相比之下,我国学界虽然已对此加强关注,但对审前羁押决定平等保护问题的研究仍略显滞后。鉴于此,本文旨在系统梳理国内外对犯罪嫌疑人社会身

---

〔1〕 参见林钰雄:《刑事诉讼法》(上册 总论编),中国人民大学出版社2005年版,第264页。

〔2〕 See Stephen Demuth & Darrell Steffensmeier, *The Impact of Gender and Race-Ethnicity in the Pretrial Release Process*, Social Problems, Vol. 51:2, p. 223(2004).

〔3〕 See Will Dobbie, Jacob Goldin & Crystal S. Yang, *The Effects of Pre-Trial Detention on Conviction, Future Crime, and Employment: Evidence from Randomly Assigned Judges*, American Economic Review, Vol. 108:2, p. 202 – 203(2018).

〔4〕 参见郭烁:《论中国刑事强制措施体系的理想模式》,载《苏州大学学报(哲学社会科学版)》2015年第5期。

份影响审前羁押决定的研究结论,并结合相关理论阐释原因,最后从权利保障和统计检测两个层面提出深化审前羁押决定公平性的可能路径。

二、犯罪嫌疑人社会身份对域外审前羁押决定的影响

受益于刑事司法社会学的发展,域外学界(尤其是美国和英国)早在20世纪70年代初就针对审前羁押决定的影响因素进行了持续关注,相关的实证研究成果较丰硕,不仅在影响因素(种族、性别、年龄)方面获得了较充分的检验,而且尝试了多因素的交互检验。同时,相关研究的考察对象既包括羁押与否的决定,也涉及非羁押措施的适用方式。

(一)犯罪记录因素

在域外,犯罪嫌疑人的先前犯罪记录是审前程序中决定羁押还是保释的重要因素。美国《保释改革法案》规定,法官和其他裁判人员在决定是否进行审前羁押时需考虑犯罪嫌疑人的犯罪史。卡西亚·斯波恩(Cassia Spohn)在2009年的研究中,基于美国联邦地区法院的数据发现,犯罪嫌疑人的犯罪记录与审前羁押率存在显著关联:有重罪记录的犯罪嫌疑人在审前程序中被羁押的概率要明显高于有轻罪记录的;有被判处监禁刑记录的犯罪嫌疑人在审前程序中被羁押的概率会显著高于无监禁刑记录的。[5] 先前犯罪记录对审前羁押决定的影响不仅在美国有所体现,在其他国家的刑事司法实践中也存在。基里尔·D.蒂塔耶夫(Kirill D. Titaev)在一项2017年的研究中考察了俄罗斯的审前羁押实践,其通过收集上万个刑事案件作为样本分析发现:犯罪嫌疑人的先前犯罪记录对几种犯罪类型(包括暴力犯罪、盗窃和持有毒品)的审前羁押决定影响极大;那些犯下更严重罪行并有更多犯罪记录的人更有可能被法官采取羁押类的强制措施。[6]

---

[5] See Cassia Spohn, *Race, Sex, and Pretrial Detention in Federal Court: Indirect Effects and Cumulative Disadvantage*, Kansas Law Review, Vol. 57:4, p. 891(2009).

[6] See Kirill D. Titaev, *Pretrial Detention in Russian Criminal Courts: A Statistical Analysis*, International Journal of Comparative and Applied Criminal Justice, Vol. 41:3, p. 153–155(2017).

(二)种族因素

在域外,种族的平等对待问题不仅在政治、经济、社会等领域中是核心问题,在刑事司法(尤其是审前阶段)中,不同族裔(尤其是针对黑人、拉美裔)的差别待遇也一直是学界进行实证研究的重要对象。

第一,种族问题在羁押与否的问题上影响显著,白人犯罪嫌疑人的羁押率要低于黑人与拉美裔的,而拉美裔犯罪嫌疑人被拒绝保释的比率最高。斯蒂芬·德穆斯(Stephen Demuth)在2003年的一项研究中,通过运用大型城市法院的重罪嫌疑人数据,分析了拉美裔、黑人和白人在审前羁押决定中的统计数据差异,发现黑人和拉美裔犯罪嫌疑人比白人犯罪嫌疑人更有可能被采取羁押措施,黑人犯罪嫌疑人被羁押的概率比白人犯罪嫌疑人高66%,拉美裔犯罪嫌疑人的羁押概率比白人犯罪嫌疑人高91%。[7] 德穆斯的研究首次全面分析了种族差异对于审前羁押决定的影响,但也存在一定的局限性。特蕾西·施莱辛格(Traci Schlesinger)在2005年的研究中就指出,德穆斯的研究仅对黑人或拉美裔犯罪嫌疑人的审前释放结果进行了分析却没有充分考虑审前释放决定。因而,施莱辛格在德穆斯研究的基础上使用了逻辑和线性固定效应模型(logistic and linear fixed effects models)检验了种族对审前羁押决定的影响。结果显示,与具有相似法律特征的白人犯罪嫌疑人相比,黑人犯罪嫌疑人被决定羁押的概率增加了25%,拉美裔犯罪嫌疑人增加了24%。[8]

第二,在犯罪嫌疑人被决定不羁押之后,种族因素对非保释金保释(non-financial release)的决定有显著影响。非保释金保释包括具结保释(release on recognize)和附条件保释两种。其中,具结保释针对危险性最低的犯罪嫌疑人作出,仅需本人的自我承诺即可。针对具结保释,杰里米·D.鲍尔(Jeremy D. Ball)和丽莎·格鲁维特·博斯塔夫(Lisa Growette Bostaph)在2009年的一项研究中,以美国多个大型城市的重罪嫌疑人为分析对象进行研究,结果显示,黑人犯罪嫌疑人被具结保释的概率比白人犯罪嫌疑人少12%,拉美裔犯罪嫌疑

---

〔7〕 See Stephen Demuth, *Racial and Ethnic Differences in Pretrial Release Decision and Outcomes: A Comparation of Hispanic, Black, and White Felony Arrestees*, Criminology, Vol. 41:3, p. 890(2003).

〔8〕 See Traci Schlesinger, *Racial and Ethnic Disparity in Pretrial Criminal Processing*, Justice Quarterly, Vol. 22:2, p. 181(2005).

人被具结保释的概率比白人犯罪嫌疑人少25%。[9] 蒂娜·L. 弗莱伯格(Tina L. Freiburger)等学者在2010年的一项研究成果中也验证了该种族效应。其以宾夕法尼亚州一个中型城市的毒品犯罪案件为样本,对种族、性别等变量对具结保释的影响进行了回归分析,结果显示:在法官决定是否允许犯罪嫌疑人具结保释时,种族因素的影响是显著的,黑人犯罪嫌疑人比白人犯罪嫌疑人更不可能被法官批准具结保释。[10]

第三,在犯罪嫌疑人被决定不羁押后,种族因素是否会对保释金的数额产生影响,既有研究并未形成较一致的结论。查尔斯·M. 卡茨(Charles M. Katz)和斯波恩在一项针对底特律暴力犯罪嫌疑人的调查研究中发现:种族因素对保释金数额没有显著影响。[11] 与此相反,帕特森(E. B. Patterson)和林奇(M. J. Lynch)在一项针对佛罗里达州正式保释程序的实证研究中,发现非白人(non-white)犯罪嫌疑人比白人犯罪嫌疑人更难获得低于保释准则建议的保释金数额,黑人犯罪嫌疑人和拉美裔男性犯罪嫌疑人的平均保释金数额比白人男性犯罪嫌疑人的分别高35%和19%,这些差异具有统计学上的显著性。[12] 德穆斯在2003年的研究中也发现,拉美裔犯罪嫌疑人在审前程序中最不容易获得保释,并且被科处的保释金数额要高于白人与黑人犯罪嫌疑人。[13] 更深

---

〔9〕 See Jeremy D. Ball & Lisa Growette Bostaph, *He Versus She: A Gender Specific Analysis of Legal and Extralegal Effects on Pretrial Release for Felony Defendants*, Women & Criminal Justice, Vol. 19:2, p. 102 – 104(2009).

〔10〕 See Tina L. Freiburger, Catherine D. Marcum & Mari Pierce, *The Impact of Race on the Pretrial Decision*, American Journal of Criminal Justice, Vol. 35:1, p. 82 – 83(2010).

〔11〕 See Charles M. Katz & Cassia Spohn, *The Effect of Race and Gender on Bail Outcomes: Test of An Interactive Model*, American Journal of Criminal Justice, Vol. 19:2, p. 171(1995).

〔12〕 See E. B. Patterson & M. J. Lynch, *The Biases of Bail: Race Effects on Bail Decisions*, in M. J. Lynch & E. B. Patterson eds., *Race and Criminal Justice*, Harrow and Heston, 1991, p. 36 – 53.

〔13〕 See Stephen Demuth, *Racial and Ethnic Differences in Pretrial Release Decision and Outcomes: A Comparation of Hispanic, Black, and White Felony Arrestees*, Criminology, Vol. 41:3, p. 892(2003).

人的研究在进行回归统计时区分了犯罪嫌疑人的犯罪类型,施莱辛格在研究中就发现:不同的犯罪类型会影响种族因素对保释金数额的影响。在暴力犯罪中,种族因素对保释金数额的影响未产生显著差异;但在毒品犯罪中,拉美裔犯罪嫌疑人与具有类似条件的白人犯罪嫌疑人相比,保释金数额高了 26%,与类似条件的黑人犯罪嫌疑人相比,保释金数额高了约 48%。[14]

(三)性别因素

第一,在单因素分析中,女性犯罪嫌疑人在审前羁押决定中会受到比男性犯罪嫌疑人更宽松的待遇。相比种族因素,关于性别因素对审前羁押影响的研究较少。这与女性犯罪嫌疑人的数量总体偏少有一定关系,因为通常难以获得足够数量的女性犯罪嫌疑人案例来对性别差异(gender gap)进行科学的统计分析。从既有的研究看,德穆斯和达雷尔 · 史蒂芬斯迈尔(Darrell Steffensmeier)于 2004 年的研究中发现,在审前决策的各节点,女性都占据优势:女性的审前羁押率比男性犯罪嫌疑人低 30% 左右;女性更有可能获得非保释金释放,其中,女性犯罪嫌疑人获得具结保释的可能性比男性高出约 40%,即使要求缴纳保释金,其保释金数额与男性相比也低了 17%。[15] 弗莱伯格在 2010 年的一项研究中使用了更精密的量化分析工具,结果显示:男性犯罪嫌疑人被要求提供的保释金数额要显著高于女性。[16]

第二,性别因素在关于审前羁押决定的多因素影响分析中也有一定体现。由于单因素研究并不足以揭示审前羁押决策的复杂性,所以双因素甚至多因素的复合影响研究逐渐成为学者的研究趋势。一方面,在不同种族内部,性别的差异效应是不同的。在少数族裔犯罪嫌疑人中,不同性别之间在审前羁押决定上体现出来的差异要比白人种族中的更大,这在黑人族裔中体现得最明显。在白人犯罪嫌疑人中,男性审前羁押率虽然也高于女性,但没有少数族裔中那般显著。另一方面,在不同性别内部,种族的差异效应也不尽相同。在男性犯罪

〔14〕 See Traci Schlesinger, *Racial and Ethnic Disparity in Pretrial Criminal Processing*, Justice Quarterly, Vol. 22:2, p. 182(2005).

〔15〕 See Stephen Demuth & Darrell Steffensmeier, *The Impact of Gender and Race-Ethnicity in the Pretrial Release Process*, Social Problems, Vol. 51:2, p. 234 – 236(2004).

〔16〕 See Tina L. Freiburger, Catherine D. Marcum & Mari Pierce, *The Impact of Race on the Pretrial Decision*, American Journal of Criminal Justice, Vol. 35:1, p. 83(2010).

嫌疑人的群组中,黑人与拉美裔犯罪嫌疑人的审前羁押率都比白人犯罪嫌疑人的要高,其中,拉美裔犯罪嫌疑人获得具结保释的概率比白人犯罪嫌疑人低两倍。然而,在女性犯罪嫌疑人的群组中,关于少数族裔在审前羁押决定中是否会处于劣势的研究,则结论不一。一些研究表明,白人女性犯罪嫌疑人的审前羁押率是最低的;因此,在女性犯罪嫌疑人中,白人可能会有一定优势。[17] 但是,该结论后来逐渐被推翻,盖尔·S. 比克尔(Gayle S. Bickle)和露丝·D. 彼得森(Ruth D. Peterson),斯波恩和道恩·贝希纳(Dawn Beichner),史蒂芬斯迈尔和德穆斯等的研究发现,黑人女性犯罪嫌疑人实际上享有最宽容的审前处遇。[18] 其中,弗莱伯格和卡莉·M. 希林斯基(Carly M. Hilinski)在2010年的一项实证研究最具代表性。在剔除了拉美裔等少数族裔的极少数样本后,基于种族、性别、年龄等多变量的回归分析研究的结果显示:恰恰是黑人女性犯罪嫌疑人的审前羁押率最低,而白人女性犯罪嫌疑人的审前羁押率在女性整体中是最高的,并且其与白人男性、黑人男性犯罪嫌疑人的审前羁押率无显著差异。[19] 鲍尔和博斯塔夫的研究也发现,其他种族的女性犯罪嫌疑人的审前羁押率比白人女性低5.5倍,拉美裔女性犯罪嫌疑人的羁押率比白人女性低2.5倍。[20]

---

〔17〕 See Charles Crawford, *Gender, Race, and Habitual Offender Sentencing in Florida*, Criminology, Vol. 38:1, p. 268(2000).

〔18〕 See Gayle S. Bickle & Ruth D. Peterson, *The Impact on Gender-based Family Roles on Criminal Sentencing*, Social Problems, Vol. 38:3, p. 372 – 394(1991); Cassia Spohn & Dawn Beichner, *Is Preferential Treatment of Felony Offenders a Thing of the Past? A Multisite Study of Gender, Race, and Imprisonment*, Criminal Justice Policy Review, Vol. 11:2, p. 149 – 184(2000); Darrell Steffensmeier & Stephen Demuth, *Does Gender Modify the Effects of Race Ethnicity on Criminal Sanctions? Sentences for Male and Female, White, Black, and Hispanic Defendants*, Journal of Quantitative Criminology, Vol. 22:3, p. 241 – 261(2006).

〔19〕 See Tina L. Freiburger & Carly M. Hilinski, *The Impact of Race, Gender, and Age on the Pretrial Decision*, Criminal Justice Review, Vol. 35:3, p. 327(2010).

〔20〕 See Jeremy D. Ball & Lisa Growette Bostaph, *He Versus She: A Gender Specific Analysis of Legal and Extralegal Effects on Pretrial Release for Felony Defendants*, Women & Criminal Justice, Vol. 19:2, p. 101 – 102(2009).

(四)年龄因素

在域外,大量研究曾检验过年龄因素对法官量刑决策的影响,但关于年龄因素对审前羁押决策的影响则研究较少。德穆斯在讨论种族/族裔因素对审前羁押的影响时也检测了年龄因素的影响,他指出,犯罪嫌疑人的年龄与法官对其适用保释金保释(financial release)之间存在"倒 U 形"关系:在各性别和种族的分组中,法官对中年人(30 ~ 39 岁)决定保释的条件最严格,不仅如此,法官比较容易对年轻和年老的犯罪嫌疑人作出具结释放或附条件释放的决定,而非更严厉的保释金保释。[21] 弗莱伯格和希林斯基在 2010 年的研究中也部分证实了"年龄与审前羁押率之间的'倒 U 形'关系":在白人女性和所有男性群组中,中年犯罪嫌疑人的审前羁押率均高于(不显著)老年群组(40 岁及以上),同时显著高于青年群组(15 ~ 29 岁),其中,中年群组(30 ~ 39 岁)黑人男性的审前羁押率最高,但是黑人女性群组却有所不同,中年群组黑人女性犯罪嫌疑人在所有年龄组中的审前羁押率是最低的,这意味着中年黑人女性犯罪嫌疑人比青年、老年黑人女性犯罪嫌疑人享有更宽容的审前处遇。[22]

(五)学历、职业、家庭、经济实力等因素

在域外,学历、职业、家庭、经济实力等因素均被视为个人的社会身份,而这些因素皆是审前羁押决定的预测因素。

第一,犯罪嫌疑人的学历水平可以单独或与其他因素结合对审前决策产生影响。一般认为,受教育程度可以影响人的行为模式,拥有更高学历的人往往行事谨慎,考虑后果。对此,斯波恩在 2009 年的一项研究中指出,拥有高中或高中以下学历的犯罪嫌疑人,其审前羁押率高于有大学及以上学历的犯罪嫌疑人。[23] 但与此同时,希尔德 · 韦明克(Hilde Wermink)等人在 2017 年的一项研究中却发现,学历因素并不独立影响审前羁押的决策;相反,只有将犯罪嫌疑人

---

[21] See Stephen Demuth, *Racial and Ethnic Differences in Pretrial Release Decision and Outcomes: A Comparation of Hispanic, Black, and White Felony Arrestees*, Criminology, Vol. 41:3, p. 896(2003).

[22] See Tina L. Freiburger & Carly M. Hilinski, *The Impact of Race, Gender, and Age on the Pretrial Decision*, Criminal Justice Review, Vol. 35:3, p. 329(2010).

[23] See Cassia Spohn, *Race, Sex, and Pretrial Detention in Federal Court: Indirect Effects and Cumulative Disadvantage*, Kansas Law Review, Vol. 57:4, p. 889(2009).

的"学历"与"子女数量"两个特征结合起来时,才能预测法官对该犯罪嫌疑人决定审前羁押与否的情况。[24]

第二,关于职业因素对审前羁押决策的影响比较复杂。斯图尔特·J.达莱西奥(Stewart J. D'Alessio)和丽莎·斯托尔岑贝格(Lisa Stolzenberg)于2002年发表的研究成果显示,他们以入室盗窃和武装抢劫案件为样本进行了多层次分析,结果显示,审前羁押率在很大限度上取决于犯罪嫌疑人的就业状况与该司法管辖区内劳动力市场的关系。更具体地说,在失业率居高不下的城市,失业的犯罪嫌疑人在审判前更可能被羁押,即使引入其他社会身份因素作为控制变量,该效应依然存在。[25] 弗莱伯格等人在2010年的研究成果显示,就业状况与是否给予犯罪嫌疑人具结保释之间存在显著关系,受雇佣的犯罪嫌疑人被具结保释的概率要明显高于无业者,有全职工作的犯罪嫌疑人获得具结保释的可能性是无全职工作者的1.7倍。[26] 蒂塔耶夫2017年发表的研究对俄罗斯的情况进行了考察,其结论进一步证实了就业情况影响审前羁押决定的存在。[27] 当然,也有研究得出过完全相反的结论,例如,韦明克等人发表于2017年的研究成果发现,在荷兰,就业情况并不会对审前羁押的决策产生显著影响。[28] 此

[24] See Hilde Wermink, Brian D. Johnson, Jan W. deKeijser, Anja J. E. Dirkzwager, Joni Reef & Paul Nieuwbeerta, *The Influence of Detailed Offender Characteristics on Consecutive Criminal Processing Decisions in the Netherlands*, Crime & Delinquency, Vol. 63:10, p. 1295 (2017).

[25] See Stewart J. D'Alessio & Lisa Stolzenberg, *A Multilevel Analysis of the Relationship Between Labor Surplus and Pretrial Incarceration*, Social Problems, Vol. 49:2, p. 189(2002).

[26] See Tina L. Freiburger, Catherine D. Marcum & Mari Pierce, *The Impact of Race on the Pretrial Decision*, American Journal of Criminal Justice, Vol. 35:1, p. 83(2010).

[27] See Kirill D. Titaev, *Pretrial Detention in Russian Criminal Courts: A Statistical Analysis*, International Journal of Comparative and Applied Criminal Justice, Vol. 41:3, p. 145 - 161(2017).

[28] See Hilde Wermink, Brian D. Johnson, Jan W. deKeijser, Anja J. E. Dirkzwager, Joni Reef & Paul Nieuwbeerta, *The Influence of Detailed Offender Characteristics on Consecutive Criminal Processing Decisions in the Netherlands*, Crime & Delinquency, Vol. 63:10, p. 1301 (2017).

外,一些研究涉及多因素的交叉分析。塞莱斯塔 · A. 阿尔博内蒂(Celesta A. Albonetti)以及斯波恩等人的多项研究发现,学历和职业因素仅对白人犯罪嫌疑人的审前羁押情况产生显著影响:就白人犯罪嫌疑人而言,受雇佣或拥有大学及以上学历会显著降低其审前羁押率。[29] 但上述因素对黑人犯罪嫌疑人却并未出现类似的积极影响。该研究表明,犯罪嫌疑人的学历或职业因素与法官的审前羁押决定之间的关系可能会存在种族差异。换言之,可能只有白人犯罪嫌疑人才会因为较好的学历与职业而在审前羁押的决策中受益。

第三,相关研究主要考察以下家庭因素:是否有要照顾的儿童,是否与父母或兄弟姐妹共同居住,是否与亲戚们有较亲密的联络,以及是否已婚或与配偶共同居住。既往的研究显示,家庭关系较和睦的犯罪嫌疑人也容易在审前羁押决定中获得较好的处遇。此外,凯瑟琳 · 戴利(Kathleen Daly)在一项针对纽约地区犯罪嫌疑人的研究中还区分了性别群组,结果显示:在女性犯罪嫌疑人群组中,已婚女性普遍比未婚女性的审前羁押时间短;但是,在男性犯罪嫌疑人群组中,单纯是否已婚这一因素并不能影响其审前羁押时间的长短;相反,只有已婚且有子女需要抚养的男性犯罪嫌疑人被审前羁押的时间才会更短。[30]

第四,犯罪嫌疑人的经济条件会影响审前羁押的决策,但是,其在影响方式上却存在不同的情况。犯罪嫌疑人的经济条件往往取决于收入情况和资产情况两个因素。弗莱伯格和希林斯基在 2010 年的研究中将犯罪嫌疑人的收入情况作为自变量,发现两者与审前羁押决策之间均有显著关联。具体而言,月收入超过 75 美元的犯罪嫌疑人的审前羁押率更低。[31] 由于个人收入等信息较难收集,更多的学者选择以犯罪嫌疑人辩护律师的类型来判断其经济条件。一般

---

[29] See Celesta A. Albonetti, *Bail and Judicial Discretion in the District of Columbia*, Sociology and Social Research, Vol. 74:1, p. 40 – 47(1989); Cassia Spohn, *Race, Sex, and Pretrial Detention in Federal Court: Indirect Effects and Cumulative Disadvantage*, Kansas Law Review, Vol. 57:4, p. 892 – 893(2009).

[30] See Kathleen Daly, *Nether Conflict nor Labeling nor Paternalism Will Suffice: Intersections of Race, Ethnicity, Gender and Family in Criminal Court Decision*, Crime & Delinquency, Vol. 35:1, p. 152(1989).

[31] See Tina L. Freiburger & Carly M. Hilinski, *The Impact of Race, Gender, and Age on the Pretrial Decision*, Criminal Justice Review, Vol. 35:3, p. 323(2010).

认为,犯罪嫌疑人委托辩护律师需要承担较高的代理费用,因此应具备较好的经济实力,而那些选择接受公设辩护人的犯罪嫌疑人则往往经济实力不足。人们通常相信那些聘请委托律师的犯罪嫌疑人在审前程序中会因为辩护权利的充分行使而获得更好的处遇。然而,这一假设与洛里·格瓦拉(Lori Guevara)等人在2004年的研究发现完全相反。[32] 弗莱伯格等人的研究也指出,实践中律师类型对审前羁押决定的影响与人们的预期正好相反,律师类型系数表明,聘请私人律师的犯罪嫌疑人获得具结保释的机会明显低于选择公设辩护人的犯罪嫌疑人。[33] 该现象很可能是以下两个原因导致的:其一,公设辩护人与检察官和法官有更好的非正式关系,而私人律师往往被视为公权力系统的局外人。其二,犯罪嫌疑人有资格申请到公设辩护人是因为他们比较贫困,如果无经济能力聘请律师,也就很难缴纳保释金。因此,在法官看来,具结保释(而非保释金保释)更适合这些贫困的犯罪嫌疑人。

三、犯罪嫌疑人社会身份对我国审前羁押决定的影响

(一)关于犯罪嫌疑人身份与审前羁押关系的既有研究

挖掘高羁押率的根源并寻求破解方案一直都是审前程序环节理论研究的重点。[34] 为了改变过度羁押的实践状况,2012年《刑事诉讼法》增设逮捕后羁押必要性审查制度,促进了我国审前羁押程序的正当化。[35] 在该法治化进程中,强调审前羁押决定的公平性,尤其是非法律因素的影响作用在研究进路上

---

〔32〕 See Lori Guevara, Cassia Spohn & Denise Herz, *Race, Legal Representation, and Juvenile Justice: Issues and Concerns*, Crime & Delinquency, Vol. 50:3, p. 357(2004).

〔33〕 Tina L. Freiburger, Catherine D. Marcum, Mari Pierce, *The Impact of Race on the Pretrial Decision*, American Journal of Criminal Justice, Vol. 35:1, p. 82-83(2010).

〔34〕 代表性的讨论,参见陈永生:《逮捕的中国问题与制度应对——以2012年刑事诉讼法对逮捕制度的修改为中心》,载《政法论坛》2013年第4期;刘计划:《逮捕审查制度的中国模式及其改革》,载《法学研究》2012年第2期;林喜芬:《解读中国刑事审前羁押实践——一个比较法实证的分析》,载《武汉大学学报(哲学社会科学版)》2017年第6期。

〔35〕 参见林喜芬:《分段审查抑或归口审查:羁押必要性审查的改革逻辑》,载《法学研究》2015年第5期;谢小剑:《羁押必要性审查制度实效研究》,载《法学家》2016年第2期。

似乎显得有些“后现代”。尽管如此,近年来,一些实证研究还是考察了我国审前羁押决定中的影响因素,测量了犯罪记录、户籍、年龄、性别、学历、职业等因素对审前羁押与否的潜在影响。

第一,关于犯罪记录的影响。犯罪记录是对犯罪事实及其刑事判决的客观记载,亦是前科制度的基础,其作为各项法律制度实施的事实依据与信息基础,影响行为人在刑罚执行完毕后或被赦免后一定期间内的法律地位。根据犯罪记录强制上报制度,犯罪记录对相关个体的就业、出境、入伍等会产生影响。此外,犯罪记录往往还是个人危险性和可信度的重要标志,加上公众对行为人自发的非规范性评价,即“标签效应”,其将会对行为人的社会身份产生长期的消极影响。[36] 在以往的文献中,作为一种典型的社会身份,先前犯罪记录不仅是评估犯罪嫌疑人的人身危险性和社会危害性的重要因素,还是影响其是否会被逮捕的法定因素。例如,根据《刑事诉讼法》第81条对于径行逮捕的规定,“曾经故意犯罪”即是“应当予以逮捕”的条件之一。据此可推知,对于初犯、偶犯(无犯罪记录),法律规范上不认为其具有较高的社会危害性和人身危险性。此外,《人民检察院审查逮捕质量标准》(2010)、《人民检察院刑事诉讼规则》(2019)的相关条款也均将初犯、偶犯认定为没有逮捕必要。[37] 因此,在实践中,是否具有犯罪记录对逮捕决定具有显著影响。

第二,关于户籍的影响。户籍作为一项代表社会身份的因素,在我国审前羁押的决策过程中已有所体现。一般认为,拥有当地户籍的犯罪嫌疑人往往比没有的人拥有更多社会资源,因此“本地人”比“外地人”更可能获得非羁押的审前待遇。有学者曾运用地方检察机关的数据进行对比分析,数据显示,我国S省C市Q区人民检察院在2010年至2013年4月审查起诉的犯罪嫌疑人中,本地人员的羁押率基本保持在80%上下,而外地户籍的犯罪嫌疑人羁押率要比前者高出大约10%,最高达94.2%。当犯罪嫌疑人为外地户籍时,检察人员往往只审查是否有犯罪事实发生就决定逮捕与否,即“够罪即捕”,逮捕标准中的刑

〔36〕 See Pager, Devah, *Marked: Race, Crime, and Finding Work in an Era of Mass Incarceration*, University of Chicago Press, 2007, p. 157.

〔37〕 参见《人民检察院审查逮捕质量标准》(2010年)第6条第2款、《人民检察院刑事诉讼规则》(2019年)第140条。

罚条件和必要性条件显得形同虚设。[38] 可见,“外地人员流动性强、监管困难”的观点根深蒂固。另有学者的相关研究收集了100份逮捕决定书来分析犯罪嫌疑人社会身份与审前强制措施的关系,其结论也基本支持上述观点。[39]

第三,关于年龄和性别的影响。针对不同年龄段的犯罪嫌疑人,由于未成年人心智尚未成熟,具有很强的可塑性,对未成年犯罪嫌疑人应以“教育为主,惩罚为辅”,帮助其改过自新。上述观点已得到我国刑事诉讼法规范和理论的广泛认可。然而,研究显示,未成年犯罪嫌疑人的审前羁押率在我国并未显著低于成年人,在某些地区甚至与成年犯罪嫌疑人羁押率一样居高不下。[40] 有学者的研究也显示,各地的未决羁押率一般都在90%以上,而检察机关批准逮捕的未成年人占公安机关提请逮捕人数的比例也接近90%。[41] 这说明未成年人在审前羁押决定中并未得到应有的宽缓处遇。与之类似的还有性别因素。国内已有研究检验了性别因素对量刑结果的影响,即经过单因素方差分析得出女性被告人比男性被告人获罪轻,尤其是在构成轻罪和重罪时,显著性非常突出。[42] 这说明性别效应也是存在的。但是,性别效应在审前羁押决定中是否存在还有待进一步的实证考察。

第四,关于受教育程度和职业因素的影响。有学者以1986年至2001年的1554件涉贪腐刑事案例为样本,研究发现犯罪嫌疑人身份和犯罪类型对关键程序环节的决策会产生重要影响,即有白领身份的犯罪嫌疑人比大多数没有社会

---

〔38〕 郭烁:《徘徊中前行:新刑诉法背景下的高羁押率分析》,载《法学家》2014年第4期。

〔39〕 例如,学者研究认为,犯罪记录和年龄是重要因素,然而该研究数据显示,检察官仅在27%的案件中在作出审前判决时考虑过犯罪嫌疑人先前的犯罪记录,并且仅在10%的案件中考虑了少年犯罪人的身份。参见杨秀莉、关镇海:《逮捕条件中社会危险性评估模式之构建》,载《中国刑事法杂志》2014年第1期。

〔40〕 参见张栋:《未成年人案件羁押率高低的反思》,载《中外法学》2015年第3期。

〔41〕 参见王守安:《健全逮捕裁量制度:贯彻“少捕、慎捕”政策的另一种思路》,载《人民检察》2010年第6期。

〔42〕 参见胡昌明:《被告人身份差异对量刑的影响:基于1060份刑事判决的实证分析》,载《清华法学》2018年第4期。

资源和地位的犯罪嫌疑人在审前羁押中容易受到更宽大的待遇。[43] 这一观点在其他学者的研究成果中得到了数据支持。[44] 由于经济条件差和未受过教育的犯罪嫌疑人被取保候审的机会很少,其中大多数的犯罪嫌疑人往往会被羁押数月甚至数年之久。[45] 当然,以上研究也存在一定的局限性,即样本中涉及的犯罪类型较有限。仅在少数几种犯罪类型中证明教育与职业的影响还不具有广泛的说服力,因此需要收集其他犯罪类型的样本以验证身份因素是否具有普遍效应。

(二)关于犯罪嫌疑人身份与审前羁押关系的统计分析

针对我国审前强制措施决定的公平性,笔者在一项实证研究中以长三角地区某人民法院 2015 年的案件为样本,对犯罪嫌疑人社会身份对审前羁押决定的影响进行了回归分析。该研究以犯罪嫌疑人的户籍、犯罪记录、性别、年龄、学历、职业等社会身份因素为自变量,对样本中 520 名犯罪嫌疑人的审前强制措施状态进行了分类检验。在控制其他变量的情况下:第一,犯罪嫌疑人的先前犯罪记录对羁押与否的决定有显著影响。数据表明,具有先前犯罪记录的犯罪嫌疑人被采取羁押类强制措施的概率要比普通犯罪嫌疑人高出 15.8%。第二,审前羁押决定中的性别和年龄差异明显。男性犯罪嫌疑人的被羁押率比女性高出 20.4%,女性犯罪嫌疑人在审前环节受到更宽和的待遇;同时,犯罪嫌疑人的年龄每增加 1 岁,其被羁押的可能性即降低 0.4%,即犯罪嫌疑人越年长,被羁押的可能性就越低。第三,学历和职业因素对审前强制措施的影响不容小觑。统计显示,高学历者被取保候审的概率比低学历者高 5.1%,企业高管被取保候审的概率比无业人员高出 25.9%,企业家被取保候审的概率比普通人高 19.5%,这证实了高学历和工作体面的犯罪嫌疑人在审前羁押决定中所占据的优势地位。以上统计数据为国内关于审前羁押环节公平性的研究提供了数据支撑,在一定程度上证实了犯罪嫌疑人社会身份对审前羁押的影响;然而,在回

〔43〕 See Hong Lu & Elaine Gunnison, *Power, Corruption, and The Legal Process in China*, International Criminal Justice Review, Vol. 13:1, p. 38 – 40(2003).

〔44〕 See Moulin Xiong & Shuai Wei, *Unequal Treatment in Pretrial Detention in China*, British Journal of Criminology, Vol. 57:6, p. 1402 – 1404(2016).

〔45〕 See Yanyou Yi, *Arrest as Punishment: The Abuse of Arrest in the People's Republic of China*, Punishment & Society, Vol. 10, p. 10(2008).

归分析中,犯罪嫌疑人的户籍因素对审前羁押决定并无显著影响,这与先前研究结论与理论假设有很大差异。[46] 同时,年龄的影响作用也与一般假设有所不同。综合而言,这项研究运用回归统计方法,结合中国刑事司法语境增设了新的研究变量(如户籍因素),较全面地分析了犯罪嫌疑人社会身份对我国审前羁押决定的影响。

四、犯罪嫌疑人社会身份影响审前羁押决定的原因剖析

通过梳理既往的中外文献可以发现:尽管影响效果存在差异,但总体上,犯罪嫌疑人的社会身份包括犯罪记录、种族、性别、年龄、学历、职业、经济条件等因素会对审前羁押的决策产生影响。应当说,从比较法上讲,我国与域外的审前羁押程序存在较多区别。我国审前羁押基本上依附整个刑事追诉活动,审查逮捕程序不仅被用于决定犯罪嫌疑人是否应被逮捕,而且该程序也会极大地影响犯罪嫌疑人在后续诉讼阶段的羁押状态。[47] 在对犯罪嫌疑人社会身份与审前羁押决定的关系进行归因分析时,通过总结和研究域外学者的理论方法与变量关系,也可以对今后深化我国审前羁押决定的公平性研究起到一定的促进作用。

(一)风险控制:犯罪记录影响审前羁押决定的可能原因

当前,国内外普遍将犯罪嫌疑人的“社会危险性”作为审前羁押审查的法定裁量因素。例如,我国《刑事诉讼法》第 81 条规定,逮捕的适用必须综合考察犯罪嫌疑人的犯罪事实、可能的刑罚和社会危险性;美国《保释改革法案》也明确将犯罪嫌疑人的社会危险性作为审前羁押审查的重要因素。理论上,“社会危险性”主要是指通过考量犯罪嫌疑人的主观恶性及其犯罪行为的社会危害程度来评估犯罪嫌疑人是否有妨碍诉讼程序顺利进行的潜在风险。对于这种潜在

---

[46] See Xifen Lin, Chen Zhou & Yong Ma, *Social Status, Equal Treatment, and Pretrial Detention: Evidence from China and its Implications*, European Journal on Criminal Policy and Research, Vol. 27:2, p. 239 – 263(2021).

[47] 参见林喜芬:《分段审查抑或归口审查:羁押必要性审查的改革逻辑》,载《法学研究》2015 年第 5 期。

风险,如果通过采用取保候审就可以控制,则无须适用逮捕措施。[48] 为了控制此类风险,在司法实践中,犯罪记录成为考量犯罪嫌疑人“社会危险性”的关键衡量指标。这是因为,有犯罪记录的犯罪嫌疑人相较初犯、偶犯而言,主观恶性更大,通常会被视为“屡教不改”,被认为采取非羁押类强制措施难以起到有效震慑作用,不足以防止其再犯。因此,基于风险控制的考量,有犯罪记录的犯罪嫌疑人在审前羁押的决策中,将会面临更高的被羁押概率。

(二)保护弱者:性别和年龄影响审前羁押决定的可能原因

在性别方面,鉴于前文所述,女性在审前羁押决定中受明显优遇已成为国内外通行的惯例,这起因于社会大众长期以来对女性“弱势”的刻板印象。这一印象源于男女生理水平的天然差异,同时,生理差异也是导致社会分工不同的原因。在现代社会,女性承担了更多的维系家庭的职责。一方面,鉴于男女的生理体质先天悬殊,女性在羁押环境下比男性更容易罹患生理或心理疾病,因此基于比例原则,对女性的羁押决定往往更加慎重。[49] 另一方面,女性虽然在教育、求职、晋升等各个阶段处于竞争劣势,但其承担了更多照料儿童、赡养老人的职责,因此,其对于维系家庭稳定至关重要。将作为家庭支柱的女性犯罪嫌疑人置于羁押场所,无疑会使一个完整的家庭遭受重创。考虑保护家庭、儿童利益,对女性的宽容在国内外的审前羁押决定中已被广泛认可。

在年龄方面,域外研究表明年龄因素对审前羁押决定的影响趋势符合“矜老恤幼”原则,可以说,这主要是因为青年人和年老者均处于弱势地位:对青年人来说,其社会阅历尚不丰富,容易受到不良风气的诱导而误入歧途,同时青年人也具有较强的可塑性,采取非羁押措施对其今后改过自新会有更积极的效果;而年老者在身体素质方面远不如其他年龄群组,其在羁押场所的适应能力也较弱。相反,与青年人和老年人相比,中年人无论是在社会资源还是身体素质方面都更具优势。因此,其在审前阶段未被加以特殊保护。但值得注意的是,笔者在最近的统计研究中却发现,年龄越小越有可能被采取羁押类强制措

---

〔48〕 参见王贞会:《审查逮捕社会危险性评估量化模型的原理与建构》,载《政法论坛》2016 年第 2 期。

〔49〕 See Krista S. Gehring & Patricia van Voorhis, *Needs and Pretrial Failure: Additional Risk Factors for Female and Male Pretrial Defendants*, Criminal Justice and Behavior, Vol. 41:8, p. 945 (2014).

施。这可能需要运用社会资本理论来解释。

(三)社会资本:后天社会身份影响审前羁押决定的可能原因

无论是在我国还是域外,拥有高学历、体面职业、中高等收入的犯罪嫌疑人在司法程序中都更容易获得优遇,这一偏向在审前羁押环节中已有显现。被追诉人的学历、职业等社会身份决定了其社会地位与所占有的社会资本,这一社会资本不仅包括物质资本(财富、地位等),还包括人力资本(社会关系、权力资源等)。一方面,个人的社会地位会显著影响其他人的信任程度,研究表明,社会地位高的个体更容易取得他人信任,这既得益于其丰富的物质资本,也与其理性的行为模式息息相关。[50] 这一结论也可用于解释审前羁押决定中的裁量偏好。对于社会地位较高的犯罪嫌疑人,因其受过良好的教育,有稳定的职业和收入,其行为通常较理性,更倾向规避风险,遵循规则。同时,其社会行为有丰厚的物质资本和人力资本作保证,因此决策者也倾向认为其再犯风险较小,逃跑可能性较低,从而较少对其采用羁押类措施。另一方面,如果说社会资本"是一种镶嵌在社会结构之中并且可以通过有目的的行动来获得的资源",[51] 那么占有丰富社会资本的人显然具备更强的资源调动能力。加兰特(Marc Galanter)教授及其后继者开创和发展了资源不平等理论,他们指出在经济上或政治上更有能力的当事人能动员更多的社会资源,因此,其能够在司法程序中获得更好的裁判结果。[52] 我国学者利用该理论分析了我国民事裁判的情况。[53] 事实上,在审前羁押决定中,相较普通人,社会地位高的犯罪嫌疑人更有优势去调动社会资源并最大限度地保障其程序性权利。具体来说,犯罪嫌疑人可利用其资源聘请优秀律师或者通过赔偿、退赃、赔礼道歉等悔罪行为避免被采取羁押类强制措施。

---

〔50〕 See Robert B. Lount & Nathan C. Pettit, *The Social Context of Trust: The Role of Status*, Organizational Behavior and Human Decision Processes, Vol. 117:1, p. 15 – 16(2012).

〔51〕 [美]林南:《社会资本——关于社会结构与行动的理论》,张磊译,上海人民出版社 2005 年版,第 3 页。

〔52〕 See Marc Galanter, *Why the "Haves" Come Out Ahead: Speculations on the Limits of Legal Change*, Law & Society Review, Vol. 9:1, p. 95 – 160(1974).

〔53〕 See Xin He & Yang Su, *Do the "Haves" Come Out Ahead in Shanghai Courts*, Journal of Empirical Legal Studies, Vol. 10:1, p. 120 – 145(2013).

(四)社会资本的延伸:种族因素影响审前羁押决定的可能原因

种族因素对审前羁押决定产生影响的原因较特殊,该因素也主要是在美国等种族矛盾尖锐的国家较突出。作为一种先天的社会身份,种族因素影响犯罪嫌疑人的学历、职业、收入等社会资本因素,进而对审前羁押决定产生影响。换言之,在一些国家,少数族裔之所以在审前羁押程序中面临不利处遇,并不一定是决定者对其存在主观歧视,也有可能是其种族因素导致的社会资本相对匮乏所致。其一,审前羁押决定中的种族效应可能受到了经济实力因素的影响。弗莱伯格和希林斯基在研究中初步尝试了在控制收入变量的情况下观察种族因素对羁押决定的影响。结果表明,最初种族导致的差异消失了,这在一定程度上证明,审前羁押决定的差异不是因为种族因素本身,而是因为种族因素导致的经济实力悬殊。[54] 其二,审前羁押决定中的种族效应可能受到了就业因素的影响。特蕾西·诺比林(Tracy Nobiling)等人发现,在控制失业率因素变量后,黑人男性群体与其他种族的犯罪嫌疑人在羁押措施上的差异明显缩小了,黑人种族实际上是因为失业率高而普遍受到更严厉的审前程序对待。[55] 因此,在审前羁押决定中,黑人所处的劣势可能并非"种族偏见理论"所解释的那么简单,而是源于更深层的种族不平等所导致的社会资本悬殊。[56]

五、深化审前羁押决策公平性的可能进路

基于平等保护原则,利用统计数据证实不同社会身份带来审前羁押决定的差异性,主要目的不是简单证明该影响的存在,而是辨明社会身份的影响是否违背公平原则。随着社会危险性评估体系的建立,部分社会身份因素正逐步由非正式考量因素转化为法定考量因素,因此社会身份导致的审前羁押决定的差异性不可避免,但须将其影响控制在公平的界限内。若社会身份的影响超越了

---

〔54〕 See Tina L. Freiburger & Carly M. Hilinski, *The Impact of Race, Gender, and Age on the Pretrial Decision*, Criminal Justice Review, Vol. 35:3, p. 330 – 331(2010).

〔55〕 See Tracy Nobiling, Cassia Spohn & Miriam DeLone, *A Tale of Two Counties: Unemployment and Sentence Severity*, Justice Quarterly, Vol. 15:3, p. 475(1998).

〔56〕 See Tina L. Freiburger, Catherine D. Marcum & Mari Pierce, *The Impact of Race on the Pretrial Decision*, American Journal of Criminal Justice, Vol. 35:1, p. 81(2010).

这一界限,则可能存在以下情形:第一,制度层面对相对弱势的犯罪嫌疑人的权利保障不充分;第二,办案人员在审前羁押决定时存在明显的主观偏见;第三,办案人员可能会进行权力“寻租”。针对上述3种情形,本文提出权利保障和统计检测两种应对路径:一方面,通过完善刑事法律援助制度,对相对弱势的犯罪嫌疑人进行有效的辩护资源供给;另一方面,通过统计检测的方式,对办案人员的主观偏见现象和违法操作行为进行及时甄别,实现对审前羁押程序公平性的长效监督。

（一）权利保障进路:强化对弱势犯罪嫌疑人的辩护资源供给

一方面,犯罪嫌疑人社会资本的悬殊将导致其资源调动能力的差异,相较掌握丰富资本的犯罪嫌疑人,资本匮乏的犯罪嫌疑人在汲取法律知识、获得律师帮助、了解司法程序、利用诉讼规则等方面存在诸多劣势。另一方面,自2012年《刑事诉讼法》修订以来,一系列程序正当化改革致力于加强辩方力量,保障犯罪嫌疑人权利,但也进一步提高了程序运用成本,加剧了优势者与相对弱势者在审前程序阶段的处境差异。该处境上的差异反映了对弱势犯罪嫌疑人权利保障的不充分,进而导致了审前羁押决定中存在实质不平等的现象。因此,基于平等保护原则,须通过刑事法律援助制度的完善和有效实施,增加对相对弱势者的资源供给,从而限缩社会身份造成的资源差异。2012年《刑事诉讼法》扩大了刑事法律援助的范围,并将刑事法律援助的诉讼阶段从一审程序向前延伸至侦查阶段;然而,在司法实践中,由于法律援助覆盖面窄、申请渠道不畅通以及援助辩护总体质量不高,在审前程序中,处于弱势的犯罪嫌疑人依然难以得到有效的权利保障。[57] 为消除犯罪嫌疑人社会身份差异导致的审前阶段的处境差异,可针对法律援助辩护制度进行以下完善:其一,充分发挥值班律师辩护前的法律帮助功能。[58] 对于被采取羁押措施的犯罪嫌疑人,值班律师

---

〔57〕 参见陈永生:《刑事法律援助的中国问题与域外经验》,载《比较法研究》2014年第1期。

〔58〕 当前,学界主张赋予值班律师“辩护人”角色。另有一些学者认为,这虽然对犯罪嫌疑人的辩护权利保障有所助益,但从现阶段制度体系建设及其实现的角度看,其存在司法资源支撑不足以及诱发律师及律师事务所违规执业的现实困难和潜在风险。参见詹建红:《刑事案件律师辩护何以全覆盖——以值班律师角色定位为中心的思考》,载《法学论坛》2019年第4期。

须充分告知其申请法律援助或聘请律师辩护的合法权利,帮助其了解司法程序和诉讼规则,并就犯罪嫌疑人提出的捕后司法救济提供法律咨询服务,避免犯罪嫌疑人因缺乏法律知识而遭受辩护资源的缺失。其二,畅通法律援助申请渠道。公检法机关须及时履行权利告知义务,向犯罪嫌疑人释明法律援助申请的条件、期限与相应程序,同时,还须结合各地区经济发展的实际情况,适当降低申请法律援助的经济标准,防止烦琐的申请程序和严苛的经济标准将大多数存在实际困难的犯罪嫌疑人拒之门外。其三,提高法律援助辩护质量。一方面,可通过提高法律援助机构专职律师的比例以及跨区域的律师资源调配,缓解部分地区律师资源短缺、专业性不足等问题。〔59〕另一方面,除增加对法律援助律师的办案经济补助外,还须建立完善的案件质量评估机制,对法律援助律师的辩护有效性进行常态化评估,防止专职法律援助律师基于自身地位而与公权力产生亲和性,使援助辩护流于形式,甚至使控辩双方不对等的地位差异进一步拉大。〔60〕

(二)统计检测进路:完善对审前羁押裁量公平性的监督

相较权利保障进路,统计检测进路聚焦办案机关的实践运行情况。统计检测主要利用办案机关某一时间段内全样本数据进行回归分析,揭示犯罪嫌疑人的社会身份因素对审前羁押产生何种影响以及影响是否显著,并通过对办案人员个体分组比较,发现个别办案人员主观偏见、权力“寻租”、经验不足等导致的审前羁押决定明显偏离常规的操作。〔61〕具体而言,对审前羁押决定进行统计检测具有双重监督效用。其一,对整体性裁量倾向进行客观判断。若检测中发现某一社会身份因素对羁押决定具有统计意义上的显著影响,则表示办案人员在审前羁押裁量中存在某一整体性趋势;但这一趋势是否超越合法性与公平性的边界,则需要结合法律规范和政策指引进行人为判定。当这一因素的显著影响已明显违背法律与政策,则需要对办案人员进行提示或培训,使其在下一阶段的羁押决定时予以特殊注意。其二,对个体性裁量偏见或权力寻租等行为进

〔59〕 参见陈光中、张益南:《推进刑事辩护法律援助全覆盖问题之探讨》,载《法学杂志》2018年第3期。

〔60〕 参见谢澍:《刑事法律援助之社会向度——从“政府主导”转向“政府扶持”》,载《环球法律评论》2016年第2期。

〔61〕 参见林喜芬:《中国减刑程序公平性的实证研究》,载《中国法学》2016年第6期。

行及时警示。当某一位或某几位办案人员的羁押决定受犯罪嫌疑人社会身份因素影响的系数较其他人更大时,可以有针对地审查其审前羁押决定是否存在问题。若同一个体出现多次异常偏离,则须对其违背裁量公平性原则的主观偏见、权力滥用等情形进行纠偏和追责。应当说,目前我国审前程序研究对于统计检测进路的实际操作还较陌生。因此,可以总结数据分类、变量控制等方面的问题,结合实际语境在研究方法上作出有针对性的改良。

The Impact of Social Status on the Pretrial Detention

—Based on the Previous Empirical Data

Zhou Chen & Lin Xifen

Abstract: The social status of the defendants is an extra-legal factor that may affect pre-trial decision-making. Based on the comparison of the previous empirical data, it can be found that social status such as criminal records, race, household registration, age, gender, occupation, and education level affect pretrial decision-making in different jurisdictions, such as in China and the United States. The impact of social status on pretrial detention can be theoretically explained by the principle of risk control, the principle of protection of the weak and the theory of social capital. However, the discriminatory decisions on pretrial detention are worthy of attention. In the future, the criminal legal aid system needs to be improved to protect the vulnerable suspects, meanwhile, statistical testing on discretion of the decision-makers should be enforced.

Key words: Social status; Pretrial detention; Equal protection; Right protection; Statistical testing

司法隐性知识如何传递*

——以法院师徒制法官培养模式的变革为切入点

黄　瑞**

内容提要：

司法隐性知识广泛存在于法官司法裁判过程中，并发挥重要的作用。司法隐性知识弥散在经验中，需要个体通过审判经验的学习积累而获得。长期以来，我国法院系统司法隐性知识传递的一个重要方式是依托师徒制法官培养模式来进行的。随着制度、文化、关系3种法院治理资源的变化，师徒制在当前法官培养的实践中走向了边缘化，其局限性在现代性背景下也逐渐显露，司法隐性知识的有效传递面临挑战。法院应当以整体性视角生产、调配组织中的制度、文化以及关系资源，通过优化它们的分布、配置和个体获取方式，促进师徒制功能有效发挥，保障司法隐性知识的有效传递。

关键词：

司法隐性知识　师徒制　治理资源

一、引论：司法隐性知识的“经验属性”

司法裁判本质上是法官运用知识解决社会矛盾纠纷的过程。这些知识不仅包括文字记载的司法显性知识，也包含通过经验累积而获得的司法隐性知识。[1] 在强调“自由心证”的判例法系中，司法隐性知识的存在已是实务界和

---

* 国家社科基金重点项目“法治建设的社会基础研究”（项目编号：20AFX001）阶段性成果。

** 云南大学民族学与社会学学院讲师。

〔1〕 英国哲学家迈克尔·波兰尼将知识分为隐性知识和显性知识。See Michael Polanyi, *The Tacit Dimension*, Peter Smith, 1983.

学界公认的事实。[2] 在我国,随着司法裁判过程研究的不断深入,司法隐性知识也逐渐进入研究者的视野。

对于司法隐性知识的讨论,多来自经验层面的总结与提炼。有学者提出"无言之知"是法律"本土资源"中的一个重要内容,需要在经验中不断发掘,在实践中把握。[3] 在此基础上,学者进一步提出,案例研究是司法"无言之知"转化为一般性命题以便交流分享的重要机制。[4] 在具体司法裁判中,司法隐性知识广泛存在于案件裁判的事实建构和法律发现等环节,有着如司法前见、一般推理、事实解释、图示加工等具体的实践表征,并依靠法律修辞获得形式正当性。[5] 来自实务界的学者通过实证研究发现,青年初任法官群体的司法隐性知识较为欠缺,且主要体现在法律适用能力、事实认定和证据采信、独特思维能力等 5 个具体场域中。[6] 同时,实务界学者在现有法院组织制度框架下从共享意愿、共享行为、共享回报 3 个环节入手探讨司法隐性知识的交流共享机制。[7] 这些研究揭示了司法隐性知识的 3 个重要特征:其一,司法隐性知识存在于法官的司法裁判过程中,且发挥重要作用;其二,司法隐性知识的获得源于实践和经验的积累;其三,司法隐性知识需要能够被有效分享、传递,以保障司法稳定、

[2] 参见胡学军、涂书田:《司法裁判中的隐性知识论纲》,载《现代法学》2010 年第 5 期。

[3] 参见苏力:《送法下乡——中国基层司法制度研究》(修订版),北京大学出版社 2011 年版,第 8 页。"无言之知"这个概念源自苏力对波斯纳《法理学问题》中"tacit knowledge"的翻译,参见[美]理查德 · A. 波斯纳:《法理学问题》,苏力译,中国政法大学出版社 2002 年版,第 137 页。

[4] 参见吴元元:《司法无言之知的转化机制及其优化——案例研究的知识社会学反思》,载《法学》2019 年第 9 期。

[5] 参见胡学军、涂书田:《司法裁判中的隐性知识论纲》,载《现代法学》2010 年第 5 期。

[6] 参见郑和生、李茜:《隐性知识如何表达——论法官培训的定位反思与制度构建》,载贺荣主编:《司法体制改革与民商事法律适用问题研究——全国法院第 26 届学术讨论会获奖论文集》(上册),人民法院出版社 2015 年版。

[7] 参见王爽、杜晓蕾:《司法隐性知识交流(共享)激励机制之构建》,载刘贵祥主编:《审判体系和审判能力现代化与行政法律适用问题研究——全国法院第 32 届学术讨论会获奖论文集》,人民法院出版社 2021 年版。

司法质量和民众对司法的信任。

回到具体的问题,司法隐性知识如何传递?以上学者从司法隐性知识的显现化、司法隐性知识运用的制度环境、案例分析制度、法官培训及激励机制构建等多维度进行了讨论。但需要注意的是,司法隐性知识是弥散在经验中的,法官个体需要通过审判经验的累积来获得。因此,司法隐性知识的传递与法官培养密切相关。

我国法官培养路径的探索也是围绕司法显性知识与隐性知识展开的。一方面,通过设立相关组织机构,出台相关制度,建立涉及法官政治能力、职业道德素养、司法能力 3 个重点内容的规范化法官培训体系;[8]另一方面,各个法院也在积极开展法官审判经验的培养。在以往的相关研究中,学界对法官培养中的法学教育[9]、法官培训制度[10]、法官职业认知[11]、法官职业道德培养、[12]法官专业技能培训[13]等主要涉及司法显性知识的法官培养问题进行了分析,但对法官审判经验培养这一司法隐性知识的重要传递方式的讨论,却相对来说较欠缺。

法官审判经验的培养在各个法院中是如何进行的?总体来看,是依托法院师徒制来进行的。师徒制,是一种在实际生产过程中以口传身授为主要形式的技能传授方式,其特点是寓技能于实际生产劳动之中,通过完成工作任务获得

---

〔8〕 参见《法官教育培训工作条例》。

〔9〕 例如,探讨法学教育在法官助理制度推行后的调适与创新。参见夏锦文、徐英荣:《法官助理制度改革需求与法治人才培养创新》,载《法学》2017 年第 12 期。

〔10〕 例如,在法官遴选体系中探讨法官培训的功能和定位。参见姚莉:《比较与启示:中国法官遴选制度的改革与优化》,载《现代法学》2015 年第 4 期。

〔11〕 参见刘练军:《"红"与"专":法官职业认知的理念与规范叙事》,载《法治研究》2019 年第 5 期。

〔12〕 参见邱昭继:《法官职业道德的批判与重构——基于马克思恩格斯文本的考察》,载《浙江社会科学》2021 年第 1 期。

〔13〕 例如,探讨双语法官的选拔和培训。参见张青、牟奕霖:《西南多民族地区基层司法的语言困境及其应对——基于 Y 省的实证分析》,载《贵州民族研究》2019 年第 2 期。

技能经验。[14] 这样的一种培养方式，与司法隐性知识的"经验属性"相契合。师徒制的有效运作需要法院组织中相应的制度、个体关系以及文化与之相配合，形成有效的资源供给。[15] 人民法院"四五改革"[16]以来，随着法官员额制度、法官助理制度、司法责任制等相关制度的推行，法院组织的分工方式、个体互动关系和师徒制的文化再生产发生了改变。这些治理资源的改变使依托师徒制展开的司法隐性知识的传递面临重重困难与挑战。本文以 Y 市基层人民法院[17]为主要分析样本，在田野材料的基础上分析法院师徒制的变革过程及其原因，并展开对于司法隐性知识传递机制的讨论。

二、师徒制在我国法官培养历程中的变革

师徒制法官培养的具体实践由来已久，并始终贯穿在我国法官培养的历程中。法官培养，从职业发展的横向维度上，分为多个环节，涉及多方培养主体。其中包括以高校为主体的法学知识教育，以最高人民法院为主体的法官技能培训，以及以各个法院为主体的法官经验培养。每一个培养阶段各有其侧重，但总体来看包含了司法显性和隐性知识的学习、积累，是一个从知识到技能、从技能到经验逐渐强化的过程。自 1979 年以来，这一法官接替培养模式经历了一个建设和逐步发展的过程，法院师徒制也经历了功能扩张、功能分化、功能强化再到功能弱化的过程。

（一）功能扩张时期

1979 年 7 月 5 日，《法院组织法》颁布。同时，在新的社会需求下，一个能够有效发挥司法功能的法院队伍需要被尽快建构起来。这一时期，全国范围内正

---

〔14〕 参见王星：《技能形成的社会建构：中国工厂师徒制变迁历程的社会学分析》，社会科学文献出版社 2014 年版，第 9 页。

〔15〕 参见谭同学：《国家、社会与官僚机器三维视野中的乡镇机构——以水利站与司法所为例的政治社会学分析》，载《甘肃社会科学》2004 年第 5 期。

〔16〕 2015 年 2 月 26 日最高人民法院发布《人民法院第四个五年改革纲要（2014—2018）》。

〔17〕 Y 市位于我国西南地区，是隶属于 Z 省省会城市 K 市的县级市，2020 年 Y 市人民法院员额法官 26 人，受理案件 7787 件，审结 7511 件，员额法官人均结案 289 件。

规的法学教育也在苏醒之中,高等院校暂时不能及时为法院提供人才。[18] 因此,法官队伍大量通过调干、复员转业等方式进行补给和扩充。[19] 受制于历史原因,这一批人员大多不具备法学教育背景,欠缺法律知识。由于一方面缺少专门的法官培养机制和途径,另一方面在紧迫繁重的审判任务面前,各个法院只能自行为这批人员进行"补课",即由具备审判经验的人作为师傅,通过"传、帮、带"对新进入的人员进行司法显性、隐性知识的培训。这种培训是在实践中完成的,新进人员在工作中完成对于法律知识、审判技能的学习和对于审判经验的积累。直到 1985 年最高人民法院创办了全国法院干部业余法律大学,才将法院司法工作人员司法显性知识的学习和培养纳入专门的培训组织和机制中。1995 年《法官法》颁布,确立了法官的任职最低学历标准为高等院校法律专业或非法律专业。经由各个法院师徒制的培养实践以及全国法院干部文化结构"789 计划"[20] 的实施,具备可接替性的法官队伍初步形成。这一时期,师徒制承担了法官司法显性知识和隐性知识培养的双重职能。

(二)功能分化时期

2002 年 7 月在全国法院队伍建设工作会议上,法院系统首次提出"法官职业化建设"的总目标。法官培养进入"制度化"发展阶段。2001 年全国人大常委会对《法官法》进行了修正,将法官任职条件由原来的专科提高为本科。同时,《法官培训条例》经实施,初步形成了法官"两考一培训"的任职培养模式和两级法官培训体系。[21] 法律专业理论和法学知识这些显性知识的培养任务从法院系统中分离出去,由高等学院的法学教育以及司法考试来承担。由此完成了法官培养中高等学院教育与法院法官培训从知识到技能的分工和衔接。从

---

[18] 1978 年中共中央批转的《第八次全国人民司法会议纪要》提出恢复法律系,培养司法人才。参见张金才:《中国法治建设 40 年(1978—2018)》,人民出版社 2018 年版,第 75 页。

[19] 参见谭兵、王志胜:《论法官现代化:专业化、职业化和同质化——兼谈中国法官队伍的现代化问题》,载《中国法学》2001 年第 3 期。

[20] 即到了 1995 年,全国法院干警大专以上文化结构要达到全体干警的 70%、审判人员的 80%、院长副院长的 90%。

[21] 参见张珉:《论司法现代化的职业表征——法官职业化》,载《新疆大学学报(哲学社会科学版)》2004 年第 2 期。

表1法官培训制度内容对比来看,法院法官培训更加注重技能的培养,主要包含职业道德、审判实务技能和审判工作能力等以显性司法知识为主的内容。

表1 法官培训制度内容对比

名称	出台或修订时间	培养类型	培养内容	培养时间
《法官培训条例》	2000年	任职、晋级、续职资格培训和其他培训	职业道德教育、相关法律专业理论以及岗位基础理论和审判实务的培训	不少于3个月
《法官培训条例》	2006年	预备法官培训、任职培训、晋级培训和续职培训	预备法官培训应注重岗位规范、职业道德和审判实务的培训	不少于1年
《法官教育培训工作条例》	2020年	法官职前培训、任职培训、晋高培训、在职培训	拟初任法官的人员,须接受法官职前培训,着重掌握审判实务技能,提高审判工作能力	1年

注:《法官培训条例》2000年出台,2006年修订,2020年最高法再次对其进行修改,并更名为《法官教育培训工作条例》。

2020年《法官教育培训工作条例》中,法官任职培训时间增加到1年,并注重"审判工作能力"的提高。但是以集中上课模式为主的职前培训并不能很好地使拟初任法官进行审判经验的学习与积累。因此,法官审判经验的培养依旧由各个法院来完成,其培养方式则依靠师徒制这一非正式培养制度的有效运行。[22] 这一时期,司法显性知识的培养虽已从师徒制中分离出去,但是师徒制依旧承担培养审判经验、传递司法隐性知识的重要功能。

(三)功能强化时期

2010年前后,随着我国法学教育和法官职业化建设的发展,新鲜血液不断涌入法院,青年法官(助理审判员)的占比人数开始逐步增高。同时,随着社会

---

〔22〕 参见杨小利:《司法体制改革背景下法官养成机制研究》,中国政法大学出版社2018年版,第50~80页。

经济的发展,法院的案件呈现井喷式的增长,[23]案多人少的情况越发明显。因此,青年法官的培养问题在各个法院都备受重视。高等教育经过 10 多年的发展,已经为法院培养出一批批拥有较强法学知识储备的人才,但是从学院学习到具体的审判工作,其依旧需要在审判经验中完成对司法隐性知识的学习和积累。师徒式"传、帮、带"这一非制度化的培养模式经由实践证实了它的有效性和重要性,因此在青年法官的培养中,各个法院积极发挥这一培养模式的优势,并试图通过制度化的方式将其固定下来。较多的做法是"导师制度"的确立与实践。法院为初任法官(助理审判员)指定 1 名资深法官担任导师,进行为期 1 ~ 2 年的一对一帮助指导,并在结业时进行一定的考核。[24]虽然名为"导师"制,其实则依旧是传统师徒式"传、帮、带"的培养模式。这一时期,法院系统积极探索通过制度化的方式,将师徒制传递司法隐性知识的功能最大限度地发挥出来。

(四)功能弱化时期

在前 3 个阶段,师徒制在我国法官培养中扮演了重要的角色,它的发展经历了功能扩张、功能分化以及功能强化的过程。但总体上,师徒制在通过累积审判经验传递司法隐性知识中发挥不可替代的作用。2015 年人民法院"四五改革"对法院内部的人员结构进行了较大的调整,相关制度的实施使师徒制的功能逐渐被弱化,法院如何培养法官,或者更进一步说,法院如何对初任法官进行审判经验的培训、积累,以实现司法隐性知识的有效传递,在法院改革后出现了问题和挑战。从制度的设计初衷来看,法院改革在对法院人员进行分类管理的同时,也为法官的代际发展进行了制度安排,这主要体现在法官助理制度中。

---

[23] 参见周立权:《中国各地诉讼案件形成"井喷"趋势》,载《政府法制》2010 年第 2 期。

[24] 例如,抚州市的"庭审练兵",参见张员娇、元春华、邹志伟:《180 余名法官新秀实现"三级跳"——江西省抚州市法院加强青年法官素质培养侧记》,载《人民法院报》2010 年 10 月 18 日,第 4 版;泸州市两级人民法院的"青蓝工程",参见张丙尧:《青蓝工程:培养青年法官的泸州路径》,载《人民法院报》2013 年 5 月 27 日,第 8 版;绍兴市中级人民法院的"预备法官制度",参见余建华、柳雪松:《绍兴全面培养青年法官》,载《人民法院报》2010 年 9 月 5 日,第 1 版;宁波市中级人民法院的《关于建立青年法官导师制若干规定》,参见贺磊:《宁波:多维历练促青年法官快速成长》,载《人民法院报》2013 年 5 月 21 日,第 6 版。

理论上看,法官助理具有审判辅助和法官养成的二元功能,[25]但在改革过程中,法官助理作为法官储备人才的功能却未受到足够的重视。原因在于:一方面,法官员额制导致原先部分办案法官退出法官队伍,法官储备较为充足;另一方面,如何通过分工保障法官团队良好运作是"四五改革"的重头,在此面前,法官的培养以及司法隐性知识的传递不再是法院组织这一时期的关注重点。从法院组织的运作上看,改革的相关制度改变了师徒制的资源供给,从而抑制了其功能的发挥。

三、师徒制在 Y 市基层人民法院的实践

从我国法官培养的发展历程中可以大致了解师徒制功能的变化。但是,对于法院组织中具体的法官个体来说,司法隐性知识究竟意味着什么?师徒制在司法隐性知识的传递中如何发挥作用?在具体的法院中师徒制发生了怎样的变革?这些问题需要在实践中予以进一步考察。

(一)传递司法隐性知识、规避组织风险

在田野调查的过程中,笔者向那些担任过师傅或者做过徒弟的法官请教了一个问题:师傅传授给徒弟的知识是什么?笔者预想法官应该会从显性知识与隐性知识两个方面进行总结,但是笔者所得到的答案却更多地指向了司法隐性知识。受访对象的回答时常抽象得让人难以把握:"师傅教给徒弟的东西要靠悟,靠嘴巴能够说出来的都不是真正精髓的东西,就像禅宗一样""教给徒弟的应该是一种法律的信仰和理念""传递的其实就是一种智慧"……就在笔者在这些认知感受中找不到核心要点时,L 法官陈述了他从师傅身上学到的一件深受启发的案例,而这个案例从实践维度上描绘出了司法隐性知识的大致内涵。

"我才进法院的时候什么都不懂,做了一年书记员后就开始自己审理案件了。那个时候在派出法庭,师傅是我们的老庭长。一开始他先让我办理一些简单的纠纷案件,有一个案件让我深刻感受到了师傅的过人之处。那是个土地纠纷,一块耕地两家人都说是自己的,但是基于历史的原因没有相应的材料进行

---

〔25〕 参见高翔:《"程序养成型"基层法官养成机制的构建——以候补法官中国化的渐进改革为切入点》,载胡云腾主编:《法院改革与民商事审判问题研究——全国法院第 29 届学术讨论会获奖论文集》(上),人民法院出版社 2018 年版。

证明。综合各种原因,我对两家人进行了调解,大家都同意一家一半,但是问题就出在了怎么划分上。耕地考量的因素很多,有的地方靠近水源、有的光照好、有的肥力好、有的则是离公路近,非常不均匀。我拿着尺子在那个大致的地图上比划,怎么都觉得难以平均分配,好不容易觉得差不多了,两边谁也不同意。没办法去问了师傅,师傅听我说完后不慌不忙笑嘻嘻地跟我说了一句话,结果案子就解决了。师傅说:'你让原告自己去划分,然后被告优先选择要哪一块'。"

历史学界基本上认为,中国师徒制是从前近代开始在中国各行各业中兴起并发展壮大的。[26] 为了应对生产流程技术以及制造程序协作等环节上产生的不确定性,[27] 工人在长期的经验积累中形成了应对不确定性的"隐性知识"。[28] 这些"隐性知识"成为影响核心生产以及产品质量的关键所在。正如上文所呈现的案例,司法隐性知识在法官的裁判活动中同样重要。审判工作本质上是对法律的一种理解力,是一种领会、把握审判经验,重组审判经验,以达到对审判工作理智控制的能力。[29] 在具体实践中,法官对司法隐性知识的掌握和运用,直接影响诉讼活动的开展以及当事人对裁判的认可程度。例如,在调解中,一个调解技艺高超的基层法官会运用多种正式或非正式的手段对案件进行调解,化解社会矛盾纠纷。这些手段的掌握与灵活运用非一日之功,往往取决于法官是否有足够的司法经验。[30] 通过对经验的领会、把握和重组,这些正式或非正式的手段成为法官工作中有效的司法隐性知识。在法官审判经验的培养中,师徒制完成了对法官司法隐性知识的习得与传递工作。

---

〔26〕 参见彭南生:《行会制度的近代命运》,人民出版社2003年版,第196页。

〔27〕 这里的不确定性更多指的是生产组织内生的不确定性,而非市场、契约等外部的不确定性。参见郝京辉等:《制造协作组织形成过程不确定性任务性能参数的区间优化》,载《机械工程学报》2007年第3期。

〔28〕 关于"隐性知识"的相关论述,参见王星:《技能形成的社会建构:中国工厂师徒制变迁历程的社会学分析》,社会科学文献出版社2014年版,第57页。

〔29〕 参见胡学军、涂书田:《司法裁判中的隐性知识论纲》,载《现代法学》2010年第5期。

〔30〕 参见王启梁、张熙娴:《法官如何调解?——对云南省E县法院民庭的考察》,载《当代法学》2010年第5期。

对法院组织来说,师徒制对司法隐性知识的传递同时还是一套规避风险的有效机制。在上一个案例中,如果没有师傅的教导,在长期的实践过程中,L法官也许最终能够获得这样一套解决具体纠纷的思路和办法,但是多久能获得、能不能获得却充满了不确定性;而在L法官获得这一隐性知识的过程中,也许将会有许多未能被很好化解的纠纷成为L法官"成长的代价"。师徒制对司法隐性知识的直接传递,大幅降低了新任法官的成长时间,并减轻了法院承担的法官"试错"风险。正如Z法官向笔者所陈述的:"法院就像一个工厂,我们在运行一套复杂的设备,每个上岗的人都有一本操作指南。机器运作过程中有时候会出故障,经验老到的工人往往通过机器运行时气味、温度或者声音的改变预见机器接下来会发生什么样的故障,就能提前预防。手册里告诉了你怎么去修理故障的机器,但是这个时候问题已发生、损失也造成了,意义也就不大了。所以有经验的老法官及时把这套知识传递给新人是非常重要的。"

(二)Y市基层人民法院师徒制的变化

以每10年为一个时间划分层,Y市人民法院员额法官(以及即将进入员额法官的法官助理)进入法院工作的时间可以划分为:1980年、1990年、2000年、2010年。不同时间段预示不同的法官成长历程。在此笔者分别选取了3位员额法官和1位编制内法官助理,通过访谈对他们进入法院后个人的成长历程进行简单梳理,以此呈现Y市人民法院师徒制的变革历程。

法官X:员额法官,1964年出生,1986年大学毕业后即进入Y市人民法院,并被分配到派出法庭工作。其先在派出法庭做了半年的书记员,然后开始跟着师傅——派出法庭的庭长审理案件。跟师傅学习了3年左右,其从派出法庭被调回院本部,而后开始独自办理案件。当时没有正式地拜师,派出法庭庭长只是说了一句"以后你跟着我",X就知道自己的师傅就是他了。庭里大家都是这样过来的,不言而喻,大家都认可也都知道谁和谁是师徒。法官X以前也带徒弟,但是司法改革后就不带了,因为案件量大,而且没人主动学,就觉得没有带徒弟的必要了。

法官K:员额法官,法院副院长,1970年出生,1993年大学毕业后进入Y市人民法院工作,被分配到派出法庭工作。其刚进庭室,庭里就指派了一个业务骨干作为她的老师,因为当时的院长在法院里立了一个不成文的规定,即凡是进到法院的新人,庭里都要指派一个道德修养高、业务能力强的法官作为师傅"带"新人。K扎扎实实地跟着师傅学了两年半,直到师傅升为庭长,自己能够独立办案。但是在法官 K 心里,他始终是自己的师傅,而且师傅也认为她是最优秀的徒弟之一。

法官 Y:1982 年出生,2009 年进入法院,大学毕业工作了几年后才进入法院。刚进入法院工作的时候,因为法院案件量太大,其只做了 3 个多月的书记员熟习业务,就开始直接办理案件了。一开始没有人带,其只能看着书自己进行学习,不懂的就去问。在这个过程中,其与一个同期进来的女孩私下形成了讨论学习小组。1 年以后,新来的院长到庭室里强调,还是要有师徒这一传统,于是庭长就在会上说做她的师傅。自此,Y 办理案件有疑问时,才有了一个固定的请教对象,直到 1 年半后该庭长调离法院。

法官助理 W:1992 年出生,2016 年大学毕业后进入法院工作。其刚进入法院的时候被分配到执行局,做 D 法官的法官助理。W 在执行局工作了 3 年,只是完成 D 法官交代的工作,没有师徒制的氛围,执行局也不重视"传、帮、带",所以其感觉自己和 D 法官是一种同事关系。2019 年 W 被借调到政法委工作了 1 年,回到法院后来到了刑庭。其名义上是 H 法官的法官助理,但是其还需要处理庭里的一些行政事务。虽然 W 即将符合入额条件,但是 W 感觉自己对于审判工作缺乏经验和技巧,所以有些着急。最近 W 在家看心理学、行为学、文学之类的视频和书籍,以补充自己的知识。

Y 市基层人民法院这 3 位员额法官和 1 位法官助理个人成长的历程,虽不能完全与师徒制在我国法官培养发展历程中的功能变革过程一一对应,但是从整体上看也是一个印证师徒制被逐渐边缘化的过程。师徒双方教与学的意愿降低,师徒关系开始变得模糊,法官审判经验教授和司法隐性知识的传递出现困难。师徒制的边缘化,是否符合现阶段法官培养及法院内部治理的需求?答案也许是未必。在访谈中,2 位副院长向笔者道出了他们的担忧。首先,是对法官培养方面的担忧。按照现在的规定,法官助理要有 5 年的工作经历才能报考员额法官的考试,这 5 年如果没有师傅进行教授、管理,其难以学到真本事。K 副院长举了一个贴切的例子:"师徒关系之所以重要,是因为它就像酒窖一样为法院提供了一个良好的法官成长环境,窖子好了,酿的酒才好。"其次,是法院组织管理方面的问题。Y 市人民法院这 2 年的一个突出问题就是上诉率、发改率一直居高不下。2 位副院长认为,其中一部分原因是一些年轻的员额法官没有经历过长时间的师傅教导过程,其对于很多知识还没有掌握,不会调解,不会和当事人沟通,判决也容易有偏向;有些人也许时间长了以后可以慢慢改善,但有些人却会越来越固执,而在这个过程中,法院组织往往都需要承担来自绩效考评的压力。

四、法院治理资源变化对师徒制功能的抑制

师徒制因何一步步走向边缘化?首先,师徒制作为法院组织内部治理的一个结构体,需要相应的分工来配合。其次,师徒制是嵌在社会关系中的,需要特定的个体关系结构作为个体互动的框架与维度。最后,师徒制有其自身的文化内涵和文化再生产模式。分工、关系、文化这3类治理资源,影响着师徒制功能的发挥。

(一)分工制度的改变

分工是“师徒制”无法回避的一个结构性特征,[31]司法隐性知识的传递,需要在法院组织特定的分工制度中来完成。法院“四五改革”之前,大学毕业的年轻人进入法院后往往先被任命为书记员,从事整理卷宗、记录庭审等事务性工作,而后经过一定年限,在符合条件的基础上被任命为助理审判员,开始从事审判实务工作。在这两个阶段,往往都会有一名年长的审判员担任其师傅,对其工作进行言传身教,直到其被任命为审判员,独立展开审判工作。在这一过程中,资历成为分工的主要依据。“四五改革”后,随着员额制与法官助理制度的全面推行,法院组织的分工依据与类型发生了深刻的变化。

法官助理制度,起源于美国。1882年,任职大法官的格雷聘请了哈佛大学法学院的高才生路易丝·布兰戴斯作为他自己的助理。[32]这一制度的兴起,可以说是源于美国工业革命所带来的人口增长以及公司法和侵权法的应用和发展,这些均使诉讼案件剧增。作为法官员额制的配套措施,我国法官助理制度的推行也包含对于法院组织分工改造的需求与实践:通过法官助理这一岗位的设置和职能的细化,把法官从事务性、程序性的工作中解脱出来,让法官集中

---

〔31〕 参见[英]安东尼·吉登斯:《社会的构成:结构化理论纲要》,李康、李猛译,中国人民大学出版社2016年版,第9~10页。

〔32〕 参见江振春:《美国联邦最高法院与法官助理制度》,载《南京大学学报(哲学·人文科学·社会科学版)》2010年第2期。

精力审判案件,[33]提高法官的工作效率,推进法官的职业化、精英化发展。在这样一种导向下,法院组织以资历为主的分工转变为以专业技术为主的分工,[34]而法院整体的分工类型从功能累积型向功能结合型转变。[35]这样一种转变,在一定程度上实现了分工合作的法官团队化运作模式,但也使师徒制的运作在现有分工方式下难以运行,法官助理作为法官遴选储备人才[36]的功能受到阻碍。

首先,在以专业技术为依据的分工中,案件线性分工与多案同时处理之间存在矛盾。法官、法官助理与书记员之间的专业技术性分工,是以案件的基本诉讼流程为主要依据的。最高人民法院《关于完善人民法院司法责任制的若干意见》对法官助理和书记员的工作职责进行了大致的划定。法官助理的工作职责包括:"审查诉讼材料,协助法官组织庭前证据交换;协助法官组织庭前调解,草拟调解文书;受法官指派,办理委托鉴定、评估等工作;在法官的指导下草拟裁判文书"等审判辅助性工作。书记员的工作职责包括:"负责庭前准备的事务性工作;负责案件审理中的记录工作;整理、装订、归档案卷材料"等事务性工作。从单个案件来看,这样的分工是合理的,法官助理与书记员的分工符合案件的诉讼流程。但是一个法官团队往往会同时处理多个案件,同一时间段内这些案件的诉讼流程各有不同,因此在现有人员匹配比例下(通常为 1:1:1),法官助理与书记员的工作在实践中难以有效区分。例如,书记员外出调取证据遇

---

〔33〕 参见叶圣彬:《司法改革背景下法官助理定位及相关问题研究》,载《法治社会》2016 年第 3 期。

〔34〕 马克斯·韦伯在对劳动的技术分工类型进行阐释时提到,从技术观点来看,劳动分工可以分为如下两类:一类是可能随着工作劳务的划分与结合而变化,缺失一定的专门化,如一个人可能专门从事此项或彼项工作;另一类是承担若干技术上不同并带来不同结果的功能,或者仅仅承担技术上专门的功能。参见[德]马克斯·韦伯:《经济与社会》(第 1 卷),上海人民出版社 2010 年版,第 219 页。

〔35〕 马克斯·韦伯所提出的功能累积型分工,是指让多人全都承担同一功能以达致一个结果;而功能结合型分工,是指把不同质的因而是专门化的努力结合起来以达至某个结果。参见[德]马克斯·韦伯:《经济与社会》(第 1 卷),阎克文译,上海人民出版社 2010 年版,第 220 页。

〔36〕 具体参见《法官法》第 67 条。

事耽搁,恰巧员额法官需要按期开庭,那么团队内的法官助理也需要承担庭审记录的工作。在实践中这样的分工更多是一种互相"补位"的状态。法官助理与书记员的工作难以完全区别开来,一方面制约法官助理审判经验的有效累积,另一方面也容易带来法官助理职业定位混乱的问题,从而影响法官助理对于法官职业的认同。

其次,功能结合型分工带来了法官培养的经验壁垒和法官职业预期的不确定性。现阶段,法院进入"五五改革","四五改革"中人员分类的矛盾经过将近5年的人员分流、调试、适应相对来说得以缓解,法官员额队伍也开始出现更新替换,法官助理二元功能中的法官养成受到学界和实务界的重视。在实践中,法院由原先助理审判员、审判员一起审判案件的功能累积型分工,转变为员额法官在书记员、法官助理的配合下采用功能结合的方式审判案件。在这样的分工下,需要解决的第一个问题是,从事审判辅助工作的法官助理如何进行审判经验的学习和积累?1995年《法官法》确定了助理审判员具有审判权并能够从事相应的审判事务,使法官审判经验的培养能够在实践中进行,符合师徒制中寓技能于实际工作,通过完成工作任务获得技能经验的培养特征。但是在现行模式下,法官助理与审判工作是脱离的,精通审判辅助事务的法官助理未必是法官的最佳人选。[37] 徒弟和师傅无法从事一样的工作,师傅也就难以通过有效的"身授"将司法隐性知识传递给徒弟。在改革中,随着一部分人退出审判工作转岗为法官助理或司法行政人员,[38] 法官人均受案数增加。这虽强化了各岗位之间的专业化,但也增加了法官通过"口传身授"向法官助理传授司法隐性知识的时间成本。同时,员额法官比例的控制使职位较稀缺,法官助理往往需要法官员额空余位置出现后才能通过竞争进入法官序列,这使原本可期的法官职业发展变得不确定。从总体上看,以专业技术为依据,功能结合型的分工未能为师徒制提供良好的运作基础。

---

〔37〕 参见高翔:《"程序养成型"基层法官养成机制的构建——以候补法官中国化的渐进改革为切入点》,载胡云腾主编:《法院改革与民商事审判问题研究——全国法院第29届学术讨论会获奖论文集》(上),人民法院出版社2018年版。

〔38〕 还有部分人员在改革中选择辞职。

(二)人际互惠关系的淡化

"师徒制"是一种嵌在社会关系中的技能形成方式,[39]需要个体特殊的关系作为支撑,同时它也反向塑造了个体的行动逻辑与框架。师徒制的关系属性贯穿它的整个创立发展过程。例如,在晚清至民国初期,宗法家长制是维系师徒制的重要内容,师徒之间不仅仅是劳资关系也是生活依附关系,往往基于乡缘、地缘达成,同时"师门"具备差序格局的属性,划定个体关系的亲疏远近。[40]经过变迁和发展,师徒关系中的宗法家长制已经逐渐淡化,但是师徒制的运作依旧需要相应的社会关系作为支撑。长期以来,我国法院中支撑师徒制有效运作的社会关系来自个体之间的人际互惠关系。师徒制"传、帮、带"中的"帮"是这一关系的体现,不仅包含师傅帮助徒弟,也包含徒弟给予师傅支持。"四五改革"后,为了保持师徒制的优良传统,Y 市人民法院规定由员额法官担任其所在审判团队中新招录法官助理的指导老师。但田野调查发现,对行动者来说,这仅仅是一种名义上的身份关系,在实践中往往呈现"师傅不愿教,徒弟不愿学"的状态。其中一个很重要的原因是师徒间互惠关系的构建受到了影响。

对于徒弟来说,师徒间的互惠包含两方面的重要效益:一是职业生涯方面,师傅为徒弟提供工作上的指导,从而促使徒弟的职业生涯进步;二是社会心理方面,师傅具有帮助徒弟建立一种身份认同感、胜任力和效力的心理职能。[41]在上一部分的论述中,分工制度的改变促成法官团队化的运作模式,但也带来了法官助理职业预期的不确定性,以及在实践中法官助理难以从审判辅助、程序性工作中学习积累审判经验。这样的"实践不能"使作为徒弟的法官助理难以在现有的背景下,通过师徒制获得职业生涯及社会心理方面的效益。

对师傅来说,互惠的效益则是:提升自己的职业满意度和在组织中的影响力,并获得来自徒弟的人际支持。[42] 在实践中,这些互惠效益也在降低。员额法官是法院人员分类体系的专业顶端和法官团队的"领头羊",这一身份的获得需要经过较为激烈的竞争选拔,加之法院自身以及社会对员额法官的推崇,"入

---

〔39〕 参见王星:《技能形成的社会建构:中国工厂师徒制变迁历程的社会学分析》,社会科学文献出版社 2014 年版,第 61 页。

〔40〕 参见费孝通:《乡土中国　生育制度》,北京大学出版社 1998 年版,第 24 ~ 30 页。

〔41〕 参见韩翼等:《师徒关系结构、作用机制及其效应》,载《管理评论》2013 年第 7 期。

〔42〕 参见韩翼等:《师徒关系结构、作用机制及其效应》,载《管理评论》2013 年第 7 期。

额"已经为员额法官提供了较强的职业满意度和组织影响力。改革之前,能够进入法官序列只是一个时间上的问题,因此在这样的一个固定发展模式中,法官们也往往会寻求其他方式来强化自身的职业满意度和组织影响力。带出一个优秀的徒弟,往往是令法官们骄傲的事情。同时,扁平化的法官团队运作模式,在一定程度上把法官从纵向的权力制约体系中解放了出来,法官在安排审判工作方面获得了较强的自主权。配合司法责任制以及审判监督管理模式的相应改革,法官在法院中的独立性得到进一步增强。这种独立性一方面保护了审判权的独立运作,另一方面也改变了司法场域中权力、资本的分配以及法官职位的获取方式〔43〕,因此也带来了法官与同事之间关系的改变,法官的人际关系变得简单和相对独立。"四五改革"后,办公室空间距离的改变可以让我们大致了解法院同事间人际关系的改变。〔44〕改革之前,同一个庭室的法官往往需要与庭室内的其他法官共享办公室,随着法官团队的组建,Y 市人民法院的做法是按照法官团队来分配办公室,在条件允许的情况下,尽量将一个团队的法官、法官助理、书记员安排在一起。这在一定程度上拉远了法官与团队以外的同事间的联系,也弱化了由徒弟提供的人际支持所产生的效益。

(三)文化再生产的阻碍

制度以及关系的改变影响了师徒制所依存的法院组织环境,使司法隐性知识的传递面临困境。但是在这里,我们还需要进一步对行动者的主观维度进行考察:对于行动者来说,师徒制为何不再能够成为个体行动的约束和指引?笔者认为,这源于师徒文化再生产机制受到了阻碍。

文化是一套个体行动的控制机制。〔45〕师徒文化再生产则是主体认识、实践师徒制规则系统,而后对其进行反思的动态过程。借由文化,制度、关系这些

〔43〕 参见[法]布尔迪厄、[美]华康德:《实践与反思:反思社会学导引》,李猛、李康译,中央编译出版社 2004 年版,第 155 页。

〔44〕 参照费孝通先生通过居处来理解亲属关系的改变,本文尝试通过办公空间理解法官同事间关系的改变。参见费孝通:《乡土中国 生育制度》,北京大学出版社 1998 年版,第 171 页。

〔45〕 参见[美]克利福德·格尔茨:《文化的解释》,韩莉译,译林出版社 1999 年版,第 56~58 页。

结构性因素才能够在师徒制的运作中充分发挥作用。[46] 在具有师徒关系的组织中,我们常会听到如下几句话:"某某老师带我""我带某某",以及"某某是谁带的?""某某带谁?"。"带"一方面代表了主体的身份认同和他人对主体身份的认知,另一方面也代表了师徒之间对内以及对外的权利义务,这是师徒文化再生产的基本素材和直接情境。[47]

调研中,"80~85 后""70 后"法官往往能够清楚地告诉笔者自己的师傅是谁,或者自己跟过哪几个师傅,而"60 后"法官也能够悉数自己带过的徒弟。正如前文梳理中所看到的,我国法院的师徒制长期是作为一种非正式制度在法院中运行的。师父和徒弟的结合具有较强的灵活性、自主性,同时在师徒关系的建立初期,并没有"拜师礼"等较为正式的告知仪式,双方以及单位同事对于师徒身份的认同和认知经由实践形成。师徒双方的权利义务关系长期没有文字、制度化的规定,但在实践中却行之有效且自有其规范。一些法官在职业生涯中能够时常记得师傅对自己的教导;也有一些退休的老法官偶尔回法院时,其曾经带过的徒弟再忙也要过来和师父聊聊天说说话。但是对于后进入法院的"85 后""90 后"法官助理,这样充满"人情味"的师徒文化正慢慢离他们远去。

在我国经济发展的过程中,师徒制经历了几次转变和重构,宗法性逐渐淡出它的运作逻辑。[48] 但在中国文化的语境中,师徒制包含一个独特的文化情境,即人伦当中的长幼之序,年幼者对年长者的恭敬与服从,以及儒家文化中的长者统治,即年长的人对于年幼者的教化权。[49] 这一文化情境与师徒制中依循时间轨迹的经验累积和知识传递相契合。因此,师徒双方是否形成"教与学"的关系,并不能作为判断师徒制的唯一依据,恭敬、服从与教化,扩展了师徒之间的互动边界,而彼此之间的权利义务也不仅仅限定于日常工作中,而是依据道德伦理进行相应的扩展。这是师徒制"传、帮、带"中"带"较全面的含义。举

---

〔46〕 参见[英]保罗·威利斯:《学做工:工人阶级子弟为何继承父业》,秘舒、凌旻化译,译林出版社 2013 年版,第 224 页。

〔47〕 参见[英]保罗·威利斯:《学做工:工人阶级子弟为何继承父业》,秘舒、凌旻化译,译林出版社 2013 年版,第 222~223 页。

〔48〕 参见王星:《技能形成的社会建构:中国工厂师徒制变迁历程的社会学分析》,社会科学文献出版社 2014 年版,第 69 页。

〔49〕 参见费孝通:《乡土中国　生育制度》,北京大学出版社 1998 年版,第 67 页。

例而言,在这样的文化情境中,师徒对外往往需要共同承担风险和责任。员额法官以及法官助理制度的推行,将彼此之间的权利义务规范了下来,司法责任制又将责任进行了制度性的划分确定。权利义务关系的划定使一些人不再愿意"越雷池半步",待在制度所给予的"舒适圈",师徒之间的互动难以扩展、深入,师徒文化的再生产受到了制约。

五、师徒制传递司法隐性知识的局限性与优化路径

在法院内部治理中,资源往往直接影响法院组织的治理能力。这在本文中体现为:司法隐性知识的传递与师徒制功能的发挥紧密相关,而师徒制有效运作则受制于法院组织的资源分配和个体对资源的获取、使用方式。上文笔者通过制度、个体关系、文化再生产3类治理资源的变化,分析了师徒制边缘化的原因。在这一过程中可以看到,其原因最后更多地向个体的选择和行动汇集。在这样的情况下,也许不仅仅发生在法院,在高等院校年轻老师的培养中,师徒式教学团队的组建也同样面临被动的情况。法院是嵌在社会中的一个组织,其内部治理资源的获得与使用也会受到社会发展的影响。如何从一个较宏观的社会整体性视角来解读法院师徒制边缘化这一较微观的现象,反思师徒制在传递司法隐性知识中的局限性与可能的优化路径,反思现代性带来的法院司法知识生产方式的变革,是一个不容忽视的问题。

(一)现代性带来司法知识生产方式的变革

现代性以前所未有的方式,把我们抛离了已知的所有类型的社会秩序的轨道。在吉登斯看来,这种抛离源于社会关系从彼此时间、空间的关联中脱离了出来。[50] 同时,笔者认为,现代性的"脱域"还存在另外一个重要的面向,即社会关系从原有的文化情境中脱离了出来,这是师徒制在法院组织中走向边缘化的一个重要原因。"师徒制"文化中的"人伦"属性,遭遇了现代性"个体化"的回归。[51] 文化往往是我们规避不确定性的一个重要方式,而长幼之序和长者

〔50〕 参见[英]安东尼·吉登斯:《现代性的后果》,田禾译,译林出版社2011年版,第26~31页。

〔51〕 这一现象在家事立法和实践中也有充分的体现。参见张剑源:《家庭本位抑或个体本位?——论当代中国家事法原则的法理重构》,载《法制与社会发展》2020年第2期。

统治中对经验的强调,以及通过经验获得的知识积累,符合个体社会化发展的时间历程。但是随着不确定性种类和数量的增加,一套以时间为坐标,以经验累积为目的的知识生产系统,难以再应对复杂的环境。个体不得不自己生产、上演和聚拢自己的生活经历,〔52〕制造自己的行动资源。

在现代社会中,法官所面对的不确定性越来越复杂。从法院外部来说,随着法律向社会生活渗透的加深,社会生活自身的复杂性也向司法审判提出了新的挑战。一方面,社会发展产生了新型疑难案件并使案件的复杂程度增加;另一方面,网络时代、自媒体的发展以及法律世界观的多元化,会在不经意间引爆舆论焦点,造成民意与司法的矛盾。这往往需要裁判法官进行不依托特定个体经验的知识学习和新经验的生产。〔53〕在法院内部,这种不确定性有来自制度的因素,例如本文所讨论的法官员额制、法官助理制度的推行改变了法官职业的预期与规划,也有来自法院人际关系的因素,例如,随着大量合同制人员的进入,以及法院人员流动性的增加,法院人际关系呈现不稳定性,〔54〕等等。这些不确定性,有些往往难以从过去的司法隐性知识和经验中获得答案,不同年龄的法官个体需要同时面对这些不确定性的挑战,个体往往成为直接的司法知识生产者。

师徒制的核心是通过经验学习累积传递司法隐性知识。制度、人际关系以及文化需要围绕这一目的展开资源调配、安排以及再生产,只有这样才能够使师徒制的功能得到有效发挥。但是,当不确定性开始增多且呈现新的形式时,以往经验中所蕴含的知识往往难以有效应对。这是师徒制在现代背景下面临的局限性。

(二)师徒制法官培养模式的优化路径

法院师徒制的“实践不能”与“文化脱域”,让我们看到司法隐性知识传递在实践中所面临的困境和局限性。但是,不可否认,法学作为一门经验科学,需要有一套有效传递司法隐性知识的机制。实践证明,师徒制在我国法院法官培

〔52〕 参见[德]乌尔里希·贝克、[英]安东尼·吉登斯、[英]斯科特·拉什:《自反性现代化:现代社会秩序中的政治、传统与美学》,赵文书译,商务印书馆 2014 年版,第 18 页。

〔53〕 参见侯猛:《司法的运作过程:基于对最高人民法院的观察》,中国法制出版社 2021 年版,第 131 ~ 135、187 页。

〔54〕 参见黄瑞、王启梁:《法院组织控制中的信任机理》,载《思想战线》2020 年第 4 期。

养中有其独特的价值和作用。那么,在当前时代背景下,对于如何对师徒制进行优化,使其在司法隐性知识的传递中充分发挥作用,笔者提供以下两点建议。

第一,优化师徒制的关联制度。有学者认为,学徒制的制度化建设是社会整体发展与组织建设的趋势。[55] 一些法院也积极开展了以"导师制"为主导的制度化实践,这些经验有待被总结分析,以加深我们对师徒制制度化的可能性与路径的探讨。但是,正如前文所述,师徒制的"实践不能"很大程度上源于其他制度实践所带来的问题。因此,我们也应当从一个整体性、关联性的角度来审视师徒制以及法院组织的运作。优化师徒制关联制度的一个重要目标,是让"徒弟"回归审判实践,使其能够从审判实践中积累经验,这是师徒制传承职业技能、职业伦理和职业认同的关键所在。法官助理制度的优化有两种路径:第一种路径是对法官助理进行分级,开通其承担审判权的相应权限,让符合条件的审判助理从程序性工作过渡到裁判性工作中。[56] 第二种路径是在法官助理与员额法官间创造一个类似"四五改革"前助理审判员的预备法官,完成法官助理到员额法官的转换。[57] 在法官团队人员配比方面,为了减少法官助理与书记员工作的相互"补位",可以考虑适当增加书记员的配比。

第二,培育师徒文化。现代性所带来的"文化脱域"在一定程度上是无法避免的,但是文化是在实践中形成的,因此通过法院进行师徒文化的培育,可以有效缓解这种"脱域"的状况,将师徒制从边缘化拉回法院组织的运作中。其一,强化师徒制的符号性表征,增加例如"拜师礼"等仪式化活动。其二,从传统文化中吸取适于当前时代背景及法院组织运作特征的内容,在以审判为核心的权利义务范围基础上向道德规范适当扩展,丰富师徒制的思想体系。[58] 其三,为

---

〔55〕 参见张宇、徐国庆:《我国现代学徒制中师徒关系制度化的构建策略》,载《现代教育管理》2017 年第 8 期。

〔56〕 参见李志增、李冰:《内生型塑造:法官助理三阶式养成路径探析——基于审判辅助事务与初任法官培养模式的契合》,载《中国应用法学》2019 年第 4 期。

〔57〕 参见徐振华、潘华明、王星光:《当代青年法官养成的系统化机制研究》,载《人民司法》2019 年第 7 期。

〔58〕 文化的基本素材由各种符号系统和思想体系组成。参见[英]保罗·威利斯:《学做工:工人阶级子弟为何继承父业》,秘舒、凌旻化译,译林出版社 2013 年版,第 222 页。

师徒关系主体身份的认同与认知提供素材和基本情境。[59] 例如,从法院管理的角度强化师徒制的重要性,并通过定期召开工作会议,进行工作总结等以全院参与的方式强化身份认同与认知,并通过表彰、绩效考核等方式增强师傅的荣誉感。其四,加强法院同事间的交流互动,创造法院良好的人际关系氛围。师徒关系是法院组织众多个体关系中的一种,它与其他关系一起构建了法院组织的关系网络,并与这些关系之间形成联动。因此,法院整体的人际关系氛围也将影响师徒关系的发展以及师徒制功能的发挥。

总之,师徒制对于司法隐性知识的传递,需要法院在内部治理中以整体性的视角充分生产、调配组织中的制度、关系以及文化资源,通过优化它们的分布、配置和个体获取方式,保障审判经验学习积累的有效展开,并尽可能弥补师徒制在现代性背景下的局限性。

How to Transfer Judicial Tacit Knowledge
—With the Entry Point of the Change of the Judge Cultivation Mode of the Mentoring System in the Court

Huang Rui

Abstract: Judicial tacit knowledge widely exists in the process of the judicial adjudication of judges and plays an important role. Judicial tacit knowledge spreads in experiences and should be obtained by individuals through the study and accumulation of trial experience. In the long term, an important transferring method of the judicial tacit knowledge in the court system in China is the judge cultivation mode of the mentoring system. With the change of court governance resources of system, culture, and relationship, in the current judge cultivation practice, the mentoring system is marginalized. Its limitation gradually appeared under the modern background. The effective transferring of judicial tacit knowledge faces the challenge. The court should fully produce and allocate the

〔59〕 文化形式为主体的建构和认同的形成提供了素材和直接情境。参见[英]保罗·威利斯:《学做工:工人阶级子弟为何继承父业》,秘舒、凌旻化译,译林出版社 2013 年版,第 223 页。

system, culture, and relationship resources in the organization from the holistic perspective; and promote the effective exertion of the mentoring system function and guarantee the effective transferring of judicial tacit knowledge by optimizing their distribution, allocation, and acquisition method of individuals.

Key words: Judicial tacit knowledge; Mentoring system; Governance resources

回归法学本位的环境法学研究（1979～2020年）

——基于8960篇核心期刊文献计量分析

秦天宝[*]　雷　盟[**]　张睿琦[***]

内容提要：

本文以1979年至2020年核心期刊收录的环境法学论文为样本，通过文献阅读以及利用引文空间（Citespace）可视化工具进行量化分析，归纳了环境法学萌芽至今的学术成果、学术热点、学科研究范式以及学者群体的变化趋势。研究发现：（1）我国环境法学学科研产出正稳步增长；论文早期集中见刊于法学类期刊，当下主要见刊于综合社科类期刊。（2）在研究范式上，环境法学从未形成成熟的方法论，其自觉发展到社科法学与法教义学平分秋色，研究风格从倾向比较借鉴发展到更加重视本土资源。（3）环境法学研究重心受立法修法、政策颁布以及环境热点事件影响较大。（4）在研究者群体上，环境法学者年龄层次逐渐丰富，陆续有主流部门法学者关注环境法学研究；研究力量早期集中在武汉市和北京市，现已辐射至全国各地。仍需指出的是，当下近七成环境法学论文刊发在资环类期刊与综合社科类期刊上，环境法学论文在主流法学期刊上的曝光度与其他部门法相比仍较弱，这间接导致了环境法学环境科学属性与对策法学属性的增长。如今环境法学回归法学本位，不仅需要环境法学者的辛勤耕耘，更关键的是还需要得到主流法学部门和期刊的重视与支持。

关键词：

环境法学　可视化工具　学科发展　法学研究范式　法学回归

---

* 武汉大学环境法研究所所长、教授。

** 中华人民共和国自然资源部执法局工作人员。

*** 河北省廊坊市司法局工作人员。

一、引　言

自我国第一部环境保护综合法律《环境保护法(试行)》颁布与中国第一家环境法研究机构武汉大学环境法研究所成立至今,环境法(学)已走过40年的筚路蓝缕。40年间,我国的环境法律从无到有,从局部单项环境立法到全面生态环境法治建设,从驳杂的环境法律体系到即将出台的环境法典,我国的环境法律体系正从初步完善向良法善治大步迈进。40年间,我国的环境法理念实现从末端防治到可持续发展,从污染防治到保障整体生态安全,从科学发展观到习近平生态文明思想的历史性飞跃,我国的环境法律理念正引领着世界环境法治理念加速革新。40年间,从法学界鲜见环境法学研究者与研究成果,到一批环境法学青年研究者成长为中流砥柱,再到主流部门法学者被环境法学独特的学术价值吸引而关注环境法学,开辟出环境法学与主流部门法学的交叉研究领域。我国的环境法学正逐渐由隐学走向显学,40年的环境法(学)发展之路殊为不易。

尽管环境法学的发展已取得了傲人的成绩,但法学界对环境法学的法学属性仍抱有怀疑态度。有学者曾指出,"在主流法学帝国的疆域,环境法自产生之初就被主流法学范畴所拒斥,被主流法学价值理念所放逐,身居边缘之境"。[1]环境法学一直以来以环境危机的法学阐释者身份,立足于法学发展的边缘和前沿地带,常常被视为环境科学、环境管理学、环境政治学的一个法学变种。在主流法学看来,环境法学在研究范式上存在泛技术化,在环境法实践中存在行政管理化与政策化倾向[2],在研究逻辑上存在立法对策化。这3个方面的因素导致环境法学呈现出一种法学消减的学科气质,环境法学的法学回归与法学增进也因此成为一个明确的研究命题。

回望过往的奋斗路,丈量脚下的开拓路,眺望前方的奋进路。在环境法典即将出台的关键节点,回顾环境法学发展的40年,对环境法学学术成果进行实证研究,理清环境法学发展脉络,梳理环境法学研究特点,明确环境法学的法学增进之路,对新时代环境法学的蓬勃发展具有重大的现实意义和深远的历史意义。

---

[1] 侯佳儒:《环境法兴起及其法学意义:三个隐喻》,载《江海学刊》2009年第5期。

[2] 参见张璐:《环境法学的法学消减与增进》,载《法学评论》2019年第1期。

二、样本选择、实证研究方法及研究范式界定

(一)样本选择

本研究以 2021 年南京大学公布的核心期刊目录[3]为依据,选定涵盖马克思主义理论、管理学、经济学、政治学在内的 26 个学科、814 本期刊作为文献检索对象。为方便统计与比较,本文以期刊所属学科为依据将核心期刊分为法学类、资环类、综合社科类 3 类。其中,法学类共 42 本(CSSCI 来源期刊 24 本,CSSCI 扩展版来源期刊 18 本),资环类共 10 本(CSSCI 来源期刊 6 本,CSSCI 扩展版来源期刊 4 本),综合社科类共 762 本(CSSCI 来源期刊 555 本,CSSCI 扩展版来源期刊 207 本)。

进入《中国期刊全文数据库》(CNKI)逐一检索刊发在 814 本期刊上的环境法学论文:进入出版物界面,检索所有分类在"中图分类号 = D9"[4]项下的论文。我们经过仔细阅读文献摘要与关键词,筛除属于其他部门法领域的学术文献,得到环境法学文献 18,430 篇,再经长时间的反复数据清洗与预处理,剔除公告、邀请函、新闻稿、征稿启事等其他与环境法学关联度不大的文献,最终得到 8960 篇关于环境法学的可用文献,并以此为本文展开研究的实验样本与数据来源。笔者择取论文主要考虑论文来源,尽可能将所有能检索到的刊发于核心期刊的环境法学论文纳入我们实证研究的样本范围,不排除有部分虽未刊发在核心期刊但文献质量高、引用率高的论文未被纳入我们研究范围的可能性。

---

[3] 选取的核心期刊源自南京大学中国社会科学研究评价中心发布的 2021 ~ 2022 年度的中文社会科学引文索引(CSSCI)来源期刊目录和来源期刊扩展版目录。该目录共包含 CSSCI 来源期刊 585 本,CSSCI 扩展版来源期刊 229 本。尽管 CSSCI 自 1998 年方首次公布核心期刊目录,在此之前并无核心期刊这一期刊评价标准,但被 CSSCI 收录非一日之功,因此足以证明相关期刊自创刊伊始就体现出较高综合学术水平与社会影响。故本文选择最新一版(2021 ~ 2022 年度的 CSSCI 来源期刊目录和 CSSCI 来源扩展版目录)来源期刊,回溯至 1979 年或该刊物创刊年度进行法学论文检索。

[4] 中图分类号指按照《中国图书馆分类法》对文献进行主题分析并依照文献内容的学科属性和特征分门别类地组织文献所获取的分类代号。根据中图分类号,所有法学文献均被分类为 D9。

(二)环境法(学)发展阶段划分及评价指标

笔者通过对8960篇环境法学学术论文的刊发年度、学术热点、研究范式、研究领域进行系统梳理,结合环境法(学)发展历程上的重大里程碑事件,将我国环境法学研究分为3个阶段:第一阶段为环境法学艰难起步阶段(1979～1993年),第二阶段为环境法学借助可持续发展战略实现自我革新阶段(1994～2011年),第三阶段为生态文明法治思想指引下环境法学日渐成熟阶段(2012～2020年)。对一个法学二级学科来说,在主流期刊上刊发的学术论文数量是衡量该学科的成熟度及其在学界的影响力和话语权的重要指标。在时间线中对学科研究范式以及学术热点进行梳理,能够帮助我们回顾甚至预测该学科研究范式与研究重心的流变趋势。对该学科具有代表性的研究者和研究机构实力进行探究,可以呈现这一学科主要研究力量的来源。因此,本研究将以学术论文发文量、期刊偏好、研究范式、学术热点、主要研究学者与研究机构为指标,分别对上述3个阶段进行描述。

(三)实证研究方法

1.热点分析软件

本研究通过Citespace可视化软件提取文献关键词进行环境法学热点分析。Citespace软件是一款通过知识单元离散与重组挖掘分析科学文献中潜在信息的科学计量可视化软件。[5] Citespace通过可视化的形式表现了环境法学研究的作者、机构、关键词、引文等知识单元的结构、分布规律等情况,为研究者提供更直观的变化趋势表现形式。利用Citespace软件的突现分析(burst detection)功能,考察词频变动的时间分布趋势,发掘频次变化率高的词汇[6],再识别与追踪研究的前沿问题,为研究者提供学科研究的最新演化动态,预测研究领域的发展,识别需要进一步探索的问题。在Citespace中设置时间切片为1,节点类型选择关键词,阈值设置为TOP50,将前述样本数据输入,运行后得到各阶段的研究热点。

---

〔5〕 See Chaomei Chen, *Visualizing and Exploring Scientific Literature with CiteSpace: An Introduction*. In: Proceedings of the 2018 Conference on Human Information Interaction and Retrieval, Association for Computing Machinery, 2018, p. 369－370.

〔6〕 参见邱均平、杨思洛、宋艳辉:《知识交流研究现状可视化分析》,载《中国图书馆学报》2012年第2期。

2. 学者选择方法

研究者是一门学科发展的有力推动者。笔者认为,可以通过统计研究者的文献发表数量确定研究者在相应学科的贡献力度,进而明确不同时期具有代表性的研究者。本文利用 Citespace 的共现功能,将样本数据导入软件后,提取文献作者信息并合并同一作者的所有二级单元(所属机构),结合普赖斯定律(Price Law)计算得出环境法学发展各阶段的代表性作者。为准确测评作者的学术贡献,笔者进入《中国期刊全文数据库》(CNKI)逐一检索了代表性作者以独作或者第一作者身份发表在 CSSCI 来源期刊及 CSSCI 扩展版来源期刊上的环境法学论文,从而得到作者在 3 个阶段的准确发文量。

(四)环境法学研究范式界定

1. 法教义学

法教义学主要是对实定法规范进行逻辑推演、语义分析和体系化研究,在法律适用过程中实现从法律规范到社会事实的涵摄。尽管法教义学体现了规则导向的研究思维,但这并不意味着法教义学完全不考虑政治与道德等社会因素,与价值评判脱离。法律系统内部存在一种先验性的规范价值或法秩序。换言之,法教义学的背后有一系列的价值预设支撑,并且以这种"自身已经确定而无须再作任何检验的信条"为前提,完成对个别法律规范的批判与解释工作,不断促进法教义学的自我修正与自我发展。〔7〕

2. 社科法学

大约在 20 世纪 90 年代中期,中国部分法学家不满足于对法条、概念的解释,试图探讨支撑法条背后的社会历史根据,探讨制定法在中国社会中实际运作的状况以及构成这些状况的诸多社会条件,〔8〕社科法学的研究范式在这样的研究背景下逐渐形成乃至壮大。社科法学研究范式的主要特征包括:以实用主义的态度重视法条,从结果出发而不是从法条出发;注重解释因果关系;注重以小见大的个案研究;强调语境论;等等。其基本主张是倡导运用社会科学的

---

〔7〕 参见孙海波:《法教义学与社科法学之争的方法论反省——以法学与司法的互动关系为重点》,载《东方法学》2015 年第 4 期。

〔8〕 参见苏力:《也许正在发生——中国当代法学发展的一个概览》,载《比较法研究》2001 年第 3 期。

方法分析法律问题。[9] 按照实证主义的理论框架,法教义学属于规范实证,社科法学属于社会实证,前者聚焦司法中心主义,侧重解释论,后者指向更广阔的法律运行空间,涵盖立法论。[10] 社科法学范式下主要包括法经济学、法社会学、法政治(政策)学,法人类学等。

3. 哲理法学

所有对"何为正当之法"的深层次追问,最终都会回归形而上学领域,在哲学思辨中寻求答案。哲理法学研究范式的任务在于探寻特定历史时期下人类社会的主流法律价值观,并以此为基础对实定法展开批判性研究。哲理法学研究范式涵盖法哲学研究与价值分析两大法学研究方法,两者的区别在于前者主要是采取阶级斗争范式、义务本位或权利本位、人类伦理等研究立场,[11] 致力塑造一个法律体系的"世界观",发现与深挖潜藏于人类理性下的价值。价值分析则是依托法哲学确认的价值,对实定法是否符合价值以及怎样实现价值进行批判性研究。需说明的一点是,笔者认为,法哲学分析应与价值分析一起被归为哲理法学研究范式下的法学研究方法,而非被归入社科法学研究范式。这是因为法哲学属于哲学的分支而非法学的分支,是以哲学的方式去反映、讨论法的原理、法的基本问题,并尽可能给出答案[12],其在学科气质上更偏向人文科学而非社会科学。

4. 自然科学研究

与主流部门法学研究相比,自然科学研究范式与传统法学研究范式相辅相成是环境法学研究令人瞩目的特点。环境问题首先是一个科学问题,它产生于人类社会发展进程中,体现为人类向大自然贪婪索取生产资料,肆意排放生活

[9] 参见侯猛:《社科法学的传统与挑战》,载《法商研究》2014年第5期;陈柏峰:《社科法学及其功用》,载《法商研究》2014年第5期;孙少石:《知识生产的另一种可能——对社科法学的述评》,载《交大法学》2016年第1期。

[10] 参见王博:《法教义学与社科法学的异中之同——一种法哲学省察》,载《中州学刊》2019年第9期。

[11] 参见张文显、于宁:《当代中国法哲学研究范式的转换——从阶级斗争范式到权利本位范式》,载《中国法学》2001年第1期。

[12] 参见张文显、于宁:《当代中国法哲学研究范式的转换——从阶级斗争范式到权利本位范式》,载《中国法学》2001年第1期。

废物后造成的资源枯竭、环境污染现象。环境治理首先需要借助科学手段,无论是前期的环境污染预防与环境预警,还是过程管制中的环境质量监测,抑或是污染发生后的环境污染治理,都需要环境科学技术的灵活运用。无论是环境问题的产生还是治理,都与科学技术密切相关,因此环境法学不可避免地会摄入一定量的科学因子。其具体表现为在环境法推理三段论中,不仅大前提——环境规范、环境标准的制定要求相关部门就相关环境信息进行细致勘查与透彻分析而具备极强的科学性,而且小前提——污染事实的查明、污染行为的判断也都需要运用生态学、环境科学等科学技术手段对污染行为与损害后果之间的因果关系进行准确界定,以及对污染损害后果进行量化评估。站在功利主义立场可以这么说,环境法是环境科学的"法律工具箱",研究的是"应对环境危机、环境问题的各种法律工具以及法律工具箱的使用和优化问题",因此诞生之初的环境法学的环境科学属性较强。

三、环境法学艰难起步阶段(1979~1993 年)

该阶段以《环境保护法(试行)》与一系列环境保护单行法律法规的颁布为标志,中国步入了环境立法快车道,中国环境保护法治化工作全面启动并朝着开放化与体系化方向发展。该阶段环境立法理念仍以防止污染和其他公害为主,欠缺风险预防观与整体保护观。环境治理主要依托政府主导下的环境行政管制,对应以"命令—控制"为核心的第一代环境规制。尽管这一阶段环境法律法规如雨后春笋般颁布、施行,但是环境法学研究仍位于艰难起步阶段,不仅少有学者进行研究,而且在研究范式上尚未形成成熟的方法论,停留在对策立法论层面。

(一)学术界环境法学学术成果相对较少

1979~1993 年,法学界环境法学论文刊发呈现出两个特点:其一,环境法学的学科影响力较弱,15 年间环境法学论文刊发累计 158 篇,年均发文量不超过 11 篇(见图 1)。其二,环境法学论文大部分见刊于法学核心期刊上,少部分刊发于资环类期刊(见图 2)。这一局面出现的原因:一方面,是这一阶段国内环境法学研究刚起步,研究力量薄弱。中国第一家专门从事环境与资源保护法学教学和研究的机构——武汉大学环境法研究所成立于 1981 年,中国政法大学环境资源法研究和服务中心成立于 1998 年,学者群体规模与研究机构成熟度直接影响了环境法学学科在学界的曝光度。另一方面,法学核心期刊普遍创刊较早,这一阶段资环类期刊与综合社科类期刊可能尚未创刊或者尚未重视对环境问题以及环境法制的研究。这两方面原因决定了1979～1993年环境法学论文刊发数量极少且集中在法学期刊上这一现象。

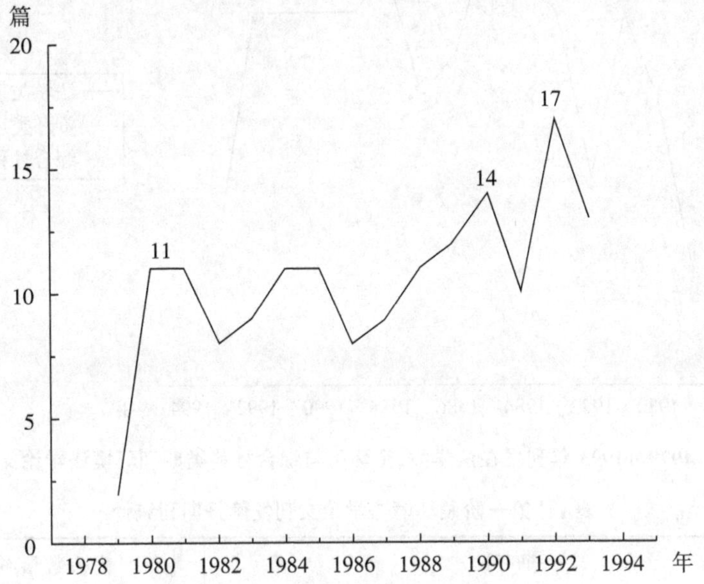

图1　1979～1993年环境法学学术论文刊发数量

如图2及表1所示,1979～1993年环境法学论文主要见刊于法学类期刊上。这意味着在环境法学发展早期,主流法学刊物给这一新兴法学研究领域提供了良好的支持。其中最青睐环境法学的法学类期刊为《法学评论》,刊发了24篇环境法学论文;最青睐环境法学的综合社科类期刊为《武汉大学学报(哲学社会科学版)》,刊发了9篇环境法学论文。两本期刊刊发的环境法学论文占该一阶段总发文数的20%。《武汉大学学报(哲学社会科学版)》是由武汉大学主办的具备高影响因子的综合教育类高校学报,而《法学评论》同为武汉大学主办的具有高影响因子的法律综合类期刊。因此可以看出在中国环境法学的发展早期,环境法学学者群体主要集中在武汉大学,武汉大学也为环境法学学科的早期发展提供了极好的平台与资源。

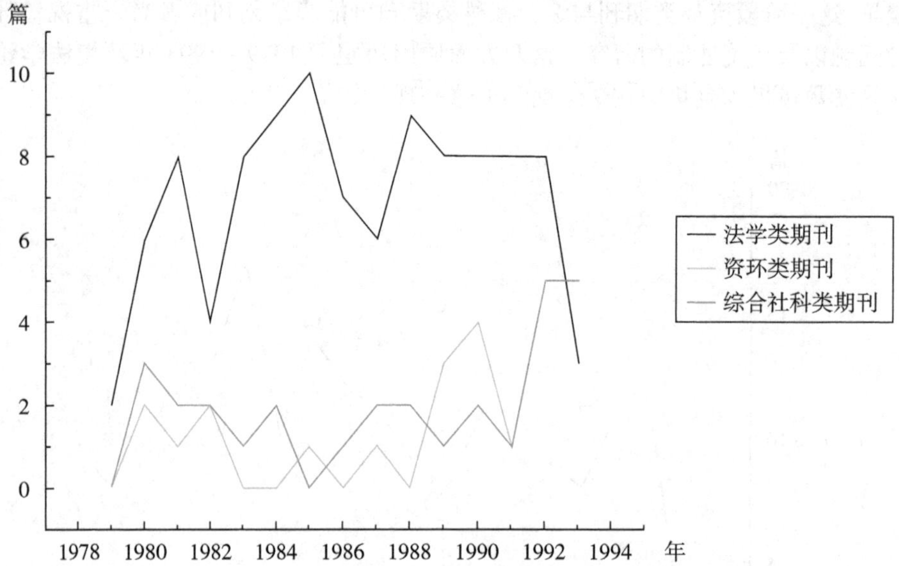

图 2　1979 ~ 1993 年刊发在法学类、资环类与综合社科类期刊环境法学论文数量

表 1　第一阶段环境法学论文刊发偏好期刊统计

期刊	发表数量/篇
《法学评论》	24
《环境保护》	22
《法学研究》	21
《现代法学》	12
《环球法律评论》(外国法译评;法学译丛)	12
《政法论坛》	11
《法学杂志》	10
《武汉大学学报(哲学社会科学版)》	9

续表

期刊	发表数量/篇
《法学》	5
《法学家》(法律学习与研究)	2
总计	128

(二)学术热点聚焦环境法属性和外国法制考察

从关键词上来看(见图 3、表 2),第一阶段环境法学研究集中在讨论环境法学的基本理论问题上。学者运用社会主义法学理论阐述环境法的公益性、阶级性与社会性。马克思主义经典观点认为法是统治阶级制定或认可的保护其整体意志与共同利益的工具,中国法学以此为依据提出法只有阶级性而没有公益性的观点。环境法学者对环境法的阶级性与公益性进行了更深层次的探讨,认为生态环境的退化对任何阶级的人身与财产都有害。反之,环境改善对任何阶级的人身与财产都有好处,因此环境法体现了一定的公益性[13];有学者更进一步认为,环境法的公益性并不否定其阶级性。[14]

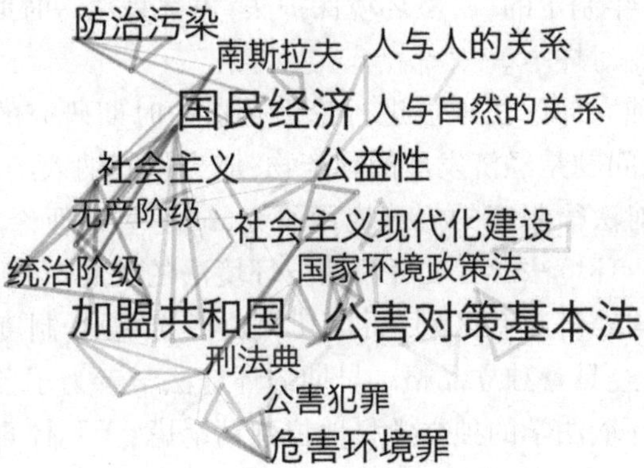

图 3　第一阶段环境法学论文关键词共现

---

〔13〕 See Marie-Louise Larsson, *The Law of Environmental Damage. Liability and Reparation*, Kluwer Law International/Nordsteds Juridik, 1999, p. 403.

〔14〕 参见蔡守秋主编:《环境资源法论》,武汉大学出版社 1996 年版,第 6 页。

表2 第一阶段环境法学论文关键词词频统计

编号	词频	关键词	编号	词频	关键词
1	7	公害对策基本法	9	2	公害犯罪
2	6	国民经济	10	2	犯罪构成
3	5	危害环境罪	11	2	犯罪主体
4	4	加盟共和国	12	2	公害防治
5	3	国家环境政策法	13	2	无产阶级
6	3	刑法典	14	2	社会主义
7	3	统治阶级	15	2	社会主义现代化建设
8	2	南斯拉夫	16	2	公益性

这一时期环境法学者热衷于引鉴与评介外国先进环境法制,从关键词观之,“公害对策基本法”是该阶段环境法学学术论文包含最多的关键词。日本1967年制定的《公害对策基本法》成为当时国内环境法学者比较研究环境犯罪构成要件的重要域外法样本来源之一。此外,美国1969年制定的《国家环境政策法》,日本1972年制定的《自然环境保护法》也都是这一时期我国环境法学者比较研究的主要比对样本。

对环境法的独立部门法地位进行论证是这一时期研究的主旋律。早期一些学者认为,环境问题是经济发展的副产物,应当将其纳入经济法的调整范围,因为环境法仅是对法律制度的规范应用研究,缺乏基础理论建设,故成为独立部门法并无必要。环境法学者在考察西方环境法的发展历程后提出,环境法不仅在立法目的上与经济法有区别,而且其有独特的原则、制度和技术性调整方法,因此环境法已经具备独立品格。早期的环境法学者为了证成环境法的独立部门法地位以及环境法学的独立学科地位殚精竭虑,无不体现了环境法学艰难的起家之路。

(三)环境法学研究尚未形成充分方法论自觉,对策立法论较多

第一阶段环境法学研究呈现3个特点:首先是立法论研究主导,多是站在功利主义立场提出立法修法建议;其次是知识外源性研究范式明显,参照借鉴国外环境保护法制较多;最后是自然科学研究范式运用较多,从事理到法理的论证不够充分。

如表3所示,在中国环境法学研究起步阶段,环境法学者多通过规范研究识别当时环境法制不健全的地方,综合外国法制、我国立法环境与执法实践,提出了许多立法论层面的对策建议,出现了立法论多于解释论、“弱学强术”的局面。必须要说明的是,法教义学在中国化过程中,在一定程度上偏离了原本的立场和方法。具体来说,其在学术研究层面表现为不以本国司法裁判为法律教义,缺少实定法的司法维度,仍然主要依赖对国外法学理论的“法学继受”。[15]在司法实践层面表现为在环境案件的裁判中,以立法思维为主的环境法理论供给很难满足法官的需求,环境法解释理论或者环境法解释方法在环境法学中几乎还是空白。[16] 种种现象表明,尽管在环境法学研究初期规范研究使用较多,但其不是在做严格意义上的法律解释与体系化工作,而是更多地站在功利主义立场将环境法作为环境科学的“法律工具箱”,研究“应对环境危机、环境问题的各种法律工具以及法律工具箱的使用和优化问题”,从而成为一种名义和形式上的法学,实质上的“环境哲学、环境科学、环境管理学、环境经济学及其法学变种”,故“弱学强术”甚至“不学有术”的现象较普遍。通过对该阶段的论文进行仔细研读,可以发现,早期环境法学论文在论文体例上大多呈现“宏观梳理环境法律法规—环境法制存在的问题—完善环境法制、改革环境管理体制、落实环境执法体制、提高公民守法意识的建议”的三段论模式。以发表在1999年第2期《自然资源学报》上的《我国农业自然资源法的问题与改善途径初探》为例,该文在介绍我国农业自然资源基本法律体系的基础上,分析了现行法律存在的主要问题,提出了强化农业资源管理的若干建议。首先,该文对法律的梳理较粗浅,停留在法律法规通过与施行的时间以及该法涉及的3~5个重要制度。其次,该文在对现行法律法规存在的主要问题进行分析时没有聚焦具体制度或机制,而是比较抽象宏观地说明法律法规的重要原则与基本制度不完善,已有法律法规体系不完备,部分条文内容过于原则性缺乏可操作性,分割管理造成立法和执法缺陷等。最后,作者从“完善立法”“改革体制”“加强执法”等方面提出了对策建议。见微知著,早期的环境法学论文尚未形成成熟的方法论自觉。

---

[15] 参见焦宝乾:《法教义学在中国:一个学术史的概览》,载《法治研究》2016年第3期。

[16] 参见吕忠梅:《环境法回归 路在何方?——关于环境法与传统部门法关系的再思考》,载《清华法学》2018年第5期。

表 3 第一阶段环境法学论文研究逻辑统计

单位:篇

年份	研究逻辑	
	立法论	解释论
1979	1	1
1980	9	2
1981	7	5
1982	6	2
1983	7	2
1984	7	4
1985	8	3
1986	6	2
1987	6	3
1988	8	3
1989	9	3
1990	10	4
1991	5	5
1992	11	6
1993	8	5

在这一阶段,比较分析研究方法得到了大量应用(见图 4)。20 世纪 70 年代初期,环境污染和破坏蔓延,环境污染事件时有发生。[17] 为了避免走上发达国家“先污染后治理”的老路,中国逐步建立、完善和强化环境保护的体制和机制,经历了外源性环境保护观念、理论、体制大量输入与低度内源性环境保护需求相结合的阶段。在这一阶段,国内学者做了大量外国环境法制翻译和引介、外国/比较环境法学研究工作,先后对南斯拉夫、苏联、日本、德意志联邦共和国

〔17〕 参见吕忠梅、吴一冉:《中国环境法治七十年:从历史走向未来》,载《中国法律评论》2019 年第 5 期。

(彼时的西德)和美国的环境保护法律法规进行评介,以期能够为治理中国严峻的环境污染形势和加强立法提供经验借鉴。以发表在《法学研究》1985年第4期的论文《论固体废弃物的法律控制》为例,[18]该文首先对我国固体废弃物的排放量与危害进行了环境科学分析,其次对美国、日本、德国、英国、法国、瑞典、比利时等国家已有的成熟的有关固体废弃物管理和处置的法律进行评介,最后对我国固体废弃物管理的相关法制作出立法建议。这一类论文的行文体例在某种程度上加强了环境法学的对策法学性质。具体而言,早期运用比较分析研究方法的论文大多只是评述外国环境法制的优劣与发展历程,对如何进行借鉴仅在结论中一笔带过,未给出充分的具体路径建议以及可行性论证。

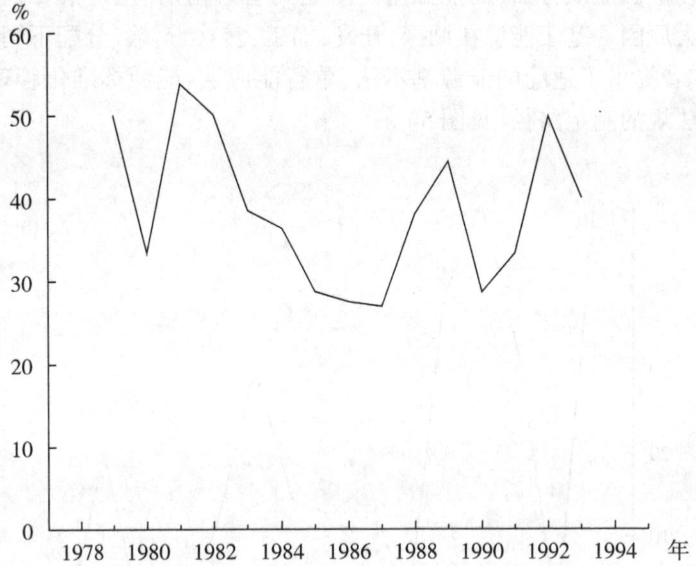

图4 第一阶段环境法学论文比较分析使用比例

自然科学研究范式在环境法学早期研究中得到集中体现,这是因为在环境法律逻辑推理三段论中,无论是大前提的制定还是小前提的判定,都需要得到自然科学研究范式的辅助。在大前提层面,一些环境规范的制定、环境标准的确定需要环境科学与生态学的灵活运用,因此在环境法学早期立法对策研究型

[18] 参见陈立虎:《论固体废弃物的法律控制》,载《法学研究》1985年第4期。

论文中,不可避免地会代入一些科学层面对环境问题的机理阐释,即以环境科学、生态学等事理分析为法律规范制定和修改的依据。在小前提层面,自然科学研究范式的引入是为了解决环境污染过程中无法为传统法律分析方法经验评价的事实。例如,确认污染损害结果与污染行为间的因果关系以及评估生态环境污染所致损害金额,都需要借助环境科学等相关自然科学知识。在这个意义上,早期环境法学研究突破了法学一级学科的限制,兼容自然科学研究范式,通过事理分析为环境法律大小前提的明确、早期环境行政监管与司法裁判积累了一定的理论储备。自然科学研究范式在生物安全与能源领域的环境法学研究中得到了集中体现。以《论加强能源立法》一文为例,该文指出我国能源问题集中体现在能源短缺方面,而能源生产不足与管理落后、生产浪费是造成这一局面的两大原因。基于能源在勘探、开发、加工、转换、运输、分配不同环节的事理特点,作者提出了适配的能源基本法、单行能源法、能源标准化管理准则、能源地方性法规的制定路径(见图 5)。[19]

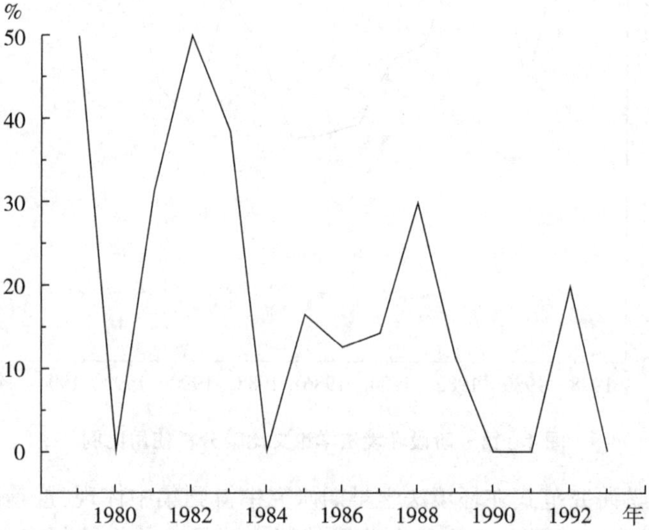

图 5　第一阶段环境法学论文事理分析使用比例

---

〔19〕 参见肖铁:《论加强能源立法》,载《法学评论》1986 年第 5 期。

(四)主要研究人员与研究机构

在环境法学发展的第一阶段,活跃在环境法学研究领域的代表学者共有11位(见表4),他们是我国最早从事环境法研究、教学和参与国家环境立法的学者群体,更是中国环境法的开拓者和奠基人。通过对这一时期具有代表性的学者的学科背景、年龄层次和地域分布进行分析,可以得出以下结论:(1)早期学者年龄层次比较集中、资历较老,20世纪20年代的学者有2人(罗典荣教授与文伯屏教授),20世纪30年代的学者有4人(马骧聪教授、肖隆安教授、金瑞林教授与凌相权教授),20世纪50年代与60年代的学者若干。他们多于20世纪90年代后期进入环境法学研究领域,且在此之前已在其他部门法领域深耕多年,拥有较强的理论基础与开阔的研究视野。大多数学者在转入环境法学研究之前在原先的研究领域就颇有建树,成为早期环境法学起步的重要力量。另外,在这一阶段,也有年轻的学者崭露头角,如20世纪60年代的学者吕忠梅教授。(2)早期学者学科背景多元,既有其他法学二级学科出身的学者,也有自然科学学科背景出身的学者。马骧聪教授起初研究国际法、苏联东欧国家法,在20世纪70年代后期转为主要研究环境法,易先良也同为国际法专业出身;金瑞林教授与凌相权教授同为由民法转入环境法研究;蔡守秋教授、肖隆安教授、汪劲教授分别自化学系、物理系、医学系本科毕业。环境法学作为一门前沿学科与边缘法学学科,与主流法学以及自然科学的衔接与对话十分紧密,从早期环境法学研究群体的多元学科背景就可见端倪。

表4　第一阶段环境法学论文代表作者发文统计

作者	第一阶段发文总量(1979～1993年)	发文最多年度(发文量)
马骧聪	25篇	1986年(6篇)
罗典荣	19篇	1986年(4篇)
蔡守秋	13篇	1981年(5篇)
文伯屏	12篇	1980年(2篇)
汪劲	6篇	1991年(2篇)
易先良	6篇	—
程正康	4篇	—

续表

作者	第一阶段发文总量(1979～1993 年)	发文最多年度(发文量)
金瑞林	3 篇	—
肖隆安	2 篇	—
凌相权	2 篇	—
吕忠梅	1 篇	—

通过选中 1979～1993 年所有在 CSSCI 来源期刊和 CSSCI 扩展版来源期刊上刊发的环境法学研究文献,统一使用 Citespace 对相关数据文献进行研究机构的共现图谱分析和聚类分析。以 1 年为一个时间切片,将同一大学名称下的“法学系”“法律系”“研究所”等二级单位合并后得到共现图谱(见图 6)。该图通过节点来表现研究机构的科研实力,节点越大,说明其环境法学科学研究实力越强。

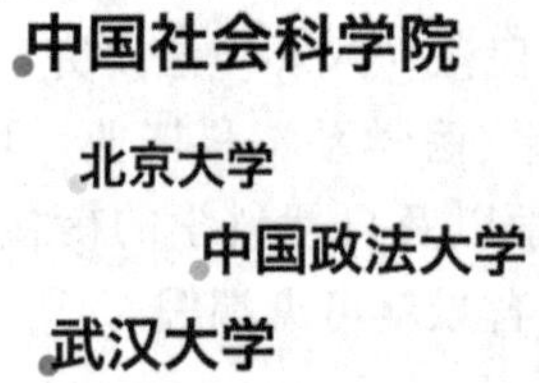

图 6 第一阶段环境法学研究机构共现

由此可见,早期环境法学研究力量主要集中在北京与武汉,呈现以中国社会科学院、武汉大学、中国政法大学、北京大学等 4 所高等院校为中心的研究格局。中国社会科学院法学研究所有马骧聪和文伯屏教授等;武汉大学有蔡守秋教授与肖隆安教授等;中国政法大学有罗典荣教授、易先良等;北京大学有金瑞林教授、程正康教授等。尽管环境法学研究群体规模在这一阶段具体而微,但学者普遍资历较老,在进入环境法学领域前在原先领域已颇有建树。同时,学者均工作在老牌法学强校,有着丰厚的法学底蕴,为诞生之初的环境法学提供了极好的研究力量与支撑。

四、环境法学借助可持续发展战略自我革新阶段(1994～2011年)

1994年3月国务院批准了《中国21世纪议程》,该议程内容涵盖中国人口、经济、社会、环境、资源的可持续发展战略、政策和行动框架,不仅提出了实施可持续发展的总体战略、基本对策和行动方案,还要求建立体现可持续发展的环境资源法体系,并将环境立法列为优先项目计划。从1994年之后,环境与资源保护委员会的立法工作全面展开,坚持立法与修法两手抓,由此形成了我国环境立法的一次高潮。[20] 至2011年年底,我国已制定11部污染防治领域立法,13部自然资源管理与使用立法,12部以生态保护为核心内容的立法,60多部环境保护行政法规与2000余个环保规章和地方环保法规。该阶段环境立法实现了从"小环保法"到"大环保法"的转变,立法理念从污染防治发展到生态安全与可持续发展。[21] 借助可持续发展理论,环境法学实现了第一次自我突破,不仅积极推动法学内部的学科对话,也对现行法及其学理体系进行了全面检讨、解构和重建。[22] 总之,在这一阶段,环境法学不仅积极与其他法学二级学科展开对话,而且突破了一级学科的分类,注重吸收其他社会科学的理论资源与研究路径,社科法学研究范式在环境法学研究中开始有所体现。

此外,该阶段我国出台了多项环境经济政策,涵盖环境金融、环境税费、生态补偿、排污权交易等市场机制。在市场经济社会中,只有把环境保护的规律和市场机制结合起来,使环保专业化、产业化、市场化,才能激活各方面的环保积极性。[23] 投资主体、投资方向和环保模式的多元化是环保市场化的核

---

〔20〕 参见蔡守秋:《中国环境法40年历程回顾》,载《世界环境》2012年第3期。

〔21〕 参见吕忠梅、吴一冉:《中国环境法治七十年:从历史走向未来》,载《中国法律评论》2019年第5期。

〔22〕 参见侯佳儒、王明远:《边缘与前沿:当代法学背景中的环境法学》,载《政治与法律》2016年第10期。

〔23〕 参见赵关良:《要坚持走可持续发展之路》,载《中国环境报》2002年5月11日。转引自常纪文:《三十年中国环境法治的理论与实践》,载《中国地质大学学报(社会科学版)》2009年第5期。

心特征[24],而该阶段密集颁布的环境经济政策也正好对应了以“市场机制和经济激励”为核心机制的第二代环境规制方向。

(一)环境法学学术成果发表进入井喷期

随着 1994 年可持续发展战略的提出,我国环境法学步入了发展的黄金时期,环境法学学术成果刊发数量持续走高(见图 7、图 8)。1994 年环境法学学术论文刊发量仅 52 篇,到 2011 年度却达到 487 篇。环境法学学术论文发文量在这 17 年间翻了 9 倍有余,年均增长率突破 11%。可见在这一时期,环境法学研究走入繁荣发展阶段。此外,刊发在综合社科类期刊上的环境法学论文数量持续走高,综合社科类期刊超过法学类期刊成为环境法学研究成果的主要载体。

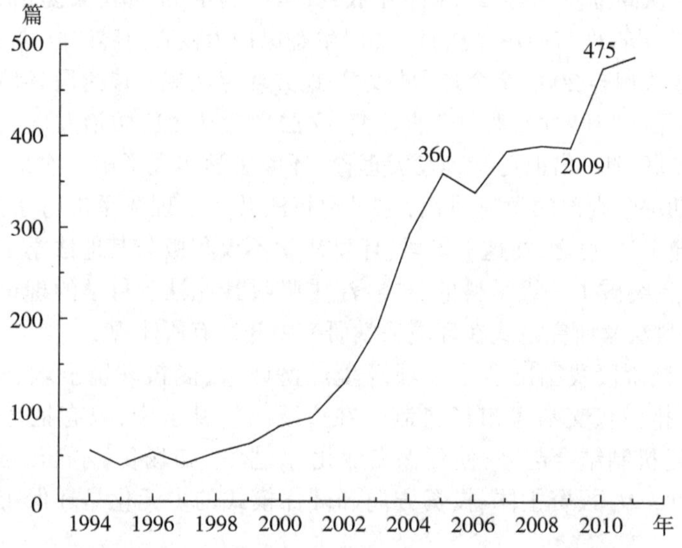

图 7　1994～2011 年环境法学学术论文刊发数量

[24]　参见常纪文:《三十年中国环境法治的理论与实践》,载《中国地质大学学报(社会科学版)》2009 年第 5 期。

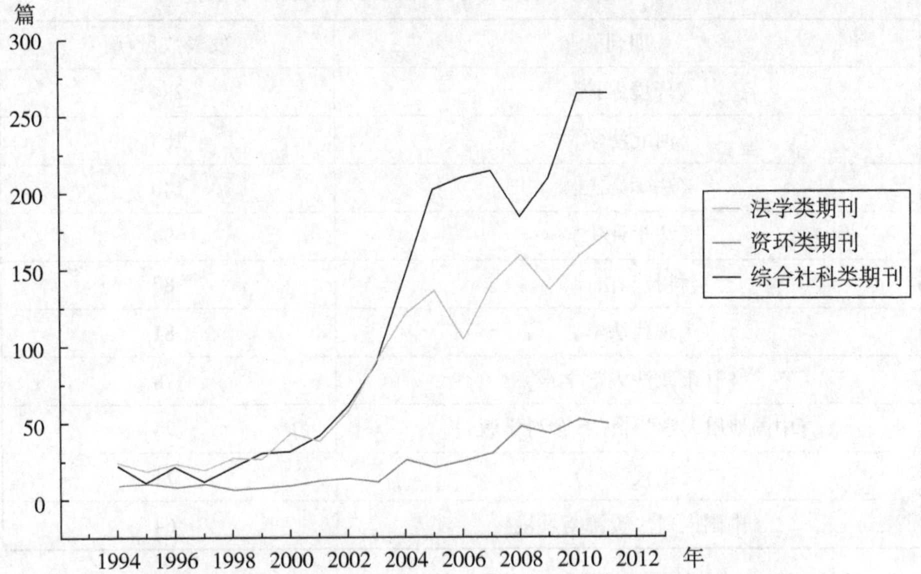

图8　法学类、资环类、综合社科类期刊环境法学学术论文数量

在这一阶段,大部分环境法学学术论文集中刊发在资环类期刊上,尤其是刊发在资环类CSSCI扩展版来源期刊《环境保护》和《中国人口·资源与环境》之上(见表5)。尽管资环类期刊为环境法学者提供了一个绝佳的展现学术成果、发表学术观点的平台,但值得一提的是,该类期刊对论文的择选在标准上更强调法律实践,加强了环境法学的对策法学属性。具体而言,资环类期刊对环境法学论文的法学属性要求较法学类期刊低,其青睐于对环境法作为环境治理工具在实践中的运行情况进行评价与反思的法学论文,强调发现问题、分析问题、解决问题的对策法学逻辑,较少刊发理论性较强的环境法学论文。这也与资环类期刊面向的受众不无关系,《环境保护》和《中国人口·资源与环境》作为聚焦环境问题的工程科技类杂志,更多面向的是众多环境保护工作者。对于环境保护工作者来说,他们更加关心的是如何用好环境经济、环境法律、环境管理等工具办好环境保护工作,同时他们对文章的理论性并不具有苛刻的要求,甚至对过于晦涩且理论性强的论文敬而远之。

表 5　第二阶段环境法学学术论文刊发偏好期刊统计

期刊	发表数量/篇
《环境保护》	284
《河北法学》	163
《法学杂志》	140
《法学评论》	94
《科技与法律》	87
《现代法学》	81
《甘肃政法大学学报》	78
《中国地质大学学报(社会科学版)》	74
《当代法学》	71
《中国人口 · 资源与环境》	64

另外,我们对《法学杂志》与《科技与法律》上刊发的论文进行考察,也发现了相似问题:首先,两本期刊上刊发的环境法学论文大多篇幅较短;其次,在论文选题与研究方法上,《科技与法律》刊发的论文集中讨论时事热点,《法学杂志》更青睐使用比较研究方法的环境法学论文。具体而言,刊发在《科技与法律》上的环境法学论文多为立法论而非解释论,多讨论高新技术立法,如生物安全、循环经济、环境影响评价,以及地区生态补偿机制、排污权交易、绿色专利等时事热点。

在以学术论文发表为考核学者学术水平以及学科贡献力度的标准激励下,为了更快地让手里的论文见刊,部分学者倾向选择资环类期刊以及《法学杂志》等愿意给予环境法学较大曝光度的法学期刊进行投稿。为符合目标期刊的择文标准,学者着眼每一次环境立法、修法,对实践中出现的热点环境问题进行应急性研究,在研究思路上多采取比较研究方法。期刊对论文篇幅的限制也使学者难以对深层的环境法学学术命题进行系统全面的阐述,研究风格倾向就环境问题进行对策分析并给出立法建议。这也导致一定数量的环境法学论文呈现出强烈的对策法学研究风格。

当然,也有不少期刊倾向刊发一些更具法学风格的论文,如《法学评论》《现代法学》《当代法学》等主流法学期刊。为了增强环境法学的曝光度和促进环境法学学术观点争鸣,《法学评论》开辟了“生态文明与环境法治”“可持续发展与环境法治”“生态文明法治”等专栏,《现代法学》设立了“环境法研究”专栏,《当代法学》设立了“国际环境法前沿”“环境法典编撰专题”等专栏,刊发了一系列研究环境法前沿问题与深层基础理论问题的学术论文。

(二)学术热点聚焦于环境法自我认识与环境政策

第二阶段环境法学研究更加内省。据统计,以环境权(包括公民环境权)为关键词的论文共有173篇,位列关键词热度第一(见图9、表6)。环境权的属性及内涵成为这一阶段学者最青睐的学术命题。学者将目光聚焦于对环境权问题的讨论,表达了在当前人与自然关系的紧张处境中对人与自然和谐发展的渴望,也在一定程度上反映了该阶段环境法制在环境保护上的力有不逮。在这一时期,环境法学界对环境权的讨论已经形成了相当程度的理论沉淀,环境法学有了自己的核心研究范畴。此外,这一阶段学者也对环境法的调整对象(是人与人的关系还是人与自然的关系)、代际公平与代内公平、动物权利与生态伦理等议题展开了热烈讨论,表明这一阶段的环境法学更加内省。在激烈的学术探讨之中,环境法学的自我认识不断深入。

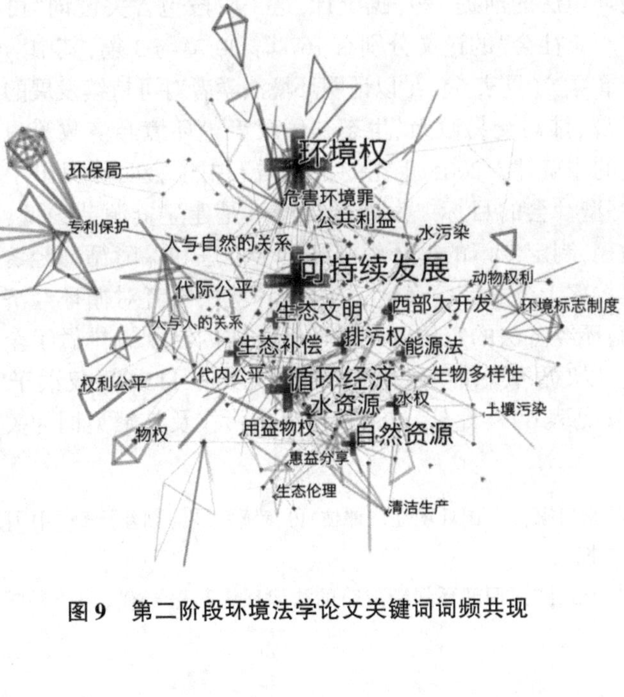

图9 第二阶段环境法学论文关键词词频共现

表 6　第二阶段环境法学论文关键词词频统计

编号	词频	关键词	编号	词频	关键词
1	173	环境权	6	36	水权
2	167	可持续发展	7	34	排污权
3	115	循环经济	8	31	水资源
4	47	自然资源	9	30	西部大开发
5	44	生态补偿	10	26	能源法

在这一阶段,环境法学者也多围绕宏观国家战略下环境法制的完善与实施进行探讨,主要包括可持续发展、西部大开发和建设小康社会等。例如,有学者提出在国家大力提倡可持续发展战略的背景下,环境法应当更契合可持续发展理念,需完善基本原则如环境保护与经济发展、社会发展相协调原则,预防为主、防治结合、综合治理原则,以及加强经济刺激措施的实施等。[25] 有学者认为,我国在西部大开发中要实施人口、资源与环境的良性循环,实现经济、社会与环境的持续协调发展。在依法治国大背景下,环境法律建设与区域开发法的制定是实现环境法的前提。[26] 据统计,这一阶段包含关键词“可持续发展”“西部大开发”“小康社会”的论文分别有 167 篇、30 篇与 3 篇,其中“可持续发展”名列关键词榜单第二(见表 6),足以证明环境法学者对可持续发展的关注程度。

循环经济、排污交易政策、生态补偿政策等环境经济政策也是这一阶段环境法学研究的主旋律。2005 年党的十六届五中全会明确提出了建设资源节约型、环境友好型社会的目标。发展循环经济是建立资源节约型、环境友好型社会的重要途径,制定专门的循环经济法对于推进和保障循环经济的发展和提高资源的利用效率十分必要。在这一阶段,环境法学者对循环经济立法的必要性与紧迫性、循环经济法的定位以及循环经济法的制度编排做了全方位研究。据统计,该阶段以“循环经济”为关键词的论文共有 115 篇,仅次于“可持续发展”与“环境权”(见表 6)。此外,这一阶段以排污权及其聚类词为关键词的论文共

---

〔25〕 参见李启家:《中国环境立法评估:可持续发展与创新》,载《中国人口 · 资源与环境》2001 年第 3 期。

〔26〕 参见万劲波:《西部环保新战略的法律环境初探》,载《环境科学动态》2000 年第 4 期。

有34篇。我国大气污染物排污权交易试点始于1991年,又于2002年开展二氧化硫排放总量控制及排污交易试点。在排污权交易试点过程中,出现了许多诸如排污权初始分配、核算、取得与交易等方面的制度运行障碍,学者对此展开了许多有益探讨。环境法学界的积极探讨有力推动了排污权交易制度在我国的落实与推广,国务院办公厅于2014年8月6日印发《关于进一步推进排污权有偿使用和交易试点工作的指导意见》,吸收了许多环境法学者提出的优良学术观点。

(三)社科法学研究范式崭露头角

第二阶段学者更注重环境法学的开放性,促进环境法学与其他社会科学学科展开积极对话,社科法学研究范式在这一阶段得到了较多关注。这一阶段出现了许多运用新型或多学科交叉研究方法的成果,见刊了不少运用社科法学研究范式研究环境法问题的学术论文。这一趋势从学术著作上也能得到印证:这一时期学界陆续出版了王蓉的《中国环境法律制度的经济学分析》,陈泉生、张梓太的《宪法与行政法的生态化》,郑少华的《生态主义法哲学》等社科法学专著。社科法学学术论文刊发量在2010年达到了顶峰(见图10),主题分布在循环经济、排污权交易、水权转让、人与自然的关系等,为环境法学理论多元视角研究奠定了坚实的基础。

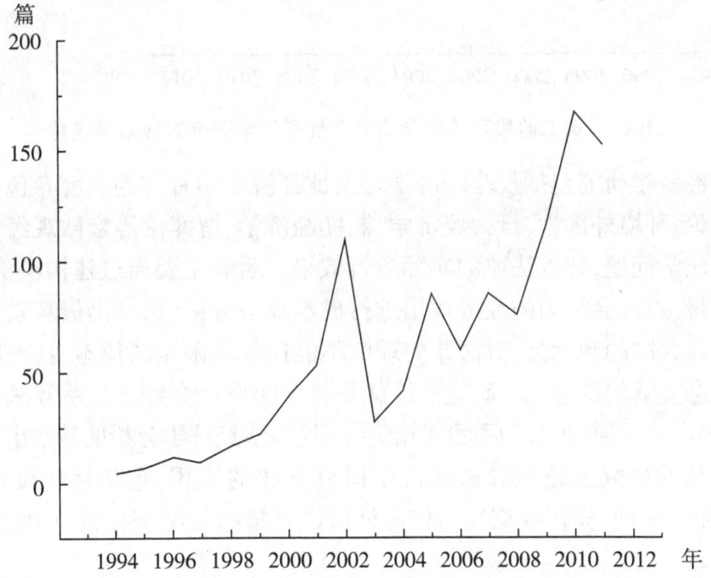

图10 第二阶段环境法学论文社科法学研究范式走势

将视角聚焦于社科法学内部,梳理社科法学研究范式下各类研究方法的使用频率得到图 11。如图 11 所示,从使用频率观之,环境法学社科法学研究呈现了法经济学 > 法政治(策)学 > 法社会学 > 法律史 > 法人类学 > 法认知心理学分析的大致趋势。

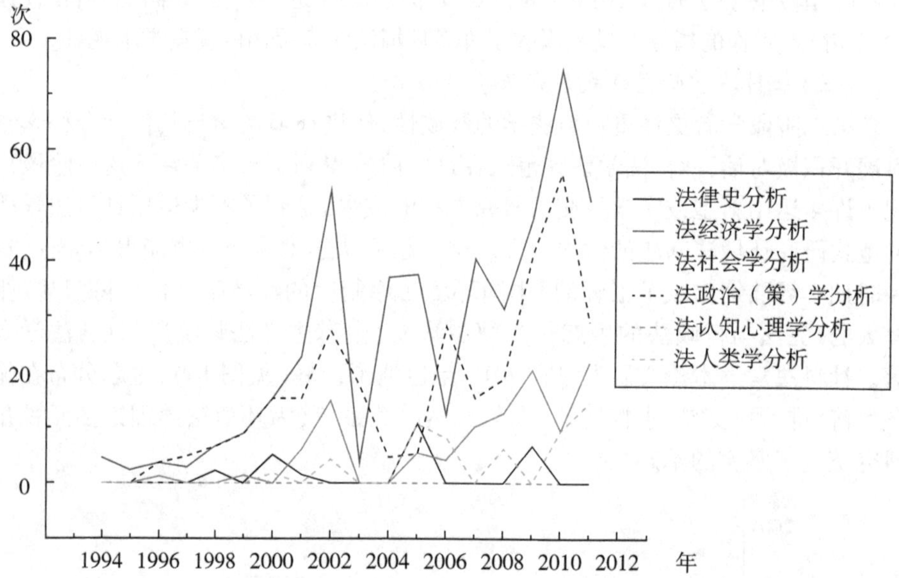

图 11　第二阶段环境法学论文各社科法学研究方法数量走势

1. 法经济学研究包括规范经济学与实证经济学两种进路。前者包括使用公地悲剧理论、环境外部性、行为经济学、制度经济学、博弈论等宏微观经济学理论研究环境法学问题,评价法律的实际运行效果。后者主要通过建构经济模型,引入数据变量,对社会行为的经济效用进行成本收益分析,选择出最具效率的法律规则。二者共同的观念是:对法律的理解不能仅仅局限于法律本身,而应看到法律只是社会生活的秩序化。研究法律就是要反映出社会经济关系等赋予法律的规则性,揭示出法律"面纱"后面的东西——这是法经济学分析的基本出发点。[27]

环境法学研究主题包含法经济学研究方法的应用,包括环境资源税制改革;生态补偿法理;排污权交易与排污许可证实施的法经济分析;环境民事侵权

〔27〕 参见魏建:《理性选择理论与法经济学的发展》,载《中国社会科学》2002 年第 1 期。

归责原则和举证责任的法经济学分析;油污损害因果关系的经济分析;行为经济学下生态环境政策机制的有效性研究;自然资源资产化管理路径的效率优化研究;大气污染防治中排放权交易机制、联防联控法律责任机制、公众参与机制的法经济学分析;中国环境立法管制的生产率增长效应研究;环境保护中政府行为博弈的市场边界;环境执法中的"权力寻租";矿产资源所有权构造的法经济学分析;环境司法中的成本效益分析;等等。

2. 法政治(政策)学研究表现为以经典政治学为理论资源或立足于一国政策文本,运用具有高度意识形态的法律话语讨论关于法律和政策的一些核心概念。自20世纪70年代末开始的最初一个阶段内,中国多数法学著述表现出对马克思主义经典作家、党和国家领导人的著述或讲话以及党的重要文件的引用和阐述。[28] 这一点在中国早期环境法学研究中尤为明显。相较其他部门法,环境法中法律与政策的粘连和交互程度更紧密,这对主流教义学的分析范式提出了挑战。[29] 2014年《环境保护法》修订完成后,我国的环境政策也进入发展的"高度活跃期"。如表7所示,环境政策在政策类别、发布主体、文件名称等维度上形成了层次分明的"政策集群"现象,对环境立法的理念、导向和具体制度的形成产生了影响,并运用其灵活性优势推动了环境法律的有效实施。正是因为环境政策与环境法律的良性互动,中国环境法律具备了"回应型法"的基本特质,即为实现法律目的而积极设计和修正各种政策,将政治因素纳入法律辩护之中,区别于传统意义上的强制型法和自治型法。[30] 从某种意义上说,中国的环境法实质上就是环境政策的体现。[31] 因此,法政治(政策)学研究是与环境法学高度契合的社科法学研究方法。

---

〔28〕 参见谢海定:《法学研究进路的分化与合作——基于社科法学与法教义学的考察》,载《法商研究》2014年第5期。

〔29〕 参见马允:《论国家公园"保护优先"理念的规范属性——兼论环境原则的法律化》,载《中国地质大学学报(社会科学版)》2019年第1期。

〔30〕 参见[美]P.诺内特、P.塞尔兹尼克:《转变中的法律与社会:迈向回应型法》,张志铭译,中国政法大学出版社2004年版,第122页以下。

〔31〕 参见别涛:《关于〈环境保护法〉的修改方向》,载王树义主编:《可持续发展与中国环境法治——〈中华人民共和国环境保护法〉修改专题研究》,科学出版社2005年版。转引自陈海嵩:《中国环境法治中的政党、国家与社会》,载《法学研究》2018年第3期。

表 7　党的十八大以来具有代表性的环境政策

政策类别	发布主体	文件名称	发布时间
综合性国家政策	中共中央	《关于全面深化改革若干重大问题的决定》(加快生态文明制度建设)	2013 年 11 月
综合性环境政策	中共中央、国务院	《关于加快推进生态文明建设的意见》	2015 年 4 月
		《生态文明体制改革总体方案》	2015 年 9 月
单行性环境政策	中共中央办公厅、国务院办公厅	《党政领导干部生态环境损害责任追究办法(试行)》	2015 年 8 月
		《环境保护督察方案(试行)》	2015 年 9 月
		《生态环境损害赔偿制度改革试点方案》	2015 年 12 月
		《关于设立统一规范的国家生态文明试验区的意见》	2016 年 8 月
		《关于省以下环保机构监测监察执法垂直管理制度改革试点工作的指导意见》	2016 年 9 月
		《生态文明建设目标评价考核办法》	2016 年 12 月
		《关于全面推行河长制的意见》	2016 年 12 月
		《关于划定并严守生态保护红线的若干意见》	2017 年 2 月
		《关于建立资源环境承载能力监测预警长效机制的若干意见》	2017 年 9 月
		《生态环境损害赔偿制度改革方案》	2017 年 12 月
	国务院	《大气污染防治行动计划》(“大气十条”)	2013 年 9 月
		《水污染防治行动计划》(“水十条”)	2015 年 4 月
		《土壤污染防治行动计划》(“土十条”)	2016 年 5 月
	国务院办公厅	《关于健全生态保护补偿机制的意见》	2016 年 5 月
		《湿地保护修复制度方案》	2016 年 11 月

资料来源:陈海嵩:《中国环境法治中的政党、国家与社会》,载《法学研究》2018 年第 3 期。

通过文献统计发现,环境法学研究中使用到法政治(政策)学研究的主要涉及以下几个主题:(1)可持续发展下的环境立法;(2)西部大开发下的西部生态保护;(3)“十五”环境保护目标的实现;(4)央地互动视角下的环境立法;(5)环保督察与政府生态责任;(6)生态文明体制改革下中国环境法律法规体系的完善路径;(7)领导干部自然资源资产离任审计;(8)党政领导干部生态损害责任追究;等等。可以看出:首先,环境法学研究中的法政治(政策)学的研究方法使用频率与这一时期中国出台的宏观政策方针有着密切联系,关系最紧密的包括可持续发展、西部大开发与生态文明体制改革方案等。其次,法政治(政策)学研究中运用的政治学理论主要包括公共信托理论、政治锦标赛理论、科层制理论、行政发包制理论、去中心化治理理论、传送带理论、专家代表理论、权力政治学等;论述领域主要包括风险社会下行政权扩张的政治学原理,风险社会下环境治理的公私合作,环境问题中的政治权力与经济开发一体化研究等。最后,法政治(政策)学还依托中国具体国情,超越简单的环境政策文本分析西方政治学理论的嵌套,开启了新的研究风向——对中国环境法体制中的央地关系以及执政党的政策在环境法治中的地位与作用进行更为深入的阐释。代表论文为陈海嵩教授发表的《中国环境法治中的政党、国家与社会》一文。该文引入马克思主义理论的政党、国家与社会理论,对当代中国“政党—国家”关系中的环境法治进行了深入阐释,对中国环境法治的逻辑框架进行了重塑,对中国环境法治理论的内涵进行了重构,为形成具有中国特色、中国风格、中国气派的环境法理论体系、制度体系、话语体系奠定了基础。〔32〕

3. 法社会学研究包括宏观与微观两种进路。前者主要是使用宏观的法律与社会理论,包括风险社会理论、环境社会控制理论、相对剥削理论、集体行动理论等;后者主要为质性研究,包括对某一特定地域(如民族地区)生态环境纠纷的解决对策等进行研究。风险社会理论是环境法学最常援引的社会学理论之一〔33〕,在环境法学研究中,风险社会理论催生了一项重要的环境法原则——公众参与原则。该原则要求行政机关在作出环境决策时必须协调好经济利益与环境利益,并且保证公众的环境知情权与决策参与权。在这一方面具有代表性的论文是:《现代风险治理框架下的民意困局及其出路探讨——兼评张小燕

〔32〕 参见陈海嵩:《中国环境法治中的政党、国家与社会》,载《法学研究》2018年第3期。

〔33〕 “风险社会”理论的重要旗手吉登斯对“风险社会”的描述就是从环境危机问题着手的。参见郑强:《美国后现代法理学概观》,载《外国法译评》2000年第2期。

等人诉江苏省环保厅环评行政许可案》,该文以“张某燕等人诉江苏省环境保护厅环评行政许可案”为切入点,围绕风险社会下风险治理范式的发展与革新,阐释了建立在专家单极理性之上行政主导的治理范式在风险社会下无法通过“代议制+传送带”的间接民主理论获得合法性,也无法依靠专家理性强化决策的科学性。治理范式应当变革为更能容纳民意的治理范式,以更平等的姿态去关心民众的情感表达、价值判断和利益选择,在立法上确认并强化公众的风险知情权与决策参与权。[34]

4. 法律史是法学研究的基础。其基本的学术目标包括两个层次,第一个层次是清晰地展现历史特定时代中法律制度的基本框架与基本面貌,按照时间的脉络准确记录法律的发展过程。但仅仅做到这一点还不够,法律史研究的第二个层次是要揭示法律发展及法律思想演进的背后原因。这一点让法律史研究和社会学的研究紧密结合在一起。环境法学研究中使用得到法律史研究的主要涉及两个主题:一是对中国古代立法中的环境保护与生态伦理思想进行研究;二是对中国古代立法的自然资源保护与生态保护条款进行研究,主要集中在对宋朝、元朝、明朝、清朝法律中有关水权、林业权、野生动物保护以及流域生态治理的内容进行研究。总体来说,环境法学研究中使用法律史研究方法的比例较小,研究领域也较集中。由于现代环境问题具有科学不确定性与牵涉利益的广泛性,[35]而在中国古代封建君主专制下颁布的环境资源保护领域的法律,无论是在科学性还是民主性上都有所欠缺,都恐难对当下的环境法学研究起到很强的指引作用。然而,如果能够对古代生态保护思想作出扎实综述、深度阐释与精准提炼,总结归纳以中国环境哲学与环境伦理学为主体的中国内生环境保护法律思想,则其对于塑造具有中国特色的环境法学研究范式和环境法律法规体系无疑具有很强的理论指导意义。

5. 法人类学研究主要有3条路径:一是描述人们观念中的法律规则;二是对实际进行描述,并依据实际存在的行为探究其模型;三是研究事故、争端和纠

〔34〕 参见黄泽萱:《现代风险治理框架下的民意困局及其出路探讨——兼评张小燕等人诉江苏省环保厅环评行政许可案》,载《清华法学》2018年第5期。

〔35〕 参见叶俊荣:《环境问题的制度因应:刑法与其他因应措施的比较与选择》,载《台大法学论丛》第20卷第2期(1991年)。转引自王明远:《论环境权诉讼——通过私人诉讼维护环境公益》,载《比较法研究》2008年第3期。

纷的实例,考察它们的性质及其发生的原因和过程,如果可能的话还要考察动机和结果。研究对象包括;非国家法、民间法、部落法、民族志。[36] 主要理论包括结构—功能主义、解释人类学、进化论、文化传播理论等。研究主题主要包括对我国藏族、蒙古族、侗族等少数民族的生态习惯法进行阐释或者对生态习惯法与国家法的互动进行探究。

6. 法认知心理学:法认知心理学的目的在于研究人类对法律的认知过程,从注意、知觉、记忆再到思维4个阶段观察人对法律的反应。通过中国知网检索,目前的法认知心理学研究集中在诉讼领域,即对法官的裁判行为、裁判文书说理以及司法失信进行研究。当前环境法学研究中使用法认知心理学研究方法的论文较少,有学者通过实证研究发现在环境侵权诉讼中存在不少法官主动放弃自由裁量权而倚重鉴定意见进行判决的现象。该研究的作者使用法官的效用函数分析了法官选择性司法行为的心理成因,强调了在当前司法改革环境下可能存在的手段——目的二律背反,但是对于这样一种困局的破解,作者也很难给出一个确定可行的方案。[37]

(四)主要研究人员与研究机构

通过对这一时期代表学者(见表8)的学科背景以及年龄层次进行综合分析,得到如下结论:(1)学者学科背景依然多元,多数为法科出身,少数拥有其他社会科学学科背景。例如,徐祥民教授是历史学、法学博士,陈德敏教授获经济学学士与管理学博士学位。(2)20世纪50年代和60年代的学者是这个时期的主力军。这一阶段20世纪50年代和60年代学者合计16人,在所列作者中占比84%,[38] 成为这一时期环境法学研究的主流。此外,这一阶段环境法学研究也有"70后"学者的加入,秦天宝教授开始崭露头角。第一阶段的代表学者蔡守秋教授和吕忠梅教授在这一时期分别发表学术论文73篇、57篇,学术产出十分稳定,但第一阶段20世纪20年代与30年代的学者已渐渐淡出环境法学研究

〔36〕 参见祁进玉:《中国法律人类学研究三十年:1978～2008》,载《西北民族研究》2009年第3期。

〔37〕 参见凌潇、严皓:《法官的选择性司法行为——以环境侵权诉讼中的司法鉴定为例》,载《四川理工学院学报(社会科学版)》2012年第6期。

〔38〕 该比例计算未将其他部门法学者作为基数,仅统计20世纪50年代和60年代学者在环境法学者中的占比。

领域。(3)在这一时期,多位其他部门法学者被环境法学科前沿法学与领域法学的独特属性吸引而关注环境法学研究。据不完全统计,原深耕于刑法领域的王秀梅教授、董邦俊教授与侯艳芳教授都于该阶段开始关注环境刑法研究,分别发文 6 篇、3 篇、8 篇。早期研究领域聚焦于行政法与海峡两岸研究的陈泉生教授于 20 世纪 90 年代初开始关注环境法学研究,对环境法学科贡献力度极大,在这一阶段共发文 49 篇。

表 8 第二阶段环境法学论文代表作者统计

作者	第二阶段发文总量(1994~2011 年)	发文最多年度(发文量)
蔡守秋	73 篇	2005 年(12 篇)
吕忠梅	57 篇	2003 年(13 篇)
陈泉生	49 篇	1997 年(6 篇)
周珂	46 篇	2008 年(11 篇)
王灿发	45 篇	2005 年(5 篇)
孙佑海	42 篇	2007 年(10 篇)
黄锡生	42 篇	2007 年(9 篇)
张梓太	39 篇	1998 年(5 篇)
徐祥民	37 篇	2010 年(8 篇)
曹明德	37 篇	2010 年(7 篇)
王曦	36 篇	2005 年(5 篇)
李挚萍	33 篇	2004 年(6 篇)
李艳芳	33 篇	2010 年(5 篇)
汪劲	32 篇	2007 年(6 篇)
陈德敏	29 篇	2009 年(6 篇)
杜群	29 篇	2010 年(4 篇)
秦天宝	28 篇	1999 年(5 篇)

续表

作者	第二阶段发文总量(1994～2011 年)	发文最多年度(发文量)
王明远	27 篇	2007 年(6 篇)
王树义	24 篇	2004 年(4 篇)
侯艳芳	8 篇	2008 年(2 篇)
林灿铃	7 篇	2010 年(2 篇)
王秀梅	6 篇	1999 年(2 篇)
董邦俊	3 篇	2006 年(2 篇)

在第二阶段,环境法学的研究力量愈发雄厚,学科辐射地域越来越广(见图 12)。在这一阶段,武汉大学巩固了其环境法学研究重镇的地位,以武汉大学、中南财经政法大学、中国地质大学(武汉)为首的武汉高校成为环境法学研究力量的主要来源。此外,环境法学主要研究机构也多分布在北京,有中国人民大学、中国政法大学、北京大学、中国社会科学院等。值得一提的是,中国人民大学在这一阶段的学术产出实力强劲,成为北京高校中环境法学科研产出最多的科研单位。除武汉与北京外,重庆与上海也成为这一阶段环境法学研究力量的重要来源,分别坐拥重庆大学、西南政法大学和上海交通大学、华东政法大学等环境法学主要研究机构。中国海洋大学、吉林大学和福州大学在这一阶段的环境法学研究也有亮眼的成绩。这一阶段环境法学研究不再局限于武汉、北京两地的科研机构,学科辐射地域越来越广阔。

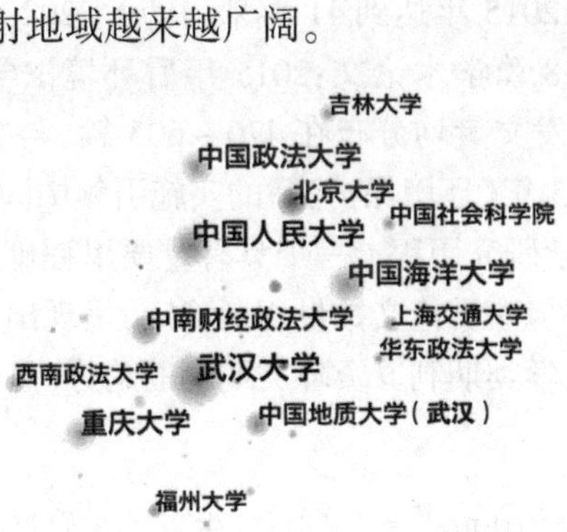

图 12　第二阶段环境法学研究机构共现

五、生态文明法治思想指引下环境法学日渐成熟阶段(2012～2020 年)

2012 年党的十八大召开后,党中央将生态文明建设放在治国理政的重要战略地位上,标志环境法进入了生态文明新阶段。我国的环境法先后经历了以环境保护观为指导的第一代环境法,以可持续发展观为指导的第二代环境法,现在正走向以生态文明观为指导的第三代环境法。在环境立法理念上,第三代环境法认为只有能够妥善处理好环境保护、经济发展、民生保障的环境法,才是符合生态文明要求的环境法。[39] 因此,探寻生态文明新时代下环境法学的转型,成为该阶段环境法学的研究重点。

在这一阶段,环境治理除了注重行政管制与市场机制,还呈现"多中心治理"的第三代环境法特征。企业本身、社会组织乃至其他利益相关者在一定条件下皆可成为规制实施的主体,通过自我规制、协商合意、获得授权等方式与政府合作共治。[40] 例如,2014 年修订的《环境保护法》建立了"政府主导、企业主责、公众参与"的多元共治新体制:一方面,规定了地方政府的环境保护责任和监督义务;另一方面,专章规定了信息公开和公众参与,保护公众的知情权、参与权、表达权、监督权。环境法学也将目光聚焦于环境法律中公众参与制度的研究。

(一)环境法学学术成果刊发量趋于稳定

这一阶段环境法学论文得到了较大程度的曝光,每年基本维持在 440 篇以上的论文刊发量,并在 2015 年达到 41 年来(1979～2020 年)环境法学研究的高峰,该年度共发表了 658 篇学术论文;2015 年后环境法学论文刊发数量有一个回落,在之后 5 年每年发文量均分布在 470～603 篇,与 2012～2014 年持平(见图 13)。可以看出,2015 年《环境保护法》的实施引领中国环境法学研究达到了一个高潮,是中国环境法学研究历程上一个具有重要里程碑意义的时间节点。这一阶段各类期刊刊发的环境法学论文数量逐渐稳定,呈现出刊发于综合社科类期刊上的环境法学论文 > 法学类期刊 > 资环类期刊的趋势(见图 14)。

---

〔39〕 参见孙佑海:《开创环境法治的新时代〈生态文明观的法律表达——第三代环境法的生成〉序》,载《中国生态文明》2020 年第 4 期。

〔40〕 参见谭冰霖:《论第三代环境规制》,载《现代法学》2018 年第 1 期。

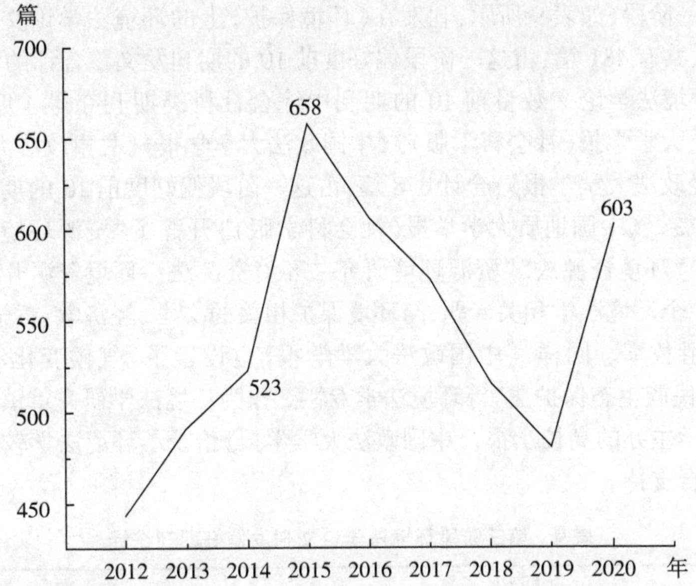

图13　2012~2020年环境法学学术论文刊发数量

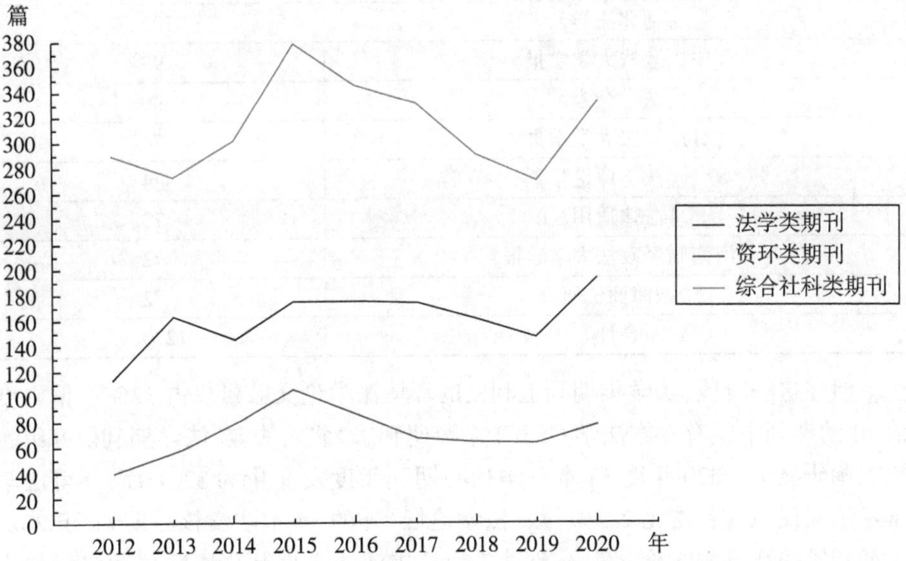

图14　2012~2020年法学类、资环类、综合社科类期刊环境法学学术论文数量

在这一阶段,如表 9 所示,刊发在《环境保护》上的环境法学论文在数量上依然领先,共有 481 篇,占这一阶段偏好度前 10 的期刊发文量合计的 38%。此外,刊发环境法学论文数量前 10 的期刊中综合社科类期刊夺得 4 席,分别是《中国地质大学学报(社会科学版)》《中国政法大学学报》《甘肃政法大学学报》《河南财经政法大学学报》,合计 378 篇,占这一阶段偏好度前 10 的期刊发文量合计的 30%。《中国地质大学学报(社会科学版)》开辟了"资源环境研究—环境资源法""环境资源法""资源环境研究—环境资源法—环境资源开发利用权研究"等 8 个环境法学相关专题,与环境保护相关的文学、经济学、哲学、史学专栏更是不胜枚举。同样,《中国政法大学学报》也设置了"气候变化法""能源法""少数民族生态保护法"等环境法学专栏。作为环境法学研究重镇之一的中国政法大学主办的高校学报,《中国政法大学学报》给予了环境法学较多的资源倾斜与平台支持。

表 9　第三阶段环境法学论文刊发偏好期刊统计

期刊	发表数量/篇
《环境保护》	481
《中国地质大学学报(社会科学版)》	137
《河北法学》	102
《中国政法大学学报》	95
《法学杂志》	90
《甘肃政法大学学报》	74
《法学评论》	74
《法律适用》	73
《河南财经政法大学学报》	72
《中国海商法研究》	72
合计	1270

但在这一阶段,法学类期刊上刊发的环境法学论文数量仅占 32%。偏好度前 10 的期刊中仅有一本法学 CSSCI 来源期刊。"北大法宝"法学期刊研究组的相关调研显示,2020 年度 35 本法学核心期刊年度发文量为 3301 篇,环境法学学术论文仅 76 篇,占比 2.3%;除《法学论坛》外的 34 本法学核心期刊,于 2020 年度刊发的环境法学论文都不超过 7 篇。主流法学期刊仍青睐民商法学学术论文,刊发了共计 993 篇,占比 30.1%,与环境法学形成了鲜明对比。不仅与主

流法学相比存在绝对劣势,在与同为新兴学科的经济法学相比下,环境法学受到的重视程度也显不足,环境法学刊发在35本法学核心期刊上的学术论文数量不足经济法学的1/3。[41] 由此可见,无论是与主流法学还是新兴的经济法学相比,环境法学在主流法学期刊上的曝光度都处于劣势。

笔者将3类期刊每年刊发的环境法学论文数分别各自除以3类期刊每年刊发的论文数量,得到环境法学论文在3类期刊上的曝光度。如图15所示,尽管刊发在资环类期刊上的环境法学论文在数量与比重上与法学类和其他类有不小差距,但就曝光度而言,资环类期刊一马当先,在2015年甚至达到了平均每一本资环类期刊就发表了10篇环境法学论文的水平。由以上数据分析可知,在环境法学的发展历程中,环境法学论文在主流法学期刊上的曝光度与其他部门法相比较弱,其环境科学属性较强。如今环境法学回归法学本位,不仅需要环境法学者的辛勤耕耘,更关键的是还需要得到主流法学期刊的重视与支持。

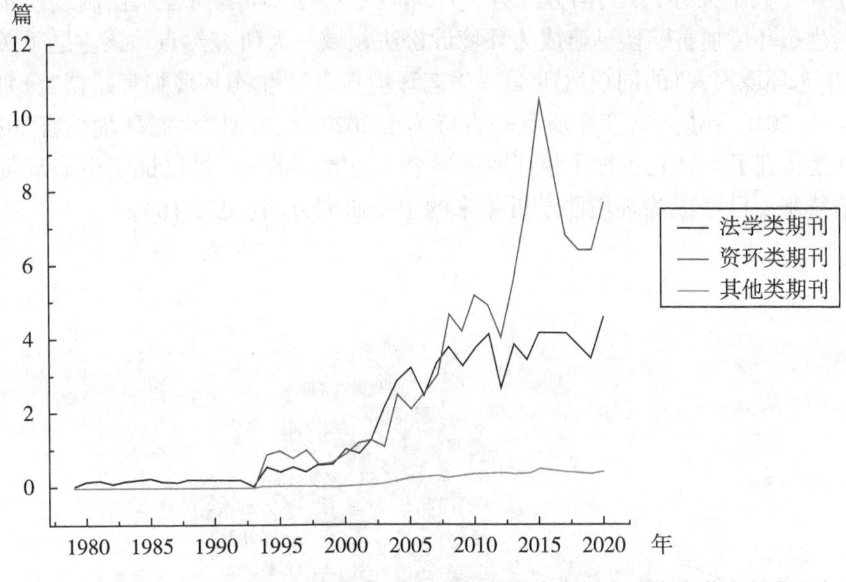

图15　1980～2020年刊发在法学类、资环类与其他类期刊上环境法学论文曝光度

---

〔41〕 参见"北大法宝"法学期刊研究组:《35家法学核心期刊2020年发文盘点》,载微信公众号"北大法律信息网"2023年7月1日,https://mp.weixin.qq.com/s/Wkfj_eOX_8QIya047UEQ2A。

(二)环境法实践走在了理论前面,研究热点集中于生态文明体制改革与环境司法改革

在这一阶段,环境公益诉讼与生态环境损害赔偿诉讼成为环境诉讼法领域的研究热点。据统计,“环境公益诉讼”“环境民事公益诉讼”“环境行政公益诉讼”的词频分别为 244、70 和 36(见表 10)。根据环境法论文关键词突现强度与突现时间,环境诉讼法领域突现强度最强且最早的关键词为“环境公益诉讼”,突变强度 18.28,在环境法学关键词热度上仅次于“可持续发展”与“循环经济”,位列第三,且研究热度一直从 2010 年持续到 2017 年。该关键词项下的“环境民事公益诉讼”“环境行政公益诉讼”都在 2015 年进入突现年段,而“原告资格”这一关键词从 2010 年进入突现年段一直持续到 2015 年。由此可以看出,学界在环境公益诉讼出台前就已经进行了较长时间有关原告资格的理论准备,包括环境民事公益诉讼原告范围界定和检察机关提起环境行政公益诉讼资格的法理所在。2017 年中共中央办公厅、国务院办公厅印发了《生态环境损害赔偿制度改革方案》,生态环境损害赔偿迅速成为环境诉讼法领域一大研究热点。该主题下关键词“生态环境损害”的词频达到 46,“生态环境损害”“生态环境损害赔偿”分别于 2017 年、2018 年进入突变年段且一直持续至 2020 年,并且“生态环境损害”的突变强度达到了 13.81,占据历年环境法学论文关键词前 10,足以证明生态环境损害赔偿制度已经成为环境法学近年来的主要研究方向(见图 16)。

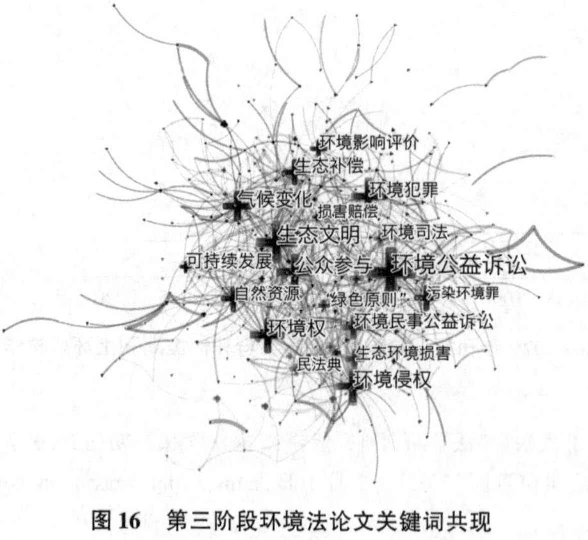

图 16　第三阶段环境法论文关键词共现

表10　第三阶段环境法论文关键词词频统计

编号	词频	关键词	编号	词频	关键词
1	244	环境公益诉讼	11	61	生态补偿
2	146	生态文明	12	46	生态环境损害
3	103	公众参与	13	43	环境司法
4	101	环境侵权	14	42	可持续发展
5	92	环境权	15	41	民法典
6	86	气候变化	16	41	环境影响评价
7	76	环境犯罪	17	36	环境行政公益诉讼
8	70	环境民事公益诉讼	18	35	损害赔偿
9	68	自然资源	19	27	绿色原则
10	65	污染环境罪			

表11　环境法论文关键词突现值

关键词	突现强度	起始年度	终止年度
环境公益诉讼	18.28	2010	2017
生态文明	17.31	2013	2020
环境民事公益诉讼	13.85	2015	2020
生态环境损害	13.81	2017	2020
绿色原则	8.58	2018	2020
民法典	8.27	2017	2020
原告资格	6.48	2010	2015
公众参与	6.13	2015	2020
生态环境损害赔偿	5.71	2018	2020
环境行政公益诉讼	5.76	2015	2018
生态损害	3.91	2016	2018

在这一阶段,"生态文明"关键词在环境法学论文中的词频达到了146,位列第二,仅次于关键词"环境公益诉讼"。有学者梳理了生态文明的内涵与生态文明建设的工作重点,从理念、制度、执法主体、法律责任等四个方面提出加强生态文明建设环境法治应有之举。[42] 也有学者提出,应当坚持人与自然是生命共同体的理念,在污染防治、生态保护、自然资源保护与违法责任追究等方面完善立法体制机制。[43]

公众参与机制研究。从主流的命令管制迈向多元合作共治模式,是现代环境法治发展的方向。因此有必要建立一种有效的合作参与和对话协商机制,弥合多元主体的利益冲突,平衡各方利益诉求。[44] 公众参与原则成为承载这一特定诉求的最佳法律原则。在这一阶段,包含关键词"公众参与"的环境法学论文共有103篇,位列第三。学界围绕公众参与展开的研究具有结构性、系统性、全面性。有学者深耕理论,提出了环境法的法权理论,作为构建多元合作共治环境治理模式的理论基础。[45] 有学者放眼实践,认为现行公众参与环境行政决策制度围绕强化政府义务来建构,存在公众参与主体范围模糊不清,参与权利内容缺失及参与主体法律责任缺位的问题,致使公众参与权利无法得到有效保障。因此,应摒弃单纯强调政府义务的立法理念,明确界定公众参与环境行政决策的权利主体、具体内涵和法律责任。[46] 有学者将目光聚焦具体制度,对

---

[42] 参见王树义、周迪:《生态文明建设与环境法治》,载《中国高校社会科学》2014年第2期。

[43] 参见孙佑海:《从反思到重塑:国家治理现代化视域下的生态文明法律体系》,载《中州学刊》2019年第12期。

[44] 参见史玉成:《环境法学核心范畴之重构:环境法的法权结构论》,载《中国法学》2016年第5期。

[45] 参见史玉成:《环境法学核心范畴之重构:环境法的法权结构论》,载《中国法学》2016年第5期。

[46] 参见杨昌彪:《公众参与环境行政决策制度的缺陷及其完善》,载《湖南农业大学学报(社会科学版)》2016年第4期;李丽华:《环境决策中公众参与的缺失与加强》,载《理论与改革》2013年第2期。

环境影响评价中公众参与的前提、范围与替代方案进行了评析。[47]

《民法典》颁布前后,环境法学界对相关条款的讨论进行得如火如荼。据统计,关键词"民法典""绿色原则"的词频分别为41和27。有学者从环境法的基本权利——环境权角度出发,认为我国民法典的制定应当对生态文明和绿色发展理念予以积极回应,在人格权编和物权编中规定环境人格权、环境公共地役权和环境获益权。[48] 有学者分别运用法教义学与实证分析研究方法,对《民法典》绿色原则的环境法学内涵与司法适用提出了自己的见解。[49] 也有学者从《民法典》侵权责任编着手,分析生态环境损害赔偿制度与环境民事公益诉讼的冲突,厘清冲突背后的权力逻辑并给出制度改进路径。[50] 还有学者对生态环境侵权惩罚性赔偿责任的构成要件进行了更深入的研究。[51]

(三)法教义学研究范式使用比例逐年上升

在这一时期,法教义学研究范式的使用比例随着2014年修订的《环境保护法》与2020年《民法典》的出台总体呈现一个上升趋势,在2017年与2020年突破了50%的使用比例(见图17),与社科法学研究范式平分秋色。

---

〔47〕 参见肖强、王海龙:《环境影响评价公众参与的现行法制度设计评析》,载《法学杂志》2015年第12期。

〔48〕 参见吴卫星:《环境权的中国生成及其在民法典中的展开》,载《中国地质大学学报(社会科学版)》2018年第6期。

〔49〕 参见吕忠梅:《〈民法典〉"绿色规则"的环境法透视》,载《法学杂志》2020年第10期;马密、黄荣、常国慧:《〈民法典〉绿色原则的司法适用:实践样态与优化路径——以〈民法总则〉第9条的司法适用为基点》,载《法律适用》2020年第23期。

〔50〕 参见徐忠麟、宋金华:《民法典视域下生态环境损害赔偿制度的内在冲突与完善》,载《法律适用》2020年第23期。

〔51〕 参见杨立新、李怡雯:《生态环境侵权惩罚性赔偿责任之构建——〈民法典侵权责任编(草案二审稿)〉第一千零八条的立法意义及完善》,载《河南财经政法大学学报》2019年第3期。

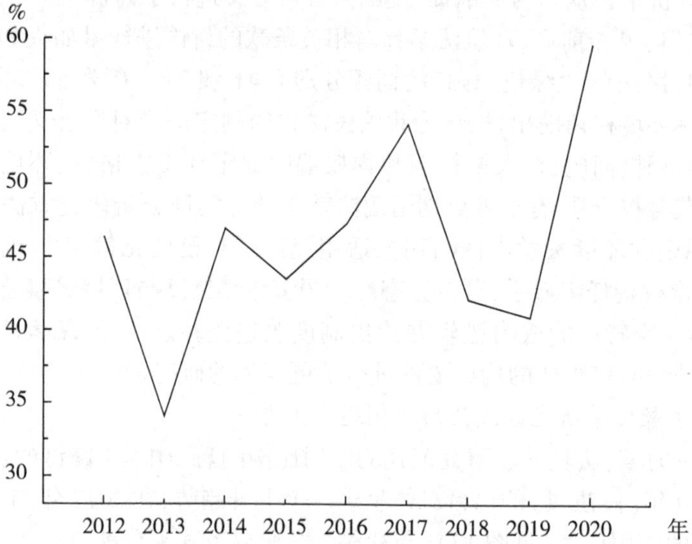

图 17　法教义学在环境法学中的运用比重走势

早期社科法学研究范式在环境法学研究中使用较多,原因有两方面:一方面,环境法学作为一门边缘法学学科,与其他学科的联系十分紧密。首先,环境危机被视为自西方启蒙运动以来工业发展模式的危机,是市场机制“外部性”的典型表现,环境危机被解读为“看得见的手”和“看不见的手”双重失灵的结果。[52] 因此,环境法学研究与法经济学研究方法密不可分。其次,环境法中法律与政策的粘连和交互程度尤为紧密。我国环境政策在政策类型、发布主体、规范内容等维度上形成了层次分明的“政策集群”,对环境立法的理念、导向和具体制度的形成产生影响,并运用其灵活性优势推动环境法律的有效实施。借助丰富的政治理论与政策资源,法政治学研究方法在环境法学研究中大放异彩。最后,随着群体性环境事件频发,学者们愈发认识到环境法律在运行中存在阻力,与社会生活之间存在差距。为促进环境法律与社会之间差距的弥合,部分学者选择回归法社会学、法人类学等社科法学研究范式,寻找生态环境保护的活法与民间法。另一方面,尽管随着 1979 年《环境保护法(试行)》的颁布,

〔52〕 参见侯佳儒、王明远:《边缘与前沿:当代法学背景中的环境法学》,载《政治与法律》2016 年第 10 期。

我国全面启动了环境保护法治工作,在20世纪90年代初步形成了以污染防治、资源保护为主题的生态环境保护法律法规体系,但这个阶段环境法律在立法形式上以制定法律为主,生态环境保护法律制度体系具有鲜明的初步创建印记,法律规定较原则、笼统,可操作性规定不够具体。在司法实践层面表现为在环境案件中多援引民法规范进行裁判,因为较笼统的环境法律规范以及以立法思维为主的环境法理论供给很难满足法官的司法实践需求。环境法司法实践的稀缺进一步导致环境法学者缺少进行法教义学研究的条件,环境法解释理论或者环境法解释方法在早期环境法学中几乎是空白的。

在第三阶段,环境法学研究中法教义学研究范式实现了对社科法学研究范式的赶超。在这一阶段,生态环境保护法律制度体系被高质量完善,形成了习近平生态文明思想,生态环境保护立法取得了历史性成就,发生了历史性变革。在这一阶段,2018年《宪法修正案》规定了"贯彻新发展理念""生态文明""美丽""生态文明建设"等有关生态环境保护的内容,制定了土壤污染防治法、核安全法、环境保护税法等生态环境保护法律,在这一阶段,我国还修改了《环境保护法》《海洋环境保护法》《环境影响评价法》《固体废物污染环境防治法》等生态环境保护法律,《民法典》《民事诉讼法》等也对有关生态环境保护的内容作了规定或者修改。这些修改、制定的生态环境保护法律,不但强化或调整了环境标准、总量控制、环境影响评价、"三同时"、排污许可、目标考核等制度,还增加了约谈、生态保护红线、生态保护补偿、环境公益诉讼、公众参与等制度。升级版的老制度和新制度一起,共同构建了较完善的生态文明法律制度体系。高质量、完善的生态环境保护法律制度体系,为环境法学者提供了进行法教义学研究的丰富制度资源。

(四)主要研究人员与研究机构

通过对这一时期代表学者(见表12)的学科背景以及年龄层次进行综合分析,得到如下结论:(1)自然科学与其他社会科学背景的学者比例逐渐减少,学者更多为环境法学学科出身。这一时期环境法学领域的主流学者基本都是环境法学专业出身,在求学阶段就已经获得系统的环境法学科研学术锻炼,比起前两个阶段的学者,这一阶段的学者受到环境法学的启蒙更早,熏陶更浓,研究视角也更凝练。(2)这一阶段学者的年龄层次更为多元且年轻化,不仅有20世纪40年代学者蔡守秋教授,也有孙佑海教授、徐祥民教授、周珂教授等20世纪50年代学者,还有吕忠梅教授、汪劲教授、黄锡生教授等20世纪60年代学者,更有秦天宝教授、竺效教授、于文轩教授等 20 世纪 70 年代学者,而陈海嵩教授、刘超教授等 20 世纪 80 年代学者也开始崭露头角,5 代学者荟萃一堂。这一时期 20 世纪 60 年代与 70 年代学者是环境法学研究的主力军,合计占比 63%。[53] 这一时期"70 后"学者占比 44%,众多年轻学者加入环境法学研究行列,给环境法学的发展注入了蓬勃活力。第一阶段的代表学者吕忠梅教授与蔡守秋教授在这一阶段的学术产出依然稳定,分别发表了 38 篇和 29 篇学术论文。在第二阶段崭露头角的秦天宝教授、黄锡生教授也成长为在第三阶段学术产出和贡献最稳定的代表学者。(3)其他部门法的年轻学者如公法学者张震、陈伟,经济法学者张式军,国际法学者何志鹏、林灿铃也都在这一阶段关注环境法学研究领域,环境法学研究力量在不断扩大。

表 12 第三阶段环境法学论文代表作者统计

作者	第三阶段发文总量(2012~2020 年)	发文最多年度(发文量)
秦天宝	44 篇	2020 年(8 篇)
黄锡生	43 篇	2014 年(6 篇)
陈海嵩	43 篇	2016 年(10 篇)
刘超	41 篇	2018 年(9 篇)
吕忠梅	38 篇	2019 年(9 篇)
徐祥民	38 篇	2012 年(5 篇)
孙佑海	37 篇	2013 年(6 篇)
常纪文	33 篇	2015 年(10 篇)
于文轩	32 篇	2020 年(9 篇)
巩固	30 篇	2017 年(7 篇)
蔡守秋	29 篇	2013 年(6 篇)

[53] 该比例计算未将其他部门法学者作为基数,仅统计 20 世纪 60 年代和 70 年代学者在环境法学者中的占比。

续表

作者	第三阶段发文总量(2012～2020年)	发文最多年度(发文量)
竺效	29篇	2015年(7篇)
汪劲	28篇	2014年(6篇)
周珂	28篇	2015年(6篇)
王树义	25篇	2014年(7篇)
杜群	22篇	2018年(6篇)
侯艳芳	14篇	2017年(4篇)
张震	12篇	2020年(5篇)
王明远	11篇	2015年(2篇)
陈伟	11篇	2017年(4篇)
董邦俊	11篇	2013年(4篇)
何志鹏	7篇	2016年(2篇)
林灿铃	6篇	2016年(2篇)
张式军	6篇	2016年(2篇)

如图18所示,当前我国环境法学研究已经形成了以武汉大学为学科带头研究机构,中国政法大学、中国人民大学、重庆大学、中南财经政法大学、中国海洋大学5家高校齐头并进的研究格局。环境法学研究力量主要集中在武汉,具体而言,武汉依托武汉大学、中南财经政法大学等高校巩固了其环境法学研究重镇的地位。北京也有相当多的高校或科研单位在环境法学研究领域表现抢眼,包括中国人民大学、中国政法大学、北京大学、中国社会科学院、清华大学等。上海的上海财经大学、华东政法大学、上海交通大学、上海政法学院和重庆的重庆大学、西南政法大学的科研学术产出也排在全国前列。可见,当下环境法学研究机构数量越来越多,学科辐射地域遍布全国,环境法学已走向显学。

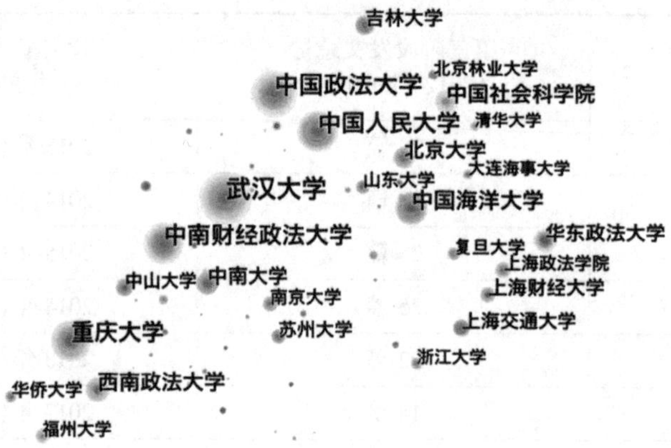

图 18　第三阶段环境法学研究机构共现

六、评　　价

笔者对刊发在核心期刊上的 8960 篇环境法学论文进行实证研究得到如下结论:

第一,从研究成果数量来看,环境法学的曝光度日益增强。在起步阶段,我国环境法学领域仅有零星学术论文刊发在学术期刊上,学科影响力难以体现。1994 年可持续发展的提出,使环境法学在法学界得到了一次强曝光。学界开始深思经济发展与环境保护的协调关系,也纷纷将希望寄托肩负环境友好与资源节约型社会建设使命的新兴法学科——环境法学身上。环境法学也借助可持续发展战略实现了第一次自我革新,见刊的环境法学论文数量不断攀高。2012 年党的十八大召开后,党中央将生态文明建设放在治国理政的重要战略地位,中国经济要从高速发展阶段迈入高质量发展阶段,借助改革的春风,环境法学日益成熟。2012 年以来,刊发在核心期刊上的环境法学论文基本维持在每年 450 ~ 650 篇;而 2015 年施行的修订后的《环境保护法》在法学界卷起了一股生态环境法律研究热潮,引领环境法学达至 41 年间(1979 ~ 2020 年)的曝光顶峰(见图 19)。

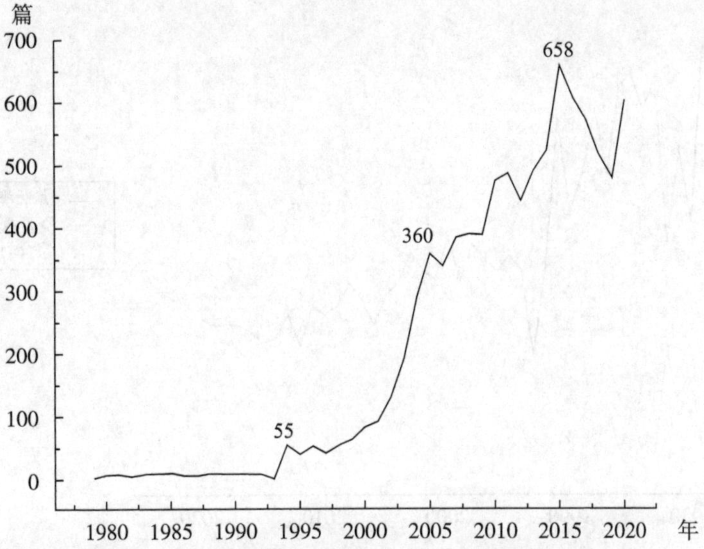

图 19　1979～2020 年环境法学论文发文变化趋势

第二，从刊发环境法学论文的期刊种类上看，早期环境法学论文主要见刊于法学类期刊，但这一比例随着资环类期刊与综合社科类期刊对环境问题以及环境法制的重视程度上升而逐年缩小，在近些年仅有不到 30% 的环境法学论文刊发在法学类期刊上。相反，综合社科类期刊上刊发的环境法学论文却逐年走高，现如今超过半数的环境法学论文都刊发在综合社科类期刊上，环境法学与其他社会科学进行着紧密联系与频繁对话。尽管刊发在资环类期刊上的环境法学论文数量比例不高（见图 20），但在环境法学发展的第二、第三阶段，刊发环境法学论文数量最多的期刊仍是《环境保护》，且刊发数量远高于任意一本法学期刊或综合社科类期刊刊发环境法学论文的数量。这一统计结果体现了当下环境法学在主流法学期刊上曝光度稍显不足，环境法学呈现出法学气质消减的表征，这或许与主流法学期刊不够重视环境法学有关。

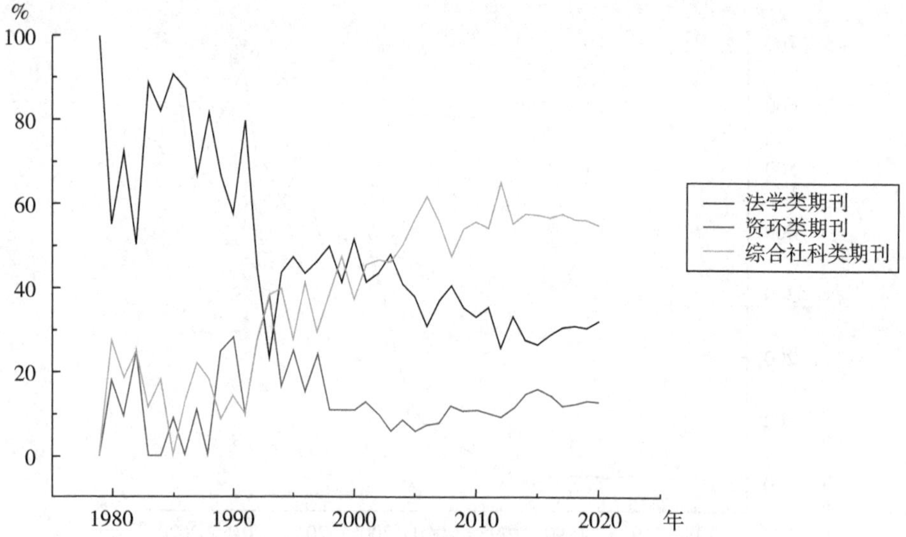

图 20　刊发在三类期刊上环境法学论文的比例

第三,在研究热点上,环境法学紧跟时事,重视每一件环境热点事件和每一项环境法律政策的立改释。在第二阶段,频繁颁布的环境经济政策成为环境法学的研究主旋律,例如,排污费征收使用管理、排污权交易、生态补偿、循环经济等,都成为环境法学研究的重要主题。这一时期,学者还将重心放在松花江特大污染事件、中海油渤海湾漏油事故等重大环境事件上进行讨论,站在环境法学立场上建言献策。在第三阶段,生态环境保护法律制度体系已高质量完善。生态文明观指引的第三代环境法,认为只有妥善地处理好环境保护、经济发展、民生保障的环境法,才是符合生态文明要求的环境法。如何在环境行政中落实公众参与制度和完善公众参与机制,成为这一时期环境法学研究的着力点。此外,在这一阶段陆续颁布的《民法典》及环境司法改革方案等重要法律和环境政策,使环境公益诉讼、生态环境损害赔偿制度与民法绿色原则、环境侵权惩罚性赔偿等主题成为学者重点关注的主题。同时,一批内生于中国环境政治逻辑的环境治理制度如党政领导干部生态损害责任追究制度、环保督察机制等被创制,学者对此多展开了有益探讨(见图 21)。

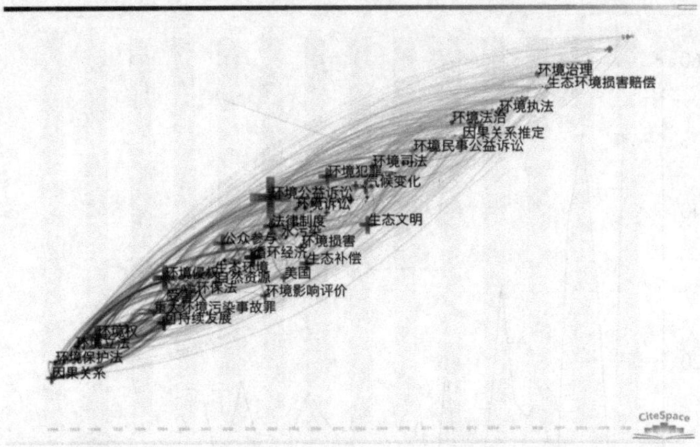

图 21　1979 ~2020 年关键词 Time Zone(时区)

第四,在研究范式上,我国的环境法学经历了从早期未形成成熟的方法论自觉到社科法学与法教义学平分秋色。早期我国环境法学研究多运用比较分析(见图 22)与事理分析(见图 23),也有论文直接立足于环境问题的科学机理提出相应的法律对策,因而我国早期环境法学研究的立法论、对策研究意味较浓。

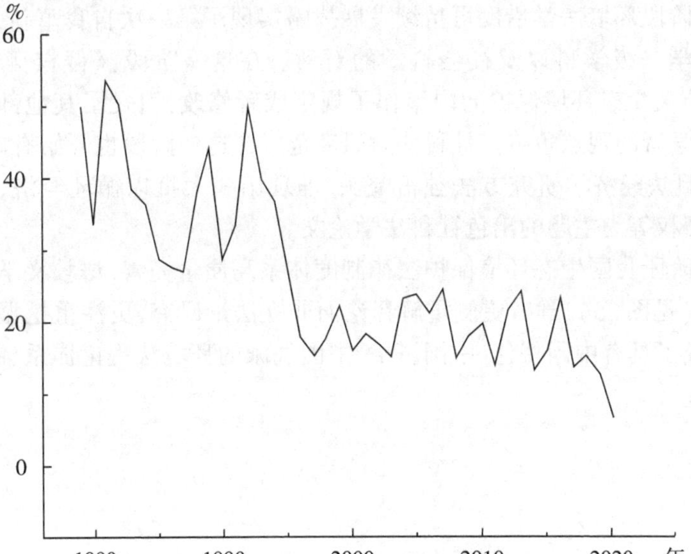

图 22　比较分析在环境法学中的运用比例

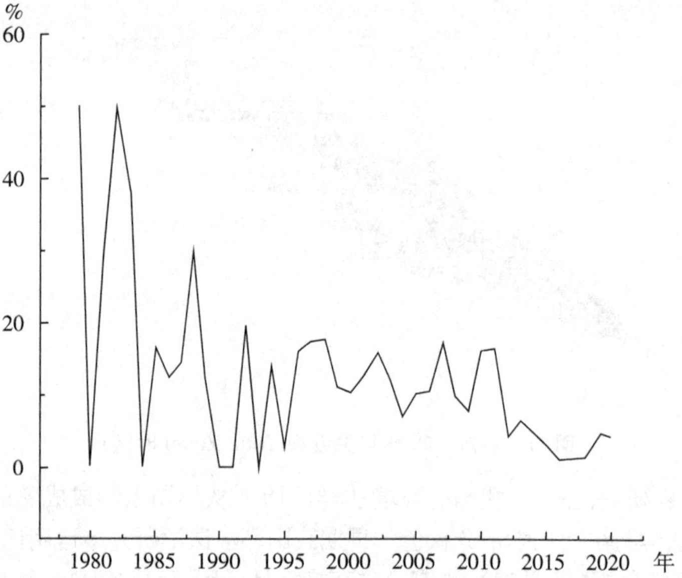

图 23 事理分析在环境法学中的运用比例

第二阶段环境法学借助可持续发展战略实现了第一次自我革新,积极展开与其他法学二级学科以及社会科学的对话。在这一阶段,《侵权责任法》《刑法》等对有关生态环境保护的内容作了规定或者修改,引发了其他部门法学者与环境法学者的观点争鸣。社科法学研究范式在这一阶段也开始有所体现(见图 24)并且法经济学研究方法独占鳌头,涌现出一大批以循环经济、排污权交易、环境侵权等为主题的出色社科法学论文。

第三阶段我国生态环境保护法律制度体系高质量完善,法教义学研究范式开始兴起(见图 25),学者更侧重解释论而非立法论研究,更注重挖掘本土法治资源,形成了具有中国特色、中国风格、中国气派的环境法理论体系、制度体系、话语体系。

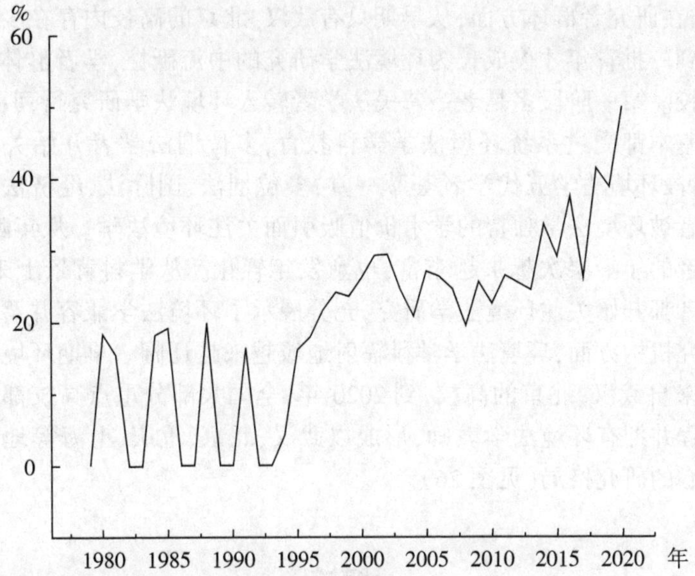

图 24　社科法学在环境法学中的运用比例

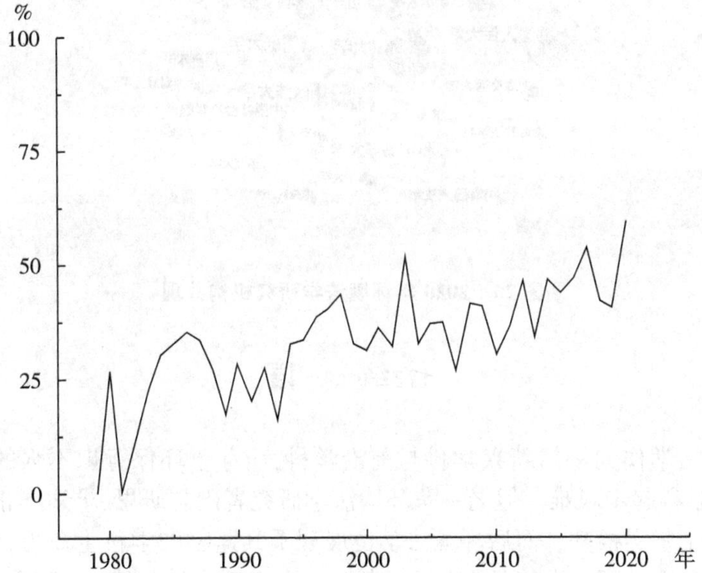

图 25　法教义学在环境法学中的运用比例

第五,在研究者群体方面,从早期只有武汉、北京的高校内存在少数环境法学研究者到一批青年才俊成长为环境法学研究的中流砥柱,学者群体分布在全国各大高校。第一阶段多是老一辈民法学者转入环境法学研究行列;第二阶段代表学者基本都受过系统环境法学学科教育,多位刑法学者开始关注环境法学;第三阶段环境法学五代学者荟萃一堂,多位刑法、国际法、经济法及其他公法部门学者被环境法学独特的学术价值吸引而关注环境法学。从年龄上来看,环境法学者的年龄层次越来越丰富,也愈发年轻化。从学科背景上来看,不同部门法学者都开始关注环境法学研究,充分展示了环境法学兼容并蓄的学科气质。在研究机构方面,环境法学学科辐射地域越来越辽阔。早期环境法学研究力量主要来自武汉、北京的高校,到 2020 年,全国大部分重点高校都开设了环境法学课程并拥有环境法学教师,形成以武汉、北京、重庆、上海等地为环境法学研究中心的研究格局(见图 26)。

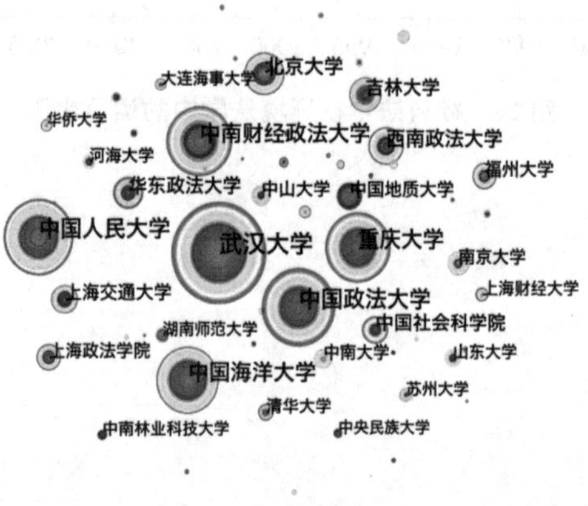

图 26　2020 年环境法学研究机构共现

七、结　　语

环境法学作为一门新兴学科与前沿学科,萌芽于环保意识不强的 20 世纪 70 年代,学科起步艰难。但老一辈环境法学研究者砥志研思、求索不止,为环境法学打下了坚实根基。而后环境法学也展现了其蓬勃的学科生命力,借着可持续发展与生态文明建设等的东风,一次又一次实现自我提高、自我完善和自我革新,终于形成了一门具备成熟学科研究范式,拥有出类拔萃研究学者群体的法学学科。

毋庸置疑,环境法学是一门年轻的学科,应运而生的环境法学经过短短41年的发展已取得了傲人成绩,但其依然存在广袤的发展前景和宽广的进步空间。目前,环境法学的法学属性仍不彰显。这并非由于环境法学研究范式尚未形成法教义学自觉,相反,环境法学研究在研究范式上已经回到法学正轨,从比较分析、事理分析、立法论、对策论研究逐步转向法教义学与社科法学研究并行。笔者认为,环境法学呈现法学气质消减的主要原因主要有两个方面:一是过度追求热点;二是主流法学学术期刊对环境法学的重视程度不够。从发文量上来看,环境法学论文每年的发文量已比较可观,但近七成环境法学论文都刊发在资环类期刊与综合社科类期刊上。观察主流法学期刊的发文规律可以发现,环境法学的曝光度不仅无法与民刑等主流法学相提并论,而且与其他新兴法学学科如经济法学相比也处劣势。主流法学期刊更加青睐主流部门法学论文,无法满足环境法学者的发文需求,这促使环境法学者更偏好选择资环类期刊发表环境法学论文。相较主流法学期刊而言,资环类期刊对环境法学的法学理论深度要求并不算高,并且更注重热点导向。在这一标准下,环境法学者为了使论文更大概率地见刊会优先选择资环类期刊,因而学者会为适应资环类期刊择文偏好去追逐环境热点事件。环境法学在这样的趋势下,其对策法学的性质有增无减。随着时间推移,公众会逐渐淡忘旧的热点事件,环境法学者也会迅速将注意力转移到新的环境热点事件上,而我国环境法学理论却并没有因环境法学者对热点事件的研究而变得更加成熟。因此,主流法学界对环境法学产生了一种“轻视感”,主流法学期刊分配给环境法学的资源又被进一步浓缩,由此形成了一种恶性循环。打破这一恶性循环的关键举措之一,是从源头上解决主流法学期刊的偏好问题。因此,环境法学要想回归法学本位,增进其法学性质,不仅需要形成一套成熟的环境法学研究范式,也需要环境法学者对深层理论进行辛勤耕耘,更关键的还是要得到主流法学期刊的重视与支持。

Environmental Law: The Way to Jurisprudence Orientation (1979 – 2020)
—Based on bibliometric analysis of 8960 papers from CSSCI

Lei Meng　Zhang Ruiqi　Qin Tianbao

Abstract: This paper summarizes the changing trends of academic achievements, academic hotspots, disciplinary research paradigms and scholars' groups in environmental law from its emergence to the present through literature reading and quantitative analysis using Citespace visualization tool, taking environmental law papers collected in CSSCI from 1979 to 2020 as samples. The study found that: (1) the research output of environmental law in China is growing steadily; the papers are mainly published in law journals in the early stage, but mainly in comprehensive social science journals at present; (2) in terms of research paradigm, environmental law has developed from immature methodological self-consciousness to equal division between social science of law and legal dogmatics, and the research style has developed from the tendency of comparative borrowing to more emphasis on local resources; (3) the focus of environmental law research is influenced by legislative amendments, policy promulgations and environmental hotspots; (4) in terms of researcher groups, environmental law scholars are gradually enriched in age level, and there are mainstream sectoral law scholars focusing on environmental jurisprudence research; the research force was concentrated in Wuhan and Beijing in the early days, but now it has radiated to all over the country. It should be noted that nearly 70% of environmental law papers are published in environmental journals and comprehensive social science journals, and the exposure of environmental law papers in mainstream law journals is weaker than that of other branches of law, which has indirectly led to the growth of environmental science attributes and response jurisprudence attributes of environmental law. Nowadays, the return of environmental law to the jurisprudence requires not only the hard work of environmental law scholars, but also, and more crucially, the attention and support of mainstream law departments and journals.

Key words: environmental law; visualization tools; disciplinary development; jurisprudential research paradigm; jurisprudential return

民法的起源：一个思想实验

桑本谦*

内容提要：

与古代立法普遍采用黑清单模式不同，源于古罗马的民事与商事法律制度以默认规则为主，其立法采用"路线图模式"。路线图的原型就是主流的交易模式，其合理性是统计学意义上的。只要当事人采用主流的交易模式，默认规则就会补充合约的漏洞，成为合约的组成部分，从而降低当事人的交易成本。以默认规则或路线图模式的逻辑为线索，我们可以重新理解民法的起源、功能及其发挥作用的机制，还能发现现行民事和商事法律制度存在的巨大优化空间。实际上，民法学界长期争论的"人格权是否应该独立成编"问题，若离开这个逻辑，也没有确定的答案。

关键词：

默认规则　民法的起源　罗马法

一、问题和视角

先来假想一场清代的诉讼。假定原告是个地主，被告是他的佃户。原告起诉被告称：租佃期间，被告没有如约交付租谷；租期届满后，也没有如约返还田地；发生争执时，其还打伤了自己的妻子。被告反诉原告称：今年天旱歉收，原告曾答应减免租谷三石，事后反悔，且指使其妻子来家无理凶闹，租期届满前就要强行收回田地。

这是一起典型的租佃纠纷。这类纠纷在中国历朝历代都会引起大量诉讼，属于常见诉讼类型。其案情也是最普通不过，租佃纠纷差不多就是这个样子。

---

* 中国海洋大学法学院教授。

按照那个时代的司法制度,原告起诉必先提交书面诉状,自己写不了就得请人代书。县官每月只有几天处理纠纷,其主要身份还是行政官员。

县衙大堂是临时法庭,审案暖阁靠近北面高墙,暖阁后的一把太师椅就是县官的座位。衙役们手持竹板站立两旁,大堂中间铺着青色石板两块,原告和被告就跪在石板上。他们不是相对而跪,而是共同跪向县官,一抬头就看到迎面高墙上悬挂的金字匾额,上书"明镜高悬"。稍一转眼,两根立柱上雕刻的字迹便清晰可辨,读下来是对联一副:"欺人如欺天毋自欺也,负民即负国何忍负之。"

审理案件时,县官听取原告和被告陈述案由,其间可以随时发问,也可以随意呵斥。一旦发现陈述可疑,县官可能脸色立变,用醒木敲击桌案,啪啪作响,衙役们跟着呼喊"威武"。原被告战战兢兢,有时被吓得张嘴结舌,生怕竹板随时打在自己身上。搞清楚是非曲直之后,县官可当日宣判,也可随后判决。事后,当事人双方还要提交"遵依结状"的誓约书,表示服判,至此,才算案结事了。

县官的裁判依据,首先是当事人签订的合约,所谓"民有私约如律令",审理的原则是"任依私契,官不为理",相当于当代的"私法自治"。纠纷通常起因于约定遗漏或约定不明,县官需要以外在的依据来填补或矫正合约。外在的依据来源很广,笼统地说却不外乎"天理、国法、人情"。但其实只有"天理"和"人情",因为中国古代的法律并没有提供可以补充或矫正合约的默认规则。

默认规则又被称为"缺省规则"(default rule),是个从计算机领域移植的概念。其之所以听起来词不达意,是因为"default"一词自始就被翻译错了。英语中的"default"有很多含义,包括错误、违约、缺省以及默认等,而恰当的翻译应是"默认";但计算机领域的先驱者却将其错译为"缺省",于是就有了"缺省规则"的概念。虽然"默认"和"缺省"的含义相关——"默认"意味着原本需要声明的事项可以被"缺省",但缺省的说法并不直观。因此,这终于让计算机领域的新人们忍无可忍,将"default"重译为"默认"。但语言的惯性却让"缺省规则"的概念沿用了下来,还扩展到了包括法律在内的其他领域。但考虑到绝大多数法律人对"缺省规则"并不熟悉,且传统法学中也没有这个概念,所以笔者才恢复"默认规则"的说法。与其因循守旧,不如正本清源。

在法律语境中,默认规则,是指在当事人没有另行约定时法律提供的广谱适用规则。[1] 它似乎只存在于合同法中，很多美国学者就是这么认为的，但笔者会在更宽泛的意义上使用这个概念。强行法是最古老的立法模式，默认规则出现得较晚，但当其数量足够多、规模足够大的时候，就自然分化成一个新的法律部门——民法。

在罗马法诞生之前，强行法是世界各国的通用立法模式。立法者意识不到法律可以表述为默认规则，即使偶尔出现有默认规则性质的条文，数量也相当稀少，几乎没法辨识为一个类型。这并不奇怪，因为在古代立法者看来，违约、侵权与后果更严重的犯罪只有程度上的区别，都是做错了事，伤害了别人。致力于控制违约、侵权和犯罪的法律也只有程度上的不同，它们在性质上是一样的，在表达上也是一样的。于是我们在古代法律中看到了“诸法合体”。

但是请注意，“诸法合体”不等于“以刑为主”。刑法和民法是相互对应的概念，没有民法就没有刑法，反之亦然。虽然中国古代有“法即是刑”的说法，但那个时候的“刑”和现在的“刑法”显然不是一个意思。倘若非要用现在的法律概念去描述古代法律，毋宁说古代法律是“以侵权法为主”，其主要内容更像现在的侵权法，很多犯罪是被当作侵权来处理的。刑法的范围很窄，大概只有中国古代的法律才更像刑法，甚至有点“泛刑法化”的特征。

但即便如此，中国古代司法者也早已发现，审理民事案件和刑事案件是性质不同的工作，因此区分了“理讼”和“断狱”，大致对应现在的民事诉讼和刑事诉讼。“断狱”基本上属于惩罚过程的组成部分，抓捕罪犯之后，官府还要进一步核实案情真相，评估罪行轻重，以便作出恰当的惩罚（通常就是刑罚）；而“理讼”，其主要功能则是解决纠纷，分清是非曲直，以便恰当分配各种类型的事故责任（通常只是赔偿）。鉴于两者有很多相似点——都要搞清楚案情真相，都要依据相应的法律，并且都要对伤害行为作出惩罚，所以古人把两者合称为“狱

[1] 在法律语境中，默认规则有时还被称为“背景规则”（background rule）、“后备方案”（backstop）、“授权性规则”（enabling rule）、“后退规则”（fallback rule）、“漏洞补充”（gap-filling）、“既定规则”（off-the-rack rule）、“选择加入”（opt-in）、“选择退出”（opt-out）、“预定规则”（preformulated rule）、“预设规则”（preset rule）、“推定”（presumptive）、“备用规则”（standby rule）、“范本规则”（standard-form rule）等。See Ian Ayres & Robert Gertner, *Filling Gaps in Incomplete Contracts: An Economic Theory of Default Rules*, The Yale Law Journal, Vol. 99:1, p. 87 – 130(1989).

讼”,就像现代人把各类诉讼统称为“司法”。

然而,将中国古代的“理讼”称为“司法”并不恰当,因为裁判者根本无法可依。“天理”和“人情”都不是法律,中国古代其实没有民法。笔者知道这么说会招来非议,因为关于中国古代有没有民法,支持者和反对者都能讲出一堆理由,至今尚无共识;但分歧不在于对事实的认知,而在于对事实的定义。倘若说中国古代纵有民法亦无罗马法意义上的民法,估计正反双方就都不会反对了。

虽然一句话就能化解一场争论,但想要把问题彻底搞清楚,即“没有民法的古代司法会是什么样子”,那就要结合诉讼的背景了,而上述问题也就自然转化为:同样是审理民事纠纷,古代司法的裁判依据和裁判过程有何不同?用以对比参照的可以是现代民事司法,也可以是古罗马的民事司法。只要我们搞清楚,在没有民法的条件下,官府怎样处理纠纷,由此而生的缺憾又在哪里,笔者就能发现民法起源的契机,理解民法的独特功能,知道法律为什么会分离出一个新的功能模块。因此,完成这个任务并不需要去考察罗马法的历史。不过本部分开篇假想的这起租佃纠纷,却可以拿来作为讨论的素材。

二、合约的遗漏和补充

地主和佃户,作为原告和被告,他们都有道理可讲,只是讲的道理不同。原告的道理基于双方约定,被告的道理基于当地习俗。市场原则要求合约必须遵守,但习俗却认可一种例外——若逢天旱歉收,地主就理应减免租谷。纠纷貌似起因于市场原则和道义原则的天然冲突,而许多学者就是这么认为的,他们会说民间发展出减免租谷的道义原则,就是为了对冲市场原则的冷酷无情。但其实不然,减租习俗仍在市场原则之内,其内容相当于一个保险条款。只要存在减租习俗,且被广泛认可,那么作为减租的对价,地主在丰年收取的租谷,就会比没有这个习俗时更高一些。两者的差额相当于保险费——既然佃户已在丰年多交了租谷,那么到了荒年,地主减租就是理所当然。保险条款的合理性在于地主比佃户更有能力承担歉收的风险,因而所谓“减免习俗”,其实只是合约之外的默认条款。多数地主和佃户都愿意接受的默认条款,就成了默认规则。

然而,作为默认规则的减免习俗有些过于笼统粗疏了。大家都知道有这个习俗,地主和佃户也都认可接受这个习俗,但在何种条件下减免多少租谷,却从来没有一个统一标准。对于不容易约定清楚的事项,地主和佃户都会倾向将其省略在合约之外。但这倒不至于造成多大的麻烦,地主和佃户都要顾忌自己的名声,也都想长期延续租佃关系,通常情况下双方都懂得克制和收敛,不至于向对方提出过分的要求。

但纠纷总是难免的。当合约不完备,且默认规则笼统粗疏,填补不了合约漏洞时,最容易发生纠纷。好在这类纠纷不难处理,以前述案件为例,县官很快就能搞清楚案情原委,当天即可宣判:“租谷还须即时交付,减租多少则由县官酌定;租期届满,田地如约归还;打人要受到惩处,被告当庭被处以掌责(打耳光)。”如此判决,即使在现代人看来也较为合情合理。但其中却隐含了一个“软肋”——“酌定”。由县官“酌定”减租多少,但若当事人追问其“酌定”的依据,县官就不好回答了。

在这起简单的租佃纠纷中,我们看到了权威和规则之间的相互替代。如果裁判者的权威足够强,自由裁量就可以替代预设的规则;如果裁判者的权威较弱,就只能用更多的规则来压缩裁量空间。县官酌定减租额度,仍能让当事人双方心服口服,这固然值得庆幸,但维持这种局面并不容易。如果当事人双方或一方怀疑县官的能力和品质,就很容易陷入恶性循环——怀疑会侵蚀公信力,公信力被削弱就会刺激更多的怀疑。此时,只有按预设的规则作出裁判,才能让当事人相信裁判公正,对事不对人。预设的规则有如下功能:(1)指引和约束裁判;(2)维护和拯救司法权威;(3)便于当事人预测裁判结果,从而减少未来的纠纷数量。

但是,规则从何而来?直接由最高官府出台固然是好,但就减租事项而言却显然行不通。各地自然地理条件差异很大,降雨状况也年年有别,国家很难出台全国通行的减租标准。因此,这个任务就只能落到地方官府的头上。假定地方官府打算解决这个难题,原则上,只要这类租佃纠纷频繁发生,官府就可以积累判案经验。对于天旱、歉收和减免之间的相关性,官府能逐渐总结出一套可大致量化的操作指南。如果官府将这套操作指南明文发布,则地主和佃户之间的大部分潜在纠纷就可以防患于未然。至于如何拟定明文,却是个很有技术含量的工作。

降雨量不难测量,但降雨还要分时节,且不同田地质量不等,产量不一,因而对于在何种情况下减免多少租谷,官府很难作出硬性规定,也没法用几个简单的条文概括出来。最恰当的做法,莫过于发布按年度动态调整的减免标准——分别根据当地夏秋两季的降雨情况,每年发布两次减租比率,比率的基数是地主和佃户约定的租谷数量。当然,丰年无须减租。

为了更好地回应市场需求,还应附加声明如下:官府发布的减租标准,只在地主和佃户没有约定或约定不明时适用。换言之,当事人另有约定的除外。如此发布明文,意味着官府细化了关于歉收减租的默认规则,但没有改变默认规则的性质。默认不等于强制,官府允许当事人约定排除默认规则的适用。

假定某个佃户对自己的抗风险能力颇为自信,官府的减免标准对他来说就没什么意义。为了在租佃合约中争取到较低的租谷数额,他宁可在荒年歉收时放弃要求地主减免租谷的权利,那么这么做也完全合乎市场逻辑。只要相信佃户的抗风险能力,地主也不会反对。在这个意义上,官方标准是中立性质的,并非单纯保护佃户的利益。其既没有剥夺任何一方的选择权,也没有改变租佃关系的利益格局,更没有冲撞市场原则。

但这里有个条件,倘若佃户和地主一致同意拒绝适用官府发布的减免标准,双方就必须在合约中作出明确约定。那些接受官方减免标准的地主和佃户,却无须就歉收减免事项作出任何约定,因为在没有约定的条件下,官方标准就是默认的合约条款,它们自动进入合约,成为合约的组成部分。所谓官方标准,只是以官府名义发布的主流交易模式,为绝大多数地主和佃户所采用接受,因此可以被视为默认规则。说白了,官府发布的减租标准,只相当于提供了一样免费的产品,当事人可用可不用,就像好心人在路边免费提供的大碗茶,想喝的端起来就喝,不想喝的直接走人。但和大碗茶不同的是,不想喝茶的人不需要作出声明,沉默表明他不想喝,但不愿意接受默认条款的当事人却必须作出明确约定,没有约定或约定不明的就会被推定为同意接受官方标准。也就是说,虽然默认规则没有强制性,但沉默的含义却是被官府强制规定的。当事人可以自行决定他们是否接受默认规则,但他们不能改变沉默的含义。

但官府不能随意规定沉默的含义,沉默的含义是接受还是拒绝必须合乎统计学的逻辑。如果接受者占多数,拒绝者占少数,那么沉默就表示接受,拒绝者需要另行约定或额外声明;反之,如果拒绝者占多数,接受者占少数,那么沉默就表示拒绝,接受者需要另行约定或额外声明。让多数人保持沉默,只让少数人发出声音,就可以用最少的声音、最多的沉默来区分接受和拒绝。因此,官府发布的默认规则应该是主流的交易模式,这样才能让多数当事人以沉默表达接受。这是降低市场交易成本的一种策略。[2]

默认规则的道理很重要。法律不是个深奥的领域,默认规则的逻辑只是稍微深奥了一点点,但它是理解法律(尤其是民事法律制度)不可或缺的理论工具。不明白这个道理,就看不透民法的深层逻辑。默认规则的逻辑还涉及对法律功能以及法律和市场关系的基础性理解,其相对于当下的主流,应该是个革命性理解。不过写到这里,笔者突然意识到前面的分析中很可能有个遗漏:既然官府可以发布动态调整的减免标准,那么按理说,无须官府发布,类似的减免标准应该可以自生自发地出现在民间的租佃市场上;也就是说,租佃市场每年都会出现关于减免多少租谷的"市价"。尽管"市价"减租的比率不详,但作为租佃双方的博弈结果,其性质与任何商品的市场价格没什么两样。

笔者想知道真实的历史是否如此,于是查阅了相关文献,果不其然,历史记录和笔者的想象居然一模一样!社会学家凌鹏在清代同治年间四川巴县的案件档案材料里找到了11份租佃合约(作为案件证据留存),其中有8份明确约定了减免租谷的事项。[3] 多数合约里有一句套话——"若年岁欠丰,照市纳租",意思就是遇到旱涝灾害,就按市价减租;市价就是个按年度调整的减租比率,比如,去年天旱歉收的减租比率是七折,今年丰收没有折扣,明年可能是八折或九折。但有1份合约拒绝参照市价,而是直接约定了"年岁欠丰"就按七折交租——"主七客三均分,不得争论",如此约定倒也省去了认定市价的麻烦。

在这11份租佃合约中,有3份没有约定减租事项(这是合约的遗漏吗?),还有1份明确拒绝减免事项——"其有年岁欠丰,并无短少升合",意思是无论丰年还是荒年,佃户都要如约缴纳租谷。但有趣的是,官府对这几起案件作出的裁判,都是按市价减租。怎样评价官府的裁判?

对于没有约定减租事项的几起案件,官府裁判按市价减租是合理的,因为默认规则可以自动进入合约,成为合约的组成部分,这一点无可争议。一旦有了默认规则,合约里再写上"若年岁欠丰,照市纳租",反倒多余了。但对于那起明确约定拒绝减免事项的案件,官府的裁判就犯了个错误,把默认规则当成了

---

[2] See Didier Dubois & Henri Prade, *Default Reasoning and Possibility Theory*, Artificial Intelligence, Vol. 35:2, p. 243 – 257(1988).

[3] 参见凌鹏:《习俗、法规与社会——对清代巴县地区"减租"习俗的法律社会史研究》,载《四川大学学报(哲学社会科学版)》2020年第1期。

强制性规则。如此,裁判会给租佃市场造成一系列负面影响:激励佃户的机会主义行为,为了在丰年缴纳较少的租谷,和地主约定荒年无须减免,但却事后毁约,导致纠纷数量增加。同时,这样的裁判会让地主不再愿意接受这种约定,导致由佃户承担歉收风险的租佃模式趋向瓦解,而当事人双方要想恢复这一租佃模式,却不得不相互防备,被迫承担更高的交易成本。

三、黑白清单与路线图

虽然关于"年岁欠丰"时的减租标准可以自生自发于租佃市场,但若官府参考市价后再以官方的名义发布,则仍然意义重大,因为这么做不仅省却了租佃双方认定市价的麻烦,避免了可能由此引发的纠纷,还让减租标准更加权威,使市价直接获得官方背书。无论是用于补充合约漏洞,还是用作审理案件的依据,如此一来都会显得更加名正言顺。如果官府真的这么做了,则将开创中国法律史上的一次伟大革命。

这么说也许有点夸张,而且中国历史上可能已有官府确实这么做过,只不过做得默默无闻,谁也不觉得这么做有多么了不起,更谈不上什么革命。也许有学者会说,《唐律》难道不是更伟大吗? 但这是没法比较的,因为标准不一样。《唐律》的立法技术高超,内容和体系也高度成熟,但其立法模式却是沿袭前代,并无实质性创新。至少就保存至今的法律文本而论,中国古代的立法者从没想到使用默认规则,也从没想到默认规则的立法模式可以开创出一片亘古未有的法律天地。所以,并非社会没有这种需求,而是立法者确实没有想到。

与世界历史上绝大多数国家的法律一样,中国古代的法律采用了"负面清单"模式,简称"黑清单",即法律罗列禁止事项,并规定相应的后果(惩罚),相当于"举黑以示白"。与负面清单对应的是"正面清单",简称"白清单",即法律罗列允许事项,并规定相应的后果(免罚),相当于"举白以示黑"。如果忽略法律的实施成本而只考虑法律内容的话,那么理论上,黑清单和白清单是可以相互替代的两种模式,"举黑以示白"和"举白以示黑"的结果都是黑白分明。

假如要完成一幅画,画面需要黑白分明:如果白色的面积比黑色大,那就最好用块白板,再用黑色染料把一小部分涂黑;而如果黑色的面积比白色大,那就最好用块黑板,再用白色染料把一小部分抹白。这个工作原理很简单,涂黑就不用抹白,抹白也无须涂黑,同时还要尽可能利用板面底色以节省染料和力气。

立法遵循同样的逻辑。沉默相当于板面的底色，使用黑清单就不用白清单，清单之外的事项是被默许的；使用白清单则无须黑清单，清单之外的事项是被默否的。但即使在专制的社会里，法律允许人们做的事项也会远远多于禁止事项，所以自古以来，黑清单就是主流的立法模式。世界上没有哪部法典会详尽罗列一张白清单，明确允许人们吃饭、睡觉、交友、结婚、生子……罗列完毕后，再告诉人们到此为止，清单之外的事情一律不能做。

如果确定使用白色板面和黑色染料，那么白染料就可以存而不用，除非我们还需要在黑色中涂上一点白色。立法也会少量使用白清单，但前提是白清单要以黑清单为背景。比如，法律禁止私斗，这是黑清单；但允许私斗中的正当防卫，就是黑清单中的白清单。至于正当防卫中的防卫过当，则又成了白清单中的黑清单。

总之，在某个特定的范围内，如果法律允许的事项占了多数，立法者就会用沉默表示许可（默认），而把禁止事项罗列出来，此时立法采用黑清单，以禁止性规范表达；而在另一个特定范围内，如果法律禁止的事项占了多数，立法者就会用沉默来表示禁止（默否），而把许可事项罗列出来，立法采用白清单，以授权性规范表达。禁止性规范的背景是大量的默认，授权性规范的背景是大量的默否。

这种统计学意义上的信息传递技术是通用的，核心在于如何有效利用沉默的信号。沉默是一种最低成本的信号，我们总是将沉默和最常见的现象和属性捆绑在一起，从而用最少的声音来传递最多的信息。这和我们会利用板面的底色以便在绘画时节省染料和力气是同样的逻辑。用沉默就可以传递的信息，为什么还要说出来？[4]

当然，法律是需要明示的，而且需要公之于众。法律是由国家创设的激励机制，通过改变人的行为预期来影响他们的行为。惩罚和奖赏都是激励措施，当然奖赏的场合要远少于惩罚，只偶尔用于突出贡献和重大立功，这算是不同于白清单和黑清单的“红清单”。

奖赏和惩罚都是非常古老的激励机制，在生命世界里早已进化得十分完美。有利于基因扩散的行为会获得奖赏，不利于基因扩散的行为要受到惩罚。

---

〔4〕 See Randy E. Barnett, *The Sound of Silence: Default Rules and Contractual Consent*, *Virginia Law Review*, Vol. 78, p. 821 - 912(1992).

但奖惩机制的执行——激活快感神经回路和痛感神经回路,都是很耗能的,所以对于诸如细胞分裂、新陈代谢、血液循环以及内脏器官的正常活动等绝大多数“行为”,有机体不赏也不罚。

社会类似一个有机体,增进社会福利的行为会使人获得奖赏,减损社会福利的行为会使人受到惩罚,但奖赏和惩罚都会消耗成本,所以对于大多数行为,社会不赏也不罚。与有机体相比,社会的奖赏规模貌似小得多,但其实不然,社会的奖赏主要来自市场,而不是来自国家,大多数增进社会福利的行为都能从市场上获得回报。如果把声誉也看作一种市场要素,那么市场机制还包含了好评和差评。国家创设的奖惩机制只是从社会奖惩机制中分化出来的一小部分。

只有奖赏和惩罚才是可观察、可度量的制度要素。对于法律来说,权利、义务、责任、规则之类的概念,都是被推测出来的,看不见也摸不着,这些概念说到底只是描述了一个稳定、可预期的奖惩结构。当我们说拥有一项权利或承担一项义务,或存在一条规则的时候,稳定的奖惩结构就是唯一的结论性证据。责任的概念可以为惩罚创造借口,当我们要惩罚某个行为的时候,就会说行为人承担了某种责任。但请注意,这里的因果关系是颠倒的——不是责任引起了惩罚,而是打定主意要惩罚他,所以才说他有责任。责任只是一个借口,借口不等于原因,但以借口取代原因,可以保持思考的懒惰,这是一种节能的策略。

无论是黑清单还是白清单,都可以保护公民权利。其实保护权利的最好方式莫过于惩罚侵权行为,这意味着保护权利甚至无须借助“权利”的字眼。笔者至今不是特别能理解,为何法学界对于权利概念有种宗教般的迷恋。这个概念也许确实很重要——无论是作为语言习惯还是作为职业包装,其功能都是其他词汇难以替代的。但若将其作为法学学科的分析工具、度量尺度、研究单元或基础范畴,那就不合适了。

既然法律主要采用黑清单模式,那么立法者将“户婚”“贼盗”“职制”“捕亡”“断狱”等各领域整合进一部法典也就毫不违和了。“夏有乱政,而作《禹刑》;商有乱政,而作《汤刑》;周有乱政,而作《九刑》。”战国时期的《法经》六篇,基本上也都是“刑”。难怪那个时代的古汉语中,“法”和“刑”是同义词,因为原本就是一回事。所谓“出礼而入刑”,说的就是白清单和黑清单之间的无缝衔接,但“礼”不成文。如今法律概念的外延已经大大扩张了,但其中那个最像古代法律的部分仍然冠了个“刑”字;当然,这个字的含义变窄了。然而所谓“诸法合体”,只是现代人对古代法律的描述,古人没有“诸法合体”的概念。

初学法律时,笔者曾以为法律只用黑清单就足够了,虽然知道罗马法是那个时代的例外,也知道法律人对它推崇备至,但笔者多少还是有点不以为意。然而很多年以后,当笔者明白黑清单模式的法律不能完全满足解决纠纷和促进交易的社会需求时,才真正理解了罗马法的伟大之处,尽管不是法律人通常所说的那些伟大。简单地说,古罗马的民法,既没有采用黑清单,也没有采用白清单,而是采用了路线图模式。

所谓路线图模式,即立法者给人们画了一条路线,至于走不走,还是由当事人自己来决定。导航提供路线就是如此,真实世界里的道路也是如此。笔者从青岛开车去济南,可以走济青南线高速路,也可以走济青北线高速路,还可以走不收费的国道,甚至可以选择不开车,不走任何道路,而是翻山越岭走一条直线过去。但只要没有特殊情况,笔者还是会开车走高速,而且选择的路线就是导航默认的那一条。

四、罗马法怎样处理纠纷

想象一下,假定一个人出门在外有事耽搁了,三五天都回不了家,邻居发现他的马无人照料,就主动帮忙给马喂食,直到这个人回家。事后这个人知道邻居帮了他一个大忙,但却没有给邻居任何回报。邻居向他表达不满,认为他至少应该补偿其这些天喂马的饲料钱,而这个人却对邻居说:“谁让你多管闲事呢,反正我事先也没求你这么做。”如果邻居和这个人的纠纷闹到法院,法官就要作出裁断。但在黑清单模式的法律中,法官却找不到裁判的依据——法律不会禁止人出门,也不会禁止人帮忙照看马。

再想象另一种情形,一个人在街道上把马拴好之后,就进某个餐馆去吃饭了,等他出来之后发现有个好心人帮他喂了马。他说了声谢谢就打算离开,但这位好心人却向他索要喂马的饲料钱。这个人当然不会同意,便说:“谁让你多管闲事呢,反正我事先也没求你这么做。”如果好心人和这个人的纠纷闹到法院,黑清单模式的法律同样不能提供裁判依据——法律不会禁止人吃饭,也不会禁止人喂他人的马。

当然,即使在黑清单模式之下,法官同样能作出合理的判决,只不过判决的依据不是法律,而是所谓的“天理”和“人情”。但罗马法就不同了,它能为处理这类纠纷提供近乎完美的法律依据。罗马法区分了物权和债权,在债权之中又分出了一个小类别,叫作"无因管理之债",这个制度沿袭至今。邻居的行为构成了无因管理,其诉求合理,被帮助的人是其债务人;但同样是帮忙喂马,好心人的行为却不构成无因管理,其诉求不合理,被帮助的人与其没有债权债务关系。

罗马帝国的商业十分发达,法官需要处理各种交易纠纷,罗马法包含了一套相当完整的交易规则,为各种类型的纠纷提供了裁判依据。如果当事人签订的合约足够完备,原则上法官只需按合约裁断纠纷,而无须交易规则。其实如果地主和佃户签订的合约足够完备,县官处理纠纷同样是"任依私契",官府也无须发布减租标准。但合约经常是不完备的,约定不明、约定遗漏甚或没有签约的情形都很常见,而交易纠纷恰恰最容易发生在合约不完备的地方,交易规则的主要功能就是应对合约的不完备。交易规则包含了一系列被广泛默认的交易选项,只要出现当事人约定不明或约定遗漏,这些交易选项就会自动进入合约,被法官推定为合约的组成部分。一旦交易规则被规定为法律,法官裁判案件就有了备用的依据。请注意,"备用"两个字极为重要,笔者稍后再作进一步解说。

邻居帮忙喂马,被帮助的人支付相应的报酬,这就是一种交易关系。虽然事先没有签约,但事后可以被还原出来,无因管理的法律规则提供了一个现成的合约模板。法官支持邻居的诉求,就是用法定的交易规则来填补约定的空白。但好心人帮忙喂马就不一样了,这里没有交易关系,即使回到事前,被帮助的人也不可能同意这笔交易。如果法官支持好心人的诉求,则等于鼓励强迫交易,这个世界就乱套了,不知会有多少人将被迫购买其不需要的东西。

罗马法包含的交易规则差不多覆盖了交易过程中可能发生纠纷的各个环节,能有效应对当事人对标的物、价格、担保、履约条件、时间、期限、签约主体等各种事项的约定不明或约定遗漏,这是个前所未有的立法成就。但是请注意,对"交易"的概念要作广义理解。罗马法区分了物权和债权,但并非只有债权对应交易,明确界定物权也主要是为了交易。毕竟在民法被分离出来之后,阻止明抢暗偷的任务就可以交给其他法律部门了。

考虑到产权本身就是交易的产物,那么侵权和违约就没什么实质性差别。和无因管理一样,侵权赔偿的法律规则也可以被视为一个合约模板。在当事人没法事先签约或签约成本过于高昂时,侵权和无因管理并没有什么实质性区别。侵权法存在的根本理由,就是加害人和受害人事先签约的成本过于高昂。

其实继承也是一种交易,生物学家就把抚养和赡养的关系叫作“代际交换”。法律保护继承权,规定赡养义务,就是为了促进长辈和晚辈之间的代际交换,阻止其中的机会主义行为。如果长辈和晚辈事先就继承问题签订合约,那么约定的结果多半会与继承法的原则大致吻合——晚辈获得遗产,但长辈能争取到支配遗产的权利。平均说来,只有让长辈拥有遗产支配权,晚辈才能获得更多的遗产,否则社会财富就会因为死亡而被提前挥霍。

罗马法甚至规定了容易引发继承纠纷的意外情形——如果互有继承关系的几个人在同一事故中死亡,却不能确定死亡的先后时间,那么法律就会推定没有继承人的人先死亡;如果死者中既有长辈又有晚辈,就推定长辈先于后辈死亡。法律如此规定与真相或真相的概率无关,而只是为了让遗产分割更加方便,也让晚辈死者的后代能够获得更多的遗产,这客观上有利于促进代际交换。如果所有利害关系人有条件事先就上述意外事件签订一个如何分割遗产的合约,只要他们足够理性,约定的结果也会与法律规定大致吻合。当然,这么做在文明社会中是很尴尬的,以法定取代约定,可以避免这种尴尬。

法定取代约定的最大好处,笼统地说,就是降低交易成本。合约不完备时,可由法定的交易规则做补充。反之,既然有法定交易规则作补充,当事人签约就可以保留更大的缺口,合约条款可以更加简约;因为在法律明确规定的事项上,当事人不必重复约定,除非他们要作出不同于法定交易规则的约定——法律为此预留了弹性,通常会表述为“当事人另有约定的除外”。在这个意义上,法定的交易规则只是裁判的备用依据。合同法属于典型的冗余设施,对于解决纠纷来说,合约是第一道防火墙,合同法是第二道防火墙。

为了区分不同的交易类型,罗马法大量使用了权利的概念,在物权和债权之下又细分了更小的权利类别,但不同类别的权利概念只是对不同交易类型的一种编码而已。罗马法之所以能成为人类文明史上的一座丰碑,不是因为它体现了更强的权利保护观念,而是因为它首次用文字全面记录、总结、编纂了可以显著降低交易成本的大量交易规则。显然,黑清单模式的法律并不具备这种功能。如果当事人约定不明或约定遗漏,法官只能根据天理、人情以及不成文的交易习惯来应对合约的不完备。但不成文的交易习惯充满了歧义和模糊,不仅会迫使当事人提高签约成本,而且会提高法官处理纠纷的难度,更难以保证原则上的同案同判。

本文在此顺便讨论一个热点问题,即在过去十几年编纂民法典的过程中,国内法学界曾经发生了一场旷日持久的学术争论——人格权是否应独立成编?一方认为,人格权必须独立成编,目的是保护人格权;另一方认为,已有的侵权法足以保护人格权,将其独立成编显得画蛇添足。显然,双方的争点在于独立成编是否有利于保护人格权,但问题的实质却应该是,黑清单模式的立法(侵权法或刑法)在何种条件下可以取代路线图模式的立法(默认规则)。只要搞清楚了争点的实质,答案也就浮出水面了。如果人格权已经出现了主流的交易模式,那么默认规则可以降低交易成本,人格权独立成编就是有意义的;但若人格权尚未出现主流的交易模式,那么默认规则也就没有用武之地了,以侵权法和刑法保护人格权就够了。然而,尽管从目前来看,人格权确无必要独立成编,但独立成编可为未来的人格权交易提供潜在的空间。如此,立法因为有了前瞻性而显得意义重大。

五、结语:为什么民法比民法学聪明

正统解说为无因管理设定了构成要件:(1)为他人管理事务;(2)有为他人谋取利益的意思;(3)无法定或约定的义务。邻居帮忙喂马的行为具足上述所有要件,而好心人帮忙喂马则缺少了一个要件,即"有为他人谋取利益的意思"。法官可以根据事实和情势认定好心人没有这个意思。构成要件从何而来?当然是来自归纳。立法者对大量同类纠纷做了总结,发现它们有几个共有的特征,然后就把共有的特征确定为构成要件。

但辨识和比对构成要件的司法技术是很拙笨的,因为还有更加简单有效的替代方案。替代方案的思路是还原合约——假想回到当初的时点,当事人是否以及如何作出约定。倘若回到当初,出门的人应该预料到离家之后马匹无人照料,便会同意邻居帮其喂马,并支付相当的报酬,因而出门的人和邻居是可以达成一份合约的。但同样是回到当初,进餐馆的人并不需要有人帮其喂马,因此不会和好心人签订喂马并支付报酬的合约。

法律最重要的功能就是促进交易,还原合约实际上是帮当事人克服信息障碍,法律通过条文和判例向社会释放促进交易的激励信号。法官支持邻居的诉求,就会鼓励更多人在别人确实需要帮助时满足别人的需求,判决的后果对社会有益;但如果法官也支持了好心人的诉求,则后果就对社会有害无益。

对比两种解说,差距是显而易见的。古罗马法学家创造的正统解说需要 3

个步骤:首先要区分出一种独特的交易类型,并将其命名为“无因管理”;然后归纳出这种交易类型的几个共同特征,并命名为“构成要件”;最后再将某个具体行为与预设的构成要件做比对,以判断该行为是否构成无因管理。掌握这3个步骤需要记忆和学习,如此便会形成知识壁垒;而当知识壁垒转化为职业壁垒之后,普通人就难以掌握专门化的法学知识了。

更糟糕的是,法官要判断好心人帮忙喂马是否真的出于好心,而且最终还是要看其和被帮助的人能否达成潜在的互利交易,这是判断管理人是否“为他人谋取利益”的唯一依据。这样一来,绕了个圈子又回到了替代解说的思路。相比之下,替代解说一开始就抓住了关键。正统解说非但没能简化思考,反而回避了表达,即该说的没说,不该说的说了一大堆。不过这依然值得庆幸,因为起码不至于导致错判;而如果法官真的陷进要件比对的思路中,完全回避还原合约的思考,错判的风险就会非常大了。

为什么古罗马法学家能创造出聪明的法律却没能提供聪明的解说?答案其实很简单,法律是演化的产物,经历了漫长的试错、检验、遴选和淘汰,在生态竞争中存活下来的一系列交易选项组成了交易规则;而古罗马的法学家只是记录、总结了这些交易习惯,将其体系化,然后用法律条文的方式表达为白纸黑字。虽然他们完成了这些工作,但他们却理解不了,也揭示不出法律的深层逻辑。这个深层逻辑就是交易习惯的进化算法,也就是隐藏在法律背后的数学结构。这就是为什么法律的智慧远胜于法学家的智慧。

在“知其然而不知其所以然”的条件下,古罗马的法学家只能在表面现象上下功夫,并由此创造了一种“现象理论”:先区分不同的交易类型,然后归纳不同交易类型的构成要件。司法的方法就是识别和比对要件,如果某个具体行为恰好发生在要件难以识别的灰色地带,司法就会遭遇疑难案件。但这里的问题是,如果仅仅是“知其然而不知其所以然”,那么古罗马的法学家又如何能制定出罗马法?答案很简单,立法的工作原本就不是创造法律,因为在此之前,市场和社会早就演化出了交易规则,只不过这些交易规则还没有成文而已。理解不是做对事情的前提。

这种路径的理论解说自然会导致许多尴尬局面。就像犯罪要有一套构成要件,违约和侵权也各自有了构成要件。但我们会发现,把侵权和犯罪的构成要件放在一起,并不能区分侵权和犯罪;于是就创造词汇,如“犯罪客体”这种毫无意义的概念就是为满足这个需要而被创造出来的。类似的例子是区分物权和债权,理论家创造出了“对世权”和“对人权”的概念,却没有意识到两个概念是不能并列的,凡是“对人权”也一定是“对世权”,因为没有产权就没有交易,互不侵犯是所有交易的基础和前提。一旦明白了造词是可以替代讲道理的,那么对于“事实物权”和“名义对价”之类的概念也就可以见怪不怪了:前者是为了解说诸如借名登记之类的物权不能对抗第三人,后者是为了解说没有对价的赠与承诺偶尔也会被强制执行,这两种例外情形都不能被扔进预先设定的概念篮子里。

The Origin of Civil Law: A Thought Experiment

Sang Benqian

Abstract: Different from the “blacklist” approach to legislation which was widely adopted in history, civil and commercial laws and regulations originated in ancient Roman Empire were much dominated by default rules which can be summarized into a “roadmap” approach based on the mainstream transaction model. Such an approach is statistically reasonable and appropriate. So long as the parties adopt the mainstream model in making transactions, default rules will automatically fill the gaps in contracts, thus becoming an integral part of the contracts and reducing the transaction cost for the parties. Following this train of thought guided by default rules and the roadmap approach, the origin of civil law, its functions and mechanism, can all be reinterpreted, in which process ample room for improvement in civil and commercial laws and regulations can also be identified. In fact, no definitive answer to the question of whether Right of Personality should form an independent chapter of its own within the Civil Code can be pinpointed without a deep understanding of the same logic behind the scene.

Key words: Default rules; Origin of Civil Law; Roman Law

外部学科知识、学科交叉与学术影响力
——基于中国法学学术论文引证的实证考察

阳 李*

内容提要：

学科交叉研究是推动新时代法学学科建设的内在要求，研究范式创新是法学学科深化与创新发展的必由之路。在外部学科知识逐步嵌入法学学术研究的时代背景下，传统法学学术研究面临学科单一化向多学科交叉化的转向。然而，虽然我国法学学术研究已经进入关注中国社会问题和法律实践的社科法学阶段，但外部学科知识却并未对当代中国法学学术研究产生应有的影响。以《中国法学》和《法学研究》1998～2020年刊发的论文为研究对象，研究发现，我国法学学术研究在日渐专业化、精细化和规范化的同时，对外部学科知识的借鉴和吸收却并未得到同等程度的重视。从主要外部学科知识的引证趋势来看，政治学、历史学、经济学和哲学等外部学科已经对法学学术研究产生了一定的影响，但这种影响不稳定且停留在表层，纵深层次的原理借鉴、方法实践和知识交流还没有真正实现。进一步的定量分析表明，法学论文引证外部学科知识的比例越高，相应的被引次数反而越低，学术影响力越小。外部学科知识难以稳定而持续地进入法学主流学术视野，可能导致法学学术领域的封闭性，进而在一定程度上阻碍法学研究的进一步发展。

关键词：

法学研究　交叉研究　外部学科知识　引证

一、引　　言

跨学科的交叉研究是现代社会科学的典型特性。之所以推进交叉研究，一

* 成都中医药大学马克思主义学院讲师。

个重要原因在于传统文科经过多年发展,在当下已经展现出一定的局限性。具体到既有学术研究样态而言,条块分割、壁垒分明、互不交往的学科建设导致学术原创能力不强,有数量缺质量,有高原缺高峰,有专家缺大师,缺乏关照现实的能力。[1] 学科交叉研究的时代背景下,传统法学学术研究面临诸多挑战,其中较为现实和紧急的挑战是法学学术研究的单一学科化向多学科交叉化的转向,[2]也就是法学学科与其他文科以及理工农医等学科专业的交叉融合。[3]

法学学术领域的学科交叉研究并不新鲜。作为一门世俗和实务导向的学科,真实世界中的规则一直是法学关注的焦点,而法学对于法学学科之外材料的运用也并不少见。有学者研究美国司法裁判文书的构成时发现,自 20 世纪 50 年代起,在论证裁判理由时,美国司法裁判文书引证非法律材料的总量和比例都在增加。[4] 甚至在更久远的 19 世纪,美国联邦最高法院大法官霍姆斯就曾预言,当前的法学研究或许属于关注"白纸黑字"的研究者,但未来的法学研究将属于来自统计学和经济学领域的研究者。[5] 21 世纪初期,苏力教授在分析我国法学发展所处阶段时认为,在先后经历政法法学和诠释法学的初期阶段后,我国法学研究已经进入关注中国社会问题和法律实践的社科法学阶段。该阶段的学术研究并不关心具体的法律概念、法条乃至法律体系,而是开始运用法学之外的经济学、社会学理论,试图发现法学"背后"或"内在"的道理。应当说,苏力教授所阐释和期待的社科法学,与法学学术交叉研究并无本质上的差别。就法学研究的可能变化趋势,苏力教授认为,我国法学领域的交叉研究"也

---

〔1〕 参见刘曙光:《新文科与思维方式、学术创新》,载《上海交通大学学报(哲学社会科学版)》2020 年第 2 期。

〔2〕 参见徐显明:《新文科建设与"新法学"教育的挑战和应对》,载《新文科教育研究》2021 年第 1 期。

〔3〕 参见杨雅妮:《新文科建设背景下法学教育的变革》,载《新文科教育研究》2021 年第 2 期。

〔4〕 See Frederick Schauer & Virginia J. Wise, *Nonlegal Information and the Delegalization of Law*, The Journal of Legal Studies, Vol. 29:1, p. 495 - 515 (2000).

〔5〕 See Oliver Wendell Holmes, Jr., *The Path of the Law*, Harvard Law Review, Vol. 10:8, p. 457 - 478 (1897).

许正在发生”。[6] 法学学术领域的学科交叉研究是否真的已经发生,需要证据的支撑。但是,成凡以《中国社会科学》和《中外法学》两期刊1993年至2002年发表的法学论文为研究对象,统计了其中法学外部学科引证情况后得出结论:法学之外的外部学科知识还没有对当代中国法学整体产生巨大影响。[7]

其后,陆续有学者以法学论文引证情况为研究阵地,对我国法学学术交叉研究的某些特征作出探讨,苏力[8]、成凡[9]、凌斌[10]、王社坤[11]、左卫民[12]、程金华[13]、侯猛[14]、林少伟[15]等学者都曾从事过引证方面的研究,推动了相关领域的研究进展。然而,既有研究亦存在一定的局限性。首先,基于法学论

---

〔6〕 参见苏力:《也许正在发生——中国当代法学发展的一个概览》,载《比较法研究》2001年第3期。

〔7〕 参见成凡:《是不是正在发生?外部学科知识对当代中国法学的影响,一个经验调查》,载《中外法学》2004年第5期。

〔8〕 苏力:《从法学著述引证看中国法学——中国法学研究现状考察之二》,载《中国法学》2003年第2期。

〔9〕 成凡:《从竞争看引证——对当代中国法学论文引证外部学科知识的调查分析》,载《中国社会科学》2005年第2期。

〔10〕 凌斌:《中国主流法学引证的统计分析——以CSSCI为数据基础的一个探索性研究》,载《中国社会科学》2004年第3期;凌斌:《中国人文社会科学三十年(1978—2007):一个引证研究》,载《清华大学学报(哲学社会科学版)》2009年第1期。

〔11〕 王社坤:《环境法学研究影响性因素实证分析——基于CSSCI法学核心期刊环境法学论文引证的调查》,载《法学评论》2011年第1期。

〔12〕 左卫民:《从引证看中国刑事诉讼法学研究》,载《法学研究》2013年第5期。

〔13〕 程金华:《当代中国的法律实证研究》,载《中国法学》2015年第6期。

〔14〕 侯猛:《CSSCI法学期刊:谁更有知识影响力?》,载北大法律评论编委会编:《北大法律评论》第10卷·第2辑(2009),北京大学出版社2009年版;侯猛:《中国法学的实力格局——以青年学者的引证情况为分析文本》,载《中国法律评论》2017年第5期。

〔15〕 林少伟、林斯韦:《中国商法学实证研究测评——基于2000年至2015年的法学核心期刊论文》,载《法学》2018年第1期。

文引证文献的分析虽然偶尔有来自经济学、文献计量学等领域的学术研究成果,[16]但绝大多数的研究成果均来自法学领域。研究视野和路径单一化所带来的弊端在于,学科之间的交叉和研究方法的多元性未能得到充分扩展。从已有的研究成果来看,绝大多数成果在展开定量分析时,所采用的具体切入方法均为基础的描述性统计分析。虽然描述性统计分析对于研究对象的轮廓式认知不可或缺,但若要进行进一步的定量分析仍稍显不足,例如,测评外部学科知识对于法学论文的影响力,需要借助回归分析等定量分析方法。其次,既有研究侧重于法学的某个二级子学科,使法学学术领域相对完整的生态图景并未获得全景式展现。这既可能是学术研究精细化和专业化的表现,也可能是因为研究力量的限制,即定量研究往往需要团队协作,单打独斗式的独立研究难以胜任庞大的工作量。同时,自 20 世纪 90 年代末至今,虽然相关的学术研究并未中断,但总体呈式微态势,尤其是"新文科"的概念提出后至今,法学领域诞生的相关研究成果寥寥无几。

如果说 20 世纪 90 年代至 21 世纪初期,外部学科知识并未对法学学术领域产生巨大影响,那么时至今日,法学学术领域对外部学科知识的运用达到何种程度了?具体而言:法学学术领域对外部学科知识的运用具有何种趋势?哪些外部学科知识构成了法学研究的主要外部引证源?尤其是,外部学科知识的运用对法学学术领域造成了何种影响?笔者试图扩展现有研究成果,对上述问题作出回答。笔者以《中国法学》和《法学研究》1998 年至 2020 年的论文为研究对象,对我国法学研究中的外部学科知识引证情况进行分析。具体思路如下:首先抽取样本论文,然后对样本论文中外部学科知识的引证趋势和引证差异进行统计分析,最后建立多元回归模型,测评出我国法学研究中外部学科知识引证对于法学学术的影响力。

---

[16] 崔旺来:《〈中国社会科学〉1994~1998 年作者及引文的统计分析与评价》,载《中国社会科学》1999 年第 3 期;史晋川、张育浩:《经济学、社会学、法学和政治学研究的开放与知识共享——基于中国社科期刊参考文献的比较研究》,载《浙江大学学报(人文社会科学版)》2012 年第 1 期。

二、数据来源与样本概览

(一)数据来源

法学学术领域的中文社会科学引文索引(CSSCI)来源期刊(2021~2022)共有24本,样本期刊选择《中国法学》和《法学研究》作为研究对象。《中国法学》创刊于1984年,是中国法学界十分具有影响力的学术期刊;在各类评价体系中,其影响因子长期稳居全国法学期刊榜首。[17] 《法学研究》创刊于1954年,致力反映我国法学研究的最新成果和最高学术水平。该期刊上刊发的许多文章观点(如依法治国、建立社会主义市场经济法律体系等)在法学界和社会上引起了重大反响,有的被中央采纳,有的还成为治国方略。[18] 两期刊作为法学学术领域的高水平期刊,其用稿方向、评审取舍等风向标对法学学术研究具有举足轻重的引领作用。

样本期刊的时间区间聚焦于1998~2020年。之所以不包括20世纪80年代和90年代初期;原因之一,在于该时期的法学学术研究大致处于恢复阶段和起步阶段,学术引证并不十分规范,甚至存在大量"零引证"的学术论文。考虑到引证内容是本文的主要研究对象,因此并未将20世纪80年代和90年代初期的学术论文纳入研究范围。原因之二,在于数据库的可行性。本文使用的主要数据库系CSSCI,该数据库于1998年正式启用,故基于研究的便利性,将1998年作为时间区间的起始点。

样本期刊在限定时间区间内的论文总量共计4173篇(《中国法学》2306篇,《法学研究》1867篇),大致属于抽样体系中的中等规模。结合人文社科领域中的惯常定量取向,[19] 以及统计学的基本抽样规律,[20] 抽样比应介于10%~

[17] 参见中国法学杂志社:《简介》,载中国法学网2019年6月30日,http://clsjp.chinalaw.org.cn/portal/article/index/id/333.html。

[18] 参见法学研究编辑部:《本刊简介》,载《法学研究》官网2022年12月30日,http://www.faxueyanjiu.com/CommonBlock/GetSiteDescribeDetail/11927?channelID=11927。

[19] 参见[美]劳伦斯·纽曼:《社会研究方法:定性和定量的取向》,郝大海译,中国人民大学出版社2007年版。

[20] 参见袁建文、李科研:《关于样本量计算方法的比较研究》,载《统计与决策》2013年第1期。

30%。为了尽可能确保抽样论文中包含多个不同特质的抽样子单位,使抽样论文的结构与样本总体的结构比较接近,笔者选择分层抽样法对样本期刊进行抽样,即对样本期刊每年第 2 期和第 5 期发表的论文进行定距抽样,并在抽样过程中排除卷首语、座谈会、宣言、笔谈和祝词等非学术论文性质的文献。抽样期刊及论文抽样比例见表 1。

表 1　抽样期刊及论文抽样比例(1998 ~ 2020 年)

期刊	主办(管)单位	期刊类型	论文总量/篇	论文抽样数量/篇	论文抽样占比/%
《中国法学》	中国法学会	双月刊	2306	724	31.40
《法学研究》	中国社会科学院法学研究所	双月刊	1867	546	29.24
合计			4173	1270	30.43

(二)样本概览

在对样本论文进行解读前,需对外部学科知识进行概念上的界定以及分类。原国家教育委员会(现教育部)发布的部门工作文件《授予博士、硕士学位和培养研究生的学科、专业目录》共划分哲学、经济学、法学、教育学等 13 个学科门类,是我国高等学校和科研院所设置学科、专业目录的基准,亦是本文对外部学科知识之门类进行区分的依据。另外,该部门工作文件设置的法学类一级学科包含法学(0301)、政治学(0302)、社会学(0304)等学科,也就是说,此类一级学科所授学位亦可能为法学学位(不同高校的设置可能存在区别)。因本文所立足的法学门类属于狭义的法学学术领域,对应的一级学科为法学(0301),加之政治学、社会学等学科已经发展成为相对独立的学科,所以本文将政治学和社会学予以单列,作为法学之外的外部学科。本文划分的外部学科包括哲学、经济学、教育学、文学、历史学、理学、工学、农学、医学、军事学、社会学、政治学、管理学,共 13 个。需要说明的是,部分文献可能涉及与法律相关的内容,但不宜一律认定为法学学科范畴,而应当根据相应门类纳入各自学科。例如,《信息、信任与法律》(张维迎,2006 年)属于使用经济学基本原理和方法研究法律问题的文献,并在法学领域产生了极大的影响力,但在该文献中,经济学的基本原理和方法属于研究的基本框架,将其纳入经济学学科显然更为妥当;又如,"西方法律思想史",既包含法学内容也包含历史内容,但由于其已经成为法学学科教育的组成部分,故理应被纳入法学学科。大体而言,在对文献所属学科作出认定时,应当综合考虑文献的核心内容、研究方法和性质等要素。

首先,来看引证量和外部引证率。引证量包括引证总量和均篇引证量:引证总量系抽样论文合计引证文献的数量;均篇引证量则是每篇论文平均引证文献的数量。引证总量是测算均篇引证量和外部引证率的逻辑前提。本文关注的外部学科知识,亦即抽样论文引证的不属于法学学科的外部文献,属于引证量中的两大组成内容之一(另一组成内容为法学内部学科知识)。《中国法学》的引证总量(22,989 个)高于《法学研究》(18,782 个),外部引证总量(2706 个)也高于后者(2417 个),原因在于前者的发文量(724 篇)高于后者(546 篇)。然而,引证总量只能反映引证规模,不能完全代表引证水平,具体到更能反映真实水平的均值时,情况则有所不同。就均篇引证量而言,《中国法学》(31.75 个)低于《法学研究》(34.40 个),而就均篇外部引证量(每篇论文的平均外部引证量)而言,《中国法学》(3.74 个)同样低于《法学研究》(4.43 个)。当然,作为久负盛名的法学期刊,两期刊的均篇引证量和均篇外部引证量差距及其微小。如果以外部引证率[外部引证率 =(论文引证外部学科文献的总量 ÷ 论文的引证总量)×100%]来评价样本期刊的外部引证水准,二者的外部引证率差距仅为 1.1%(抽样论文及引证概况见表 2)。

表 2　抽样论文及引证概况(1998 ~ 2020 年)

期刊	论文数量/篇	引证总量/个	均篇引证量/个	外部引证总量/个	均篇外部引证量/个	外部引证率/%
《中国法学》	724	22,989	31.75	2706	3.74	11.77
《法学研究》	546	18,782	34.40	2417	4.43	12.87
合计	1270	41,771	32.89	5123	4.03	12.26

其次,来看不同外部学科引证占总引证文献的比率(见表 3)。抽样论文引证了多个不同学科的外部文献,不同学科的外部引证率亦存在差别,故有必要做一个轮廓式的梳理。虽然《中国法学》和《法学研究》对不同外部学科的引证率略有差别,例如,历史学的外部引证率分别为 1.55% 和 3.99%,但它们对绝大多数外部学科的引证率却表现出高度的相似性,例如哲学的外部引证率分别为 1.16% 和 1.05%,经济学的外部引证率分别为 1.95% 和 1.85%。对于样本期刊总体来说,被引证的主要外部学科分别是政治学(2.84%)、历史学(2.60%)、经济学(1.90%)、哲学(1.11%)、管理学(0.64%)、社会学(0.62%)。

表 3 不同外部学科的外部引证率(1998 ~ 2020 年)

单位:%

期刊	哲学	经济学	教育学	文学	历史学	理学	工学	农学	医学	军事学	社会学	政治学	管理学
《中国法学》	1.16	1.95	0.06	0.06	1.55	0.09	0.11	0	0.02	0	0.57	3.20	0.67
《法学研究》	1.05	1.85	0.04	0.05	3.99	0.06	0.23	0	0	0.01	0.69	2.36	0.57
合计	1.11	1.90	0.05	0.06	2.60	0.08	0.16	0	0.01	0	0.62	2.84	0.64

不难看出,就外部引证量、外部引证率以及外部学科引证情况而言,《中国法学》和《法学研究》均表现出高度的同质性,因而在后续的讨论中,可将两样本期刊进行合并研究。另外,具体到本文关注的外部学科知识引证情况,两期刊的均篇外部引证量和外部引证率分别为 4.03% 和 12.26%,并不是一个特别高的外部引证水准,该外部引证水准甚至低于更为早期的法学学术论文。[21]

三、法学研究中的外部学科知识引证

前述第二部分已对样本论文的引证量和引证率进行了初步介绍,但还没有系统梳理其中的外部学科知识分布概况。本部分将从外部学科知识的引证趋势及引证差异等方面展开分析,并以此为基础,试图通过部分主要外部学科知识的引证状况来对下述问题作尝试性回答:是否引证了外部学科知识,就意味着实现了充分的学科交叉?

(一)外部学科知识的引证趋势

1998 ~ 2020 年,两期刊引证的文献数量呈显著递增趋势:从 1998 年的 11.65个直至 2020 年的 54.11 个,提升了 4 倍有余。与之相对,两期刊引证的外部文献数量虽偶有波动,但总体平稳,未呈现出同引证文献数量相类似的递增趋势,其引证的外部文献数量最大值仅为 8.56 个(2018 年)。两期刊引证(外部)文献数量走势详见图 1。根据外部引证率的概念,当引证文献数量呈递增趋势(分母变大),引证外部文献数量却大致保持不变时(分子不变),外部引证率

〔21〕 参见成凡:《从竞争看引证——对当代中国法学论文引证外部学科知识的调查分析》,载《中国社会科学》2005 年第 2 期。

将呈递减趋势(见图2)。详细数据参见表4。

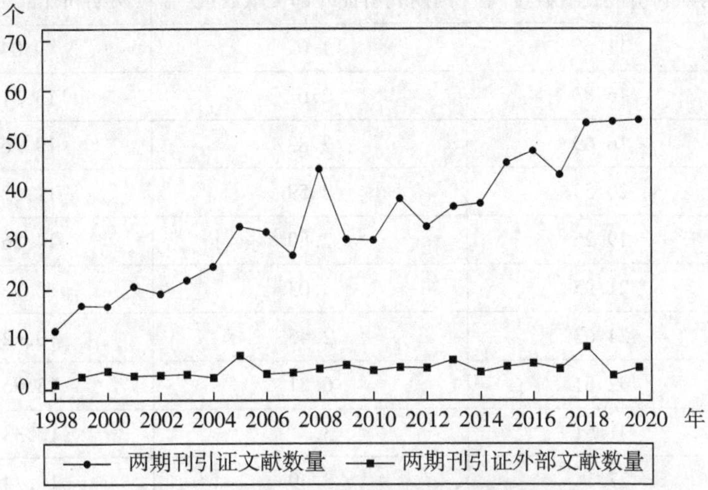

图1 两期刊引证(外部)文献数量走势

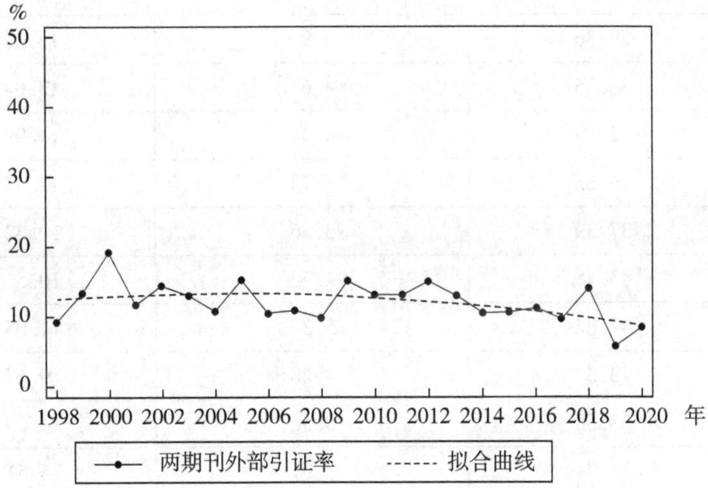

图2 两期刊外部引证率走势

表 4　图 1、图 2 所涉数据明细

年份	两期刊引证文献数量/篇	两期刊引证外部文献数量/篇	两期刊外部引证率/%
1998	11.65	1.02	9.04
1999	16.83	2.6	13.31
2000	16.69	3.83	19.26
2001	20.59	2.59	11.67
2002	19.25	2.89	14.26
2003	21.95	3.03	12.9
2004	24.63	2.45	10.62
2005	32.61	6.81	15.06
2006	31.51	3.3	10.33
2007	27.1	3.49	10.74
2008	44.1	4.18	9.75
2009	30.11	4.82	14.95
2010	29.86	3.9	13.02
2011	38.25	4.6	13.04
2012	32.59	4.44	14.99
2013	36.63	5.73	12.87
2014	37.39	3.56	10.32
2015	45.45	4.7	10.51
2016	47.84	5.3	11.05
2017	43.3	4.28	9.67
2018	53.58	8.56	14.09
2019	53.91	2.91	5.51
2020	54.11	4.6	8.45

两期刊外部引证率的递减趋势表明,其引证的主要外部学科所占比例亦随着时间变迁产生了趋势变化(见表 5)。政治学作为引证率最高的外部学科

(2.84%),曾是法学学术领域的主要外部知识来源,其引证率最高时曾达到6.65%(2000年)。政治学的主要引证文献早期高度聚焦马克思主义的系列经典作家或国家高度推崇的思想家,引证者高度关注的是被引证者的权威和地位,引证内容以权威性的结论或真理性的化身居多,而非其具体逻辑或思想,体现出"威权主义"的逻辑传统,[22]之所以会出现这种引证现象,是因为新中国成立后相当长一段时间,我国法律高度从属和附庸于政治,在确立法学学科独立性和自主性地位时,自然也倾向从政治的角度加以论证和证成。对此,苏力教授曾有过深入论述,并将法学发展的该阶段称为"政法法学"。[23] 随着法学成为一门独立的学科,法学领域的大多数话题也随之进入公共性的学术领域,法学论文引证的颇具纲领性或意识形态性的政治学文献有所减少(引证洛克、孟德斯鸠和卢梭等政治性学术文献的趋势逐步升高)。近年来,两期刊对政治学文献的引证率逐步下滑,2019年和2020年的引证率一度降至0.82%和0.88%(两期刊政治学引证率走势见图3)。

表5 两期刊主要外部学科引证率变化趋势

单位:%

年份	哲学	经济学	历史学	社会学	政治学	管理学
1998	1.06	0.59	0.10	0.41	4.01	0.09
1999	0.76	0.59	5.09	0.15	5.63	0.55
2000	2.25	3.32	4.36	0.61	6.65	1.57
2001	1.11	1.26	3.34	0.85	0.84	0.75
2002	1.94	3.40	1.55	0.92	4.32	0.59
2003	1.29	1.34	3.78	0.77	3.57	0.39
2004	0.98	3.00	1.36	0.74	2.07	0.46
2005	0.83	1.61	5.29	0.84	0.86	1.59

[22] 参见苏力:《从法学著述引证看中国法学——中国法学研究现状考察之二》,载《中国法学》2003年第2期;徐爱国:《论中国法理学的"死亡"》,载《中国法律评论》2016年第2期。

[23] 参见苏力:《也许正在发生——中国当代法学发展的一个概览》,载《比较法研究》2001年第3期。

续表

年份	哲学	经济学	历史学	社会学	政治学	管理学
2006	1.28	0.84	1.20	0.78	2.56	1.11
2007	1.35	0.36	2.84	0.97	2.11	0
2008	0.93	0.28	3.27	1.07	0.68	0.60
2009	0.71	1.06	4.47	1.28	1.50	0.87
2010	0.56	1.37	2.50	1.40	3.97	0.28
2011	2.56	3.28	0.74	0.41	2.91	0.22
2012	0.84	3.05	2.98	0.24	3.12	0.86
2013	0.18	5.83	3.50	0.24	1.55	0.75
2014	1.21	2.73	1.46	0.80	2.02	0.19
2015	0.51	0.28	2.20	0.08	4.68	0.16
2016	0.55	3.32	1.13	0.29	2.61	0.41
2017	0.20	1.90	1.32	0.13	4.26	0.51
2018	1.45	1.56	4.76	0.43	3.42	1.23
2019	1.34	1.71	0.87	0.32	0.82	0.20
2020	1.63	1.13	0.64	0.37	0.88	1.07

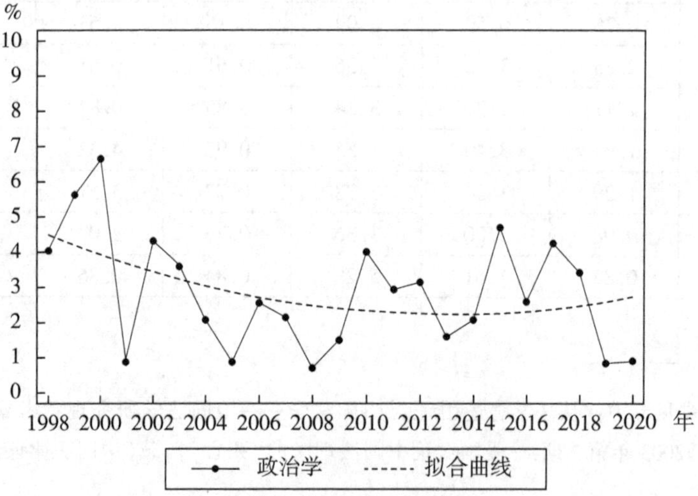

图 3　政治学引证率走势

经济学是法学论文引证的重要外部学科，但其引证率却并不稳定。首先，经济学的总体引证率较高（1.90%），仅次于政治学和历史学，表明经济学为法学提供了重要的知识养分。事实上，经济增长与繁荣被反复强调的时代背景，经济学以其独特的视角和分析方法逐步进入其他社会科学领域，并常常能够得到传统分析方法意想不到的、令人拍案叫绝的答案。经济学对法学的渗透并不新鲜，一个颇为直接的证据是，经济学家的学术论文〔24〕曾经成为法学杂志中被引证次数最多的文献。〔25〕其次，经济学的年均引证率并不平稳（见图4），其最高引证率（5.83%，2013年）和最低引证率（0.28%，2015年）之间的时间间隔仅有2年。即使考虑到分层抽样可能导致的偏差，就其整体走势来看，其引证率也并不稳定。在引证经济学文献的法学论文中，“交易成本”“成本收益分析”“博弈”“均衡”等经济学术语获得广泛应用；从外观形式看，法学确实借鉴了经济学的部分内容。然而，如果对此类法学论文进行精读甚至泛读便可发现，其

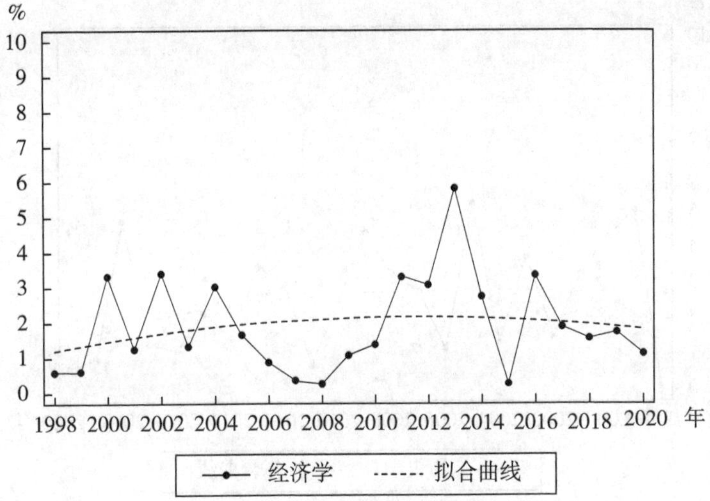

图4　经济学引证率走势

〔24〕 See R. H. Coase, *The Problem of Social Cost*, Journal of Law and Economics, Vol. 3, p. 1 – 44(1960).

〔25〕 See Fred R. Shapiro, *The Most-cited Legal Scholars*, Journal of Legal Studies, Vol. 29:1, p. 409(2000).

中真正展开的经济学分析微乎其微,即使论文题目中明确标明“经济分析”或“实证分析”,其中的量化分析也仅仅停留在较为基础的描述性统计分析层面,而且量化分析中常见的基本术语(如“显著性水平”“置信区间”“市场出清”等)也难觅踪迹。法学对经济学知识的引证已有时日,但这种引证尚停留在表层,纵深层次的原理借鉴、方法实践和知识交流还没有真正实现。

历史学的外部引证率(2.60%)仅次于政治学。法律史领域的论文数量虽然较少(71 篇,占比 5.60%),但其论证过程中使用的史料非常翔实,引证了大量历史学文献[26],因而提高了历史学的总体外部引证率(历史学引证率走势见图 5)。大体可以将历史学的引证时间区间划分为两段,第一段是 1998 年至 2011 年,该期间刊发的法律史领域论文数量比较稳定(平均每年 3.29 篇),引证率也较为稳定(均值为 2.85%);第二段是 2012～2020 年,两期刊刊发的法律史领域论文数量逐渐下滑,其中最高时为 5 篇(2012 年),最低时仅为 1 篇

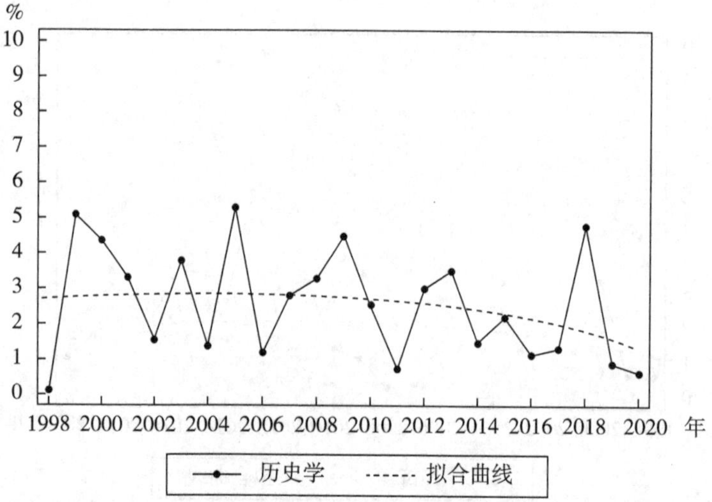

图 5　历史学引证率走势

〔26〕 例如,萧伯符、易江波:《中国传统信任结构及其对现代法治的影响》,载《中国法学》2005 年第 2 期;张培田、陈金全:《先秦时期债流转的史实探析》,载《法学研究》2005 年第 2 期;张先昌:《隋朝监察制度述论》,载《法学研究》2005 年第 2 期;张晋藩:《论中华法制文明的几个问题》,载《中国法学》2009 年第 5 期。

(2019年、2020年),从而导致这期间的历史学外部引证率逐步下滑(均值为2.10%)。从主要外部学科知识的引证趋势来看,哲学、经济学和历史学等外部学科已经对法学学术研究产生了一定影响,但这种影响并不深入,也不够稳定。此外,其他外部引证学科(哲学、社会学和管理学)的引证率相对偏低,趋势亦较为平缓,不再一一讨论。图3至图5详细数据参见表6。

表6 图3至图5所涉数据明细

单位:%

年份	哲学	经济学	历史学	社会学	政治学	管理学
1998	1.06	0.59	0.10	0.41	4.01	0.09
1999	0.76	0.59	5.09	0.15	5.63	0.55
2000	2.25	3.32	4.36	0.61	6.65	1.57
2001	1.11	1.26	3.34	0.85	0.84	0.75
2002	1.94	3.40	1.55	0.92	4.32	0.59
2003	1.29	1.34	3.78	0.77	3.57	0.39
2004	0.98	3.00	1.36	0.74	2.07	0.46
2005	0.83	1.61	5.29	0.84	0.86	1.59
2006	1.28	0.84	1.20	0.78	2.56	1.11
2007	1.35	0.36	2.84	0.97	2.11	0
2008	0.93	0.28	3.27	1.07	0.68	0.60
2009	0.71	1.06	4.47	1.28	1.5	0.87
2010	0.56	1.37	2.50	1.40	3.97	0.28
2011	2.56	3.28	0.74	0.41	2.91	0.22
2012	0.84	3.05	2.98	0.24	3.12	0.86
2013	0.18	5.83	3.50	0.24	1.55	0.75
2014	1.21	2.73	1.46	0.8	2.02	0.19
2015	0.51	0.28	2.20	0.08	4.68	0.16
2016	0.55	3.32	1.13	0.29	2.61	0.41
2017	0.20	1.90	1.32	0.13	4.26	0.51
2018	1.45	1.56	4.76	0.43	3.42	1.23
2019	1.34	1.71	0.87	0.32	0.82	0.20
2020	1.63	1.13	0.64	0.37	0.88	1.07

(二)外部学科知识的引证差异

不同部门法具有相异的外部引证偏好,例如对社会主义市场经济法律关系进行研究的经济法,本身即与经济学具有较为紧密的关联,带有学科交叉和复合研究的特点;而民法、刑法等传统部门法,其引证资源大多立足于法学自身,受外部学科影响的广度和深度相对较弱。所以,还应当针对不同的法学部门,对外部学科引证情况进行进一步的考察。表 7 列出了 10 个部门法的外部引证率,法律史(47.21%)、法学理论(20.55%)、经济法学(18.11%)的外部引证率高于平均值,居前三位,刑法学(5.78%)、民商法学(4.98%)和诉讼法学(4.63%)的外部引证率排名靠后(大陆法系的发文数量极少,外部引证率为 0,不予考量)。

表 7 部门法的外部引证率

序号	部门法	发文数量/篇	外部引证率/%
1	法学理论	165	20.55
2	法律史	71	47.21
3	宪法学与行政法学	184	12.14
4	刑法学	215	5.78
5	民商法学	274	4.98
6	诉讼法学	154	4.63
7	经济法学	114	18.11
8	环境与资源保护法学	21	6.62
9	国际法学	64	11.75
10	英美法	5	10.89

某些部门法与其引证的外部学科具有较强的关联性。法律史论文的外部引证率高居榜首,其引证的外部学科主要是历史学(37.86%),超过总引证率的 1/3;也就是说,样本期刊的法律史论文中,平均每 3 处引证就有一处是在引证历史学方面的知识,表明法律史研究高度依赖历史学。从引证的具体内容来看,法律史研究主要依靠史学典籍和历史档案,对已有研究成果的二手历史学文献引证并不太多,研究范围十分广泛,但研究主题却较分散。此种研究特性可能会产生一些不利后果,例如,难以形成稳定的法律史引证群体,研究者之间

的学术交流难以聚焦等。[27] 法学理论论文引证的主要外部学科是政治学(9.27%)和哲学(3.28%),超过总外部引证率的一半。作为对法律现象之共同规律和共性问题进行研究的学科,法学理论的研究范围和研究对象都十分广泛,在研究传统上与哲学的方法论等专业性特点相契合,因而引证了较多哲学文献。对于其他可以借鉴或移植的学科知识,法学理论论文中也有较多稳定的呈现(如社会学和经济学,两学科的外部引证率分别为1.65%和1.46%;政治学作为引证率较高的外部学科,前文已有分析,不再赘述)。经济法论文与经济学的关联自无须多言,该学科的外部引证率达10.67%(其次是管理学,外部引证率为1.86%)。从学科特点来看,大到国家经济体制,小到个人工资收入,经济学的诸多关注焦点本身亦是经济法学的研究内容。近年来,随着量化分析方法的普及,部分法学期刊甚至不时发表涉及法律的经济学论文。[28] 但是,经济法学论文对经济学文献的较高引证率并不能说明二者已经实现充分的交流和对话,其只能表明,与其他部门法相比,经济法对经济学知识的学习和借鉴更广泛,但两个学科之间的壁垒和隔阂依然存在。在23年的抽样时间范围内,经济法学论文对经济学的引证率虽有增长,但并不稳定,这种不稳定性在2010年后表现得更为明显(见图6)。从更宏观的角度来观察,可以认为,与外部学科具有较强关联性的部门法,实际上已经在一定程度上将此类外部学科转化为内部学科。如果将引证的这些外部学科予以扣除,那么对应的外部引证率也将大打折扣。例如,扣除历史学的引证内容后,法律史论文的外部引证率锐减为8.34%,扣除经济学的引证内容后,经济法学论文的外部引证率降低至5.33%。图6所涉数据参见表8。

---

〔27〕 参见侯猛:《中国法学的实力格局——以青年学者的引证情况为分析文本》,载《中国法律评论》2017年第5期。

〔28〕 例如,王剑波:《我国受贿罪量刑地区差异问题实证研究》,载《中国法学》2016年第4期;戴治勇:《多任务司法裁判与相机控制权分配》,载《法制与社会发展》2016年第5期;褚红丽、孙圣民、魏建:《异地审理与腐败惩罚:基于判决书的实证分析》,载《清华法学》2018年第4期;陈天昊、邵建树、王雪纯:《检察行政公益诉讼制度的效果检验与完善路径 基于双重差分法的实证分析》,载《中外法学》2020年第5期。

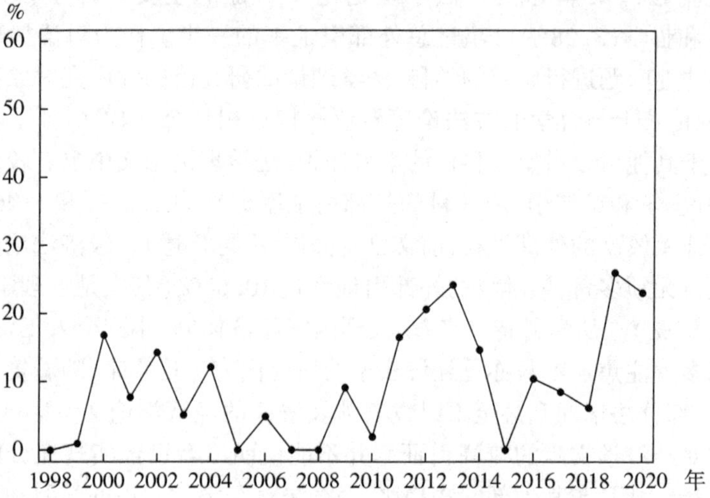

图 6　经济法学论文对经济学学科的外部引证率走势

表 8　图 6 所涉数据明细

年份	经济法学论文中经济学学科的外部引证率/%
1998	0
1999	0.79
2000	16.83
2001	7.92
2002	14.31
2003	5.17
2004	12.25
2005	0
2006	4.76
2007	0
2008	0
2009	9.26
2010	1.98

续表

年份	经济法学论文中经济学学科的外部引证率/%
2011	16.5
2012	20.62
2013	24.18
2014	14.6
2015	0
2016	10.37
2017	8.6
2018	6.05
2019	25.89
2020	23.03

刑法学、民商法学和诉讼法学等部门法论文的外部引证率偏低,表明法学的内部养分是此类部门法的主要引证资源。刑法学和民商法学历史悠久,研究规模庞大,在抽样样本期刊中,刑法学发文 215 篇(占比 16.93%,数量位列第二),民商法学发文 274 篇(占比 21.57%,数量位列第一),两部门法发文量几乎占据样本期刊发文总量的 40%。二者已经形成相对完整但也略显封闭的学科知识体系。诉讼法学规模中等(发文 154 篇,占比 12.13%),研究侧重诉讼程序。从抽样论文来看,其主要引证的内容同样以诉讼法学部门法居多,这与左卫民教授的研究结论相符。[29]

不同的研究群体是否具有特定的外部引证偏好?如果说,法学论文的外部引证率能够在一定程度上反映学术领域的理论性创新或知识性变革,那么从一般性的角度来看:年轻学者的外部引证率应当相对较高,年长学者的外部引证率可能相对较低;低职称学者的外部引证率相对较高,高职称学者的外部引证率可能相对较低。因为与年长学者相比,年轻学者可能具有更强的学习能力和领悟能力,能够吸收更为前沿的知识为其所用;而高职称学者在既有学术土壤上的开垦已见成效,基于研究路径依赖和学习沉淀成本的限制,接收并改造外

〔29〕 参见左卫民:《从引证看中国刑事诉讼法学研究》,载《法学研究》2013 年第 5 期。

部学科知识的可能性相对较小。样本期刊最年轻的论文作者年仅 25 岁,最年长作者 88 岁,笔者结合作者的年龄分布,将其划分为 3 个群体,分别是青年学者(年龄 <40 岁)、中年学者(40 岁≤年龄 <60 岁)以及老年学者(年龄≥60 岁)。不同年龄群体作者的发文数量及外部引证率见表 9。其中,青年学者发文 421 篇(占比 33.15%),是法学领域中不可忽视的研究群体;中年学者发文 750 篇(占比 59.06%),是法学研究领域的中流砥柱;老年学者虽然大多已退休,发文数量不多(99 篇,占比 7.80%),但其仍为法学学术贡献着光和热。不同年龄群体的外语能力存在显著区别,随着研究群体年龄的增长,外语能力呈下滑趋势。青年学者和中年学者的外文文献引证率分别为 19.27% 和14.08%,远远高于老年学者(6.45%)。中青年学者引用的外文文献语种较多,除占据支配地位的英文文献外,还引证德语、日语、意大利语等原始外文文献,而老年学者引证的外文文献以翻译的文献居多,体现了引用原始域外文献的学者在年龄上具有逐渐年轻化的特征。[30]

表 9　不同年龄群体的外部引证率

序号	年龄群体	年龄区间	发文数量/篇	外文文献引证率/%	外部引证率/%
1	青年学者	年龄 <40 岁	421	19.27	9.32
2	中年学者	40 岁≤年龄 <60 岁	750	14.08	13.18
3	老年学者	年龄≥60 岁	99	6.45	15.18

然而,如果说外文文献引证率能够在一定程度上反映研究者的学习能力和领悟能力,一个意外的结果是,样本期刊论文的外部引证率与外文文献引证率成反比,与作者的年龄区间成正比。也就是说,作者的年龄越大,外文文献引证率越低,相对应的外部引证率却越高。应当如何看待此种似乎反常的现象?

首先,一个客观事实是,青年学者的论文被法学高水平期刊刊发的概率和比例都不会太高。原因之一在于学术研究需要长期的探索和积累,与成熟的中老年学者相比,青年学者在时间和精力上的投入显然不如前者,在现有领域做出一流成果的概率自然也不如前者。原因之二,可能在于身份的限制,期刊在

〔30〕 参见徐涤宇、连光阳:《域外文献之引证偏好与我国民法学的路径依赖——CSSCI 来源期刊(法学类)民法论文域外文献引证分析》,载《湖南师范大学社会科学学报》2014 年第 2 期。

评估学术论文的质量时，基于信息超载和信息不足的双重面向，可能会通过作者职称等影响性因素实现对论文的快速有效筛选。[31] 与自然科学相比，人文社会科学领域的职称晋升相对缓慢，名额也相对较少，绝大多数法学青年学者的职称都不如中老年学者，因而可能遭遇身份歧视。从抽样实际情况来看，样本期刊的中级及以下职称作者发文 141 篇（占比 11.10%），副高级职称作者发文 356 篇（占比 28.03%），正高级职称作者发文 773 篇（占比 60.87%）。高级职称作者发文达 1129 篇（占比 88.90%），仅从样本期刊的实际发文构成来看，留给中级及以下职称作者的发文空间确实不大。考虑到学术研究风格的惯性发展和路径依赖，即使青年学者引证大量外部知识写出一篇颇有见地、惊世骇俗的学术论文，其被样本期刊刊发的概率也不会太高；而立足于现有成熟领域的渐进式研究，反而具有一定的刊发可能性。

其次，从一般规律来看，学科的划分虽然具有一定的合理性，但随着学术研究的发展，单一学科的发展往往会受到一定束缚，其纵深层次的推进需要其他学科研究成果的促进和支持。中老年学者在特定研究领域长期耕耘，已经熟练掌握并运用该领域的研究技能和方法，继续深入推进可能会遭遇"瓶颈"；将视野扩展到其他学科，通过借鉴或引用其他学科的研究技能和方法，反而可能有利于推进进一步的深入研究。例如，北京大学法学院白建军教授，在不惑之年意识到传统法学研究方法的局限性，继而引入实证分析方法改造既有法学研究范式[32]，在刑法定量研究领域取得了丰硕的研究成果。

四、外部学科知识引证对于法学学术的影响力

外部学科知识与法学学术影响力之间存在何种关系？简单的描述性分析尚不足以提供充分的支持，本部分内容将构建多元回归分析模型，试图探寻进一步的答案。

（一）变量及模型

根据样本期刊的统计数据，法学学术论文对外部学科知识的借鉴和引用并

---

〔31〕 参见阳李、丁素娥：《"身份"、"门户"和绩效——中国法学研究影响因素的实证考察》，载黄少安主编：《制度经济学研究》总第 72 辑，经济科学出版社 2021 年版。

〔32〕 参见白建军：《论法律实证分析》，载《中国法学》2000 年第 4 期。

未处于一个相对合理的水平,外部引证率较低且不稳定,近年来甚至表现出下降趋势。初步的统计分析同时表明,外部学科知识对于法学学术研究的绩效贡献并不显著。应当如何评价此种现象?一般而言,随着学术研究的深入发展,单一学科对其他学科研究成果的借鉴和引用将会成为常态,墨守成规、自我封闭往往导致学科发展停滞不前、影响力下滑。对于法学学术研究来说,是否也可能存在此种后果?笔者试图通过进一步的定量分析作出回答。

笔者将论文的影响力与外部引证率、职称、所在高校类型、所属法学二级学科、年龄等影响性因素之间的关系表现为式(1)所示的线性回归模型:

$$\text{cited} = \alpha + \beta \cdot \text{externalrate} + \gamma \cdot control + \varepsilon \tag{1}$$

式(1)中,cited 是被解释变量,externalrate 是外部引证率,是回归模型的核心解释变量,control 是控制变量向量,β 和 γ 分别是其影响系数向量,α 是常数项,ε 是误差项。各变量的详细内容如下:

被解释变量(cited):论文被 CSSCI 来源期刊引证的次数,作为法学论文影响力的主要衡量标准。

核心解释变量(externalrate):论文的外部引证率,用以衡量论文对外部学科知识的借鉴和引用程度。

当然,法学论文的影响力不仅与外部引证率有关,还受其他诸多因素的影响。基于已有研究成果,笔者还选取了如下其他解释变量,大体而言包括两类。

第一类是作者的可视化外观因素。(1)职称(title)。职称是衡量作者学术水平的重要直观依据,作者职称的等级对论文刊发与否以及影响力大小具有一定的作用力。有学者通过实证研究发现,作者的职称与其论文的影响力成正比。一般而言,拥有更高职称的作者经历了更长的学术生涯和更多的学术历练,相应的论文成果亦具有更高的质量和价值,因此受到关注的可能性也更大。[33] 根据职称等级依次进行编码,硕士研究生和博士研究生虽未进入职称序列,但仍展现出一定的学术能力,依次编码为 1 和 2,中级职称编码为 3,副高级职称编码为 4,正高级职称编码为 5。(2)所在高校类型(type)。不同层级高校的学术氛围以及影响力存在显著差别,这一点无庸讳言。结合高校类型,按地方高校、“211”高校和“985”高校,以及其他部属高校和中国社会科学院,按

[33] 参见阳李、丁素娥:《“身份”、“门户”和绩效——中国法学研究影响因素的实证考察》,载黄少安主编:《制度经济学研究》总第 72 辑,经济科学出版社 2021 年版。

顺序依次编码为 1 到 4，海外高校编码为 5。(3)年龄(age)。从各年龄段作者的平均被引次数来看，作者的年龄与论文的平均被引次数大抵成正比。同自然科学相比，社会科学领域诞生少年天才的概率较低；法学作为一门颇具实践性和应用性的学科，作者的年龄跟学术水平可能存在一定的相关性。[34] (4)论文作者所在单位是否地处北京(beijing)。北京是法学学术研究的高地，京内学者可能拥有京外学者不具备的资源集聚优势。[35] 该变量为虚拟变量，若不在北京，编码为 0，反之编码为 1。(5)性别(gender)。在法学学术领域，男性学者数量更多，是主要的研究力量。该变量为虚拟变量，女性编码为 0，男性编码为 1。第二类是论文的相关因素(与第一类接续编号)。(6)所属法学二级学科(sub law)。从样本期刊的发文情况来看，民商法、刑法等是法学研究领域的主阵地，发文数量和被引次数高于法律史等二级学科。为了控制二级学科关注度的不同可能导致的被引差异，一并将二级学科纳入控制变量。结合表 5 划分的部门法类型，按顺序依次编码为 1 到 10，表 5 未呈现的欧洲大陆法编码为 11。(7)论文长度(page)。有学者通过实证分析发现，论文的长短与引用率高低呈正相关关系。[36] 从样本论文长度的变迁情况来看，法学论文的长度日趋增加已是普遍趋势。在版面资源有限的现实条件下，部分期刊开始明文要求作者控制论文的长度，例如，《法学研究》在“投稿须知”中要求“所投稿件篇幅以 2 万字左右为宜，最长不超过 2.5 万字”。[37] (8)是否引证发文期刊上的文章(published)。引用发文期刊上的文章可以直接增加该期刊论文的被引次数，提升论文的学术影响力。另外，由于抽样期刊属于法学领域的高水平期刊，引用此类期刊上的论文可以提升论文论证过程的说服力。因为以此类期刊上的论文为基础作进

---

〔34〕 参见苏力:《从法学著述引证看中国法学——中国法学研究现状考察之二》，载《中国法学》2003 年第 2 期。

〔35〕 参见凌斌:《中国主流法学引证的统计分析——以 CSSCI 为数据基础的一个探索性研究》，载《中国社会科学》2004 年第 3 期。

〔36〕 See Card, David & Stefano Della Vigna, *Nine Facts about Top Journals in Economics*, Journal of Economic Literature, Vol. 51:1, p. 144 – 161 (2013).

〔37〕 参见《法学研究》编辑部:《投稿须知》，载《法学研究》官网 2022 年 12 月 30 日，http://www. faxueyanjiu. com/CommonBlock/GEtSitedescribeDetail/11942? pChannelID = 11928&channelid = 11942。

一步的拓展研究,显然可以"站在巨人的肩膀上",有利于作出更高质量的学术成果。该变量为虚拟变量,若没有引证发文期刊上的文章,编码为 0,反之编码为 1。(9)是否引证英美法系文献(common law)。(10)是否引证大陆法系文献(civil law)。(11)是否引证其他法系文献(other law)。变量(9)至变量(11)用以衡量域外法系文献资源对于论文影响力的贡献,均为虚拟变量。在域外法系资源中,英美法系和大陆法系是我国法学学术领域主要的引证资源。[38] 近年来,我国法学学术研究对其他法系资源的学习和借鉴也有出现,故一并纳入考量。若没有引证相应的法系文献,编码为 0,反之编码为 1。(12)是否引证外部学科文献(external)。该变量用以衡量外部学科文献对于法学学术论文的影响力。该变量为虚拟变量,如果论文没有引证外部学科文献,编码为 0,反之编码为 1。(13)基金资助水平(fund)。是否能获得相应的基金资助,无疑是衡量作者学术能力的标尺之一;尤其是省部级和国家级基金的支持,往往表明作者在某一特定领域的学术能力已经得到一定程度的认可。无基金编码为 0,根据资助资金的级别,从校级、厅局级、省部级直至国家级,分别编码为 1 ~ 4。(14)参考文献数量(reference)。参考文献数量的多少,可能在一定程度上反映作者的视野或者论证水平。(15)定量研究方法(quantitative)。主要针对定性研究和定量研究。该变量为虚拟变量,定性研究编码为 0,定量研究编码为 1。(16)作者是否已经在核心期刊上发表论文(core journal)。如果作者此前已经在核心期刊上发表学术论文,表明作者已经具备了一定的学术能力。该变量为虚拟变量,没有在核心期刊上发表过论文编码为 0,反之编码为 1。各变量的描述性统计见表 10。

表 10 变量的描述性统计

变量	观察值	均值	标准差	最小值	最大值
externalrate	1270	12.055	21.653	0	100
title	1270	4.481	0.736	1	5
type	1270	2.383	1.102	0	5
sub law	1270	4.439	2.154	1	11

[38] 参见凌斌:《中国法学 30 年:主导作品与主导作者》,载《法学》2009 年第 6 期。

续表

变量	观察值	均值	标准差	最小值	最大值
age	1270	44.600	9.960	25	88
beijing	1270	0.454	0.498	0	1
page	1270	14.119	5.098	2	32
published	1270	0.351	0.478	0	1
common law	1270	0.649	0.478	0	1
civil law	1270	0.541	0.499	0	1
other law	1270	0.424	0.494	0	1
external	1270	0.498	0.500	0	1
gender	1270	0.882	0.323	0	1
fund	1270	1.080	1.621	0	4
reference	1270	32.891	23.305	0	305
quantitative	1270	0.039	0.195	0	1
core journal	1270	0.980	0.139	0	1

表 11 汇总了回归分析的基本结果，共包含 5 个回归模型。模型 1 见表 11 第(1)列，包含 externalrate、title、type、sub law 四个解释变量，其中核心解释变量 externalrate 的系数为负且在 10% 的水平上显著，表明论文的外部引证率与论文被 CSSCI 来源期刊引证的次数成反比；但模型 1 的拟合优度 R^2 偏低(3.8%)，说明有其他重要解释变量被遗漏，导致模型的整体解释能力不理想。模型 2、3、4 中[表 11 第(2)、(3)、(4)列]，笔者在解释变量中依次添加了 age、beijing 和 page，模型的拟合优度 R^2 得到提升。为了进一步提高模型的解释力，我们在模型 5 中加上了其他控制变量，以模型 5 为基准回归模型。

基准回归结果显示，变量 externalrate 的系数为负且通过了 10% 的显著性水平检验，表明在控制 title 等其他变量不变的条件下，论文的外部引证率与论文被 CSSCI 来源期刊引证的次数成反比。具体而言，外部引证率每上升 1 个百分点，论文被 CSSCI 来源期刊引证的次数就减少 0.0325 次。此时，根据样本论文所体现的实证逻辑，如果样本期刊欲提升学术影响力，那么在筛选论文时，可采用的有效措施即在于降低论文的外部引证率。换言之，外部引证率越高的论文,越难获得期刊的青睐。其中的原因可能在于,基于学科的独立性和自主性,不同学科往往具有自身独有的逻辑,彼此通常存在一定壁垒。法学作为一门独立的学科,具有独立的运作逻辑,样本期刊作为法学学术研究的高水平期刊,聚焦于我国法学学术领域内部的基础和重大问题,反映我国法学研究的最高学术水平,可能在一定程度上形成对外部学科知识的抑制。

此外,对于其他变量来说,变量 title 和 type 的系数为正且分别通过了 5% 和 1% 的显著性水平检验,表明职称越高,所在高校越好,论文被 CSSCI 来源期刊引证的次数越多。学术水平是学术影响力的重要来源,作者的职称高低与所在高校水平能够在一定程度上反映出作者的学术水平;学术水平越高,论文被引证的次数通常就越高。变量 beijing 的系数为正且在 1% 的水平上显著,表明在同等条件下,与地处京外的研究人员相比,地处北京的研究人员刊发的论文有更高的被引次数。北京作为我国的政治、经济和文化中心,具有得天独厚的资源集聚优势,对于一流人才具有不言自明的吸引力。样本期刊中京内作者发文 576 篇,大致与京外作者发文数量持平(694 篇),前者的被引次数(11.93 次)却显著高于后者(8.01 次),表现出了更强大的学术影响力。变量 page、published 和 common law 的系数均为正且在 1% 的水平上显著,表明论文的长度、引证发文期刊上的文章以及引证英美法系文献能够显著提升论文的被引次数。论文的长度能够展现作者的论证逻辑和研究风格,在学术研究日益复杂化和精细化的当下,短小的论文恐怕很难说清、说透某一个哪怕是非常具体或微小的学术问题。引证发文期刊上的文章表明作者对于既有相关成果已经有所了解,其研究已经"站在巨人的肩膀上"。英美法系文献反映了发达国家的法治研究成果,并对我国法学界提供了大量的信息资源,一直是我国法学界的域外关注焦点。其他控制变量中,other law 和 external 系数均为正且分别在 1% 和 5% 的水平上显著,表明若引证了英美法系之外的其他法系文献以及法学之外的外部学科,论文亦会得到更多的被引次数。近年来,我国法学学术研究人员规模逐渐扩大,水准也相应提高,在英美法系文献继续被广泛引用的时候,学界对于其他法系文献以及外部学科的关注亦逐渐提高,显著扩大了法学研究的视域和水平。gender 的系数为正且在 1% 的水平上显著,表明男性作者论文的被引次数比女性作者平均高 2.682 次。根据抽样结果,女性作者发文较少(150 篇,占比 11.81%),平均被引次数较低(6.79 次);男性作者发文数量占据绝对多数(1120 篇,占比 88.19%),平均被引次数(10.19 次)远远高于女性作者。

另外,变量 quantitative 的系数为负且在 10% 的水平上显著,表明定量研究论文的被引次数低于定性研究,也在一定程度上说明,定量研究尚未步入法学研究的主流阵地。[39] 其他变量 age、civil law、core journal 没有通过显著性水平检验,表明其与论文被引次数均不存在统计上的线性相关关系。

表 11 外部引证率对法学学术的影响力

变量名	(1)	(2)	(3)	(4)	(5)
externalrate	-0.0271*	-0.0300*	-0.0310**	-0.0299*	-0.0325*
	(0.0158)	(0.0158)	(0.0157)	(0.0157)	(0.0188)
title	1.591***	1.024*	1.209**	1.148**	1.208**
	(0.454)	(0.530)	(0.531)	(0.531)	(0.532)
type	1.616***	1.583***	1.095***	1.058***	0.918***
	(0.302)	(0.302)	(0.330)	(0.331)	(0.323)
sub law	-0.415***	-0.423***	-0.396**	-0.379**	-0.398**
	(0.158)	(0.158)	(0.157)	(0.157)	(0.155)
age		0.0810**	0.0536	0.0557	0.0267
		(0.0394)	(0.0399)	(0.0399)	(0.0393)
beijing			2.655***	2.598***	2.440***
			(0.745)	(0.745)	(0.733)
page				0.109*	0.323***
				(0.0655)	(0.0821)
published					2.359***
					(0.727)
common law					2.148***
					(0.712)
civil law					-0.872
					(0.696)

〔39〕 参见赵磊:《当代中国法学学术生态分布——基于〈中国社会科学〉(1980—2015)法学论文的考察》,载《清华法学》2017 年第 1 期。

续表

变量名	(1)	(2)	(3)	(4)	(5)
other law					3.007***
					(0.692)
external					1.845**
					(0.804)
gender					2.682***
					(1.014)
fund					-0.555**
					(0.225)
reference					-0.0856***
					(0.0174)
quantitative					-2.900*
					(1.695)
core journal					0.152
					(2.403)
_cons	0.979	0.0594	0.300	-1.037	-5.439*
	(2.291)	(2.332)	(2.322)	(2.455)	(3.112)
N	1270	1270	1270	1270	1270
R^2	0.038	0.042	0.051	0.053	0.112

注:括号内为标准误。* 代表 10% 的显著性水平,** 代表 5% 的显著性水平,*** 代表 1% 的显著性水平。

(二)稳健性检验

基准回归结果是否稳健,还需进一步检验。笔者采用 4 种方式进行稳健性检验:(1)论文的被引次数与发表时间成正比,存在一个被引半衰期。样本期刊的时间区间为 1998 ~ 2020 年,近年来发表的论文因见刊时间短而被引次数偏低,可能对回归结果的稳定性产生影响。笔者将 2018 ~ 2020 年的论文数据予以删除后做回归分析,检验结果见表 12 第 1 列。(2)样本论文的被引次数包括自引和他引,其中自引次数共1340次(包括作者自引和期刊自引),占总被引次数的10.78%。按照学界通说,他引是更客观地反映论文影响力的指标,因此笔者将论文的自引次数予以扣除后再次进行检验,结果见表12第2列。(3)样本期刊中包含96篇零被引论文(占比7.56%),可视为异常值,表12第3列是去除零被引论文后的检验结果。(4)本文研究的论文对象系学术论文,样本期刊中早期部分论文篇幅很短(低于3页),学术性较弱,去除短文后的回归结果见表12第4列。

表12所示的所有稳健性检验结果都支持同样的结论,即在控制其他条件不变的情况下,论文的外部引证率与论文被CSSCI来源期刊引证的次数成反比。也就是说,法学论文引证外部学科知识的比例越高,相应的被引次数反而越低,影响力越小。外部学科知识难以稳定而持续地进入法学主流学术视野,可能会导致法学学术领域的封闭性,进而在一定程度上阻碍法学研究的进一步发展。

表12 稳健性检验

变量名	(1) 去近三年	(2) 去自引	(3) 去零引	(4) 去短文
externalrate	-0.0543***	-0.0350**	-0.0380*	-0.0324*
	(0.0203)	(0.0176)	(0.0197)	(0.0189)
title	1.492***	1.109**	1.199**	1.206**
	(0.574)	(0.498)	(0.558)	(0.535)
type	0.849**	0.836***	0.972***	0.930***
	(0.352)	(0.303)	(0.339)	(0.327)
sub law	-0.544***	-0.396***	-0.501***	-0.402**
	(0.170)	(0.145)	(0.163)	(0.156)
age	0.0295	0.0323	0.0293	0.0267
	(0.0421)	(0.0369)	(0.0409)	(0.0398)
beijing	2.795***	2.213***	2.539***	2.438***
	(0.804)	(0.687)	(0.771)	(0.736)

续表

变量名	(1) 去近三年	(2) 去自引	(3) 去零引	(4) 去短文
page	0.456***	0.293***	0.376***	0.323***
	(0.0891)	(0.0770)	(0.0881)	(0.0834)
published	3.164***	1.890***	2.590***	2.367***
	(0.806)	(0.682)	(0.762)	(0.730)
common law	2.513***	2.111***	2.351***	2.142***
	(0.777)	(0.668)	(0.747)	(0.718)
civil law	-0.689	-0.892	-0.891	-0.895
	(0.764)	(0.652)	(0.734)	(0.702)
other law	1.512**	2.717***	2.453***	2.992***
	(0.766)	(0.649)	(0.728)	(0.697)
external	1.932**	1.774**	2.037**	1.859**
	(0.890)	(0.754)	(0.848)	(0.808)
gender	2.308**	2.370**	2.558**	2.740***
	(1.148)	(0.951)	(1.090)	(1.026)
fund	-0.306	-0.537**	-0.469**	-0.552**
	(0.258)	(0.211)	(0.239)	(0.226)
reference	-0.0726***	-0.0801***	-0.0886***	-0.0860***
	(0.0198)	(0.0163)	(0.0205)	(0.0174)
quantitative	-4.425**	-2.673*	-3.909**	-2.907*
	(1.823)	(1.589)	(1.737)	(1.701)
core journal	-0.243	0.0572	-0.386	0.151
	(2.474)	(2.253)	(2.579)	(2.414)
_cons	-6.590**	-5.041*	-4.579	-5.476*
	(3.285)	(2.918)	(3.319)	(3.138)
N	1112	1270	1174	1261
R^2	0.130	0.109	0.116	0.110

注:括号内为标准误。* 代表 10% 的显著性水平, ** 代表 5% 的显著性水平, *** 代表 1% 的显著性水平。

（三）进一步讨论

上文实证部分已经表明，论文的外部引证率与论文被CSSCI来源期刊引证的次数成反比，似乎与当下学科交叉的普遍规律相悖，应当如何看待此种现象？

首先，实证结果是否可以表明，外部学科知识并未对法学学术影响力作出贡献？换言之，这是否意味着法学学术研究的发展并不需要外部学科知识？答案显然是否定的。法学的发展无法离开其他相关学科的智力支持，例如反垄断法中的相关市场认定与测评，在某种程度上可被视为一个经济学问题。根据实证结果（表8），变量external（是否引证外部学科文献）的系数为1.845且在5%的水平上显著，表明与没有引证外部学科文献的论文相比，引证了外部学科文献的论文被引次数平均高1.845次，外部学科知识对于法学的学术影响力作出了显著贡献。这也表明，法学学术影响力的扩大需要吸收外部学科知识的有益养分。

其次，应当如何进一步认知论文的外部引证率与学术影响力之间的反比关系？样本论文的抽样区间是1998～2020年，但其间的趋势并非铁板一块。从历年合计平均被引次数走势图来看（见图7），勾勒出拟合曲线（fitted values）后，可见其是一条狭长形、扁平状的抛物线。也就是说，在1998～2020年，就总体趋势而言，抽样论文的被引次数大致呈先增后减的趋势；2008年是平均被引次数的拐点，这与中国特色社会主义法律体系的形成时间（2011年）大致契合。本文以2008年法学学术影响力的峰值为分界点，将其划分为两个阶段。对于早期的法学学术研究而言（1998～2008年），在自身理论体系逐步发展和成熟之前，学科内部的知识自然应当是讨论、研究和关注的焦点。此时，外部学科知识的引入可能会受到一定程度的挤压。分阶段的回归分析表明，该期间论文的外部引证率与学术影响力之间同样成反比关系，且影响力更大，显著性更强（externalrate的系数为0.0941，且通过1%的显著性水平检验），大约是全样本系数（0.0325）的3倍，表明该阶段外部学科知识更难融入法学学术研究。图7所涉数据明细参见表13。

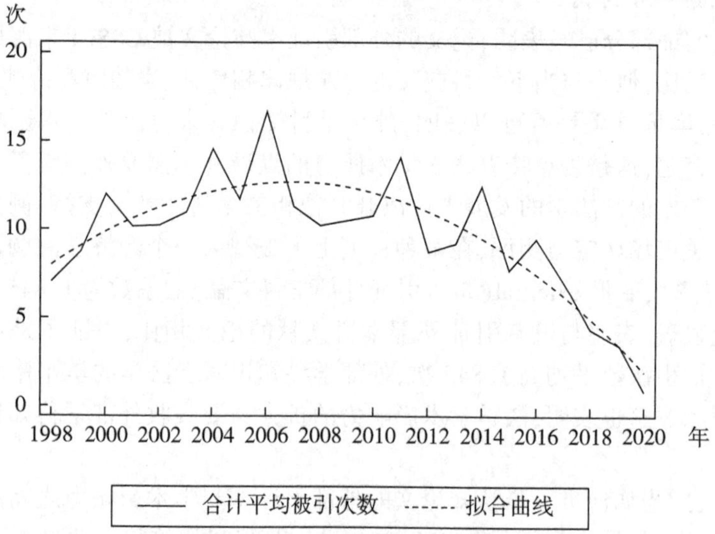

图 7 历年合计平均被引次数走势

表 13 图 7 所涉数据明细

年份	合计平均被引次数
1998	7.16
1999	8.86
2000	12.77
2001	10.335
2002	10.475
2003	11.155
2004	15.93
2005	9.995
2006	15.555
2007	11.145
2008	9.71
2009	10.155

续表

年份	合计平均被引次数
2010	10.81
2011	14.21
2012	8.71
2013	8.765
2014	12.6
2015	7.345
2016	8.865
2017	6.88
2018	4.54
2019	3.51
2020	0.89

另外,从学科变迁的一般规律来看,精细化、专门化的学科在纵深发展时,往往需要综合运用跨学科的理论、方法,法学学科亦不例外。面对复杂、多样的社会现象,仅从单一视角研究事物,必然具有很大的局限性,不可能揭示其本质,也不可能深刻地认识其全部规律。因此,唯有从多视角采取交叉思维的方式进行跨学科研究,才可能形成对社会现象和事物规律正确完整的认识。〔40〕对于近期的法学学术研究而言(2009～2020年),分阶段的回归分析表明,该期间论文的外部引证率与学术影响力之间不存在统计上的线性相关关系,表明与上一个阶段相比,外部学科知识对于法学学术影响力的作用不再受到抑制。

〔40〕 参见路甬祥:《学科交叉与交叉科学的意义》,载《中国科学院院刊》2005年第1期。

五、结　　语

从学术研究的一般规律来看,学科交叉的程度越高,学术文献的影响力越大。[41] 然而,我国法学学术研究在日渐专业化、精细化和规范化的同时,外部学科知识的借鉴和吸收却并未得到同等程度的重视。本文的研究表明,政治学、历史学、经济学和哲学等学科是法学学术领域的主要外部知识来源。近年来,法学论文引证颇具纲领性或意识形态性的政治学文献有所减少,对政治学文献的引证率逐步下滑;随着法律史领域刊发论文数量的下滑,历史学学科的引证率也在逐步下滑;法学论文对经济学知识的引证已有时日,其引证率虽有增长,但并不稳定,而且这种引证尚停留在表层,纵深层次的原理借鉴、方法实践和知识交流还没有真正实现。另外,不同部门法具有相异的外部引证偏好,例如,经济法对经济学的引证、法律史对历史学的引证等;如果将引证的此类外部学科予以扣除,那么对应的外部引证率也将大打折扣。从主要外部学科知识的引证趋势来看,政治学、历史学、经济学和哲学等外部学科已经对法学学术研究产生了一定影响,但这种影响并不深入,也不够稳定。

外部引证率的变化趋势表明,法学学术领域存在一定的封闭性,以自我封闭和封闭他人为主要特征的“饭碗法学”[42] 在一定程度上仍有生存空间。外部学科知识难以稳定而持续地进入法学主流学术视野,可能在一定程度上阻碍法学研究的进一步发展。如果对外部学科知识的借鉴和吸收不能在法学学术领域获得施展空间,外部学科知识无法进入法学主流学术视野,可能会产生相应的“挤出效应”。也就是说,法学学术领域的交叉研究将转移至其他阵地,[43] 从而进一步减少法学的交叉研究空间。

---

〔41〕 参见张雪、刘昊、张志强:《不同合作模式下的学科交叉程度与文献学术影响力关系研究》,载《情报杂志》2021 年第 8 期。

〔42〕 参见王利明:《“饭碗法学”当休矣》,载《法制资讯》2011 年第 6 期。

〔43〕 参见范子英、赵仁杰:《法治强化能够促进污染治理吗?——来自环保法庭设立的证据》,载《经济研究》2019 年第 3 期;戴治勇:《法治、信任与企业激励薪酬设计》,载《管理世界》2014 年第 2 期;韩卫平:《我国环境司法的制度障碍及法律对策》,载《管理世界》2014 年第 4 期;孙国峰、陈实:《论 ICO 的证券属性与法律规制》,载《管理世界》2019 年第 12 期。

本文的研究亦存在一些局限和不足之处。在探讨法学研究中外部学科知识的引证趋势和差异时,由于引证率过低,本文未对理学和工学等外部学科知识的引证概况进行分析;但实际上,法学对于理工科养分的吸收并非无足轻重,例如计算法学的兴起。[44] 另外,在测评外部学科知识引证对于法学学术的影响力时,受限于数据的可得性,有一些影响性因素未被纳入控制变量范畴。在未来的研究中,可针对以上局限和不足之处作进一步探究。

ExternalSubject Knowledge, Interdisciplinary and Academic Influence
—Based on the Empirical Investigation of the Citations of
Academic Papers in Chinese Law

Yang Li

Abstract: Interdisciplinary research is an inherent requirement to promote the construction of the legal science discipline, and the innovation of research paradigm is the only way for the deepening and innovative development of the legal science discipline. Under the background of the gradual embedding of external subject knowledge into legal academic research, traditional legal academic research is facing a shift from simplification of discipline to interdiscipline. However, although legal academic research in China has paid attention to Chinese social issues and legal practices, external subject knowledge has not had its due influence on contemporary Chinese legal academic research. Taking the papers published in the top Chinese law journals from 1998 to 2020 as the research object, the study found that while legal academic research in China has become more professional, refined and standardized, the reference and absorption of external subject knowledge has not received the same degree of attention. Judging from the citation trend of main external subject knowledge, external subjects such as political

---

[44] 参见申卫星、刘云:《法学研究新范式:计算法学的内涵、范畴与方法》,载《法学研究》2020 年第 5 期;张妮、蒲亦非:《计量法学、计算法学到认知法学的演进》,载《四川大学学报(自然科学版)》2021 年第 2 期;季卫东:《计算法学的疆域》,载《社会科学辑刊》2021 年第 3 期。

science, history, economics, and philosophy have already had a certain impact on the academic research of law, but this impact is unstable and stays at the surface level, and deep-level principles are used for reference. Method practice and knowledge exchange have not really been realized. Further quantitative analysis shows that, for legal papers, the proportion of citation of external subject knowledge is inversely proportional to the number of references and academic influence. It is difficult for external discipline knowledge to enter the mainstream academic field of legal Science stably and continuously, which may lead to the closure of the academic field of legal Science and hinder the further development of legal Science research.

Key words: Legal research; Cross-research; External subject knowledge; Citation

论　文

保护作品完整权声誉要件的反思和修正*

陈 龙**

内容提要：

目前，我国保护作品完整权的侵权判定存在两种不同的标准。主观标准要求对作品的改动达到"歪曲篡改"的程度，破坏原作的"思想感情"；客观标准则要求改动"损害作者声誉"。两种侵权判断标准在实务界和理论界都存在较大争议。相比主观标准，客观标准通常被认为确定性更高，适用成本更低，因而获得部分法院和学者的支持。由于我国现行法并未直接在法条中规定声誉要件，现有相关讨论多集中于依据我国法律能否采客观标准；但针对声誉要件的讨论没有进一步区分财产型声誉和尊严型声誉，这导致客观标准在实际适用中也存在较大模糊性。此外，既有研究普遍忽略了中国文化艺术产业的独特发展历程，忽视了相关争议产生的本土化原因，也缺乏实务视角上的细致考察，因而大大降低了客观标准的说服力。以作品利用方式的合理可预见性、改动作品后福利减损的可能性、作者表达利益是否遭受重大侵害为侵权判断标准，能够提高客观标准适用的经济性，增强实践中的可操作性。结合产业发展现状来看，进一步完善行业谈判、利益分配等非诉讼机制，也有助于化解我国保护作品完整权的相关纠纷。

关键词：

精神权利　保护作品完整权　侵权构成要件　声誉要件　声誉类型

近年来，我国法律实务中涉及保护作品完整权的争议不断。除此前在司法裁判案例中常见的作者与出版社之间的侵犯保护作品完整权纠纷，如"陈某清

---

* 重庆市社会科学规划博士项目"认知经济性在互联网时代多元纠纷解决中的应用研究"（项目编号：2022BS115）成果。

** 重庆大学法学院助理研究员、弘深青年教师。

与北京快乐文化共享发展有限公司等侵害保护作品完整权纠纷案”[1]之外,以“九层妖塔案”[2]为代表的影视改编,以“《五环之歌》案”为代表的歌曲改编[3]所引发的保护作品完整权争议也屡见不鲜。保护作品完整权的侵权认定标准直接影响原作者利益和利用开发者的行动自由。由于侵权认定标准对产业影响较大,理论界和实务界都投入到热烈的讨论中,但相关争议却并未平息。

围绕保护作品完整权的纠纷之所以频发,是因为文化产业市场经济的发展以及创作与再创作行为的日益频繁。以电影行业为例,只有国有电影制片厂可以制作和发行电影。[4] 文艺创作不完全以市场为导向,通常具有较强的任务属性,[5]没有实现充分的产业竞争。受当时社会环境和文化氛围的影响,作品创作(包括改编)的标准相对稳定而明确,不易发生纠纷。在公有制经济的背景下,文艺创作更多强调的是集体概念。作者的回报主要源于标准化的固定酬劳收入和集体的认可,与作品本身的市场价值并不直接关联,作者的个人权利和主观表达意识通常没有被放在首位。但在文化娱乐产业蓬勃发展的今天,作品的开发、生产、利用都充分体现了市场经济的自由发展,更加丰富多样。同时,生产力的发展让公众对文化产品的需求更加旺盛,消费者对此投入的金钱和时间也更多,[6]因而作品能够产生的商业价值激增。在市场经济发挥重要作用的今天,作者的回报不再依赖固定的酬劳薪资,而是更多受到作品商业价值的影响。促进作品开发利用是社会的现实需求,但与此同时,作者控制作品的边界和开发利用者的行动自由之间的划分也变得模糊。保护作品完整权的纠纷

---

[1] 参见北京知识产权法院(2015)京知民终字第811号民事判决书。

[2] 参见北京知识产权法院(2016)京73民终587号民事判决书。

[3] 参见天津市第三中级人民法院(2019)津03知民终第6号民事判决书;北京互联网法院(2020)京0491民初19466号民事判决书。

[4] 参见徐辰:《从管制到放松管制——制度变迁视野下的中国电影体制改革研究》,上海交通大学2014年硕士学位论文,第5页。

[5] 参见龚琪凤:《20世纪80年代以来国营电影制片厂市场化选择与困境——以福建电影制片厂为例》,厦门大学2019年硕士学位论文,第8页。

[6] 参见[美]哈罗德·L.沃格尔:《娱乐产业经济学:财务分析指南》,支庭荣、陈致中译,中国人民大学出版社2013年版,第4~26页。

便是其中的典型代表之一。

保护作品完整权所引发的相关争议中，是否将“损害作者声誉”作为侵犯保护作品完整权的认定标准是核心问题。声誉要件的支持者似乎认为，只要确定了客观标准，保护作品完整权目前在实务中所遇到的问题都可迎刃而解，且客观标准也更有利于我国文化产业发展。[7] 但主观要件的支持者认为，作者的精神权利应该得到法律的有效保护，采声誉要件加重了作者的举证责任，不利于维权，将导致作者创作积极性降低。[8] 但主观要件在适用时无法避免的模糊性和不确定性[9]又引起了声誉要件支持者的反对。双方虽都各自找到了比较法上的经验和依据，但均未形成强有力的论证，也均未获得普遍性的支持。

一、对于主观标准的争议

我国司法实践领域尚未统一保护作品完整权的侵权判定标准，根据现有的法院判决来看，既有的采主观标准的案例中，亦有不少采声誉要件客观标准的案例。[10] 主观标准要求对于作品的改动达到“歪曲、篡改”的程度，破坏原作的“思想感情”。虽然学界和实务界对明确侵害保护作品完整权的判断标准进行

---

〔7〕 参见祁净玉：《论保护作品完整权采用侵权客观判断标准的必要性——兼评陈世清诉北京快乐共享文化发展有限公司等侵害保护作品完整权案二审判决》，载《出版发行研究》2018 年第 6 期；马晓明：《论影视作品中改编权与保护作品完整权的冲突和平衡》，载《中国版权》2016 年第 1 期。

〔8〕 参见尹卫民：《侵犯保护作品完整权行为判断之标准——以〈著作权法〉第三次修订草案送审稿为视角》，中国知识产权法学研究会 2015 年年会论文。

〔9〕 参见管育鹰：《保护作品完整权之歪曲篡改的理解与判定》，载《知识产权》2019 年第 10 期。

〔10〕 参见蒋燕：《保护作品完整权研究》，中国政法大学 2017 年硕士学位论文，第 25 ~ 28 页。

过不同程度的尝试,[11]但始终未能达成统一的标准。当前虽然主观标准被较多地适用,但也面临质疑和批判。

(一)标准模糊,减少了法律的确定性

"歪曲、篡改",是指改编或其他后续利用行为破坏了原著所表达的思想感情;但在实践中明确何为"歪曲、篡改"却非易事。有法院认为,"歪曲"是指改变事物的真相或内容,"篡改"不同于一般的修改,是对作品本意的曲解。[12] 一方面,一部作品所体现的"思想感情"是一个相对抽象的概念,可以有多种表述方式。尤其对于内容较复杂的作品而言,主题往往并不唯一,而主题的归纳总结取决于具体从哪个角度出发。另一方面,取得合法授权的改编者可以对原作进行改动是公认的规则,但如果没有清晰的事前约定,究竟可以改动到何种程度则难以量化。"质"和"量"两方面的判断难度叠加导致了人们对主观标准适用的担忧,法律对此很难提供清晰的标准,个案必须经过法院裁判后才可能有最终定论。然而,目前我国法院的判决还远未能对主观标准的适用作出清楚明确的解释,亦没有超越个案形成具有普遍意义的指导标准。例如,"九层妖塔案"的二审判决中,法院虽然提及了"思想感情""作者本意",但却因未予以进一步解释、确立具体判断标准而受到质疑。[13] 虽然审理法院根据我国《著作权法实施条例》第10条规定的"必要的改动"[14]作了进一步论证,提出从"改动的必要性"和"必要的限度"两个维度加以考虑,但最终讨论的重点又重新聚焦"不得歪曲篡改原作品"。[15] 法院指出,即便改动是必要的且在必要限度内,也

[11] 参见北京市高级人民法院《侵害著作权案件审理指南》第4.8条;尹卫民:《侵犯保护作品完整权行为判断之标准——以〈著作权法〉第三次修订草案送审稿为视角》,中国知识产权法学研究会2015年年会论文;陶乾:《不同使用方式下保护作品完整权的侵权判定标准》,载《中南大学学报(社会科学版)》2020年第3期。

[12] 参见北京市海淀区人民法院(2017)京0108民初1334号民事判决书。

[13] 参见慎独:《保护作品完整权,何去何从》,载微信公众号"知产力"2020年2月26日,https://mp.weixin.qq.com/s/zyrarRarwPeGurCYbRRIzg。

[14] 《著作权法实施条例》第10条规定:"著作权人许可他人将其作品摄制成电影作品和以类似摄制电影的方法创作的作品的,视为已同意对其作品进行必要的改动,但是这种改动不得歪曲篡改原作品。"

[15] 参见北京知识产权法院(2016)京73民终587号民事判决书。

还须接受"不得歪曲篡改"的再次检验。由此可见,法院对主观要件的坚持使得其分析思路始终囿于"歪曲篡改"和"不得破坏思想感情"这些模糊的判断标准。此类探索和尝试实质上并没有帮助法院建立起新的分析框架。由于侵权认定标准事先难以明确,巨大的不确定性给改编者造成负担,作品的开发利用也相应受到不同程度的影响。判断标准的模糊性,一方面,将提高主观要件的适用成本,法院以及当事人都需要花费更多的时间和精力来进行侵权与否的论证;另一方面,由于这一标准难以事先被改编者明确掌握,也很可能会对作品的后续开发利用产生限制。上述两点也正是声誉要件支持者反对主观标准的重要原因。

不同的作者对作品改编的态度截然不同,有强硬如琼瑶"未经许可一个字也不能改"的作者,[16]也有如苏童(电影《大红灯笼高高挂》原著《妻妾成群》的作者)对改编完全持开放态度的作者。"通常来说,一个导演选用一个作家的作品,是为我所用。像解剖一样,要肥肉拿肥肉、要瘦肉拿瘦肉。你是给他提供食材,至于做什么菜则是导演的自由和兴趣。也就是说,大多数情况下,小说作家和导演的关系,是食材供货商和大厨的关系。""供货商"苏童也表示:"至于食材拿到厨房做成什么味道,这和供货商没关系。"[17]编剧全勇先直言:"导演是裁缝,我们是提供布料的人。"[18]结合上述不同从业者的观点来看,如果采主观标准,不同作者的态度就会让作品的具体利用情形因人而异,授权改编的谈判成本也随之增加,而且无法为其他改编者提供一个稳定可预期的参考标准。

即便是在法院较多适用主观标准的现实情况下,主观标准的不确定性也让其饱受质疑。主要的质疑在于,如果不考虑对作者声誉的影响,实则难以把握究竟什么是歪曲篡改。[19] 社会期待能够寻找到一个更为明确有效的判断中

---

〔16〕 参见《琼瑶对自己的剧本有多苛刻? 张铁林:她要求一个字不能改》,载凤凰网2019年12月29日,http://yue.ifeng.com/c/7snquYMnulc。

〔17〕 张洁:《苏童山西聊起〈大红灯笼高高挂〉:写的是江南,张艺谋却爱上乔家大院》,载搜狐网2019年5月14日,https://www.sohu.com/a/313993296_115635。

〔18〕 张世豪:《红星专访|〈悬崖之上〉编剧全勇先:张艺谋是裁缝,我是提供布料的人》,载百度网2021年5月1日,https://baijiahao.baidu.com/s?id=1698535732460843460&wfr=spider&for=pc。

〔19〕 参见崔国斌:《著作权法:原理与案例》,北京大学出版社2014年版,第365页。

介,使原作者和在后创作者的行动边界足够清晰。但显然,主观标准在这方面似乎并不能让人满意;相应地,客观标准的支持声从未间断。

(二)"浪漫作者"主义的副作用

"作者"的概念随着出版商在市场中的激烈竞争而被推向前台。"浪漫作者"强调作者与作品不可分割的联系。[20] 作品是作者人格的延伸,因此赋予作者高于普通劳动者的地位,为其提供精神权利的保护。[21] 贡布里希就曾直言,"没有艺术这回事,只有艺术家而已"。[22] 作者在作品上反映出的鲜明个人特点和风格被理解为作者的人格和精神,这使作品和作者形成了一种对应关系,比如,梵高的画、金庸的小说、昆汀·塔伦蒂诺的电影等。

"浪漫作者"在直觉上具有较强的说服力,公众对于作品融入了作者人格的解释,因此接受起来也不存在巨大障碍。因此,"浪漫作者"也成为精神权利的有力佐证。支持精神权利的观点通常也都认可对作者创作过程的浪漫解读[23],于是作品作为作者的"精神之子",不能未经作者同意就被随意改动的观点在长时间里被广泛接受。

但"浪漫作者"理论也面临反思和质疑,典型的意见认为浪漫主义进入著作权法领域只是偶然,并不存在逻辑上的必然性。[24] 事实上,"浪漫作者"理论也无法成功地对知识产权法进行解释。[25] "浪漫作者"主义未能明确创作过程的

---

〔20〕 See Christopher Aide, *More Comprehensive Soul: Romantic Conceptions of Authorship and the Copyright Doctrine of Moral Right*, 48 University of Toronto Faculty Law Review 211(1990).

〔21〕 See Albert Fang, *Let Digital Technology Lay the Moral Right of Integrity to Rest*, 26 Connecticut Journal of International Law 457 (2010 - 2011).

〔22〕 [英]贡布里希:《艺术的故事》,范景中译,广西美术出版社2008年版,第15页。

〔23〕 See Lior Zemer, *Moral Rights: Limited Edition*, 91 Boston University Law Review 1519 (2011); Roberta Eosenthal Kwall, *The Soul of Creativity: Forging a Moral Rights Law for the United States*, Stanford University Press, 2010, p. 11 - 12.

〔24〕 参见曹博:《著作人格权的兴起与衰落》,载《西南政法大学学报》2013年第2期;李琛:《质疑知识产权之"人格财产一体性"》,载《中国社会科学》2004年第2期。

〔25〕 See Mark A. Lemley, *Romantic Authorship and the Rhetoric of Property*, 75 Texas Law Review 873(1996 - 1997).

协作和互文性(intertextual),因此建立在“浪漫作者”主义形象上的精神权利也遭到了批判。[26] 不可否认,作品的确融入了作者个人的独特经历和感受,形成了强烈的个人标签,但实际上大部分普通作品本身并没有与作者形成如此强的对应关系。尤其是在资本越来越多地介入和主导创作之后,创作过程也接近于工业流水线生产。例如,剧本创作,投资方会结合行政部门的审查标准、市场趋势和走向、作品预期的受众平台等多种因素对编剧提出一轮又一轮的实质性修改意见。作品因此不再完全是作者的“精神之子”,投资方对作品内容也有实质性贡献(虽然在大多数情况下并没有署名)。在现实中,此类作品的数量可能更为巨大,但却没有给公众留下深刻的印象。海量的作品湮没在时代潮流中,公众对作者知之甚少甚至并不关心,但这并不影响作品实现商业化并取得经济回报。“浪漫作者”主义强化了精神权利和作者中心主义的正当性,但过于强调作品是作者的人格和精神,使当前的作品创作、交易和文化消费环境逐渐体现出副作用,即作者对于作品的强控制力与当下社会的内容产业发展及开发模式并不相适应。

(三)阻碍作品的后续开发利用

有观点认为,如果不采声誉要件,将导致作者精神权利过大,从而会使作品的利用受到限制并产生负担。[27] 我国现行法律法规未能对作品的相关利用行为提供对应的便利,使作品的使用主体处于侵犯著作人身权的担忧之中。[28]

在现代社会中,能够利用作品开发出来的潜在市场的确更加丰富多样。一部小说被改编成电影、游戏后,其盈利可能远超出版小说本身,而后续的周边商品和主题公园也可能带来更持久、巨大的收益。这些潜在市场通常不是在作者手中就能够被充分开发出来的,需要不同市场主体的参与,需要多个被授权人

---

〔26〕 See L. Bently & B. Sherman, *Intellectual Property Law*, Oxford University Press, 2014, p. 274.

〔27〕 参见吴伟光:《著作权法研究——国际条约、中国立法与司法实践》,清华大学出版社 2013 年版,第 219 ~ 220 页;李扬、许清:《侵害保护作品完整权的判断标准——兼评我国〈著作权法修订草案(送审稿)〉第 13 条第 2 款第 3 项》,载《法律科学(西北政法大学学报)》2015 年第 1 期。

〔28〕 参见管育鹰:《保护作品完整权之歪曲篡改的理解与判定》,载《知识产权》2019 年第 10 期。

加入作品的演绎、改编之中。更加了解市场的开发商(被授权人)会针对不同市场的特点和公众偏好制定不同的商业策略,而开发商在这一特定领域的创造贡献和价值增量也许并不低于原著作者。以电影《哈利·波特》系列为例,华纳电影公司根据小说的文字描述,将小说中涉及的道具、建筑、神奇生物等展现于电影镜头之中,从绘制草图、制作到拍摄,再到主题公园的建设,其中的投入不可谓不巨大,创造性不可谓不惊人,其中高度复杂和重要的投资利益应该得到保护。[29] 开发商在该细分领域内的经验以及对市场的熟悉程度、决策能力都远胜于原著作者。允许不同的开发商加入市场运营中,赋予其一定的弹性空间和自主权有利于社会总福利的增加。

对于市场开发来说,作者事无巨细地要求改编行为符合原作品的“思想感情”这一模糊标准并不一定是最优方案。市场的迅速变化使作者不再掌握最充分的信息,过多的主观意志干预反而会阻碍作品后续的开发利用。也有学者提出,对于影视作品来说,其应当被认为获得了默示许可,对在先作品的修改通常是由于技术需要,作者的想象很少局限于舞台等媒介的限制,而是更加天马行空。[30] 我国的《著作权法实施条例》也确认了修改的必要性。[31] 但无论是明示还是默示的许可都并非没有限制,修改不能走得太远,不能将并非属于作者的表达和他/她不相信的思想归属于他/她。[32] 作品的核心思想不能改动,比如悲剧不能改为喜剧,哲学论文不能改为荒诞剧。[33] 双方的争议并不在于能否改动,而是应当对后续改编者施加怎样的限制。如果限制过多则将过度干预

[29] See Martin A. Roeder, *Doctrine of Moral Right: A Study in the Law of Artists, Authors and Creators*, 53 Harvard Law Review 554(1939 - 1940).

[30] See Martin A. Roeder, *Doctrine of Moral Right: A Study in the Law of Artists, Authors and Creators*, 53 Harvard Law Review 554(1939 - 1940).

[31] 《著作权法实施条例》第10条规定:“著作权人许可他人将其作品摄制成电影作品和以类似摄制电影的方法创作的作品的,视为已同意对其作品进行必要的改动,但是这种改动不得歪曲篡改原作品。”

[32] See Martin A. Roeder, *Doctrine of Moral Right: A Study in the Law of Artists, Authors and Creators*, 53 Harvard Law Review 554 (1940).

[33] See Martin A. Roeder, *Doctrine of Moral Right: A Study in the Law of Artists, Authors and Creators*, 53 Harvard Law Review 554 (1940).

创作自由和市场秩序。

在“九层妖塔案”二审过程中，审理法院将“改动的必要性”解释为“如果不进行改动，则原作品无法进行拍摄，或者将严重影响作品的创作和传播”。这实际上将改动的范围限制得极其狭窄，即改编者仅能就原著中违反法律法规强制性规定的部分进行改动，超出此部分的改动都可能被认定为不具备改动必要性。对于必要限度的解释，法院区分了一般表达要素与核心表达要素，并认为一般表达要素的改动属于在必要限度内。如果遵循法院的说理，改编者的创作自由将受到较为严格的限制。由于只获得了非常狭窄范围内的改动豁免（同时，在该范围内的改动限度也受到限制），改编者很难根据市场规律和自我创新驱动进行再创作。为了避免侵权，改编者最佳的行动策略是以接近于“字面复制”的方式进行改编，这会让原著作者拥有对作品后续开发更强的控制力。目前，这种不明确的控制标准较依赖作者的主观感受，一旦作者觉得被冒犯，就可能动用精神权利这件武器；并且作者可以在开发利用作品的各个阶段行使该权利，哪怕是在作品已经转让之后。因此，即使最终侵权成立与否是由法院来决定，改编者也将因为商业开发的不可控而处于恐慌之中。

是否应该给予作者如此强的私人审查力，[34]在当前的商业交易现状中是值得商榷的。尤其是在后续开发投资巨大，创造性和价值增量也较大时，更有可能产生挟持效应。届时，将很难区分作者是真的认为精神权利遭到了侵害，还是因为经济利益没有得到满足。是否让作者实际上控制如此巨大的市场，社会是否愿意投入巨大的成本来支持作者的精神权利损害主张，也是应该予以思考的问题。

二、声誉的多元价值内涵

作者声誉对消费者决策有着重要影响，这与工业品消费存在明显差异。一方面，是因为工业产品的设计制造相对复杂，涉及人员较多，消费者并不容易获知全部设计者的具体信息，因此单独的设计者较难对消费者产生影响。另一方面，是因为资本在此类产品的设计生产中更为重要，投资者（品牌方）已经整合

〔34〕 See Peter Jaszi, *Toward a Theory of Copyright*: *Metamorphoses of Authorship*, 2 Duke Law Journal 455 (1991).

内化了个人劳动者的成果,会对消费者产生决策影响更多的是品牌或商标。商品的商业化和市场化与发明人的个人身份关系不大。[35] 即便后续有人对产品进行改动,只要没有超出个人使用范围(如汽车改装,一般公众并不知晓),就不会对公众消费决策产生影响。基于这种差异的存在,便不难理解作者希望寻求对作品后续改动更高的控制力,以维持其在市场竞争中的优势。但是声誉的价值内涵并不是单一取向的,其本质上是多元的,因此对于声誉要件适用的进一步讨论需要基于声誉的多元价值内涵来进行。

当前,学界对声誉要件的相关讨论主要集中在:从现有法律规定中解释采声誉要件并不违反国内法的规定,与国际公约的保护要求并不冲突,[36] 客观要件更有利于文化产业的发展[37] 这 3 个方面。但对于如何适用声誉要件,是否应该有更细化的标准规则却讨论较少,这无疑大大削弱了其说服力。如果希望人们能够就客观标准达成更广泛的共识,并且使之具有更强的可操作性,那么声誉要件的适用仍需要更为深入和充分的讨论。

(一)声誉的不同类型

从《保护文学和艺术作品伯尔尼公约》的规定来看,"声誉"应该包含"名誉"(honor)和"声望"(reputation);虽然法律没有更为明确的定义,但有学者认为其含义仍然是清楚的,艺术家的"声望"主要是关于艺术爱好者如何看待艺术家作品的问题。[38] 我国有学者将名誉划分为"名誉"(reputation)和"声誉"(fame, prestige)两种类型,二者都是他人对一个人的看法和评价,但名誉更多涉及对一个人好坏的评价,而声誉则是基于个人能力在职业范围内和社会上享

---

〔35〕 See Henry Hansmann & Marina Santilli, *Authors' and Artists' Moral Rights: A Comparative Legal and Economic Analysis*, 26 Journal of Legal Studies 95 (1997).

〔36〕 参见王清:《保护作品完整权的有损声誉要件:实然与应然——"〈九层妖塔〉案"二审判决引发的思考》,载《电子知识产权》2020 年第 1 期。

〔37〕 参见管育鹰:《保护作品完整权之歪曲篡改的理解与判定》,载《知识产权》2019 年第 10 期;王清:《保护作品完整权的有损声誉要件:实然与应然——"〈九层妖塔〉案"二审判决引发的思考》,载《电子知识产权》2020 年第 1 期。

〔38〕 参见[美]威廉 · M. 兰德斯、[美]理查德 · A. 波斯纳:《知识产权法的经济结构》,金海军译,北京大学出版社 2016 年版,第 334 页。

有的知名度。[39] 前者与人格相关，后者则事关市场价值。由上可知，在欠缺法律明确定义的情况下，“名誉”和“声誉”存在不同的解读。加之，中文与英文并不完全一一对应，不仅“reputation”存在多个中文解释，根据不同的理解角度，“声誉”也存在不同的英文解释。在缺乏具体语境的情况下要讨论清楚“声誉”的准确含义并不容易，因此声誉要件看似提出了更客观明确的标准，使法官在判定侵权时能够有更清晰明确的依据，但由于“声誉”本身并非单一且确定的概念而是几种不同概念的混合，声誉要件目前实际上并未起到理想效果。鉴于此，笔者并不计划直接给出声誉的清晰定义或者进一步讨论名誉和声誉的区别，因为已有的尝试已经表明这一分析路径对问题的解决帮助有限。本文将借鉴传统名誉权的基础理论进行分析，揭示声誉要件适用难题的原因所在，为进一步细化声誉要件提供论证依据。后文将阐述保护作品完整权这一具体语境下的“声誉”。

传统名誉权的研究认为“声誉是神秘的”，[40] 并且声誉概念会随着社会发展和社会共同体认知改变而不断动态变化。[41] 不同的社会身份所容纳的评价尺度不同，这也会导致在具体的侵犯名誉权个案中出现不同的判断标准[42]。罗伯特·波斯特(Robert Post)将目前为止普通法上诽谤罪所保护的最重要的“名誉”概念概括为 3 种：财产型名誉(reputation as property)；荣誉型名誉

---

〔39〕 参见苏力：《戏仿的法律保护和限制——从〈一个馒头引发的血案〉切入》，载《中国法学》2006 年第 3 期。

〔40〕 See Robert C. Post, *The Social Foundations of Defamation Law: Reputation and the Constitution*, 74 California Law Review 691 (1986).

〔41〕 See David S. Ardia, *Reputation in a Networked World: Revisiting the Social Foundations of Defamation Law*, 45 Harvard Civil Rights-Civil Liberties Law Review 261 (2010).

〔42〕 公众人物所经受的社会评价标准高于普通公众。

(reputation as honor);尊严型名誉(reputation as dignity)。[43]

与其他两种类型的名誉相比,财产型名誉最大的不同是浮动性,即可以通过个人经营和努力而获得,并且其价值可以通过市场进行评估,与商誉相类似。[44] 法律保护的目的是个人名誉不会被错误地剥夺市场价值,仅仅伤害个人感情而不对财产造成恶意损害并不能形成独立和实质的诉讼基础。[45] 名誉在市场体系中有重要的经济功能,可以降低买家和卖家的搜寻成本,[46]促进交易。[47] 作为一种中介,名誉还可以传递关于个体复杂的信息。[48]

对于尊严型名誉来说,法律所保护的尊严来自全社会所有成员的尊敬,被社会所接受的人包含形成社会尊严的尊敬形式。[49] 这具有双重功能:一是保护个人的尊严利益,即个人利益被包含于社会尊敬的形式中;二是社会利益,即

〔43〕 See Robert C. Post, *The Social Foundations of Defamation Law*: *Reputation and the Constitution*, 74 California Law Review 691 (1986). 同时文章也指出,名誉的概念并不只有这3种,且这3种概念事实上也有重合之处,但其是迄今对普通法诽谤罪理论与实践的发展影响最大的概念,每一种概念都对应着良好、有序、清晰且离散的社会形象。作为尊严的名誉和作为荣誉的名誉更接近,且在本文的讨论语境下,区分二者的意义不大,因此在后文中用作为尊严的名誉同时指代二者。

〔44〕 See Robert C. Post, *The Social Foundations of Defamation Law*: *Reputation and the Constitution*, 74 California Law Review 691 (1986).

〔45〕 See Robert C. Post, *The Social Foundations of Defamation Law*: *Reputation and the Constitution*, 74 California Law Review 691 (1986).

〔46〕 See Richard A. Posner, *Privacy*, *Secrecy*, *and Reputation*, 28 Buffalo Law Review 1 (1978).

〔47〕 See Richard A. Posner, *Privacy*, *Secrecy*, *and Reputation*, 28 Buffalo Law Review 1 (1978).

〔48〕 See David S. Ardia, *Reputation in a Networked World*: *Revisiting the Social Foundations of Defamation Law*, 45 Harvard Civil Rights-Civil Liberties Law Review 261 (2010).

〔49〕 See Robert C. Post, *The Social Foundations of Defamation Law*: *Reputation and the Constitution*, 74 California Law Review 691 (1986).

定义和维护社会结构轮廓的利益。[50] 尊严不同于财产,并非个人成就的产物,其价值也不能通过市场来评估。《美国宪法第二修正案》中将损害名誉的诽谤表达定义为:(1)降低在社会共同体中的评价;(2)阻碍第三人与其交往和交易。前者源于尊严型名誉,后者来自财产型名誉。[51] 现代社会的发展趋势和商业交易模式与财产型名誉更加协调。在制度层面,美国宪法通过各种原则表达了对作为财产的名誉权的关切,从言论延伸到无形财产以促进文学、艺术及科学领域的发展。[52]

上述研究中对名誉的分类表明,名誉所保护的价值并不唯一,但大体上包含经济利益和人格利益两个重要部分。在不同的具体语境下,经济利益和人格利益可以再进行细分,比如,所获得的实际收益、与他人交易的机会、承受与事实情况不符的评价等。这指引我们从不同的视角来分析名誉权相关问题。在保护作品完整权声誉要件的讨论中,我们不应该片面拘泥于作者的社会评价,应当同时兼顾经济因素。

(二)"声誉"类型的不确定性

名誉与声誉的定义并没有本质上的差异,但笔者认为,保护作品完整权中的声誉要件可以看作名誉权在具体细分领域内的适用。作品的发行传播不仅为作者带来经济回报,也增强了作者的声誉名望,如果不把作者的姓名和作品联系起来,作者的成就则无法得到认可。[53] 声誉要件的提出承载着解决主观标准缺陷的希冀,但从现有案例来看,法院对声誉要件的适用并未构建出清晰明确的分析框架。同时,法院对"声誉受损"的解释也较模糊,未能给公众提供更明确有效的指引。换言之,社会仍然难以从法院的说理中具体得知哪些情况属于声誉受损。例如,在"九层妖塔案"中,一审法院适用了声誉要件,但大量篇

---

〔50〕 See Robert C. Post, *The Social Foundations of Defamation Law*: *Reputation and the Constitution*, 74 California Law Review 691 (1986).

〔51〕 See Robert C. Post, *The Social Foundations of Defamation Law*: *Reputation and the Constitution*, 74 California Law Review 691 (1986).

〔52〕 See Robert C. Post, *The Social Foundations of Defamation Law*: *Reputation and the Constitution*, 74 California Law Review 691 (1986).

〔53〕 See *An Author's Artistic Reputation under the Copyright Act of* 1976, 92 Harvard Law Review 1491 (1979).

幅集中于讨论电影合法授权、合法改编、原作是否发表,而对于声誉要件适用的阐释则仅有短短数百字。[54] 该案一审法院的判决并没有释明适用声誉要件时所采取的具体分析标准和逻辑,对于核心问题的说理语焉不详。审理法院认为,评论主要指向电影而非原著小说,对电影的社会评价有所降低但未导致原著的社会评价降低,但对于究竟如何才算构成对原著作者的声誉毁损却没有作进一步解释。有质疑观点提出,如果作品的改编使公众认为作者为了获取高额报酬而允许作品被肆意改动,实际上会损害作者声誉。[55] 但该案一审判决并未借此机会确立声誉要件的适用标准,回应相关疑问;公众对保护作品完整权的边界依然停留于模糊不清的感性认知层面。

笔者认为,出现上述问题的根源,在于当前的相关讨论没有涉及对财产型名誉和尊严型名誉的区分。声誉类型及其价值内涵的混沌不清,让声誉要件在具体个案中的适用略显手足无措,也无法有力反驳反对者的质疑。

从"九层妖塔案"一审判决的论述来看,法院关注的是原著"社会评价降低"问题,确立的标准更倾向尊严型名誉。但目前对声誉要件标准的质疑观点,比如,没有标明作者身份将不会对作者的名誉造成贬损,其隐含的视角则在于财产型名誉,即没有及时表明作者身份对作者的社会评价并不会产生过多影响,但交易机会受损的可能性却会大大提高,这主要是出于经济利益受损的考虑。因此,不对声誉要件进行细化和明确,则无法进一步摆脱当前的混乱状态。如果确立财产型声誉标准,考虑作者的交易机会受损,声誉要件似乎也能够实现对原著作者较强的保护。如果确立尊严型声誉标准,改编者则会拥有更大的行动自由空间,不会轻易冒犯到原著作者的权利。以"加拿大购物中心天鹅案"[56]为例,在天鹅雕塑上添加蝴蝶结很难说服人相信这对作者的尊严有实质性影响,但这一行为却很可能让人误解作者的流派,使其失去原本可以获得的一些交易机会。由此可见,由于声誉类型的不同,声誉要件的弹性空间非常大,

---

〔54〕 参见北京市西城区人民法院(2016)京0102民初83号民事判决书。

〔55〕 参见刘雄飞:《论文学作品改编影视作品中的著作权冲突——兼评〈鬼吹灯〉作者诉电影"九层妖塔"侵权案》,载《中国版权》2016年第3期。

〔56〕 See Snow v. The Eaton Centre, (1982) 70 C. P. R. (2d) 105 (Canada).

并且与各国的文化特性有密切关联。[57]

三、保护作品完整权下的利益权衡

在侵犯保护作品完整权认定标准的争议中,主观要件的支持者大都以人身权利为最主要的基础理论。相比纯粹的经济利益而言,作者的人身权利应该得到重视和保护。但也有观点认为,人身权利对多数艺术家来说价值不大,原因有二:一是与规定了著作人身权的欧洲相比,没有在著作权法中明确规定人身权的美国,其艺术创新成果数量仍然大于欧洲;二是美国基于《视觉艺术法案》(The Visual Artists Rights Act,VARA)所涉诉讼案件较少。[58] VARA 在视觉艺术作品这一较狭窄的领域明确规定了"保护作品完整权",艺术家可以基于该规定直接提起诉讼,但并不延及文字作品等其他类型。正因上述两点,著作权法是否有必要直接提供人身权保护一直受到质疑。当这一讨论延伸至保护作品完整权时,主观标准的理论基础也因此而动摇。

但笔者认为,我们应该注意到,仍然有学者认为,美国著作权法本身为人身权提供了某种保护,只是文字明确规定人身权所引起的成本增加和收益之间是否匹配容易引起人们的怀疑。[59] 换言之,在法条中明确规定人身权的收益是否能大于所增加的成本并不确定。这说明,现行美国法并未完全忽略人身权,[60]而是在具体保护路径上更倾向选择经济分析[相关案例也表明美国通过这一路径实现了一定程度的保护,如后文所述的"巨蟒剧团(Monty Python)案"]。无论是"精神权利"还是"声誉要件",其实都是保护路径的标签选择,出

〔57〕 参见阮开欣:《从〈九层妖塔〉版权纠纷看保护作品完整权》,载《中国知识产权报》2016 年 1 月 15 日,第 10 版。

〔58〕 参见[美]威廉·M. 兰德斯、[美]理查德·A. 波斯纳:《知识产权法的经济结构》,金海军译,北京大学出版社 2016 年版,第 334 ~ 338 页。

〔59〕 参见[美]威廉·M. 兰德斯、[美]理查德·A. 波斯纳:《知识产权法的经济结构》,金海军译,北京大学出版社 2016 年版,第 340 页。

〔60〕 See Russell J. DaSilva, *Droit Moral and the Amoral Copyright: A Comparison of Artists' Right in France and the United States*, 28 Bulletin of Copyright Society of the U. S. A. 1 (1980).

发点或具体话术也许不同,但底层考虑因素很可能大致相同(当然,各因素的比重不同可能得出不同结论)。长久以来,保护作品完整权被认为是保护作者的精神权利,是与经济权利完全不同的类型,但实际上,保护作品完整权可以同时提供经济利益和非经济利益的保护。[61] 我国当下对该问题的争议更像是语词之争,但真正判断侵权的核心考量因素也许并不因术语的差异而产生不同。具体到个案中的分析,最终都离不开对经济利益和表达利益的关切。

(一)经济利益考量

在早期,作品的开发利用方式较固定,谈判成本不高。作品产生的商业价值也有限,后续开发获利仍然大部分基于作品本身,故将控制权交由作者行使并未引发太多争议。然而,现有的技术手段和交易市场都发生了巨大改变。为进一步解释说明,本文用图 1 来表示在不同时期,作品后续开发范围的变化。图中的大圆均代表由作品延伸出来的全部市场范围;(a)(b)图形分别表示"莎士比亚时期"与"罗琳时期"两个历史阶段的不同情况。其中,实心部分代表由作者直接控制的范围,如对作品的修改、发表等。该部分在不同历史时期并无明显差异,无论是对于莎士比亚还是对于罗琳来说,对作品本身的控制范围都大体一致,因此图中两圆实心面积相同。圆形集合图案的阴影部分则代表作品后续开发利用的范围。该部分虽然并不完全由作者直接控制,但却能够受到作者的影响。随着技术手段和市场经济的发展,罗琳时期作品的开发利用范围远远大于莎士比亚时期(在罗琳时期,一部作品可以被改编为电子游戏、可以被录制为流媒体上的有声书、可以用来建造主题公园等,而这些在莎士比亚时期都是无法想象)。不同的后续开发利用方式受到作者的影响程度不同,作者在所增加的社会福利中的贡献所占比重也不同。下文将举例详细说明。

假设图中 a 点代表出版发行原著作品,b 点代表根据原著作品修建主题公园,二者都属于对原著作品的开发利用。在 a 点的情况下,虽然出版商会投入成本(包括时间和金钱)进行装帧、印刷、宣传、发行等工作,但此时作者为完成作品已经付出的劳动仍然占重要地位,并且在所产生的社会福利中,作者的贡献仍然占重要比重。在 b 点的情况下,投资方根据作品文字描述设计道具、场景,依据图纸制作模型,再购入土地雇佣建筑公司实际修建乐园,所投入的时间

[61] See Henry Hansmann & Marina Santilli, *Authors' and Artists' Moral Rights: A Comparative Legal and Economic Analysis*, 26 Journal of Legal Studies 95 (1997).

和经济成本远远大于 a 情况中的出版商。此时,我们再衡量投资方与作者的贡献情况,相比在 a 点,b 点作者的贡献比重有所下降。

在图 1(a)莎士比亚时期圆形集合图案所示意的情况下,将更多的控制权交给作者即便造成负面影响,结果可能也并不会太严重。一是因为作者贡献比重较大,具备较强的合理性;二是因为后续开发利用市场狭窄,即便存在误判,所造成的社会福利损失也不会过于严重(与罗琳时期相比而言)。但在图 1(b)罗琳时期圆形集合图案所示意的情况下,若将更多的控制权交给作者,则市场产生负面影响的严重性将大大增加。一方面,是考虑作者的贡献比重,若让作者控制如此广泛的市场,则其正当性存疑(尤其是在他人投资较为巨大的情况下);另一方面,是相比出版,作者对建造主题公园这一开发利用形式更不熟悉,因此作者的相关认知未必准确,作出错误决策的可能性更大(相比于投资方而言)。有观点认为,精神权利受到批评,是因为其代表了自由市场中不正当的法律干预。[62] 随着后续开发利用的范围扩张,作品整体价值(包括后续的开发利用价值)也会增加,社会给予作者控制权的态度也可能随之发生变化。考虑上文所阐述的种种原因和可能性,此时赋予作者更强的权利应该更加谨慎。

(a)莎士比亚时期

(b)罗琳时期

图 1　不同时期作品后续开发范围的变化

经济利益主要考虑的是作者基于所创作的作品应该获得的市场收益及其与后续开发改编者之间的利益平衡问题,但是后续开发利用受到的保护应该是

---

[62] See L. Bently & B. Sherman, *Intellectual Property Law*, Oxford University Press, 2014, p. 274.

基于对作品的合理利用。合理的方式即能够被社会预见或接受的方式。作品被开发利用所产生的增值是由于开发者的投入,而非对作品的不当利用,即对后续改编者提供保护的前提是原作者的利益得到了充分满足,没有被不合理地损害。对此问题,后文将详细讨论。

(二)表达利益考量

相比注重效率价值的专利法而言,著作权法更加关心多元价值。著作权法鼓励作者通过不同类型的作品生产、发表不同的观点。作者通过作品表达观点,这一部分价值对于社会来说远大于作品的私人所有者所享有的价值。[63]例如,著作权对独创性的要求,旨在将他人难以生产出来的小概率成果筛选出来进行保护。小概率即强调不同与多元,如果是大概率可以被他人也生产出来的信息,则著作权将不给予保护。[64]

技术方案更加关注效率价值。专利法所激励的是更有效率的技术方案,奖励那个在一群人之中最先到达终点的人。著作权法则并不以通常意义上的功能性和实用性为优先考量因素,[65]作者创作作品也是在尽可能地与他人交流。[66]表达利益既包括审美创新,也包括独特的社会评论视角。[67]这具有重要的公共利益价值,并非个人所有者可以充分反映的。[68]因此,著作权法无法不关心表达,并且通过制度规则来保护表达利益,即激励更多的人创作并使人们愿意发表,让社会增加多元化的信息。保护作品完整权并不仅仅是作者和后续开发改编者之间博弈的焦点,也并非只保护作者利益,其中还包含公共利益。

---

〔63〕 See Henry Hansmann & Marina Santilli, *Authors' and Artists' Moral Rights: A Comparative Legal and Economic Analysis*, 26 Journal of Legal Studies 95 (1997).

〔64〕 参见蒋舸:《论著作权法的“宽进宽出”结构》,载《中外法学》2021年第2期。

〔65〕 See Henry Hansmann & Marina Santilli, *Authors' and Artists' Moral Rights: A Comparative Legal and Economic Analysis*, 26 Journal of Legal Studies 95 (1997).

〔66〕 See Henry Hansmann & Marina Santilli, *Authors' and Artists' Moral Rights: A Comparative Legal and Economic Analysis*, 26 Journal of Legal Studies 95 (1997).

〔67〕 See Henry Hansmann & Marina Santilli, *Authors' and Artists' Moral Rights: A Comparative Legal and Economic Analysis*, 26 Journal of Legal Studies 95 (1997).

〔68〕 See Henry Hansmann & Marina Santilli, *Authors' and Artists' Moral Rights: A Comparative Legal and Economic Analysis*, 26 Journal of Legal Studies 95 (1997).

伟大的作品通常会成为公共文化的一部分,作为通用符号在社会交流中被广泛引用。[69] 个人没有充分的动机去保护这种公共利益价值的较强表达;相反,更可能会基于市场商业原因而进行破坏。[70] 著作权不仅鼓励创作,其自动确权与具体的权能设置也积极鼓励作者将已经创作的作品发表出来。精神权利不能保证任何人不攻击作者或者作品,但是却可以通过保护作者对作品(以及作品创作过程)的控制来鼓励作者进行创作。[71]

与技术方案不同,作者通过作品表达出来的观点容易引发更多涉及作者本人的评价,而不是仅局限于作品本身。消费者对特斯拉刹车系统不满进行的抗议针对的是特斯拉公司或者品牌,极少对特斯拉的工程师或设计师进行抨击。但是一部作品则非常容易引发公众对作者本人的人身攻击。艺术家公开他的思维过程和情绪感受是一项带有风险的决定,这种日常生活里并不需要的公开可能永久持续,进而导致艺术家产生脆弱感。[72] 作品与其他产品被区别对待的态度在各种社会都存在,也正是因为这种差异,法律在面对作者的时候不得不对此进行回应和安排。

无论具体的法律制度规定何种侵权认定要件,实际上都离不开对经济利益和表达利益这两方面的利益衡量,只是二者的比重或许存在差异。因为这两种不同类型的利益本身就是著作权法所关心的,所以社会很难只单纯考虑其中之一。合理的侵权认定要件应当兼顾这两种利益,并作出与社会情况相适应的安排。对此,本文第五部分将详细阐述。下文第四部分将分析保护作品完整权冲突在我国产生的现实原因,为这一争议问题的分析提供更全面的视角。

---

〔69〕 See Henry Hansmann & Marina Santilli, *Authors' and Artists' Moral Rights*: *A Comparative Legal and Economic Analysis*, 26 Journal of Legal Studies 95 (1997).

〔70〕 See Henry Hansmann & Marina Santilli, *Authors' and Artists' Moral Rights*: *A Comparative Legal and Economic Analysis*, 26 Journal of Legal Studies 95 (1997).

〔71〕 See Susan P. Liemer, *Understanding Artists' Moral Rights*: *Primer*, 7 Boston University Public Interest Law Journal 41 (1998).

〔72〕 See Susan P. Liemer, *Understanding Artists' Moral Rights*: *Primer*, 7 Boston University Public Interest Law Journal 41 (1998).

四、我国保护作品完整权冲突产生的现实原因

如前所述,现有文献的讨论多集中于我国是否应该采声誉要件作为侵犯保护作品完整权的判断标准,以及采主观标准现存的各类问题等方面,但对于保护作品完整权在我国发生争议的现实背景和原因却极少涉及。笔者认为,厘清保护作品完整权在我国发生争议的现实背景和原因对于分析保护作品完整权相关问题、完善相应解决方案有重要意义,不可直接忽略。

(一)知识产权发展的特殊背景和路径

无论是大陆法系还是英美法系,其知识产权制度的产生和发展都与对应的社会发展和市场经济状况密不可分,社会意识形态与市场商业利益经过了较长时间的博弈,形成了较稳定的机制。我国制定知识产权相关法律时,市场经济尚在建设之中,对于知识产权在社会中发挥的具体功能还未能有全面的认识。[73] 彼时文艺作品的创作也没有脱离计划经济的范畴,只有国营电影制片厂才有出品故事片的指标,而拍摄电影必须有国有厂的厂标。[74] 包括电影在内的文化事业,都受国家话语的影响与引导。[75] 在特定背景下,市场经济并不活跃,创作体量和规模也受到限制;因此社会对于各项权利的认识也处于混沌模糊的状态,对作品利用开发形式的认知也较单一。并且,中国知识产权制度的价值取向并非在最初就明确的。社会主义集体经济制度的强烈影响让我们没有一开始便树立起如同大陆法系国家一般的作者中心主义,因此用如今的知识产权法去解决“红色娘子军”此类创作背景特殊的案件也不太适宜;制度的形成没有经过市场主体在商业竞争中的博弈,稳定且被广泛接受的经济分配机制也并不健全,没有确立以激励创新为主导的效率优先目标。中国的知识产权法在两种制度价值观之间抉择,在解决具体问题产生的分歧时尤为明显。这是我

---

〔73〕 参见管育鹰:《保护作品完整权之歪曲篡改的理解与判定》,载《知识产权》2019 年第 10 期。

〔74〕 参见龚琪凤:《20 世纪 80 年代以来国营电影制片厂市场化选择与困境——以福建电影制片厂为例》,厦门大学 2019 年硕士学位论文,第 2 页。

〔75〕 参见龚琪凤:《20 世纪 80 年代以来国营电影制片厂市场化选择与困境——以福建电影制片厂为例》,厦门大学 2019 年硕士学位论文,第 8 页。

国高速发展的市场经济与同样快速发展的知识产权制度间的磨合,也是当前无法回避的现实问题。

中国的著作权法带有鲜明的大陆法系特点,在进行纯粹经济利益分析时,又无法更加注重激励和利益平衡,将作者置于一个普通市场主体的地位,较少直接考虑精神权利,对之不赋予额外的重视。我国著作权法在这两种截然不同的基础价值观间的犹豫不决,在保护作品完整权的讨论中体现得十分明显。

(二)市场的非理性非规律增长

在过去的30年间,中国的文化娱乐产业发展取得了惊人的增速,而创作、发行与传播也逐步被放开至相对自由竞争的状态。我国全年电影总票房从1991年的23.6亿元增长至2019年的642亿元。[76] 此外,文化产品的多样性也大大提高,除传统影视外,各类综艺节目、真人秀、网络小说、有声读物等也纷纷面世。虽然在市场发展初期,中国市场内的盗版侵权问题饱受诟病,但是在短短数10年间,市场已经逐渐规范,社会对知识产权的认知也已经广泛建立。以互联网平台为代表的市场主体为作品的创作提供了优良的市场基础、传播渠道和开发机遇。在这样的环境下,网络文学、短视频、网络电影等领域的作品蓬勃而发。由于产业链不断纵深扩张,一个作品能够被开发出来的潜在市场被大大拓展,作品的价值在短时期内便可发生出乎意料的大幅增值。

在这样的产业环境中,一方面,市场主体之间出现高价竞争,例如,作品知名度较高的网络作家年收入可高达数千万元人民币;另一方面,作品的整体价格也被拉高,其中不乏用于宣传噱头的非理性虚高。市场的非理性和非规律增长,导致交易主体对作品价值缺乏清晰的认识和稳定的预期。后续开发改编者的巨额获利很可能并不来自对作品的投入,而是来自短时期内市场非正常的涨幅。此时是否要基于已签订的合同将原作者完全排除在收益之外,漠视重新谈判合同的现实需求,还值得商榷。

(三)行业规范和利益分配机制的欠缺

当前我国保护作品完整权引发争议的深层原因是市场经济及文娱产业飞速发展与相关利益分配机制不完善之间的矛盾。以美国影视行业为例,在法律规定之余,合同规范和商业惯例也帮助建立了稳定可预期的权利分配及利润分配方案。通常而言,一份完整的协议中,"行业习惯""行业标准"条款占据了协

[76] 参见阿郎:《从1991到2021:华语电影大变革》,载《看电影》2021年第3期。

议的绝大部分。[77] 主要制片公司与各大行业工会都签订了合作协议,这些协议期限通常为 3 年,需要满足工会的各项基本要求。[78] 协议不仅针对经济收益进行了规定,其针对精神权利中的署名权也有详细的约定(虽然美国并没有人身权这一规定,但在大陆法系中署名权却是人身权中的重要内容)。编剧工会要求对"故事提供"(story by)、"由……创作剧本"(screenplay by)、"由……编剧"(written by)进行区分,对署名是否需要单页画幅呈现,以及署名位置、格式等均有规范。[79] 在我国,统一的行业规范缺少在合同层面的明确体现,并且诸如许可费率的计算、收益分成的计算等也具有极大的个案性特征,缺少体系化的标准。

同时,工会组织在合同谈判上也发挥了非常积极的作用。当市场发生变化,收益出现新的显著增长点时,工会组织的介入可以协助创作者与制片公司加快达成新的利益分配方案。个人作者即使是面对大制片公司时,也不必然会完全丧失重新达成协议的能力。好莱坞历史上,编剧工会在 2008 年通过罢工和谈判争取到了互联网收益的分成和新媒体数字发行收益分成的提升。[80] 这样的行业机制在一定程度上保证了创作者利益的稳定性和可预见性。谈判可以对现有收益分配进行调整和补充,加之,行业内习惯仲裁程序的灵活运用,创作者并不需要诉诸法院动用更强势的法律手段来争取更多的权利。由此可见,如果有良好的行业规范,市场可以自发解决诸多问题并达成合意。

五、侵权判定要件的重构

将声誉要件作为一个整体标准适用于保护作品完整权的侵权判断中,并不

〔77〕 参见[美]黛娜·阿普尔顿、[美]丹尼尔·扬科利维兹:《好莱坞怎样谈生意》,刘莸译,北京联合出版公司 2016 年版,第 10 页。

〔78〕 参见[美]黛娜·阿普尔顿、[美]丹尼尔·扬科利维兹:《好莱坞怎样谈生意》,刘莸译,北京联合出版公司 2016 年版,第 13 页。

〔79〕 参见[美]黛娜·阿普尔顿、[美]丹尼尔·扬科利维兹:《好莱坞怎样谈生意》,刘莸译,北京联合出版公司 2016 年版,第 64 页。

〔80〕 参见周荣庭、胡云:《从美国编剧罢工看数字时代信息权利的演变》,载《电影文学》2010 年第 4 期。

能够很好地解决主观标准的问题。如果希望声誉要件弥补主观标准的不足,还需要进一步细化和区分。如果社会希望在纠纷中得出一个更加公平合理的结果,法院应该摒弃主观标准和客观标准之间的术语之争,探索建构出更加有效率、更精确的侵权认定要件。

(一)作品利用方式的可预见性

侵犯保护作品完整权的前提是对作品进行利用和改动,如果仅仅是评论则并不涉及侵权问题。[81] 虽然通常合同对于作品的利用会有较详细的约定,但仍然无法穷尽作品在实践中的利用方式,也难以对每一种利用方式进行细致入微的描述。在保护作品完整权的纠纷中,作者和改编者很容易就作品的"改动幅度"发生争议;但实际上,"改动幅度"通常与作品利用方式紧密联系。在没有合同约定的情况下,考虑作品的利用方式既要结合法律规定,也要结合商业惯例。比如,购物中心根据季节、节日的变化对室内陈设、装饰进行改动,如果合同里没有约定禁止购物中心这样做,即可认为购物中心的改动是合理的。上述改动符合购物中心普遍的运营模式,也是善意第三人根据生活常识可以合理预见到的。

在"冰箱贴画案"中,[82]原告所创作的冰箱贴画覆盖冰箱的正面(3 块)、顶部(1 块)、侧面(各 1 块),共计 6 块。原告认为贴画整体是一幅作品,并在其中一块上签名。但在后续的拍卖中,被告分割了其中一块进行售卖。虽然这种做法极有可能显著提高作品被售出的可能性(或者提高售价),但是这并非基于被告的实质性投入(如宣传投入,对作品本身进行展览、解说、推广,使其知名度提升,获得更大的市场认可等)。即便摒弃精神权利的分析视角,纯粹从经济利益角度出发,被告也是以非正常的利用方式来提高自身获利的,并且将原告完全排除在收益分配之外。这便属于不合理的利用,难以被社会认可。在"巨蟒剧团(Monty Python)案"[83]中,被告将原告创作的节目作品剪辑成多段,分别插入广告,也与当时的预期不符。该行为首先暗含对行业内常规收益分配模式的挑

---

〔81〕 参见崔国斌:《著作权法:原理与案例》,北京大学出版社 2014 年版,第 368 页。

〔82〕 Buffet v. Fersing, 1962 Cours d'appel, Paris, Dal-loz, *Jurisprudence* [D. Jur.] 570. See John Henry Merryman, *The Refrigerator of Bernard Buffet*, 27 Hasting Law Journal 1023 (1976).

〔83〕 See Gilliam v. American Broadcasting Cos., 538 F. 2d 14 (2d Cir. 1976).

战,其次所增加的收益也并非基于被告的实质性投入,属于对作品的不当利用。

在“匹兹堡机场雕塑案”[84]和“加拿大购物中心天鹅案”中,虽然被告对作品进行了部分改动,如颜色改变、添加装饰物等,但其改动仍在日常生活可接受的范畴之内。考虑作品与建筑物整体的和谐与相适应,以及所在场所的功能和特定季节的装饰等因素,进行上述改动并没有完全超出社会期待。同时,改动并未实质性改变作品用途,没有以此获得超出合理预期的高额利润。因此,这两个案例中被诉侵权方的作品利用方式在现实中更容易被公众接受。如果改编利用作品的一方能够说明改编情况,对原作和改编后的作品进行区分,将进一步降低侵权的可能性。比如,注明作品改编自作者的某个具体作品,表明与原作不同,让公众不至于产生混淆。此处并不要求改编者完全呈现原作的全貌,只要让公众意识到所见作品与原作具有差异即可,而具体差异为何,则无须事无巨细地呈现。

(二)改动作品后社会福利减损的可能性

作品利用方式超出合理可预见范围并不必然导致侵权,还需要结合改动作品后福利减损的情况综合考虑。在欧美,精神权利也需要与其他利益协调。[85]如果存在合理利用作品的需要,则保护作品完整权也要受到必要的限制,常见如建筑物的必要改动。[86] 第一步是考虑作者的表达利益和经济利益是否受损,第二步是在社会收益与作者损害之间进行权衡。在“王某诉北京谷翔信息技术有限公司等著作权权属、侵权纠纷案”中,原告认为被告将涉案图书扫描后拆分成片段,将部分内容开放给谷歌搜索引擎的行为侵犯了保护作品完整权。[87] 从利用方式来看,谷歌的行为完全超出了当时社会公众可以预见的范围。但从发展角度来看,如果社会一概拒绝产业内新的商业模式的探索,也将导致社会福利减损。谷歌公司要取得如此多作者的授权同意将面临巨大的成本负担。再者,谷歌扫描后并没有向社会提供全部内容,而是仅供检索和用户

〔84〕 See Henry Hansmann & Marina Santilli, *Authors' and Artists' Moral Rights: A Comparative Legal and Economic Analysis*, 26 Journal of Legal Studies 95 (1997).

〔85〕 See Edward J. Damich, *The Right of Personality, A Common-Law Basis for the Protection of the Moral Rights of Authors*, 23 Georgia Law Review 1 (1988).

〔86〕 参见王迁:《知识产权法教程》,中国人民大学出版社 2019 年版,第 114 页。

〔87〕 参见北京市第一中级人民法院(2011)一中民初字第 1321 号民事判决书。

了解所用,没有侵害到作者所享有的市场利益。谷歌对作品的这一新的利用形式符合互联网时代电子数据发展的大趋势,大大降低了公众检索信息的成本,也对文本的保存起到了积极作用。虽然其未事先获得许可,对作者或有冒犯,但并没有侵害到作者的实际利益,整体而言对社会福利的促进利大于弊。

在该案判决中,法院认为,保护作品完整权设立的意义在于保护作者的声誉不受损,将作品拆分成片段并在网络上提供的行为虽然让读者无法知晓作品的完整含义但并不会导致作者的声誉受损。谷歌利用作品的方式非常特殊,所展示的片段仅局限于检索,并不以供读者阅读欣赏为目的,在这一特定场景中解释为没有破坏原著思想感情也并不会引起太大的争议。作者的经济利益和表达利益均没有受到明显的损害,同时我们也可以看到社会福利有所提升。在"林某诉中国新闻社侵犯保护作品完整权及名誉权纠纷案"[88]中,新闻出版社将原告反映海关人员缉私英勇无畏风采的摄影作品用于描述海关腐败的文字作品中,一审法院以歪曲篡改原告创作本意为由判定侵权成立。在名誉权损害赔偿中,二审法院亦认为,擅自在公开出版物上刊登被歪曲篡改的作品有贬损他人名誉的违法性,足以造成原告的社会评价降低,使其名誉利益受损。在该案中,我们并不能看到作品的改动使社会福利有明显的增加,但是改动作品对作者的福利却造成了显著侵害。

(三)作者表达利益的重大侵害

奥斯卡金像奖最佳导演奖获得者李安对"改编"的看法是,改编时常常从里子到面子都得换掉""改编的好处是,原著作者下了几年工夫,书里可能有很丰富的素材。[89] 根据影视行业的经验和实践来看,要求完全尊重原著或是控制改编幅度都并不现实,意义也不大。行业惯例是,被授权人在选择可以改编的作品时,其本意也不是按书照搬,而是对原作品中的可利用素材产生兴趣。作者严格要求尊重原著,可能导致改编对原作品进行单一化解读,影响其他社会表达的产生。因此就文字作品的不同媒介改编而言,并不应当以改编幅度来判定侵权,也不应当基于社会对改编作品的优劣评价来判定侵权。即使改编提高

---

[88] 参见程永顺主编:《著作权纠纷案件法官点评》,知识产权出版社 2004 年版,第 204 ~ 207 页。

[89] 参见张靓蓓编著:《十年一觉电影梦:李安传》,中信出版社 2013 年版,第 282 ~ 283 页。

了原作者的社会评价,也不必然不构成侵权。如前所述,相比发明者、制造者,作者的确更容易因为自身的观点受到社会关于其本人的评价,因此在改编活动中,确实需要考虑作者的表达利益。但基于"思想感情"的判断容易让法院陷入内容差异比对的泥潭,"九层妖塔案"的判决清楚地体现了这一点。因此,更合理的做法应该是考虑作品的利用和改编对作者的表达利益是否构成重大侵害,即作者的宗教信仰、政治观点、学术观点等是否有较大可能遭受误解。

在电影《铁幕》案〔90〕中,电影描述了苏联在加拿大的间谍活动,但被告选用了知名苏联作曲家的作品用于影片中。结合当时的社会背景,原告认为电影对苏联的外交政策不利,将使他们被错误归因于对国家不忠,政治上令人反感。在"有孔虫案"〔91〕中,郑某仪从事海洋有孔虫研究超过半个世纪,凭借专业科研手段和分类学专家的知识,雕琢了230多个有孔虫模型。刘某谦借走20余个模型,随后"设计"了10件有孔虫雕塑,摆放于烟台海滨中路。10件雕塑与借走的有孔虫模型极为相似,但是歪曲了有孔虫美学的天然性,所谓"学名"也是错误引用,使雕塑失去了科学意义。上述两个案例中,被告对原作品的利用和改动都有较大可能引起社会对原告政治观点和学术观点的误解,都属于对作者表达利益的重大侵害。此时,法律对其进行干预具有较充分的正当合理性,并且不会对市场造成系统性干扰。如果是在上述情形之外,则法律应该保持谦抑克制。

当然,在个案中,实际的侵权判定是根据上述3个要件进行的综合考虑,并不仅依赖某一要件,也不要求3个要件都必须同时满足。虽然侵权主张通常由作者提出,但衡量标准应该为一般社会公众的认识标准。〔92〕我国现行《著作权法》关于保护作品完整权的规定属于方案中立,无论采主观要件还是客观要件,都可以被纳入现行立法的解释框架中。《著作权法实施条例》中"必要的改动"的条文规定也并不绝对排斥声誉要件,即本文所提出的侵权构成要件可以作为"必要的改动"的标准。实际上,在司法实践中,目前法院的确既采主观要件,也

〔90〕 See Shostakovich v. Twentieth Century-Fox Film Corp., 196 Misc. 67, 80 N. Y. S. 2d 575 (Sup. Ct. 1948), aff'd, 275 App. Div. 695, 87 N. Y. S. 2d 430 (1st Dept. 1949).

〔91〕 山东省高级人民法院(2012)鲁民三终字第33号民事判决书。

〔92〕 参见崔国斌:《著作权法:原理与案例》,北京大学出版社2014年版,第373页。

采客观要件。[93] 本文所提出的侵权要件重构更多的是希望指明法院分析的重点，让法官不再纠结于词语话术和单纯的内容差异，在保护作者利益的同时，得出更符合社会最大利益的裁判结果。

六、余　论

当前，声誉要件还没有展示出足够的效率优势和制度成本优势。在大部分案件中，采声誉要件与采主观要件的差别可能并不如声誉要件支持者以为的那么大，并不能实现其所期待的效果。主观标准不利于我国文化产业发展的观点，论证不足，举证无力；这是因为现有讨论没有对声誉要件的适用进行细化，也直接忽视了市场在开发利用作品环节的诸多行业问题。目前，声誉要件的支持者一再强调原作授权许可改编代表了其负有对作品改动的容忍义务，但是主观要件也从来未曾表示不能对作品进行任何改动。这使声誉要件适用的经济性和确定性等优势都未能明显体现出来。笔者并不因此全然反对在保护作品完整权的侵权判定中采声誉要件，而是认为正是由于声誉在作者的市场交易中起着重要作用，才需要更进一步的论证和细化。但如果没有对上述问题进行仔细思考，仅仅是整体性地适用声誉要件，面临的结果很可能是采声誉要件后仍然无法有效解决保护作品完整权中的争议。因此，笔者试图对声誉要件进行更深入的讨论和细化，在主观要件与客观声誉要件这两个术语的背后确立更加有效率的侵权判定标准，以此让声誉要件的适用变得更具有可操作性，能够提供更清晰的指引。同时，除明确侵权认定要件外，笔者也建议进一步完善行业内的自治规范、谈判机制及利益分配机制，这也有助于进一步降低保护作品完整权争议，减少相关纠纷。

在现代社会中，虽然作品也属于消费品，但其与其他消费品相比却具有显著不同。比如，美食的魅力一览便知，作品却能够被反复欣赏，带来持久且不同的体验。[94] 将作者区别于其他劳动者有其正当性。不同的人具备不同的观察

---

〔93〕 参见蒋燕：《保护作品完整权研究》，中国政法大学 2017 年硕士学位论文，第 25 ~ 28 页。

〔94〕 参见［英］约翰·萨瑟兰：《耶鲁文学小历史》，王君译，中信出版社 2016 年版，第 3 页。

能力、感受能力、表达能力，即使面对相同的事件，敏感的人群能够拥有比普通人更深刻的感情体验。面对相同的信息，不同的作者能够创作出令人感受截然不同的作品。伟大的作品是如何被作者创造出来的，这一点至今仍然是秘密，经济原理、科学规律都无法给出全面的解释。我们通过作者权利的设置和调节来促进更多作品的产生和传播。在这种情况下，法律制度通过赋予作者更多的权利，促进创作和发表公开本身的合理性。但与此同时，我们也应该关注作品创作作为一种创新活动的连续性，即循序渐进、相互关联。[95] 每一个创新活动都不是完全独立的，给予在先创作过于绝对的保护也可能会影响在后创作，进而降低社会整体福利。尤其是在当今社会，创作主体变得更加广泛，除专业的艺术创作者外，普通民众也越来越多地参与到社会创作中。例如，以短视频为代表的二次创作日益成为社会公众生活中的重要部分。因此，社会需要着重关注原作和改编作品之间微妙且复杂的关系，这也使我们在限制作者权利或是扩大作者权利时都需要格外谨慎。此处的作者既包括原作作者，也包括广义上所有的二次创作作者。

如前所述，保护作品完整权并不是一个孤立的问题，需要与著作权法整体和产业现状结合起来一同考虑。诚然，声誉要件的细化和明确相当重要，但我国目前所遇到的保护作品完整权侵权中的认定难题并非只能从法律层面解决，法律规范与行业规范的结合，也将有助于有效解决相关争议。

Reflectionand Correction on the Reputation Criterion for the Right of Integrity

Chen Long

Abstract: Currently, there are two different criteria for determining infringement of the right to protect the integrity of a work in China. The subjective criterion requires the alteration of the work to the extent of "distortion and falsification", which destroys the "thoughts and feelings" of the original work. The objective criterion requires that the alterations "damage the author's reputation". Both criteria are controversial in the practical and theoretical circles.

---

[95] 参见蒋舸:《著作权法与专利法中"惩罚性赔偿"之非惩罚性》，载《法学研究》2015 年第 6 期。

Compared with the subjective criterion, the objective criterion is usually considered to be more certain and less expensive to apply, thus gaining the support of some courts and scholars. Since China's current law does not directly stipulate the reputation criterion in the law, most of the existing discussions focus on whether the objective criterion can be adopted according to China's law. The discussion of the reputation criterion does not further distinguish between reputation as property and reputation as dignity, which leads to a greater ambiguity in the application of the objective criterion in practice. The existing studies generally ignore the unique development history of China's art and culture industry and the localized reasons for the controversy, and are limited to the legal framework, with a practical perspective to be added. The absence of the above discussion greatly reduces the persuasive power of objective criterion, and thus the controversy over the criteria for judging the infringement of the right to protect the integrity of works has not subsided so far. The criteria for judging infringement are the reasonable foreseeability of the way the work is utilized, the possibility of welfare impairment after altering the work, and whether the author's expressive interests are significantly infringed, which can improve the economy of applying the objective criteria and enhance the operability in practice. Combined with the current situation of industrial development, further improving the mechanism of industry negotiation and benefit distribution can also help resolve disputes related to the right to protect the integrity of works in China through non-litigation methods.

Key words: Moral rights; Right of integrity; Criteria of infringement; Reputation criterion; Reputation category

红色经典作品版权纠纷中法律传统的整合逻辑

陈越瓯*

内容提要:

红色经典作品版权纠纷折射的,是革命法律传统孕育出的无须权利的"红色"版权观念与以权利为中心的个人主义版权观念之间的冲突,但不同法律传统之间并非无法实现整合。对红色经典作品版权纠纷进行考察可以发现,法官运用法律适用技术与事实认定技术建立了革命文艺作品创作利益分享机制。当代著作权法律制度虽然为不同法律传统之间关系问题的处理提供了一系列基本的法概念和符号,但法律规范并未起到对人的行为的规范指引效应,反而是法官证立革命法律传统的正当性时所策略性运用的资源。在这种互动关系中,人民司法将不断赓续革命法律传统。

关键词:

法律传统　红色经典作品　版权　司法

改革开放以来,以"红色娘子军案"为代表的中国红色经典作品版权纠纷频繁引起跨历史时期文艺生产的公私之辩。[1] 在这类纠纷中,社会主义的集体主义文艺创作模式遭遇作为"舶来品"的个人主义文艺产权逻辑的冲击。作为地方性知识的中国本土版权经验与移植西方法律而来的当代版权立法之间的冲突,不仅给熟悉革命文艺的普通中国人带来生命经验上的困惑,还进一步加

---

* 吉林大学法学院博士研究生。

〔1〕 虽然在著作权发展史上,"版权"与"著作权"之间有重要区别,但是这些区别对本文论证不产生实质性影响,因而文中在同一意义上混用"版权"与"著作权",其含义是作者及其他权利人对艺术和科学作品享有的人身权和财产权的总称。

深了当代中国法律人所具有的不同知识传统之间。

学界目前的研究刻画了法律传统之间的这种张力。以苏力为代表的学者主张,一定要认真对待改革开放前无著作权法历史条件下形成的有关知识产权的实践与社会规范,反对依据当代著作权法的理念与规则,以非历史主义的态度对那段历史进行机会主义的单向度裁剪与改造。[2] 法律条文与法律教义无力解决红色经典作品版权纠纷中呈现的深层历史话语矛盾,因为如果承认红色经典作品及其代表的中国本土版权经验的特殊意义,将必然削弱作为当代著作权法根基的个体权利理性。[3] 这些研究拒绝深入法律体系内部与规范法学者进行对话,否认在法律教义内部实现不同法律之间整合的可能性。[4]

但这未免过于苛刻。对处于当下时空的中国法律人来说,他们首先必须承认中国法律传统的演进不会脱离国家与社会的总体性基调;但是,他们也无法寻求一种超越时空的法律正义,只能用今天的话语去想象性地重构过往的历史,进而建立起革命法律传统与个人主义法律传统之间的互动机制。苏力等学者之所以不承认不同法律传统之间整合的可能性,是因为他们将版权纠纷这一私权权益之间的冲突简单地置换为私权与由中国本土版权经验表达的政治伦理之间的直接对峙,把一个可以将法律教义作为评判依据之一的不同权利主体之间"多与少"的权益分配比例问题,绝对化为一个"你有我无"的历史叙事斗争问题。[5] 事实上,法官完全有可能通过具体案件的处理形成合理的革命文艺作品创作利益分享机制。

对红色经典作品版权纠纷的研究不应当再继续拘泥于"超越法律"的产权(财产)分配分析进路,而是应当深入不同历史时期对著作权本质的差异化理解,认识这种差异化理解对于在当代著作权法语境中解决红色经典作品版权纠

〔2〕 参见苏力:《昔日"琼花",今日"秋菊"——关于芭蕾舞剧〈红色娘子军〉产权争议的一个法理分析》,载《学术月刊》2018 年第 7 期。

〔3〕 参见李斯特:《坏声明与好法治——社会主义中国文艺法律政策中的权利书写》,载《学术月刊》2018 年第 7 期。

〔4〕 参见苏力:《无法解释的解释,难以证成的证成——舞剧〈红色娘子军〉判决理由解析》,载《浙江社会科学》2019 年第 5 期。

〔5〕 参见王峰:《作为社会争议的版权纠纷——以芭蕾舞剧〈红色娘子军〉侵权案为例》,载《南大法学》2021 年第 5 期。

纷的影响。笔者将通过对新中国成立以来版权史的分析,提出红色经典作品版权纠纷实际上折射的是革命法律传统孕育出的无须权利的“红色”版权观念与西方以权利为中心的个人主义版权观念之间的冲突。进而,笔者将通过对中国红色经典作品版权纠纷裁判逻辑的考察,揭示在司法实践中,法官如何运用法律适用技术与事实认定技术实现“红色”版权观念与个人主义版权观念之间的整合,并在理论上提炼出法律传统之间的具体互动模式。

一、革命法律传统下“红色”版权观念的历史逻辑

在红色经典作品版权纠纷中,法官依据的现行著作权法规范源自改革开放初期。改革开放初期的著作权立法以“请进来”和“派出去”的开放姿态包容吸收西方不同著作权法立法体例的优势,在形成适应时势变化的法律文本的同时,也使当代中国著作权立法与理论研究的知识来源西方化。[6] 然而,中国著作权立法与理论研究的知识来源并不只有依循个人主义法律传统这一条脉络的可能性。自革命根据地时期以来,特别是新中国成立以后,中国共产党的文艺政策事实上一直在孵化、培育一种“红色”版权观念。在革命法律传统中,文艺工作者被视为思想战线上的战士,是必须要团结的对象。作为团结政策的一部分,尊重版权是中国共产党自革命根据地时期以来长期坚持的优良传统。受革命政治伦理浸润的“红色”版权观念以其独特的“关系性”理路建构出一种无须权利的版权秩序。这种秩序随着政治情势的发展,在1956年后定型化并极致化。

(一)“红色”版权观念的“关系性”理路

“革命战士一块砖,哪里需要哪里搬。”革命伦理要求破除个人之间、个人与集体之间的排他性边界,强调个人在与他人、集体的相互关联、相互依赖、相互融合中实现革命理想与人生价值。在社会主义文艺生产实践中,根据人与人之间的关系以及人与物之间的关系的变化解决集体主义文艺创作中的协调问题,从而确立起“关系性”的“红色”版权秩序。

---

〔6〕“请进来”,是指“由外国和国际组织版权专家来华讲课,普及版权知识,培训版权队伍”;“派出去”,是指“到国外和国际版权组织学习、考察实践和接受培训”。参见宋木文:《一个“出版官”的自述:出版是我一生的事业》,中国书籍出版社2015年版,第345~347页。

首先,“红色”版权观念认为革命文艺工作者处于一系列关系之中。一是配合关系,即作者并不是独立的个体,作者的创作内含于整体的社会主义文艺生产实践。无论是个体创作者,还是担负文艺创作任务的国家院团,都是社会主义文艺生产实践中的一分子,都要服从文艺生产计划的安排。文艺工作者之间要相互配合,共同服务于优秀文艺作品的创作。二是支持关系,即无论是个体创作还是国家院团的文艺创作都受到国家意志的指引和国家资源的支持。没有整体的社会主义文艺生产实践,就不会有相应的精神支持和物质保障,文艺创作也就无从谈起。这两种关系事实上否认了个人主义创作模式存在的可能,不同类型的艺术创作者都是社会主义文艺生产实践的一环,应当相互配合,相互支持。相应地,对艺术作品个人权利的声索被看作对集体主义创作模式的一种割裂。[7]

其次,“红色”版权观念强调文艺作品的关系性。这种关系性体现在社会主义文艺生产实践中相同革命题材作品之间的衍生关系。出于革命教育与革命宣传的需要,同一革命题材通常会衍生出一系列不同的艺术表现形式。这些不同的艺术表现形式或由不同文艺工作者平行创作而成,或是政治指令下贯序发展、多轮打磨的产物。虽然艺术表现形式各有不同,但是相关作品都属于同一题材,“使用的都是共同的革命历史资源”,均是人民生活在革命艺术创作者头脑中的反映的产物。一切文学和艺术的原始材料都存在于人民的生活中,构成艺术创作者的劳动对象和艺术创作的唯一源泉,并有计划性地依据革命事业的发展需要而进入创作过程。创作资源的共有和文艺作品题材的计划性弱化了单一作品的独立性和原创性,强化了同题材革命文艺作品之间的承继关系与共同的目标指向。

最后,文艺工作者与文艺作品之间的关系以特殊的革命政治伦理观念建构起来。第一,革命文艺作品主要不是文艺工作者个体人格的投射,而是文艺工作者“全心全意地到工农兵群众中去,到火热的斗争中去”之后,“观察、体验、研

---

〔7〕 参见朱亦斌、俞薇:《“洪湖水”激起千层浪——〈洪湖赤卫队〉歌剧剧本著作权纠纷案审判纪实》,载《时代潮》1994年第3期。

究、分析一切人,一切阶级,一切群众,一切生动的生活形式和斗争形式"的产物。[8] 从革命素材到革命文艺作品的转变,原料是火热的革命斗争,燃料是革命精神与革命热情。革命文艺作品的创作虽然需要经过文艺工作者的创造性劳动,但是,这种创造性劳动的意义仅在于将现实中存在的矛盾和斗争典型化,以满足革命的普遍化需求。第二,文艺创作被视为与经济利益无关的事业,文艺工作者与文艺作品之间的关系不能以市场化的形式搭建。文艺工作者的创作报酬额度仅限于维持文艺工作者的生活必要所需,绝不能用资本主义的牟利精神来刺激作者的物质欲望,绝不能用金钱利益玷污精神产品的纯洁性。文艺创作是文艺工作者基于革命理想,自觉自愿的无条件劳动。[9]

(二)无须权利的"红色"版权秩序

"红色"版权观念的"关系性"弱化了革命文艺工作者基于作品独创性对文艺作品享有的个人利益诉求。在革命法律传统中,文艺工作者只能利用客观的国家文艺秩序实现其具有主观性的个人利益。被冠以"权益"之名的个人利益诉求存在于将文艺发展为团结人民、教育人民、打击敌人之有力武器的革命义务之中。社会主义文艺生产实践形成了一种无须权利的"红色"版权秩序。[10]

第一,"红色"版权秩序在反对"知识私有"的基础上鼓励革命文艺作品的衍生创作、集体改编。革命政治伦理反对将知识看成纯粹个人活动的结果,知识不应该成为知识分子的看家本钱。"知识私有"的根本错误在于否认实践在人类认识中的作用,没有意识到真正的知识最先来自劳动人民的经验。[11] 因

[8] 参见毛泽东:《在延安文艺座谈会上的讲话》,载中共中央文献研究室、中央档案馆编:《建党以来重要文献选编(一九二一——一九四九)》(第 19 册),中央文献出版社 2011 年版。

[9] 参见李明山、常青等:《中国当代版权史》,知识产权出版社 2007 年版,第 49 ~ 62 页。

[10] 参见彭丽君:《著作权与所有权——以 1949—1979 年的中国实践为例》,张春田译,载《杭州师范大学学报(社会科学版)》2013 年第 4 期。

[11] 参见张德民、梁庆寅、王义库:《"知识私有"观念非批判不可》,载《中山大学学报(哲学社会科学版)》1976 年第 2 期。

此，文艺工作者不能闭门造车，自作聪明，搞“只此一家，别无分店”。[12] 基于这样一种对知识的理解，“红色”版权秩序倾向将保障革命文艺的再创作放在优先位置。革命文艺政策重视同一题材不同作品之间的衍生性，以及出于公共利益汇编、摘录出版作品的必要性。其鼓励集体改编，即可以由大型文艺单位对优秀作品进行集中改编，以创作出既符合政治情势要求又具有磅礴艺术感染力和旺盛艺术生命力的作品。这些做法为既有作品的再演绎提供了空间，但是也改变了版权保护工作的性质与方向。当代著作权保护工作涉及的一些基础性著作权利，如署名权、修改权、改编权等，不再是著作权人（作者）的固有权利，而是由国家根据政治情势授予的附条件特权。著作权利是否能够流转以及怎样流转并不取决于文艺作品本身的经济价值，而是取决于如何才能更好地满足人民的革命文艺需求。

第二，“红色”版权秩序注重稿酬分配。新中国成立初期，有关版权保护的法规与政策的主要内容与稿酬分配问题有关。有许多学者认为，革命法律传统中的版权保护工作大有将稿酬制度等同于版权保护之嫌。[13] 其中，稿酬标准是稿酬制度的核心，而这样一个原本的经济利益问题又被进一步上升至政治高度上的审视。许多人从革命政治伦理角度出发认为，稿酬过高容易拉开脑力工作者与体力工作者之间的差距，造成文艺工作者“独占知识”并“待价而沽”的结果，不利于知识分子的思想改造。[14] 此时，文艺工作者获得稿酬不能等同于当代著作权观念中财产权利的行使，稿酬的存在只是为了给文艺工作者的创作提供基本的生活保障。[15] 在稿酬问题政治化后，稿酬已经从权利意义上的合同对价转化为一种国家调控下的个人应得利益分配，受限于革命文艺资源的整体性调配，并非一项取决于权利主体意志的主观权利。[16] 精神生产的经济激

〔12〕 毛泽东：《在延安文艺座谈会上的讲话》，载中共中央文献研究室、中央档案馆编：《建党以来重要文献选编（一九二一——一九四九）》（第19册），中央文献出版社2011年版。

〔13〕 学界的认识是符合历史事实的。关于这一时期有关版权保护的法规与政策，参见周林、李明山主编：《中国版权史研究文献》，中国方正出版社1999年版，第263～331页。

〔14〕 参见马铁丁：《革命风格集》，敦煌文艺出版社1958年版，第43～44页。

〔15〕 参见郝富强：《“十七年”文艺稿酬制度研究》，载《江海学刊》2006年第4期。

〔16〕 关于主观权利与客观权利的区分及其意义，see William A. Edmundson, *An Introduction to Rights*, Cambridge University Press, 2012, p. 3－10。

励并未被理论化到作者固有权利的高度。[17] 将稿酬制度作为"红色"版权秩序的核心所造成的结果是,在实践中,出现了稿酬支付之前阶段著作权保护的空白,著作人身权的保护、出版合同制的完善等问题没有得到应有的关注。

第三,知识分子政策是"红色"版权秩序的决定性因素。从历史来看,版权保护工作的变革附随于一系列知识分子改造运动,特别是受到知识分子地位变化的影响。革命文艺作品的创作过程既是满足革命文艺需求的过程,也是文艺工作者自身的改造过程。"团结、教育、改造"的知识分子政策在"红色"版权秩序中的反映包括从稿酬标准的调整入手,降低物质刺激的比重,以及鼓励文艺工作者深入劳动群众,接受再教育等。各类文艺工作者团体相继成立,国家对作家的文学创作活动进行有计划的政治上和艺术上的领导、控制。[18] 知识分子政策对文艺工作者地位和文艺创作性质的政治化理解促成了无须权利的"红色"版权秩序。一方面,它消解了作者对作品的人格投射关系,取缔了著作人身权存在的空间。知识分子被视为集合性概念,国家强调对知识分子的集体改造。另一方面,它在对知识分子的政治改造中反对对文艺工作者施以经济激励,取缔了作为主观权利的著作财产权利存在的空间。相反,知识分子政策更加强调文艺工作者通过创作团结革命群众的政治性义务。

二、革命法律传统的个案表达及其"转译"难题

(一)革命法律传统下的版权利益诉求

自 1991 年《著作权法》系统性规定,著作权人的人身权利与财产权利以来,红色经典作品的再版、演出、重拍、改编等过程一再出现版权纠纷,包括但不限于"《白毛女》等三剧署名权纠纷案"、"《沙家浜》著作权纠纷案"、"《红岩》连环画著作权纠纷案"以及"红色娘子军案"等。基本案情一般是:曾经参与特定历史时期革命文艺作品创作的部分文艺工作者以诉讼方式向革命文艺作品的当下实际使用者(如表演者、改编者等,他们通常也是革命文艺作品创作的组织

〔17〕 参见彭丽君:《著作权与所有权——以 1949—1979 年的中国实践为例》,张春田译,载《杭州师范大学学报(社会科学版)》2013 年第 4 期。

〔18〕 参见杨凤城:《中国共产党的知识分子理论与政策研究》,中共党史出版社 2005 年版,第 75 ~ 108 页。

者)和名义著作权利人声索著作人身权(特别是署名权)与著作财产权。在这些案件中,被告均相类似地将革命文艺作品的创作过程和权利归属问题置于“红色”版权观念及其依附的革命法律传统下进行解释。

第一,在回溯相同题材革命文艺作品的衍生关系中维护自身著作权利的正当性。被告一方在应诉答辩时不会直接切入与纠纷相关的具体法律问题进行分析,而是会先铺展相同题材革命文艺作品的编年史,构建文艺作品之间的承继发展关系,再在此基础上,明确涉诉作品在相同题材作品发展脉络中的地位。这种历史回顾意在营造一种历史情境感,突出涉诉作品只是红色革命文化发展成长过程的一部分,因此在基于共享资源的艺术创作上贴上个人标签并不合适。被告通过拉长时间线、改变叙事时间标尺的方式,强调同题材革命文艺作品之间的衍生关系,在时间维度上重新组织和诠释历史事实,在叙事时间的倒转中注入叙事者的主观意愿和个体体验,〔19〕起到了侵蚀作为创作者的原告之作者法律地位的无形作用。

第二,展示涉案作品创作过程的复杂性,强调创作组织工作之于革命文艺作品诞生的决定性意义。作为作品创作组织者的被告通常会主张涉案作品是集体创作的结果,指出涉案作品的总体构思和总体创作任务是由被告或相关部门提出的,创作时序和人员安排是由被告或相关部门排定的,创作所需资源是由被告或相关部门提供的。作品成稿经过不同部门和人员的多道程序打磨,并由其组织人力物力排演或出版作品。社会主义文艺生产实践中的配合关系和支配关系被用作论证创作组织者与革命文艺作品之间的“作者—作品”关系,而文艺工作者自身人格的创造性对于作品创作的意义则不被提及或被置于次要位置。退一步讲,即便在原始权利意义上认可文艺工作者对于革命文艺作品的作者身份,对创作组织工作重要性的强调也变相意味着这种原始权利在配合关系和支配关系中以默示方式甚至是不言自明的方式被流转或分享给了作为创作组织者的被告。

第三,主张法规范秩序的时空限定性。革命文艺作品诞生于特定的历史时期,创作背景和创作条件特殊,特别是作品创作时国内尚未建立当代著作权法律体系。被告通常据此认为,在作品创作时,不存在民法秩序和著作权法秩序,

〔19〕 参见刘子曦:《故事与讲故事:叙事社会学何以可能——兼谈如何讲述中国故事》,载《社会学研究》2018 年第 2 期。

不能机械套用受个人主义法律传统支配的当代著作权法规范的理念与规则去解释当时人们的行为模式,否则会导致法律事实与客观事实之间的偏差,因而力主当代著作权法规范溯及适用的违法性和不正当性。

(二)革命法律传统的司法"转译"难题

红色经典作品版权纠纷中的"转译"难题,是指法院需要依据当代著作权法规范去解读受革命法律传统支配的无须权利的"红色"版权秩序。这一难题在诉讼程序上体现为法院在这类案件中往往强烈地倾向以调解方式结案,进而导致"久调不决"。[20] 这一难题在实体问题上则表现为两种版权秩序所解决的问题、所依凭的概念体系和背后的法律传统之间的差异。

第一,"作者—作品"关系性质的公私之辨。"红色"版权观念以作者作为社会成员的资格和作者所负的社会政治义务来识别作者身份和界定作者与作品的关系。[21] 作者仅仅是工匠,而非创造者,他们依凭的创作资源来自以往相同题材革命文艺作品共同的革命思想,这些思想更进一步地来自劳动人民的生活经验,而他们依赖的创作环境由创作组织者营造。表达特定的革命政治伦理是作者的工作任务,是作者所负的政治义务。正是因为能够生产出革命文艺作品,作者才成为作者,属于知识分子一部分的文艺工作者才成为社会成员。是作品赋予作者意义,而非作者赋予作品意义。在此,"红色"版权观念中"作者—作品"关系的性质并非建立在当代著作权法观念所依赖的洛克式的、基于劳动获得私有财产的哲学基础上。"作者—作品"关系毋宁说是一种"人民—真理"范式。作者在集体性的人民面前是虚化的存在,其作为人民的一分子被期待在人民的实践经验中找寻真理,并通过革命文艺作品的形式表达出来。人民才是作者,或者更确切地说,是真理的终极所有者。[22] 在这一意义上,认为作者基

〔20〕 参见中央芭蕾舞团:《历史不容扭曲　法律不容颠倒——中央芭蕾舞团舞剧〈红色娘子军〉著作权纠纷案透视》,载微信公众号"中央芭蕾舞团"2015 年 6 月 1 日,https://mp.weixin.qq.com/s/ik5TxjevFP8YbAD67SgjFg。

〔21〕 参见彭丽君:《著作权与所有权——以 1949—1979 年的中国实践为例》,张春田译,载《杭州师范大学学报(社会科学版)》2013 年第 4 期。

〔22〕 关于特定历史时期"作者—作品"关系"人民—真理"范式的理解,受益于李雨峰总结的西方著作权历史中由"上帝—真理"到"作者—作品"的转变历程。参见李雨峰:《著作权的宪法之维》,法律出版社 2012 年版,第 92～93 页。

于自身的人格因素独创性地创造作品并由此形成“作者—作品”关系的当代著作权观念，是在以作者的个性割裂革命文艺创作的人民性，是“以私(有)废公(有)”。

在红色经典作品版权纠纷中，人民司法不仅要在政治伦理上承受受个人主义法律传统支配的以当代著作权法概念与思维解读“红色”版权观念时“化公(有)为私(有)”的司法人民性诘难，还要在具体的法律适用与事实认定层面处理“红色”版权观念的相关立法遗留难题。社会主义国家在法制改革中多通过类似“职务作品”的概念明确作者所在单位和国家取得或代行作者对于作品权利的范围；但是，由于长期以来实行集体主义创作模式的历史惯性，职务作品与非职务作品之间的界线难以划清。中国现行著作权法区分出的“法人作品”“一般职务作品”“特殊职务作品”同样在解决革命文艺作品权属划分问题时出现问题。[23] 由于革命文艺作品多由单位主持，代表单位意志创作，并由单位承担责任，而且也都主要利用单位的物质技术条件创作而成，因此难以泾渭分明地将革命文艺作品划入任一法定作品类型范围。

如果我们考察法人作品的立法意图会发现，立法者在特殊职务作品之外另行规定法人作品的动因，是不想让动手创作的自然人行使对革命文艺作品的著作人身权，因为法人作品是法人意志的产物，[24] 法人作品中的执笔者被认为是在法人的支配或控制下进行创作。法人作品对法人意志的强调是“人民—真理”范式的历史遗产，因为法人作品将执笔者的工作(创造新的思想表达形式)贬斥为对法人意志和法人思想的辅助性、事务性、技艺性传达，而将当代著作权法并不保护的思想置于保护范围的核心。[25] 在革命文艺作品的创作语境下，

---

〔23〕 参见郑成思：《版权法》，中国人民大学出版社 1990 年版，第 184 ~ 185 页。

〔24〕 参见王迁：《论“法人作品”规定的重构》，载《法学论坛》2007 年第 6 期。

〔25〕 在 1988 年“朱某和诉请恢复《洪湖赤卫队》歌剧文学剧本署名权案”中，被告湖北省歌剧团副团长梅某山就自己的署名问题进行答辩时指出，自己参加该剧的创作，完全是省文化局指派的，并非利用职权。我的贡献是提炼了该剧的主题，即党的思想是胜利的保证。对部分台词、歌词作了修改和增删……因此，署上自己的名字是理所当然的。参见李成桂、李良礼：《〈洪湖赤卫队〉歌剧著作权纠纷案作出一审判决》，载《音乐世界》1992 年第 2 期。梅某山作为歌剧团公职人员，代表法人意志，而他最重要的贡献是给出了作品的主题，或者说指导思想。

创作组织者在组织作品创作时所要遵循和表达的革命政治伦理化身为法人意志与法人思想,而文艺工作者的个体创作本身不具有独创性。如此一来,任何将革命文艺作品归入职务作品和自然人作品的尝试将不得不面对可能割裂革命文艺作品创作人民性的风险。[26] 与此同时,由于法人意志的含义相当宽泛,以至于只要是法人为作品创作定了"大方向"或"调子",即为法人意志要件的满足。在司法实践中的解释极为宽松,"代表法人或者其他组织意志创作"要件的认定没有统一标准,极容易而且已经在实践中造成同案不同判。

第二,法规范秩序的溯及困境。受革命法律传统支配的"红色"版权秩序与当代著作权法秩序的核心区别,在于著作权益保护逻辑的差异。当代著作权法秩序将著作权视为作者基于智力劳动将个性与人格凝结于作品之中后获得的作出要求的主张权。它正视每一个人都有自由按照自己认为合适的方式使用自己生产的智力劳动成果。[27] "红色"版权秩序则是以义务界定权益,认为文艺工作者应受到的版权保护措施是其履行社会政治义务,创作革命文艺作品满足人民革命文艺需求后带给作者的利益。这种利益的性质与范围由一个更普遍的规范秩序即社会主义文艺生产秩序决定,文艺工作者对智力劳动成果享有权益的正当性不取决于其作为权利人的主体性地位。

红色经典作品版权纠纷中的涉案作品一般诞生于以义务界定权益的"红色"版权秩序,而纠纷则往往发生于以权利保护权益的当代著作权法秩序,放在法院面前的问题是如何联通这两个性质完全不同的法规范秩序。然而,立法并没有给出解决方案。虽然 1991 年施行的《著作权法》在第 55 条第 1 款对该法的溯及力问题作出了规定,但其只是确认著作权人对著作权法颁行前的作品享有著作权,而没有回答如何确认著作权人对著作权法颁行前的作品享有著作权这一前提性问题。该条第 2 款关于侵权问题的规定反而可以从反向被解读为

---

[26] 对于中国的著作权立法中为何会出现法人作品这一问题,知识产权法学者一般是从立法技术角度切入解释,认为这是立法者对国外不同立法例生硬糅合的结果。参见王清:《废除法人作品规定的另外三个理由》,载《政法论丛》2011 年第 4 期。

[27] 参见张峰铭:《论权利作为要求——超越利益论与选择论之争》,载《法制与社会发展》2021 年第 2 期。

要按照行为发生时的有关规定和政策处理第1款未回应的历史遗留问题。[28]立法者对这一立法留白的解释之一是“避免不切实际地追溯历史旧账”。[29]然而,法院必须回应作为被告的创作组织者提出的有关法规范秩序时空限定性的诘问。法规范秩序的溯及困境突出体现在特定历史时期演绎性质革命文艺作品的改编授权问题上。文艺工作者一般基于当时的计划体制否认改编授权的自愿性,并主张在《著作权法》颁行后,演绎者需要重新获得原作品著作权利人的许可。创作组织者则主张,如果用当代著作权法秩序的逻辑去硬套“红色”版权秩序中文艺创作的行为模式,将有悖当时人们对自身行为后果和国家发展模式走向的预期。

第三,法律与社会关系的想象差异。法规范秩序的溯及问题本质上是一个认识论层面的问题,法官需要以自身所处的时间点和空间点为基点,针对“过去”即“历史”上的,以及“现在”或者“现实”存在的规范秩序及其实践的实证性知识进行“再现性”想象。[30]这种“再现性”想象不是天马行空的,一方面它要依托“过去”和“现在”存在的规范秩序及其实践的实证性知识提供的诸如法律概念等的具体质料,另一方面要受到法官对特定时间点和空间点的法律与所处社会之关系的事实性认知和规范性判断的影响。对法律与社会关系的不同想象支配法官对法律在整体上的精神品格的理解,进而对法官的法律适用工作与事实认定工作起到认知框架的作用。比如,有学者在研究欧洲各国法院以及欧盟法院涉及维系欧洲共同体问题的判决时发现,当出现法律漏洞时,应当选用何种理念指导法律解释成为法官需要面对的问题:是基于民法的意思自治,还是要符合市场经济下的便利市场原则,抑或是采取所谓的“有利于欧洲”的立场?对这一问题的回答实际上建立在对欧洲以及欧洲共同体前景的判断上,具

〔28〕 1991年施行的《著作权法》第55条规定:“本法规定的著作权人和出版者、表演者、录音录像制作者、广播电台、电视台的权利,在本法施行之日尚未超过本法规定的保护期的,依照本法予以保护。本法施行前发生的侵权或者违约行为,依照侵权或者违约行为发生时的有关规定和政策处理。”

〔29〕 宋木文:《关于〈中华人民共和国著作权法(草案)〉的说明》,载《宋木文出版文集》,中国书籍出版社1996年版。

〔30〕 参见姚建宗:《法律想象论纲》,载《东北师大学报(哲学社会科学版)》2021年第3期。

体而言,是建立在对单一民族国家生活方式还是跨国家的共同体生活方式的选择上。[31]

在红色经典作品版权纠纷中,“红色”版权观念表达的是对集体性的社会文艺生产秩序的向往。革命文艺作品从选题到最终形成要经历多环节多部门多人员的打磨,各类文艺工作者和文化管理部门都是文艺生产大系统的“螺丝钉”。如果对革命文艺作品简单套用“个人产权/著作权”制度,细分各部分的产权要求,将会使革命文艺作品产权高度碎片化,进而导致产权无法被有效行使的“反公地悲剧”。只有在集体主义的文艺创作模式中,具有宏大性的革命文艺作品才有诞生的可能,而强调个人主义创作模式的当代著作权法不仅不会对需要协调大规模人力、物力的革命文艺作品的创作起到激励作用,反而会对其产生抑制作用。[32] 与此相反,受现代法律知识规训的法律人对个人主义法律传统,对建立在非人格化的、工具性的、有限的和临时性关系上的社会景象通常有未经反思的自觉信仰。[33] 因此,在红色经典作品版权纠纷中,他们会认为当代著作权法的一个核心特征就是,内含于著作权的各种“子权利”随时按照著作权人的意志自由被流转并相互间有机结合以使著作权人的收益最大化。一部大型作品的创作能够通过利益机制主动或被动地将拥有不同艺术作品生产能力的著作权人集结起来。

在审理红色经典作品版权纠纷时,法官对法律与社会关系的想象在决定法律解释方向与事实认定方向的意义上对司法裁判起到裁判理念层面的“扳道工”角色。[34] “规范性科学的方法必然建立在规范性假设的基础上。任何规范

---

〔31〕 参见[荷]马丁·W.海塞林克:《新的欧洲法律文化》(增订版),魏磊杰、吴雅婷译,中国法制出版社2018年版,第145~204页。

〔32〕 参见苏力:《昔日“琼花”,今日“秋菊”——关于芭蕾舞剧〈红色娘子军〉产权争议的一个法理分析》,载《学术月刊》2018年第7期。

〔33〕 参见[英]罗杰·科特威尔:《法律社会学导论》(第2版),彭小龙译,中国政法大学出版社2015年版,第75~78页。

〔34〕 参见应星:《比较历史分析源流辨析》,载阎步克、邢义田、邓小南等:《多面的制度:跨学科视野下的制度研究》,生活·读书·新知三联书店2021年版。

的法律分析方法必然要建立在看待世界的特定方式基础上。”[35]反之,法官对具体法律解释方法与事实认定模式的选用不仅反映出法官对“过去”或“现在”的规范秩序的认识,也体现法官对“未来”理想规范秩序形式的追求。

三、革命法律传统的司法表达

法律传统之间的“转译”过程是一个“依法”(受个人主义法律传统支配的当代著作权法秩序)重新想象受革命法律传统支配的“集体/个人、创作/执笔和革命文艺/作品之间的全部政治伦理关系”的过程,[36]但并不意味着要用当代著作权法规范的概念与理念去裁剪特定历史时期的事实与规范。事实上,借助在个人主义法律传统下发展出的法律适用方法与事实认定技术,法官在一个个红色经典作品纠纷案件中不断赓续革命法律传统。

(一)重构“作者—作品”关系

在当代著作权法秩序中,著作权益分配关系的界定有赖法官在判定具体作品是法人作品、特殊职务作品抑或是一般职务作品的基础上确定著作权益的归属。在红色经典作品版权纠纷中,法官逐步建立起一套并不明确见诸著作权法文字的革命文艺作品创作利益分享机制,以期实现个体文艺创作者与创作组织者之间利益关系的再平衡。

第一,革命文艺作品作者的个体化推定。作品作者是当然的著作权人,只有在著作权发生二次流转的情况下,才可能出现作品作者与著作权人不一致的情况。为便利作品作者的判定,《著作权法》确立了“署名推定规则”,即如无相反证明,在作品上署名的公民、法人或者非法人单位为作者。在红色经典作品版权纠纷中,这一立法意图为“便于处理著作权的纠纷”[37]的技术性规定却被法官用作优先推定个体创作者为作品作者的法律工具。20世纪60年代末以前,“红色”版权秩序通常认可“集体创作、个人执笔”的作品署名方式。个体创作者作为人民真理的技艺性传达者,享有将其名字列于创作组织者之后的非法

---

[35] [荷]马丁·W.海塞林克:《新的欧洲法律文化》(增订版),魏磊杰、吴雅婷译,中国法制出版社2018年版,第198页。

[36] 参见冯象:《法盲与版权》,载《读书》2001年第1期。

[37] 胡康生主编:《著作权法释义》,北京师范学院出版社1990年版,第34~35页。

定署名权益。鉴于此,法官创造性地将这种原本体现否定个体创作者作者地位的署名方式解释为特定历史时期特殊的作者署名方式,进而依据“署名推定规则”径行认定个体创作者革命文艺作品作者的地位,而让创作组织者承担否定推定的举证责任。革命文艺作品作者的个体化推定一方面使个体创作者在作者地位的司法认定中享有相对于组织创作者的优先地位,另一方面通过简化和抽象化创作事实,将案件关注点锁定在特定革命文艺作品的权属问题上。但是,采用这种推定方式存在一定的风险,因为在特定历史时期,部分具有领导身份的个人会以组织代表的名义介入作品署名,将个人姓名列于作品之上,甚至排斥、取代作为原始创作者的个体创作者署名。[38] 同样,在作品长期以来以法人名义署名的情形中,个体文艺创作者难以通过推定彰显其作为作者的优先地位。

第二,作品类型界定标准的再解释。虽然作品作者是当然的著作权人,但是在作品上署名者并不绝对是作者;这是因为,既可能署名没有著作权法上的意义(如法人作品上执笔者的署名),也可能署名不代表排他性的著作权利分配(如特殊职务作品中的个体创作者不享有署名权之外的著作权利)。因此,确定作品类型成为确定红色经典作品著作权属认定的核心环节。法人作品与职务作品在构成要件上存在重合之处,这种状况虽然加大了司法实践中对两种作品进行区分的难度,却也给法官留出了回旋余地。

总体来看,通过各种法律解释方法的运用,法官一方面限缩法人作品的适用空间,另一方面扩大职务作品的覆盖面。[39]

首先,就法人作品而言,法官严格解释“代表法人意志创作”,将法人作品“创作”要件的含义限定于“创作者个人自由思维的空间不大,不能充分发挥主观能动性,创作思想及表达方式完全或主要代表、体现法人的意志”的情形。[40] 同时,法官将“由法人主持”作为认定法人作品的关键要件,认为法人必须根据自身业务要求,实施制定创作标准、划分人员职责、安排创作进度、确定作品最终表达形式等一系列系统性的组织行为,否定仅仅依据提供创作便利条件、提

---

〔38〕 参见王冬梅:《如何了断“文革”前著作权纠纷》,载《中国京剧》1999 年第 3 期。

〔39〕 参见朱冬、王轩:《法人作品中创作者署名权保护的解释进路》,载陈金钊、谢晖主编:《法律方法》第 25 卷,中国法制出版社 2018 年版。

〔40〕 参见福建省厦门市中级人民法院(2018)闽 02 民终 1515 号民事判决书。

出主题和创作要求等情形判定法人作品成立。[41]

其次,法官会扩大特殊职务作品的法定类型。基于立法意图解释,法官认为《著作权法》对法定特殊职务作品的列举具有非封闭性,可将部分能够进行类比的红色经典作品划入法定特殊职务作品范围。比如,虽然大型绘画作品不属于《著作权法》列举的具有实用目的的作品(如由法人或者非法人单位承担责任的工程设计、产品设计图纸等)之一,但在考虑立法本意的情况下,可以依照法定特殊职务作品的规定确定绘画作品的权属。[42]

最后,法官意图打通特殊职务作品与一般职务作品之间的转换通道。一方面,法官通过将特殊职务作品中的"物质技术条件"严格限定为单位"专门"为红色经典作品创作提供的资金、设备和资料,限缩认定个体创作者与创作组织之间的物质依赖关系。另一方面,基于特定历史时期人们对文艺作品创作模式的普遍认识,即个体创作者基于职责所在完成工作任务所创作的成果归属于单位,法官视不同作品的具体情况将涉案作品归类为基于事实契约关系的约定特殊职务作品,[43]或者是由创作组织者和个体创作者共同分享著作财产权的"准"一般职务作品。比如,军队报社记者在军队的安排下拍摄的抗美援朝照片虽未被认定为法人作品,但考虑当时特殊的历史背景,照片被认定为介于特殊职务作品与一般职务作品之间中间地带的作品;记者只享有人身权利和"一定范围内的著作财产权利",而非一般职务作品项下完全的著作权。由此形成未见诸《著作权法》条文的新的职务作品利益分享机制。[44]

通过一系列扩张和限缩解释,当下的司法实践将极其特殊的革命文艺作品,主要是那些代表创作组织者参与社会政治活动并由其承担最终政治责任的

---

〔41〕 参见何怀文:《中国著作权法:判例综述与规范解释》,北京大学出版社 2016 年版,第 198~203 页。

〔42〕 参见福建省厦门市中级人民法院(2018)闽 02 民终 1515 号民事判决书。

〔43〕 参见"上海美术电影制片厂与电子工业出版社、曲某方著作权权属、侵权纠纷案",载《最高人民法院公报》2018 年第 10 期。该案件的涉案作品阿凡提艺术形象虽非红色经典作品,但是,由于该案同属于跨历史时期版权纠纷案件,整体案情和主要争议焦点与红色经典作品版权纠纷案件高度相似,因此具有参考意义。

〔44〕 参见北京市高级人民法院(2004)高民终字第 900 号民事判决书;王迁:《著作权法》,中国人民大学出版社 2015 年版,第 229~230 页。

作品认定为法人作品,将需要专门物质资源支持的宏大革命文艺作品认定为特殊职务作品,将主要依赖个体创作者创造性劳动的作品认定为一般职务作品或“准”一般职务作品;由此形成了以特殊职务作品为主体的“一般职务作品—特殊职务作品—法人作品”的递进式作品类型标准。这一标准的确立虽然便于司法实践处理红色经典作品版权纠纷的技术化考量,但在某种程度上也重构了“作者—作品”关系的政治伦理意涵。创作组织者的意志(法人意志或单位意志)不再被认为是人民真理的唯一表达渠道,每个个体艺术创作者可亲自与人民沟通、与人民对话,经由自己对劳动人民生活经验的个体化感悟与艺术化呈现直接表达人民真理。在这种意义上,人民真理的表达形式不再是集中化的命令式表达,而是转向弥散化的分散式表达。这样一种经过重构的“作者—作品”关系意味着个体化的真理表达渠道与组织化的真理表达渠道并存,在形式上扩大了人民真理的辐射媒介,但在实质上保留了革命文艺作品“作者—作品”关系的“人民—真理”范式。这既是社会转型时期多种法律传统并存现状的反映,也意味着一种革命文艺作品创作利益分享机制在司法实践中被逐步确立起来,直接回应了红色经典作品版权纠纷中不同著作权利主体之间“多与少”的权益分配比例问题。

(二)重释法律溯及力

在红色经典作品版权纠纷中,由于法规范及其所要针对的要件事实之间存在时空错位,经法律解释得出的“一般职务作品—特殊职务作品—法人作品”的递进式作品类型判定标准若想成立,还需解决如下前提性问题:判定在特定历史时期发生的要件事实对于当代著作权法秩序具有何种意义。换言之,这是一个关于当代著作权法秩序是否溯及既往和如何溯及既往的问题。

作为对这一问题的回答,在目前的司法实践中,“习惯说”占据主流地位。“习惯说”的思路是,法官可以援引民法上的“习惯”概念作为“红色”版权秩序的法规范基础。特定历史时期行为人的行为因为习惯而具有法律效力,这种习惯形成自党和国家在文艺创作领域的政策,有特定的政治、法律和社会背景。习惯带来的法律效力是行为人的行为自始具备的,而非经后天认可取得的。[45]“习惯说”试图将作为民法渊源的“习惯”作为“红色”版权秩序的法规范基础,

〔45〕 参见徐家力、赵威:《论 1991 著作权法施行之前文学艺术作品改编许可的效力——以“红色娘子军案”为切入点》,载《法律适用(司法案例)》2018 年第 10 期。

进而基于"法律没有规定的,可以适用习惯"的裁判规则,让当代著作权法秩序接纳"红色"版权秩序的一部分概念、理念以及相应的要件事实。比如,在特定历史时期,依照当时的习惯,个体文艺创作者接受行政命令参与自己作品改编的事实行为被认定为已经默示许可改编者(通常也是表演者、出版者等)行使改编权。同时,个体创作者在当时作出的改编许可(或表演许可、出版许可)又可进一步依照当时的历史背景被认定为具有不可撤销性和永久性。因此,即便个体创作者可依据当代著作权法规范要求改编者或表演者支付报酬,但也不能终止相关许可。这样便可确保改编者永久性地享有相关革命文艺作品的专有表演权或专属出版权。[46] 这意味着,在特定历史时期所作行为的效力能够通达当代著作权法秩序,也即可以得到后者的认可。

除"习惯说"外,在司法实践中还存在"径行适用说"和"补认说"两种裁判方案。但是,由于"径行适用说"和"补认说"均存在政治伦理上的缺陷,它们在司法实践中并不占据主流地位。法官的这种选择体现出其在整合革命法律传统与个人主义法律传统时的司法智慧。

"径行适用说"的思路是,法官在无法寻找到特定历史时期出台的规定和政策的情况下,可以径行适用当代著作权法秩序的概念与理念处理特定历史时期发生的版权事实。这种处理方式直接无视法规范秩序的溯及困境,因此,在司法个案中通常会遭受将现行法规范机械套用于特定历史时期事实的质疑。当事人会直接指出特定历史时期没有现代意义上的民法秩序和著作权法秩序,行为人无法形成民法上的意思表示和作出民事法律行为。因此,当时的事实行为不具有著作权法上的法律效力。[47]

"径行适用说"的问题在于没有认识到不同历史时期法秩序的正当性基础不同,不能在不同法律传统之间采用相互的替代性解释。"补认说"意识到了这个问题,转而关注如何通过对当代著作权法和民事法律的既有概念和规范加以创造性解释,来为"红色"版权秩序提供法规范基础,以此探寻打通不同历史时期规范秩序的可能性。"补认说"的思路是,当事人可以通过事后的效力追认连通"红色"版权秩序与当代著作权法秩序。该说主张,行为人在特定历史时期作出的行为只是事实行为,不具有著作权法上的法律效力。只有在 1991 年《著作

〔46〕 参见天津市第一中级人民法院(2017)津 01 民初 20 号民事判决书。

〔47〕 参见北京市西城区人民法院(2012)西民初字第 1240 号民事判决书。

权法》施行以后(退一步来讲,至少也是在 1987 年原《民法通则》施行以后),民法秩序在中国建立起来,相关各方通过补订协议等方式进行补充确认,事实行为才能具有著作权法上的法律效力。[48] 然而,“补认说”也存在不可忽视的问题:首先,市场经济条件下,事后给予当事人补认的权利将使补认行为颇具机会主义,这可能会动摇特定历史时期发生的大量事实性版权行为,导致本来稳固的文艺创作关系混乱,给人民司法带来巨大的政治伦理负担。[49] 其次,“补认说”允许已经身处民法秩序中的当事人重新确认无民法秩序时期行为的意义与效力的做法,意味着用当下人的思维模式取代特定历史时期人的思维模式,有以宽泛意义上的民法秩序溯及过往历史的嫌疑。毕竟,当事人的“意思表示”只有在现代民法秩序中才有存在的可能。

相比而言,“习惯说”对法律解释方法的运用尊重特定历史时期国家的治理模式与普通人的生活方式,因而同时具有法律上的专业性和政治伦理上的正确性。“习惯说”的这种优势源于“习惯说”对当代民法“习惯”概念的创造性解释。“习惯说”认识到在特定历史时期,文艺创作领域内形成的习惯具有与当代的民事习惯不同的特殊性:作为习惯确立基础的外在的规律性行为模式与内在的指向必要确信的规范性实践,并非凭借具有自主性的民事主体的自由意志搭建起来的[50],而是有相当的国家意志建构色彩。在意识到特定历史时期个人与国家具有不可分性的情况下,法官可利用事实性的习惯反推处于规范层面的“有关规定和政策”来处理红色经典作品版权纠纷,进而将纠纷还原至当时的历史情境中加以解决,对当时的国家治理模式与普通人的生活方式作一个具有整合性的理解。

(三)重建法律与社会关系想象

在红色经典作品版权纠纷中,法官需要进行“再现性”想象,这意味着“红色”版权秩序既可以说是特定历史时期的事实性存在,也可以说是包含人的认知因素的建构性存在。“习惯说”给予法官认定特定历史时期版权秩序的自主

[48] 参见北京知识产权法院(2015)京知民终字第 1147 号民事判决书。

[49] 参见徐家力、赵威:《论 1991 著作权法施行之前文学艺术作品改编许可的效力——以“红色娘子军案”为切入点》,载《法律适用(司法案例)》2018 年第 10 期。

[50] 参见张琼文:《习惯法的严格概念与类型——兼与陈景辉教授商榷》,载《法学》2019 年第 11 期。

空间。习惯的存在与否以及习惯的规范效力需要得到法官的事后认可,这有赖法官关于习惯是否符合整个法律体系以及宪治安排的目的和精神的考评结果,以及更深层次的法律与社会关系想象。[51] 在司法个案中,法律与社会关系想象体现在法官对于"红色"版权秩序采取本质主义或是非本质主义的多样化理解上。但是,从案件判决结果和法官决策过程来看,无论是哪种理解方式,革命法律传统作为裁判方案的底色这一点始终没有变化。

首先,"红色"版权秩序的本质主义理解将这一秩序形态作一种固化而且通常是贬义的解释,认为它存在的时代是"前法律时代"。[52] 这种本质主义理解对法律传统的演进作一种线性的解释,宣示特定历史时期版权秩序的时间性,将当代著作权法秩序带入永恒的无时间性。[53] 如果仅从文字上理解这些表述,可能会让人觉得法官是在宣告特定版权秩序的历史终结。但是,如果从实质的裁判观点来看,无论是以特殊职务作品为主体确认红色经典作品的类型而仅仅赋予个体创作者以署名权,还是承认改编权、表演权许可行为的不可撤销性而永久性地保障创作组织者的演出利益,这些方面都指向法官并未拒绝"红色"版权秩序。这种本质主义理解及其文字表达更多地应该被解释为基于受到个人主义法律传统支配的专业精神的情感宣泄。在司法实践中,法官只是将这种专业精神体现在如何在形式上运用文义解释方法等现代法律技术呈现符合特定政治伦理要求的裁判结果。比如,法官会在裁判中刻意呈现以文义解释优先,目的解释与历史解释居次的说理方式,以体现判决对法律文本的尊重,并通过分层且具有针对性的判决行文风格展现现代法律强调体系性、明确性的特点,即使裁判结果实际上主要反映了革命法律传统的要求。[54]

---

[51] 参见杨建军:《惯例的法律适用——基于最高人民法院公报案例的考察》,载《法制与社会发展》2009 年第 2 期。

[52] 参见最高人民法院中国应用法学研究所编:《人民法院案例选》(2018 年第 7 辑),人民法院出版社 2018 年版,第 180 页。类似的表述出现在许多红色经典作品版权纠纷案件的裁判文书中。

[53] 参见李斯特:《坏声明与好法治——社会主义中国文艺法律政策中的权利书写》,载《学术月刊》2018 年第 7 期。

[54] 请仔细比较"梁某与中央芭蕾舞团著作权权属、侵权纠纷案"一审判决书与二审判决书的论证逻辑与行文风格。

其次,"红色"版权秩序的非本质主义理解对版权秩序的形态持开放态度,即不在价值上予以肯定,最多只是放弃或回避对特定版权秩序形态的评判。这种非本质主义的理解将新中国宪治的历史延续性作为"红色"版权秩序的正当性基础。由于"人民"在我国宪治中的基础性地位,以及无论历史时期如何更替"人民"所具有的承继性,对新中国成立以来的宪治秩序及其中的版权秩序应作一个整体性的理解,而非割裂地分别采取相互对立的立场。在红色经典作品版权纠纷中,秉持非本质主义理解的法官试图通过红色经典作品的跨历史时期使用事实来倒推界定作品的著作权属。换言之,作品著作权属的判定不仅要依据作品的创作事实,还要参考作品的后续利用事实。由于后续利用事实具有跨历史时期的特点,所以法官能够在开放和流动的时空中结合不同历史时期版权秩序的观念确定作品著作权利的归属。比如,如果涉案作品在被创作出来后一直由个体创作者和创作组织者分别利用,双方没有对对方的权利行使提出过异议,法官即认定双方均默认信赖对方可以作为涉案作品的著作权人行使和支配相关权利。由此确立的作品创作利益分享机制,能够大体平衡双方基于不同版权秩序提出的诉求。[55] 由此可见,对"红色"版权秩序采取非本质主义的理解意味着当代著作权法秩序对"红色"版权秩序是开放包容的,革命法律传统能够在对历史的整体性而非割裂的解释中得到延续。

结　语

2018年5月,最高人民法院下发通知指导地方各级人民法院正确审理涉及保护红色经典传承的案件,要求深刻认识相关案件的特殊性,秉承尊重历史、尊重法律、尊重权利的原则,坚持红色经典司法保护的利益衡平。但是,虽然尊重权利原则被置于尊重历史原则之后,但是,该通知仍要求依法正确界定受《著作权法》保护的红色经典作品类型,并在此基础上准确认定不同的权利属性和类

〔55〕 参见"上海美术电影制片厂与电子工业出版社、曲某方著作权权属、侵权纠纷案",载《最高人民法院公报》2018年第10期;广东省高级人民法院(2008)粤高法民三终字第166号民事判决书。

别。[56] 结合上文对红色经典作品版权纠纷的分析可知,国家最高司法机关的指导意见可以被解读为在用当代著作权法规范的核心概念、基本思路来想象性地重构革命法律传统,从中展现出革命法律传统与西方个人主义法律传统之间的一种具体互动方式:虽然源自西方个人主义法律传统的当代法律制度为不同法律传统之间的关系问题的处理提供了一系列基本的法概念和符号,但是这些法概念和符号组成的法律规范并未起到对人的行为的规范指引作用,反而成为法官证立革命法律传统的正当性时所策略性运用的资源。[57]

首先,中国革命法律传统及其背后的正义标准为人们认识法律及其与社会的关系提供了一套总体性的认知框架,人们的基本思维进程均依循这套框架展开。更进一步,作为认知框架的革命法律传统具有构成性,它能够塑造人们对于“过去”和“现在”的规范秩序及其实践的实证性知识的“再现性”想象和对“未来”的规范秩序的“创造性”想象,并用这些想象为总体性认知框架的搭建提供事实性依据与规范性依据。

其次,个人主义法律传统及其背后的正义标准,一方面,为中国革命法律传统的表达提供了一系列基本概念和符号,是后一法律传统呈现的载体;另一方面,这些基本概念和符号并不一定是用以统摄社会生活事实的先验的固定要件,对于法律实践中不同的利益诉求者来说,它们主要是作为一种提供行动合法性的话语资源而存在,是利益诉求者据以主张和维护自身权益的标准和筹码之一。[58]

最后,个人主义法律传统与中国革命法律传统也在互动中不断进行自我调适,并互相补足。个人主义法律传统及其背后的正义标准既不能证立中国革命法律传统的法律主张完全意义上的正当性,但它也不是一种完全与正当性无关的虚假性包装。基于中国革命法律传统的法律主张既利用也受制于西方个人

---

〔56〕 参见最高人民法院《关于加强“红色经典”和英雄烈士合法权益司法保护弘扬社会主义核心价值观的通知》(法〔2018〕68 号)。

〔57〕 最高人民法院《关于加强新时代知识产权审判工作 为知识产权强国建设提供有力司法服务和保障的意见》(法发〔2021〕29 号)指出:“依法加强‘红色经典’和英雄烈士合法权益保护,以法治手段传承红色文化基因,大力弘扬社会主义核心价值观。”

〔58〕 参见陈鹏:《业主维权运动与城市基层治理的转型——基于 B 市的实证研究》,载《城市观察》2015 年第 6 期。

主义法律传统提供的概念与符号。换言之,个人主义法律传统提供的概念与符号既可以被创造性地解释而服务于中国革命法律传统的表达,与此同时,它也会在这一过程中通过这些概念与符号向中国革命法律传统注入自身的智识资源和精神基调,影响革命法律传统的表达,从而实现集体利益与个体利益的和谐共处。

The Logic of Integrating Legal Traditions in Copyright Disputesover Revolutionary Classic Works

Chen Yueou

Abstract: Copyright disputes over revolutionary classical works reflect the conflict between the rights-free "red copyright" conception nurtured by the revolutionary legal tradition and the rights-centered individualistic copyright conception of the West, but the integration between different legal traditions is not impossible. An examination of copyright disputes over revolutionary classical works reveals that judges have used the methods of law-application and fact-finding to establish mechanisms for sharing the benefits brought by revolutionary classical works. While the contemporary copyright legal system deeply influenced by the western individualistic legal tradition provides a set of basic legal concepts and symbols to describe the relationship between different legal traditions, legal norms do not mainly play a normative guiding role in human behavior, but rather are resources that judges use strategically to justify the revolutionary legal tradition. The People's Judicature perpetuates the revolutionary legal tradition.

Key words: Legal tradition; Revolutionary classic works; Copyright; Justice

性侵被害人作证程序的完善
——澳大利亚性侵法律的改革实践

曾元君*

内容提要：

被害人陈述是性侵案件的关键证据，但我国立法、司法、学界较少对性侵被害人作证相关问题予以关注。传统的案卷笔录中心主义审理模式正受到庭审实质化改革的挑战，需思考性侵被害人是否应出庭作证及如何作证。我国当前的性侵法律有待完善；由于作证协助服务阙如、庭审控辩对抗、辩护律师滥用强奸谬见、特殊作证保护措施缺失，性侵被害人作证易遭受严重二次伤害。澳大利亚性侵法律改革路径反映出英美法系主要国家对抗式性侵审判改革的一般路径。分析澳大利亚程序法、证据法改革所采取的澄清常见强奸谬见与改善作证保护两条主要路径，并结合“高某某、王某案”法庭观察以考察其改革实效，可从完善被害人作证程序角度，为我国性侵审判平衡被害人隐私、尊严利益与被告人公正审判权，以及确保被害人证言质量提供参考。

关键词：

性侵　被害人　出庭作证　二次伤害　强奸谬见

一、导论：问题与方法

刑事司法系统是性侵被害人实现正义的主要渠道，也是反映一国文明程度的窗口。近年来，为改善性侵儿童犯罪案件的办理，最高人民法院和最高人民检察院相继颁布一批典型案例和办案指南。然而，总体而言，我国性侵法律有待完善。性侵案件审理存在给被害人造成巨大二次伤害的弊病，以审判为中心

---

* 西南政法大学法学院讲师、诉讼法与司法改革研究中心研究员。

的司法改革为性侵被害人出庭作证带来新的要求和挑战。性侵通常案发隐秘,被害人陈述是关键的定罪证据。在被告人不认罪或者对被害人关键证言存在异议的情况下,通常需要被害人出庭,以确保辩方有效质证和法庭准确查明事实。改善性侵被害人作证体验,减轻二次伤害,符合司法人权保障理念。

在我国推进庭审实质化的改革背景下,需处理好保护性侵被害人免遭二次伤害与保障被告人获得公正审判之间的冲突。澳大利亚自 20 世纪 70 年代开始性侵实体法、程序法、证据法改革。其性侵法律改革路径反映出英美法系主要国家对抗制刑事诉讼相应改革的一般路径,具有代表性,并处于世界领先水平。例如,新南威尔士州(New South Wales, NSW)率先赋予性侵被害人心理咨询记录受保护的特权(sexual assault communications privilege),即在控辩双方申请法庭调取或者引证被害人咨询记录时,被害人有权出庭反驳该申请,并可以获得法律援助,甚至可以对法庭的许可进行上诉(interlocutory appeal)。诚然,中国和澳大利亚在诉讼模式、促进法律变革的社会动力等方面存在差异,但两国在性侵案件审理中都面临平衡被害人隐私、尊严利益和被告人质证权的共同难题。澳大利亚改革所采取的破除常见强奸谬见与改善被害人作证体验的路径及其实际成效,可以为完善有关机制提供价值参考。

本文主要运用法庭观察(court observation)的实证研究方法,对“高某某、王某案”被害人作证进行全程观察,[1]为我国提供相应的改良思路。由于该案审判地所在的新南威尔士州法律规定,严重性侵罪被害人作证程序为不公开审理(除此之外的庭审过程,包括其他证人作证,则公开审理),笔者以研究为目的,向法庭申请了旁听许可。主审法官经征求控辩双方意见,破例允许笔者和在座

〔1〕 该案历经两次审理。由于原审陪审团未能就两名被告人所涉罪行达成一致或多数意见,该案在新组成陪审团后重审。重审程序中当庭播放被害人在原审程序的作证视频,未要求其本人到庭。笔者观察的是原审被害人(通过视频)作证程序。本文以澳大利亚人口最多的州——新南威尔士州的性侵法律改革为例。该州也是“高某某、王某案”的案发地和审判地。澳大利亚各州和领地的性侵法律改革虽然步调不一,但方向一致,故而新南威尔士州的性侵法律改革具有代表性。

新闻记者一起旁听和记录被害人作证。[2] 笔者在申请旁听许可时,已向法庭明确说明信息的研究用途,包括论文写作和研究成果发表。本文中案件相关信息的描述符合法庭为避免被害人身份信息曝光而签发的"禁止发布令"(non-publication order)的限制。[3] 此外,本文的一处论证(强奸谬见在我国性侵案件庭审中的使用情况)结合了笔者从"中国裁判文书网"上收集的12份强奸案一审判决书。这些判决书由各省基层人民法院于2015年至2020年作出,均为有罪判决。另有几处论证适当结合笔者与来自北京、深圳等地的4名刑庭法官和北京的3名专业性侵被害人诉讼代理律师关于性侵被害人参与刑事诉讼司法实践的访谈、问卷调查。[4]

二、我国性侵被害人作证现状

(一)我国性侵法律改革现状

我国性侵实体法、程序法、证据规则改革速度较缓慢。就实体法而言,目前强奸罪仅是指男性在违背女性意愿的情况下与其性交。除近年来因强化女童

---

〔2〕 新闻记者可在被害人以视频方式作证的情况下旁听、报道被害人作证过程,see Criminal Procedure Act 1986 (NSW) ss 291, 291C。按照"司法公开"原则,性侵案件只有在被害人出庭部分才不公开审理,并且媒体有权报道被害人证言。性侵案件其他证人作证时,为公开程序。

〔3〕 该法令仅禁止曝光被害人身份信息及可能致使其身份曝光的信息,see the Crimes Act 1900 (NSW) s 578A.

〔4〕 判决书和访谈、问卷的具体使用情况请见正文及相应脚注。本文为了便利参与者,在必要时使用问卷作为访谈的替代选项。问卷内容与访谈问题一致,皆为开放性问题。本文的观察、访谈(问卷)、判决书分析采用定性研究法。按照实证研究理论,定性研究是有关含义的研究,统计逻辑并非其基础。"特定信息出现的频率对定性研究而言通常不重要,因为在理解某主题背后的过程方面,一次出现可能与多次出现同样有用。" See Mark Mason, *Sample Size and Saturation in PhD Studies Using Qualitative Interviews*, (2010) 11(3) Forum: Qualitative Social Research, https://www.qualitative-research.net/index.php/fqs/article/view/1428. 本文的实证研究方法已获得笔者所在单位的伦理审查委员会批准,批准编号:HC190060。本研究使用的编号指代法官和律师身份,法官为F1、F2、F3、F4,律师为L1、L2、L3。

保护,立法相继将奸淫幼女规定为强奸罪法定从重情节,废除嫖宿幼女罪,加重处罚奸淫不满 10 周岁幼女或造成幼女伤害的行为,增设猥亵儿童加重处罚情节和负有照料职责人员奸淫已满 14 周岁不满 16 周岁女性人罪条款外,强奸罪的法律定义并未得到拓展。引人注目的是,《刑法修正案(九)》将男性纳入强制猥亵罪的被害对象。从程序法和证据规则角度看,我国在 20 世纪 80 年代为改善强奸案件办理进行了以下两方面的尝试。

一方面,公安司法机关试图澄清困扰司法实践的与证据审查相关的部分强奸谬见(rape myths, 也译作"强奸迷思")。强奸谬见,是指"一系列以强奸案罪犯、强奸行为和被害人为中心的过度简化和僵化的认知模式",旨在"否认或正当化男性对女性的性攻击",并将责备和刑事审判的焦点从被告人转移至被害人身上。[5] 强奸谬见兼具"描述性"与"规范性"(prescriptive),塑造了人们对"真正强奸"的期待,[6]并用于"解释和组织"有关强奸信息的认知"框架"。[7] 强奸谬见源于对被害人和性别的刻板印象。根据克里斯蒂(Nils Christie)的理想被害人理论,人们期待中的最可能获得"完整和合法被害人地位"的理想被害人(ideal victim)是脆弱的:其在案发时的行为没有过错,且本人与罪犯素不相识;同时,其应当在案发后立即报案并表现出与被害经历一致的情绪,如生气、恐惧或沮丧。[8] 性别刻板印象则认为,人们应当以符合社会对其传统性别角色期待的方式行动。它将女人分别塑造成道德上保守的纯洁处女、忠贞妻子和

---

[5] See Regina A. Schuller et al., *Judgments of Sexual Assault: The Impact of Complainant Emotional Demeanor, Gender, and Victim Stereotypes*, 13(4) New Criminal Law Review: An International and Interdisciplinary Journal (2010), p. 761 - 762; Kimberly A. Lonsway & Louise F. Fitzgerald, *Rape Myths: In Review*, 18(2) Psychology of Women Quarterly (1994), p. 133; J. M. Gray & M. A. H. Horvath, *Rape Myths in the Criminal Justice System*, in Emma Milne et al. eds., *Women and the Criminal Justice System: Failing Victims and Offenders?*, Palgrave Macmillan, 2018, p. 15.

[6] See Susan Estrich, *Real Rape*, Harvard University Press, 1987, p. 15 - 26; Schuller et al., supra note 6, p. 762 - 763.

[7] Schuller et al., supra note 6, p. 762.

[8] See Nils Christie, *The Ideal Victim*, in Ezzat A. Fattah ed., From Crime Policy to Victim Policy: Reorienting the Justice System, St. Martin's Press, 1986, p. 17.

顾家的母亲角色，而要求男性遵从"阳刚规则"，展现出强硬、独立等的气质。[9] 符合这两种刻板印象的性侵被害人最容易获得公众（包括陪审团）的同情；相反，与其不符的被害人则更可能受到质疑和指责。[10] 性侵（尤其是熟人性侵）案件通常因缺乏目击证人或者客观证据而形成仅有被害人与被告人各执一词的僵局。当办案人员所掌握的案件"外部信息"不充分或者不明确时，其日常生活中接收到的强奸谬见往往发挥填补证据空白的作用。[11] 这些法外因素在一定程度上促成性侵案件定罪率较其他犯罪类型而言较低的司法现状。[12]

我国公安司法机关试图澄清的强奸谬见主要涉及被害人性声誉和案发时有无反抗。最高人民法院、最高人民检察院、公安部1984年颁布的《关于当前办理强奸案件中具体应用法律的若干问题的解答》（已失效）规定，办案机关不得以被害人生活作风好坏为判断性交之发生是否违背其意志的标准，且不得将被害人在案发时有无反抗表示作为认定强奸罪的必要条件，对于被害人未反抗或者反抗不明显的，办案机关应当具体分析、仔细区分。该解答也在一定程度上涉及被害人性历史证据的审查判断，提醒办案机关注意通奸转化为强奸的情况。1981年最高人民检察院《关于在办理强奸案件中可否检查处女膜问题的批

---

〔9〕 See Royal Commission into Institutional Responses to Child Sexual Abuse (Final Report, December 2017) p. 93 – 98.

〔10〕 See Dominic Abrams et al., *Perception of Stranger and Acquaintance Rape: The Role of Benevolent and Hostile Sexism in Victim Blame and Rape Proclivity*, 84 (1) Journal of Personality and Social Psychology (2003), p. 113.

〔11〕 See Abrams et al., supra note 11, 113 – 114; Annie Cossins, *Expert Witness Evidence in Sexual Assault Trials: Questions, Answers and Lar Reform in Australia and England*, 17 The International Journal of Evidence & Proof (2013), p. 89.

〔12〕 See *Australian Law Reform Commission*, *Family Violence—A National Legal Response*, Final Report No 114 (2010) Vol 1, p. 1187 – 1190. 此外，根据北京市海淀区人民检察院的统计，2011～2013年该院向海淀区人民法院起诉的性侵案件中，有27件经审判委员会审议，占起诉性侵案件总数的7%。其中，有5件在定罪、定性上存在争议。对此，法院拟作无罪判决的案件有4件，占审议案件总数的14.8%（均为强奸案）。尽管这4起案件中最终有3件作出有罪判决、1件被撤回起诉，也足以表明强奸案件因证据不充分而往往存在事实认定困难，为强奸谬见的适用留下了空间。参见胡志强主编：《性侵害犯罪公诉办案证据适用指南》，中国检察出版社2015年版，第6页。

复》禁止检查被害人处女膜并将其结论用作证据,从而限制被害人性历史对案件审查的不当影响。

另一方面,性侵案件办理程序有一定改进。为避免庭审对性侵被害人造成二次伤害,最高人民法院和最高人民检察院1982年发布《关于审理强奸案件应慎重处理被害人出庭问题的通知》(已失效),要求办案机关在开庭前征求被害人意见,对于不愿意到庭的被害人,可不通知到庭。同时,明令办案机关严格遵守不公开审理之规定,批评实践中"内部公开审理"的做法,禁止参加人员对外传播案件审理情况。《刑事诉讼法》在减少被害人创伤和保障其诉讼权利方面也取得了一定进展,主要包括:1979年《刑事诉讼法》规定检查妇女的身体,应当由女工作人员或者医师进行;1996年修正后的《刑事诉讼法》正式确立被害人当事人地位以及诉讼代理制度,允许被害人委托诉讼代理律师参加庭审,维护其诉讼权利和民事权益等。

尽管如此,公安司法机关自20世纪80年代后,并未持续规范性侵成年人案件的一般办案程序和证据审查;前述解答、通知等文件也早已失效。再者,仅少量强奸谬见得到关注,"被害人延误报案说明其指控为虚""真正强奸被害人的陈述总是一致"等常见强奸谬见未曾纳入澄清范围。在性侵成年人案件办理程序方面,则缺少特殊指导规范和创新举措。例如,目前全国多地试行的"一站式"取证服务仅适用于未成年性侵被害人〔13〕,立案和侦查阶段询问成年被害人的主体有时皆为男性,〔14〕审判阶段无特殊作证保护措施等。

与此同时,性侵未成年人案件的司法证明问题得到国内学者一定的关注。例如,向燕教授对性侵未成年人案件的证明模式、被害人陈述的审查、转述证据、倾向性证据、被害人性历史证据的使用以及社会科学研究成果在办理性侵

〔13〕 参见最高人民检察院《未成年人检察工作白皮书(2021)》;王春霞:《性侵未成年人案件"一站式"办案试点推广》,载中国妇女网,http://www.cnwomen.com.cn/2020/09/23/99209231.html。

〔14〕 信息来自笔者与具有丰富性侵案被害人诉讼代理经验的律师L2的访谈。

未成年人案件中的运用等问题进行了有益探索。[15] 未成年被害人与成年被害人在生理、心理、智力发育等方面存在差异，导致两类案件证据审查方面有所区别，包括对被害人陈述一致性和特定细节要素（如案发具体时间、地点）的要求。[16] 但两者存在更多的共同点，如证据类型类似、证据结构单一，需借助一般生活经验常识审查判断被害人陈述的真实性等。因此，当前学界关于改善性侵未成年人案件证明模式、证据审查的研究成果也可适当运用于性侵成年人案件。然而，性侵案件办理涉及的被害人作证程序问题尚未引起学界重视，相关实证研究匮乏。在庭审实质化的改革背景下，性侵被害人出庭对于确保被告人质证权和法庭准确查明事实具有重要意义，但也给性侵案件的传统审理方式带来了新的挑战。下文将结合我国性侵案件庭审司法实践，关注性侵被害人作证程序中存在的问题，以期弥补当前学界研究之不足。

（二）我国性侵被害人作证程序

与对抗式审判模式相比，我国刑事庭审模式中，性侵被害人遭受二次伤害的程度似乎相对较轻。一是因为我国目前以审判为中心的诉讼结构下，案卷笔录为法官裁判的重要依据。[17] 传闻证据规则和口头作证传统的阙如使得被害人往往不必到庭提供证言，其庭前陈述经公诉人宣读和控辩双方发表意见式质证便可用作定罪量刑的依据。印证证明模式的运用更是导致“口头证言缺乏独

〔15〕 具体可参见向燕：《综合型证明模式：性侵未成年人案件的证明逻辑》，载《中国刑事法杂志》2021 年第 5 期；向燕：《性侵未成年人案件证明疑难问题研究——兼论我国刑事证明模式从印证到多元“求真”的制度转型》，载《法学家》2019 年第 4 期；向燕：《论性侵儿童案件中被害人陈述的审查判断》，载《环球法律评论》2018 年第 6 期；向燕：《论性侵未成年人案件的证据运用》，载《青少年犯罪问题》2020 年第 5 期。

〔16〕 参见向燕：《论性侵未成年人案件的证据运用》，载《青少年犯罪问题》2020 年第 5 期；郑蕾、施倩：《解析性侵未成年人犯罪案件证据审查——以浙江省杭州市 172 起案件为样本》，载《人民检察》2017 年第 8 期。

〔17〕 参见陈瑞华：《案卷笔录中心主义——对中国刑事审判方式的重新考察》，载《法学研究》2006 年第 4 期；左卫民：《中国刑事案卷制度研究——以证据案卷为重心》，载《法学研究》2007 年第 6 期。

立的证明价值",被害人出庭与否对裁判结果的影响有限。[18] 再者,性侵被害人往往不愿出庭,法官基于司法资源、诉讼效率、保护性侵被害人免受二次伤害等方面的考虑,通常也不要求被害人到庭。二是由于我国并未采纳对抗式庭审以交叉询问为核心的证人证言检验机制和确立细致的质证规则,法庭调查的任务在于"证实"而非"证伪",因此对被害人的发问多为"证明性"发问而缺乏"攻击性";同时,对被害人、证人的询问时间普遍较短。[19] 在司法实践中,控辩双方普遍在证人接受完询问退庭之后再发表质证意见,因而被害人不致因不当质证意见受到刺激。[20]

即便如此,被告人不认罪的强奸案件审判实务中,不乏性侵被害人出庭的情况。[21] 根据北京某基层人民法院刑庭法官 F1 的性侵案件审理经验,性侵被害人出庭率较一般刑事案件被害人出庭率高,粗略估计在 10% ~20% 。[22] 其解释道:

> 因为这种案件,被害人的陈述是非常关键、直接的证据。并且有的时候,除了被害人陈述之外,恐怕也没有什么其他特别有利的直接证据。所以对被害人陈述的审查判断非常重要,这就客观上要求被害人出庭的必要性比一般案件大得多,所以出庭率确实比一般案件高。性侵案件中,也出现过很多控方公诉人申请被害人出庭,或者干脆直接把被害人带到法庭。主要也是因为这种案件往往缺乏其他有效证

---

〔18〕 参见左卫民:《刑事证人出庭作证程序:实证研究与理论阐析》,载《中外法学》2005 年第 6 期。

〔19〕 参见左卫民:《刑事证人出庭作证程序:实证研究与理论阐析》,载《中外法学》2005 年第 6 期;施鹏鹏:《职权主义与审问制的逻辑——交叉询问技术的引入及可能性反思》,载《比较法研究》2018 年第 4 期。

〔20〕 参见龙宗智:《刑事庭审人证调查规则的完善》,载《当代法学》2018 年第 1 期。

〔21〕 根据本文访谈对象之一的律师 L1 的经验,在其代理的性侵案件中,绝大部分被害人会出庭。

〔22〕 不同地区性侵被害人出庭率存在明显差异。例如,据深圳某基层人民法院法官 F2 的经验,在其参与的性侵案件审理中,被害人出庭率在 15% 左右;来自西藏某基层人民法院的法官 F3 和 F4 则分别表示,出庭率为 0% 和 5% 。

据证明,被害人陈述就很重要,控方担心它的指控能不能成立。我也遇到过有些案件中辩护人还没有申请被害人出庭,公诉人就提出"我要申请被害人出庭"……有的时候上诉案件二审经过审理觉得"事实不清,证据不足"。二审法院有的时候会跟一审法院沟通,说"为什么发回重审,就是因为被害人不出庭。同样的陈述,如果发回重审后审理的时候被害人出庭了,和之前的陈述是一致的,那就可以定罪"。也就是说事实、证据没有发生实质变化,但被害人出庭不出庭有的时候会影响心证的判断。

然而,我国目前缺少专业的作证服务机构和人员。经法庭传唤出庭作证的性侵被害人和其他证人一样,在审前通常不清楚作证流程和相关诉讼权利,作证时无支持者陪同,作证后无法及时获知庭审进展情况。研究表明,证人由于教育背景、社会阅历、心理素质等方面参差不齐,作证时难免会出现紧张、无法回忆起关键事实、表达混乱等问题,从而影响作证实质效果。[23] 鉴于性侵的创伤性后果,性侵被害人作证时,尤其可能出现上述情况。

我国庭审程序的控辩对抗色彩并不柔和,控辩双方乃至法官不当询问证人的现象绝非罕见。[24] "被告人、辩护人人格攻击式的发问,对被害人精神上会造成很大刺激。"[25] 在被害人被列为当事人参加庭审的情况下,其接受询问后可以听取控辩双方的质证意见,直面辩护律师、被告人的"攻击"。2017 年开始实施的《人民法院办理刑事案件第一审普通程序法庭调查规程(试行)》(以下简称《法庭调查规程》)第 19 条第 2 款规定:"控辩双方发问完毕后,可以归纳本方对证人证言的意见,控辩双方如有新的问题,经审判长准许,可以再行发问。"这意味着性侵被害人作为证人出庭的情况下,在质证意见发表阶段仍需在场。此外,不少成年被害人选择作为附带民事诉讼原告出庭。由于部分案件附带民

---

〔23〕 参见程银、朱若荪、谢丽珍:《论证人出庭"温州经验"的新挑战与实务应对》,载《法律适用》2019 年第 1 期。

〔24〕 参见左卫民:《刑事证人出庭作证程序:实证研究与理论阐析》,载《中外法学》2005 年第 6 期。

〔25〕 引自笔者对深圳某基层人民法院法官 F2 问卷的答复。

事诉讼被告为刑事被告人的亲属等人,出庭被害人还可能承受来自其亲属的指责。[26]

辩护律师对强奸谬见的频繁运用,易恶化被害人的诉讼体验。被害人不但须回顾创伤性案件细节,而且其隐私、职业、人格、尊严也要经受审查和质疑。据笔者对中国裁判文书网上公布的强奸判决书的分析,我国强奸案件庭审中常由辩护律师提出的强奸谬见主要包括(但不限于)以下7种:

1. 被告人性生活、性取向正常,故不会有和老年人发生性行为的想法。[27]

2. 被害人没有反抗、呼救,而且被害人没有伤痕,说明其有半推半就之嫌。[28]

3. 被害人与被告人关系特殊,为(前)男女朋友/前夫妻,或者两人存在稳定的性关系,不宜认定为强奸;或者即使构罪,其危害程度也较轻。[29]

4. 真正的强奸被害人在案发后会及时报案。[30]

5. 真正的强奸被害人在案发后会有沮丧、愤怒、逃离现场等表现。[31]

6. 被害人已长时间未有性生活,故系自愿与被告人发生性关系。[32]

7. 由于被害人工作性质特殊(如为KTV陪酒小姐),不能排除谎报案情的

---

〔26〕 据笔者对具有丰富性侵案件被害人诉讼代理经验的律师L2、L3的访谈,司法实践中这种情况并不罕见。

〔27〕 参见山东省沂水县人民法院(2019)鲁1323刑初535号刑事判决书;台州市椒江区人民法院(2020)浙1002刑初264号刑事判决书。

〔28〕 参见安徽省阜阳市颍泉区人民法院(2019)皖1204刑初304号刑事判决书;湖南省汉寿县人民法院(2020)湘0722刑初68号刑事判决书;山西省运城市盐湖区人民法院(2016)晋0802刑初字第365号刑事判决书。

〔29〕 参见吉林省前郭尔罗斯蒙古族自治县人民法院(2019)吉0721刑初371号刑事判决书;四川省邻水县人民法院(2020)川1623刑初162号刑事判决书;安徽省固镇县人民法院(2020)皖0323刑初39号刑事裁定书。

〔30〕 参见吉林省前郭尔罗斯蒙古族自治县人民法院(2019)吉0721刑初371号刑事判决书。

〔31〕 参见江西省信丰县人民法院(2015)信刑初字第198号刑事附带民事判决书;北京市顺义区人民法院(2020)京0113刑初16号刑事判决书。

〔32〕 参见江西省信丰县人民法院(2015)信刑初字第198号刑事附带民事判决书。

可能。[33]

可见,辩护律师借助强奸谬见攻击被害人及其证言的可信度,部分辩护意见甚至完全基于歧视和臆想,比如,上述第1点和第6点。这可能是由于被害人未到庭或作证后已退庭,辩护律师发表质证意见无所顾忌。暂且不谈这类意见最终能否影响法官裁判,必须思考的问题是:被害人在场的情况下,当完全或仅仅基于强奸谬见的发问、质证意见出现时,法庭应如何回应?但遗憾的是,我国目前关于不当发问的法庭规则,例如《法庭调查规程》第20条,并未限制完全基于偏见、强奸谬见的发问内容。"不得损害证人人格尊严"之规定因表述笼统而无法提供明确指引。同时,我国法律也缺乏对完全基于歧视和偏见的质证、辩论意见的限制。专业性侵案件诉讼代理律师L2的以下评论在一定程度上确认了强奸案件判决书所反映出的强奸谬见滥用问题:

> 我对当前某些辩护律师的做法还是有一些意见的。当然,《律师法》明确规定,辩护律师应当以事实为根据,以法律为准绳来辩护,实现被告人利益最大化……作无罪、罪轻辩护,这是没问题的。但在很多情况下,这些辩护律师缺乏基本人本主义考虑,明明事实和证据摆在那儿,为了所谓的对自己委托人负责,穷尽一切手段,颠倒黑白、指鹿为马。在被害人出庭时,发表一些看似中立,其实明显带有性别歧视、归责论的辩护……

另外,需要关注的是,目前对出庭作证的性侵被害人缺乏以预防二次伤害为目的的程序性保护。《刑事诉讼法》规定了涉及个人隐私的案件不公开审理和一些证人作证特殊保护措施,包括不公开证人真实身份信息、不暴露证人外貌和声音等。这些作证保护措施旨在避免证人身份曝光,以降低其人身安全面临的风险。然而,性侵犯罪通常发生在熟人之间,身份曝光方面的顾虑较少。笔者与我国律师、法官交流得知,特殊作证保护措施也少有用于性侵审判实践。例如,根据北京某基层人民法院法官F1的经验,"现在实践中的出庭,要么直接出庭,要么庭下询问……特殊保护措施实践中操作起来不太方便,所以一般也

〔33〕 参见上海市徐汇区人民法院(2019)沪0104刑初481号刑事判决书;湖北省赤壁市人民法院(2020)鄂1281刑初59号刑事判决书。

没有用这种措施”。同样,来自深圳某基层人民法院的法官F2(通过填写问卷)指出,视频作证、在法庭内放置屏风等特殊保护措施在当前性侵庭审实践中的缺失,强调为被害人提供作证保护的必要性:

> 我的工作经历中没有采用类似的保护性措施,我认为这方面的措施还是必要的。某些案件中,被害人已经因为被告人的犯罪行为受过伤害,再次开庭再将伤疤揭开,而且可能面对被告人、辩护人人格攻击式的发问,对被害人精神上会造成很大刺激,很多时候也是基于这种原因被害人不愿意出庭。但由于案件需要,其到庭与被告人当庭对质对查明案情有重要意义,此时采用必要的保护措施可以有效解决这一矛盾。

三、澳大利亚性侵法律改革及其成效

(一)程序法和证据法改革的路径

在女权主义学者和活动家的号召下,1975年南澳大利亚州成为澳大利亚首个开启性侵法律改革的法域。[34] 20世纪80年代,新南威尔士州和澳大利亚其他法域也相继踏上改革道路,在刑事实体法、程序法、证据法等领域进行深刻变革,包括扩展性交的法律定义[35]、废除丈夫强奸豁免权、引入“强奸盾牌”条款等。在程序法和证据法方面,各法域一致采取两条路径:一是消除常见强奸谬见对陪审团认定事实的不当影响;二是改善被害人作证体验。

---

〔34〕 Peter Sallmann & Duncan Chappell, *Rape Law Reform: A Study of the South Australian Experience* (Report to the Australian Criminology Research Council, 1980) p. 2 – 4.

〔35〕 普通法中的强奸罪,特指男性违背女性意志而与其性交的行为。法律改革抛弃了该性别化路径,规定“性交”包括使用身体的任何一部分(如嘴、手指、阴茎等)或者通过操纵器具插入她(他)人阴道(包括通过外科手术构建的阴道)或者肛门的行为。因此,男性与女性皆可成为性侵犯罪的被害人或者被告人,具体可包含男对男、男对女、女对男、女对女4种犯罪形态。See Crimes (Sexual Assault) Amendment Act 1981 (NSW) sch 1 item [4].

1. 澄清常见强奸谬见

为消除与被害人缺乏反抗、晚报案或未报案、前后陈述不一致、性声誉败坏相关的常见谬见对事实认定的不当影响，新南威尔士州借鉴心理学研究成果，制定了相应的陪审团指示和证据规则。

1981 年《新南威尔士犯罪(性侵)法修正案》确立了 4 项重要规则。包括：(1)"强奸盾牌"规则，禁止将被害人的性声誉用作证据并限制其性历史证据的使用；(2)废除强制印证规则，陪审团可仅依据被害人证言作出裁断；(3)规定当法庭出现旨在暗示被害人没有报案或者晚报案的提问或证据时，法官应当警告陪审团不报案或者晚报案不见得表明被害人的指控为虚，并告知陪审团被害人可能存在犹豫、克制报案的良好理由；(4)不允许仅仅因被害人没有反抗而视其同意性交。[36]

2006 年《新南威尔士刑事程序法(性与其他犯罪)修正案》进一步完善关于被害人晚报案或未报案、缺乏印证证据的司法警告：禁止法官警告陪审团晚报案或没报案与被害人的可信度相关，除非有足够的证据支持该指示的作出；法官也不得警告陪审团基于未经印证的被害人证言定罪是危险的。并且，不得告诫陪审团或者向其暗示被害人作为一类人(如妇女、儿童)是不可靠证人。[37]

2007 年《新南威尔士证据法修正案》规定当一方当事人提出申请且法官确信被告人将因被害人重大报案延误遭受重大法庭不利(significant forensic disadvantage)[38]时，法官必须告知陪审团该不利的本质和陪审团衡量被害人证言时需要考虑该不利因素。

2018 年新南威尔士州通过修改《新南威尔士刑事程序法》引入有关被害人证言前后不一致情况的司法警告。法官在认为被害人证言的出入可能与其证言真实性或可靠性相关时，可以告知陪审团："经验表明，人们可能不会记得性犯罪的全部细节或者每次都以相同方式描述性犯罪，创伤对人们的影响并不相同(包括对他们如何回忆事件)，在关于性犯罪的描述中存在不同是常见的，并

[36] Crimes (Sexual Assault) Amendment Act 1981 (NSW) sch 1.

[37] See Criminal Procedure Amendment (Sexual and Other Offences) Act 2006 (NSW) sch1.

[38] "重大法庭不利"包括但不限于：(1)潜在的证人已经去世或者无法被定位；(2)潜在的证据已经丢失或者无法获取等情形。See Evidence Act 1995 (NSW) s 165B (7).

且对性犯罪的真实描述和虚假描述都可能存在出入。"[39]

2022年《刑事程序法》进一步引入五项陪审团指示,试图澄清有关性侵发生情形(熟人或伴侣之间)、被害人对性侵的反应(包括作证时是否表露沮丧)、被害人在性侵发生时的行为和外表、性侵未造成身体伤害及缺少暴力或威胁因素方面的谬见。法官在庭审中任何时间都可做出并重复这些指示。[40]

尤其值得注意的是,1995年《新南威尔士证据法》更是为法官设置了及时干预不当交叉询问的法定义务,强化普通法中法官介入不当询问的职责。该法第41条规定,法庭不允许某些不当发问或者可以告知证人无须回答该问题。包括禁止误导、骚扰、恐吓、羞辱被害人,以及仅仅基于性别、年龄、种族等刻板印象的发问等。[41]

2. 改善性侵被害人作证体验

新南威尔士州在过去20余年为改善性侵被害人作证体验进行了一系列程序法改革。1997年,该州成为澳大利亚首个引入性侵被害人咨询通讯特权的法域。为调取或引证相关记录,控辩双方应在开庭前向法庭提出书面申请,通知对方当事人和被害人,并获得法庭许可。在法官决定是否许可的听证程序中,被害人享有独立法律地位并能获得法律援助,由律师代理出席。[42] 2003年《新南威尔士刑事程序法(性犯罪证据)修正案》禁止由被告人本人对被害人进行询问。在被告人未委托辩护律师的情况下,法庭应当为其指定一名人员来代其询问。[43] 2004年,新南威尔士州采取若干减少性侵被害人二次伤害的作证保护措施,包括使用视频作证、在法庭设置屏风、允许被害人作证时由其选择的支持者陪同。[44] 2005年新南威尔士州的程序改革则突破传闻证据规则,允许重审程序使用性侵被害人出席原庭审时的证言记录(包括录像、录音或者原庭审记

[39] Criminal Procedure Act 1986 (NSW) s 293A.

[40] Criminal Procedure Act 1986 (NSW) ss 292A – 292E.

[41] Evidence Act 1995 (NSW) s 41.

[42] See Courts and Crimes Legislation Further Amendment Act 2010 (NSW) sch 12.

[43] See Criminal Procedure Amendment (Sexual Offence Evidence) Act 2003 (NSW) sch 1 item [1].

[44] See Criminal Procedure Amendment (Sexual Offence Evidence) Act 2004 (NSW) sch1.

录）代替其本人再次出庭接受询问。同时，规定性侵被害人作证程序禁止公众旁听。[45] 2016年，新南威尔士州引入“预先录制证据听证程序”，允许以脆弱证人（儿童和认知能力受损之人）在该程序中作证的录像或录音替代其在正式庭审程序中作证。[46]

澳大利亚性侵法律改革反映出性侵被害人的利益正逐渐融入对抗制刑事审判。但它们是否改善了被害人的庭审体验和减少了强奸谬见的使用？对此，下文将结合“高某某、王某案”原审程序进行考察。

（二）从高某某、王某案庭审实况分析澳大利亚性侵法律改革成效

1. 案情简介

2018年3月27日中国演员高某某及制片人王某在澳大利亚新南威尔士州首府悉尼拍摄电视剧期间，因涉嫌性侵罪而被新南威尔士州警方逮捕。据悉，案发前夕，高某某、王某与被害女子[47]参加了剧组的聚餐、唱歌等“杀青”庆祝活动。27日凌晨，被害人与王某进入后者酒店房间，随后高某某也进至房内。据被害人称，两名男子在未经其同意的情况下与其发生了性关系，且被两人猥亵。被害人回家后，其丈夫发现异常并报警。经悉尼中央地方法院预审，该案于2019年10月28日在唐宁中心地区法院正式进入审判程序。[48] 新南威尔士州检方指控高某某7项罪行，包括5项结伙严重性侵罪和2项严重猥亵罪。王某则面临11项指控，含5项结伙严重性侵罪、2项严重猥亵罪、2项试图性侵罪、2项试图猥亵罪。同年10月29日至11月7日，法庭对被害人作证部分不

---

[45] See Criminal Procedure Amendment（Evidence）Act 2005（NSW）sch1 item［1］; Criminal Procedure Further Amendment（Evidence）Act 2005（NSW）sch 1 item［7］.

[46] See Criminal Procedure Act 2009（Vic）pt 8. 2, s 389F; Criminal Procedure Act 1986（NSW）ss 84, 85, 88; Evidence Act 1929（SA）ss 12AB, 13A.

[47] 因两名被告人最后均被宣告无罪，文中涉及此案的“被害人”一称仅指控告人。

[48] 参见 Jamie McKinnell, *Alleged Sydney rape victim of Chinese actor Yunxiang Gao "begged" to be freed, court hears*（ABC News, Tue 29 Oct 2019, 12:21pm AEST）, http://www.abc.net.au/news/2019-10-29/yunxiang-gao-trial-victim-begged-to-be-freed-court-hears/11649946.

公开审理,被害人在法院一间单独证人房以视频形式出庭。[49] 经近6周的审理,因陪审团无法对每项指控形成一致意见或多数意见(11:1),主审法官宣布解散陪审团,并在组成新陪审团后重审此案。重审程序采纳被害人在原审程序中作证的视频录像以代替本人证言,故被害人未到庭。2020年3月19日,新陪审团就高某某、王某涉嫌的所有罪行宣告无罪。

2. 法庭观察评析

(1)进步:作证保护措施与公正的法官角色

该案反映出澳大利亚40年来性侵法律改革的成果,包括允许被害人以视频方式出庭作证,允许重审程序使用被害人原审作证视频录像以免去本人再次出庭的负担,确保法官公正的裁判角色。尤其值得关注的体现主审法官公正性的有下列表现。[50]

第一,及时、主动干预辩护律师的不当询问。其表现为:①反对复合型问题。法官指出,辩护律师的复合性问题可能引出模棱两可的回答。例如,法官将"你是否记得你说过?"纠正为"你说过吗?"②反对误导性问题,要求辩护律师改变措辞。辩护律师的某些发问建立在被害人未同意的假定事实上。例如,对于"你为什么没有回复你丈夫说他生病了的那条短信"的发问,法官指出,"短信说的是她丈夫可能生病,不是她丈夫生病了。这两个问题不相同。"③要求调整发问方式,包括降低发问速度,继续发问前等待被害人对前一问题的回答,发问时暂停播放监控视频以及不得夹带评论。④反对不相关问题(如被害人父亲的从业年限)、重复性问题(如报案人并非被害人本人)。⑤反对仅基于被害人在案发时没有尖叫求救这一强奸谬见的提问。⑥反对不公平发问方式。譬如,辩护律师忽略监控视频呈现的被害人从歌厅沙发上站起后又被王某拉坐回其身边的事实全貌,而仅仅针对被害人重新坐回王某身边的片段发问。法官明确反对并要求检方以后发现相似问题时能及时提出异议。

第二,积极履行诉讼关照义务。首先,保护被害人隐私利益。法官在庭审

---

〔49〕 被害人作证时只能通过屏幕看见法官和提问律师的画面,控辩双方律师需交换席位以被摄像头捕捉。

〔50〕 相比之下,原审检察官较少反对辩方的不当提问,这或许是囿于澳大利亚检察官所谓司法大臣(minister of justice)的角色限制,以至于应当尽力确保辩方质证的权利,这或许也是一种任被害人表露沮丧从而争取陪审团同情的策略。

前签发“禁止发布令”,禁止公开被害人个人信息或者任何可能致使被害人身份曝光的信息。由于被害人孩子的生日和年龄在交叉询问中曝光,法官当即指出该信息将受该法令限制,禁止在场媒体曝光。其次,关照被害人情绪。在主询问和交叉询问中,被害人数次出现情绪崩溃,法官主动询问被害人是否需要休息或者宣布法庭审理暂时停止,以供被害人调整情绪。最后,保障辩方质证权。法官提醒被害人应以口头方式回答问题,不得使用点头等身体语言。当被害人超出作证义务,向辩护律师发问或发表不宜言论时,法官及时、耐心地向被害人解释其不能反问,辩护律师有责任寻找有利于其当事人的案件要点。

第三,作出详细、清晰且公正的陪审团指示。主要包括4项内容:其一,每项罪名的构成要件及其法律含义,由控方承担每一要件的证明责任且须达到排除合理怀疑的证明标准,陪审团应采用的推理逻辑,陪审团转以他罪裁断(alternative verdict)的条件(如由严重猥亵罪转为猥亵罪)。其二,告知陪审团被害人通过视频出庭作证是常见做法,不得因此对其作出不利推断。其三,提醒陪审团注意被害人是控方(直接证据)的唯一证人。尽管新南威尔士州自1981年便废除强制印证规则,但鉴于指控性质的严重性,法官指出虽然控方有权在仅有一名证人的情况下呈现案情,但陪审团必须仔细审查案情并排除合理怀疑地确信被害人的证言;并且,陪审团始终有权考虑是否存在支持被害人证言的其他证据。其四,提醒陪审团注意被害人向不同人讲述的案情内容有所出入。

(2)不足:创伤性的作证程序

该案也揭示出困扰澳大利亚对抗制性侵审判的顽疾,作证于被害人而言依然不啻噩梦。正如女权主义学者长期批判的那样,性侵被害人往往感觉自己才是因犯罪而受到审判的一方。[51] 追根溯源,作证给被害人造成的二次伤害可归咎于对抗式诉讼传统和根深蒂固的强奸谬见。

首先,竞技色彩浓厚的对抗制审判易加重性侵被害人的创伤。其一,由于奉行口头传统和传闻证据规则,(成年)被害人须当庭提供证言。口头作证方式有助于事实发现者通过观察被害人作证时的行为举止和现场反应来检验其作证的可信性。传闻证据规则禁止采纳被害人庭前口头或书面陈述及其他意思

---

[51] See Jennifer Temkin, *Rape and the Legal Process*, Oxford University Press, 2002, p. 8 – 11.

表示(包括作为、不作为)用以证明控方主张的事实,以作为证据可靠性和程序公平的重要保障。其二,法庭审理的焦点为控辩双方对被害人的询问和对其证言的检验,因此被害人承受巨大的作证压力。在对抗式庭审中,控方承担证明被告人有罪的责任且应达到排除合理怀疑的证明标准。性侵被害人是最重要的控方证人,指控成功的关键在于陪审团对其证言可信度的判断。加之,被告人由于享有沉默权,可拒绝作证。其三,辩护律师的交叉询问以攻击被害人和其证言可信度为主要目的。交叉询问可以更好地暴露证人证言中的矛盾、缺陷和虚假之处。正如威格摩尔(John Henry Wigmore)所言,交叉询问是发现真相的最伟大的法律机制。[52] 它充当"检验证人真实性、其故事准确性和完善性的强大且宝贵的武器"。[53] 即便如此,威格摩尔也承认交叉询问可能会使真相看起来虚假。[54] 它通常被用以"损害证言效力和压制证人声音",从而使使用者获得法庭竞技的胜利。[55] 现代心理学研究亦表明,在法庭庄严的审理环境和紧张的对抗氛围中,复杂的交叉询问技巧很可能削弱儿童、认知能力受损之人、性侵被害人等脆弱证人的语言表达、回忆事件、临场反应等能力,并恶化其被害创伤。[56] 由于惧怕此环节,大量被害人在审前程序选择不继续控告。[57] 考虑性侵案件证据条件的特殊性以及强迫被害人作证可能带来的败诉风险和将给其造成的严重二次伤害,检察官在被害人不愿追究的情况下往往决定不(继续)

---

〔52〕 See John Henry Wigmore, *Evidence in Trials at Common Law*, revised by James H. Chadbourn, Little, Brown and Company, 1974, Vol. 5, p. 32 [1367].

〔53〕 See Wakeley v. The Queen (1990) 93 ALR 79, 86, quoting Mechanical and General Inventions Co and Lebwess v. Austin and the Austin Motor Co [1935] AC 346 at 359.

〔54〕 See Wigmore, supra note 49.

〔55〕 See Christine Eastwood & Wendy Patton, *The Experience of Child Complainants of Sexual Abuse in the Criminal Justice System* (research report, Queensland University of Technology 2002), p. 4 – 5.

〔56〕 See Tim Valentine and Katie Maras, *The Effect of Cross-Examination on the Accuracy of Adult Eyewitness Testimony*, 25(4) Applied Cognitive Psychology (2011), p. 559 – 560.

〔57〕 See Kimberly A. Kaiser, Eryn N. O'Neal & Cassia Spohn, *Victim Refuses to Cooperate*: A Focal Concerns Analysis of Victim Cooperation in Sexual Assault Cases, 12(2) Victims & Offenders (2017), p. 302, 314.

追诉。[58]

“高某某、王某案”的庭审程序充分体现了对抗制审判与被害人之间的冲突。除前述不当交叉询问外，辩护律师的发问具有强烈攻击性，其数次采用“这是谎言，不是吗？”“你说谎了，不是吗？”等表述。由于质疑被害人说谎符合交叉询问的目的，故此类发问未受到法官和控方的反对，被害人多次出现情绪激动、哭泣。

其次，交叉询问围绕被害人“同意”，充斥着强奸谬见，具体类型见表1。法官和检察官对质疑被害人案发时未尖叫与涉及暴力和武器使用的问题进行了干预，前者由法官当庭反对，后者由检察官待陪审团退庭后提出。

表1　强奸谬见类型与典型问题

强奸谬见类型		典型问题
暴力和武器使用		1. 你没有被掌掴或者击打，是吗？ 2. 你没有被拳打，是吗？ 3. 你没有被掐或被呛，是吗？ 4. 你没有被绳子捆住，是吗？
被害人行为	案发时	1. 你没有告诉他们“我会尖叫并报警”，是吗？ 2. 你为什么不尖叫？ 3. 他们脱你开衫时，你可以紧紧拉住，不是吗？
	案发后	1. 当你给你丈夫打电话时，你没有哭，对吗？ 2. 报警不是你的主意，对吗？

此外，辩护律师利用刻板印象，将被害人塑造为爱慕虚荣的女人、不负责任的妻子及母亲，削弱其证言可信度，恶化其作证体验。比如，被害人曾在用作拍摄道具的法拉利跑车上拍摄数张照片，且与王某的交流中多次提及让王某送其一辆法拉利或者宾利车当礼物等。再如，辩护律师屡次强调被害人不回复丈夫询问其何时回家的信息等。从陪审团的现场反应来看，该策略颇有成效。两名陪审员在被害人回答辩护律师“你对王先生说，你什么时候给我买辆宾利，对吗？”的问题过程中发笑。[59] 尽管检察官试图在再询问阶段修复交叉询问中受

〔58〕 See Denise Lievore, *Prosecutorial Decisions in Adult Sexual Assault Cases* (Australian Institute of Criminology, 2005), p. 2, 30.

〔59〕 发生在被害人作证的最后一天。

损的被害人证言可信性,但对被害人来说,强奸谬见、刻板印象所造成的人格、尊严损害已经无法弥补,也无法确定能否消除陪审团已然形成的怀疑。

(三)反思:公正审判权的演进

该案进一步揭示出性侵被害人隐私、尊严利益与被告人公正审判权的冲突。公正审判权不仅是国际人权公约所保障的基本人权,也是普通法中的绝对性权利。[60] 其以被告人为中心,[61] 是澳大利亚刑事司法的基石。公正审判具有两项主要目标:其一为"无枉",即保障无辜之人免受错误定罪;其二为"无纵",是指使有罪之人获得定罪。在两者冲突之时,前者优先于后者。[62] 刑事司法主要的程序、推理、证据规则皆以确保被告人获得公正审判为最终目的。[63] 在程序方面,被告人享有一系列诉讼权利,包括获得律师帮助权、不得自证其罪特权、诘问不利于其之证人并使其证人在与他造证人同等条件下出庭作证等。[64] 在推理方面,实行无罪推定、由控方负担举证责任且须达到排除合理怀疑的证明标准。在证据方面,确立传闻证据规则、意见证据规则等可采性规则,并最终由法官基于被告人遭受不公平损害的风险而裁量排除与否。[65]

在澳大利亚刑事司法语境中,交叉询问并非一项保障被告人获得公正审判的"权利",而是实现公正审判权的基本程序规则。[66] 正如杨(Young)法官在"GPI 休闲有限公司诉赫兹曼投资有限公司案"(GPI Leisure Corp Ltd. v. Herdsman Investments Pty Ltd.)判决中所言,涉及交叉询问的规则从来不关乎

---

〔60〕 See Jeremy Gans et al., *Criminal Process and Human Rights*, The Federation Press, 2011, p. 376 – 381.

〔61〕 See J eremy Gans et al., *Criminal Process and Human Rights*, The Federation Press, 2011, p. 380.

〔62〕 See R. v. Horncastle and others [2009] UKSC 14, [18].

〔63〕 See R. v. Horncastle and others [2009] UKSC 14, [19],[20], [24].

〔64〕 参见《公民权利和政治权利国际公约》第 14 条。

〔65〕 See Evidence Act 1995 (Cth) s 137.

〔66〕 即使在美国,交叉询问权也并非联邦宪法权利法案所确立的一项"权利"——其确立的是对质权。然而,国际学者在讨论中也常常使用"交叉询问权"这一表述。

当事人的权利,而是旨在引导法官确保公正审判。[67] "LGM v. CAM 案"中奥赖恩(O'Ryan)法官对上述观点表示认同,明确交叉询问并非一项基础性权利。[68] 本质上,交叉询问是法官为确保公正审判而具有的附带性义务。[69] 毋庸置疑的是,交叉询问是被告人和其律师进行有效辩护的主要途径,为实现程序公正的重要保障。同时,交叉询问也是传闻证据规则的运行原理以及落实审判推理规则的途径。因此,当被告方主张公正审判权而要求交叉询问性侵被害人时,即便交叉询问对案件定罪影响不大,法官也须保障其实现,并且不得将此举给被害人造成的创伤作为加重犯罪人刑罚的量刑情节。[70]

然而,公正审判权并非被告人独享的权利,被害人和证人也应当获得公正待遇。不论是澳大利亚普通法还是国际人权公约中的公正审判权皆未具备详尽定义。正如澳大利亚联邦最高法院(High Court of Australia)在"迪特里希诉女王案"(Dietrich v. the Queen)中的解读,"不可能事先详尽、综合地表述公正审判这一概念。只有司法判决才能赋予其内容"。[71]《欧洲人权公约》第6条"公正审判权"条款也未表明公正审判权的范围限于所列的被告人应享有的5项最低保障权利。[72] 欧洲人权法院在"多尔森诉荷兰案"(Doorson v. Netherlands)中解释道:"第6条的确没有明确要求考虑一般证人以及作证被害人的利益。然而,他们的生命、自由、人身安全,以及那些受公约第8条保护的利益可能面临危险。缔约国应以一种不致不当危害这些利益的方式组织刑事程序。在此背景下,公正审判的原则也要求,在适当情形中,被告人与证人或作证被害人的利益相平衡。"[73]

---

[67] See GPI Leisure Corp Ltd. v. Herdsman Investments Pty Ltd. (No. 3) (1990) 20 NSWLR 15, 18.

[68] See LGM v. CAM [2008] FamCA 185, [199].

[69] See Eastwood and Patton, supra note 52, 127.

[70] See Siganto v. the Queen [1998] 194 CLR 656, 663[22], 666 - 667 [32] - [35].

[71] Dietrich v. the Queen (1992) 177 CLR. 292, 353.

[72] See Andrew Ashworth, *Victims "Rights, Defendants" Rights and Criminal Procedure*, in Adam Crawford and Jo Goodey eds., Integrating a Victim Perspective within Criminal Justice, Ashgate Publishing, 2000, 185, p. 188.

[73] Doorson v. Netherlands (1996) 22 EHRR 330, 358[70].

随着 20 世纪 70 年代被害人权利运动的兴起,被害人、脆弱证人在刑事司法系统中遭受的不公待遇逐渐引起公众关注,其尊严、隐私、生命、健康等利益被纳入法庭确保公正审判需考虑的事项范围,被告人交叉询问权的行使也受到了一定限制。英国上议院在 21 世纪初明确指出,法庭不仅应当考虑被告人利益和公共利益,也要顾及被害人、证人等其他利益。斯坦因勋爵(Lord Steyn)将这一方针表述为“利益三角”(a triangulation of interests)。在其看来,“各方都必须获得公平。在刑事案件中,这要求法院考虑利益三角。它涉及考量被告人、被害人及其家人和公众的立场”。[74] 类似观点也存在于澳大利亚诸多司法判决内。例如,在引发了允许证人通过视频作证是否有违被告人公正审判权争议的“女王诉威尔基等人案”(R v. Wilkie and Others)中,审理法官便重申,与不利于己的证人进行当面对质并非被告人享有的一项绝对权利,此权利必须按照司法利益予以衡量,包括对证人的保护。在追诉严重犯罪的过程中,“公认的司法准则”还要求考虑公众、证人、被害人的利益。[75]

从欧洲人权法院的判例来看,与控方证人当面对质也并非被告人的一项绝对权利。诚如欧洲人权法院在性侵儿童“S. N. 诉瑞典”(S. N. v. Sweden)中所言,通常情况,所有证据必须在被告人在场的公开听证程序中出示,以进行对抗性辩论。但是,在尊重被告人辩护权的前提下,将在警察侦查和司法调查阶段获得的陈述用作证据,这本身并不违反第 6 条第 1 款和第 3 款(d)项。一般而言,该权利要求被告人在证人作出不利于其陈述之时或在诉讼的后期阶段,有充分和适当的机会询问该证人和质疑。[76] 欧洲人权法院认为,特殊情况下(如严重毒品犯罪案件中,极度害怕因身份暴露而遭到打击报复的匿名证人拒绝当庭作证),确保辩护律师有于审前程序询问控方证人或者通过中立司法官员代为询问的机会而不必要求该证人当庭作证的司法实践与公约之规定并不冲突。[77] 在极端情形中,未出庭证人的庭外陈述为唯一定罪证据或者对定罪有决定性影响,并且该证人在审前阶段未经任何形式的辩方询问的,采纳该庭外

---

[74] Attorney General's Reference (No. 3 of 1999) [2001] 2 AC 91 [118].

[75] R. v. Wilkie and Others (2005) 193 FLR 291, 305 [51] - [54].

[76] S. N. v. Sweden (European Court of Human Rights, Chamber, Application no. 34209/96, 2 October 2002) [44].

[77] See Doorson v. Netherlands (1996) 22 EHRR 330.

陈述并不自动违反公正审判权。此情况下,法庭必须使诉讼程序受到最严密的审查,确信其具备充足的抵消因素(counterbalancing factors),包括强大的程序保障和使该证据得到公正及适当评估的措施。鉴于该证据的重要性,只有在它充分可靠的情况下,才能被允许作为定罪基础。[78]

"高某某、王某案"庭审中,主审法官在确保辩方充分质证的同时,关照被害人隐私和情绪、适当规范律师发问;法庭设施保障被害人视频作证时仅能看见法官和发问律师(被告人和法庭中的其他人员都能目睹被害人作证画面),以及法律规定不得由被告人本人对性侵被害人进行交叉询问从而削弱常规的"面对面对质"等的表现,体现出被害人和被告人权益是实现公正审判皆需考虑的因素。

四、对我国性侵被害人作证程序的完善

目前,公正审判权还未成为我国刑事诉讼的核心概念,公正审判权理论也

[78] See Al-Khawaja and Tahery v. the United Kingdom (European Court of Human Rights, Grand Chamber, Application no. 26766/05 and 22228/06, 15 December 2011) 51 – 52. 在"哈瓦贾(Al-Khawaja)案"中,申请人哈瓦贾经英国法院判决犯有两项强制猥亵罪,其中一项罪名的决定性证据是已去世被害人 S. T. 的庭外陈述。欧洲人权法院认为,英国法律为保障审判的公正性提供了充足的程序保障,因此采纳 S. T. 的庭外陈述并未违反申请人的公正审判权。具体而言,欧洲人权法院认可英国《1984 年警察和刑事证据法》《1988 年刑事审判法》《2003 年刑事审判法》和英国《普通法》为保障被告人公正审判权所提供的强大程序保障。包括:(1)允许引入关于该证人陈述可信性或一致性的证据;(2)法官如果确信排除该传闻证据远比采纳重要,则其可以裁量排除;(3)如果在控方陈情结束时,主审法官确信指控完全或部分按照《2003 年刑事审判法》所采纳的传闻证词,并且也确信该证词不具有说服性,鉴于它对指控成立与否的重要性,定罪将不安全,则法官应停止诉讼程序;(4)如果法官确信某项证据的采纳将对审判的公正性产生不利影响,法官能行使一般性的证据排除裁量权;(5)英国普通法要求法官向陪审团作出关于举证责任的指示,并且提醒陪审团注意依赖传闻证据的危险。当然,该案判决中,也有法官反对采纳唯一或者对定罪有决定性影响的控方证据。萨乔(SAJÓ)和卡拉卡什(KARAKAŞ)法官就认为,所谓的抵消措施并不能降低被告人公正审判权受损的风险,而且这些措施本身也具有不确定性。

尚未成为分析和指引我国刑事诉讼改革的主流方法论工具。[79] 然而,不同法律传统的国家虽然在实现公正审判的路径选择上有所差异,但公正审判却是所有刑事司法制度具备正当性的基础。我国诸多程序规则都表明"利益三角"是我国公正审判概念的应有之义。包括:因第一审程序违反回避或公开审判规定、限制或剥夺当事人的法定诉讼权利且可能影响公正审判等,而被二审法院裁定发回原审法院重审;规范询问证人的方式,禁止损害其人格尊严;要求争议案件关键证人、被害人出庭以确保法庭查明事实等。[80] 在性侵被害人作证问题上,法官应认识到此类案件的特殊性,具体可从以下两方面加以思考。

(一)是否要求性侵被害人出庭作证

在通知证人出庭方面,法官应谨慎行使裁量权,平衡被害人隐私、尊严与被告人质证权。在实践中,有法官未经征求性侵被害人意见,便主观推断被害人不愿出庭,故不通知其到庭。[81] 诚然,出于避免给被害人造成二次伤害,该做法具有一定的正当性;然而,专断式的保护不仅忽视了被害人作为案件当事人应享有的参与法庭审理的诉讼权利,也不利于充分保障被告人质证权,有损辩护效果,不符合当前要求争议案件关键证人出庭的改革趋势。因此,法官应当摒弃"司法父爱主义",在开庭前征求被害人本人的意见,不能理所当然地推定被害人不愿出庭。

对于被害人不愿出庭的争议案件,法官可以对性侵被害人进行庭下询问,但必须同时满足特定条件。这些条件包括:第一,被害人属于"脆弱证人"。法官应当区分普通证人和脆弱证人。鉴于证人自身特质以及具体犯罪情节,性侵犯罪和庭审程序对不同人群造成的创伤程度有所差异。通常而言,未成年人、认知能力受损的人(如智力残疾、精神病患者等)、严重性侵案被害人更容易受到法庭紧张审理氛围的影响。其不但可能因此降低证言的准确性,也容易加剧

---

[79] 参见熊秋红:《公正审判权的国际标准与中国实践》,载《法律适用》2016年第6期。

[80] 参见《法庭调查规程》第13条第1款在《刑事诉讼法》第192条第1款的基础上增加了被害人出庭的情况;第9条更是规定,审判长可以根据案件审理的需要,安排被告人与证人、被害人当庭对质。

[81] 由笔者对西藏某基层人民法院法官F3访谈得知。另见孙仲玲、郭永亮:《刑事被害人庭审参与权及其完善》,载《云南民族大学学报(哲学社会科学版)》2018年第6期。

自身被害创伤。因此,澳大利亚、英国等国往往将上述3类证人归为脆弱证人(尤其是前两类),并规定了一系列特殊取证方式和作证保护措施。我国也可考察此种分类做法,在立法或司法解释中将上述3类人明确规定为"脆弱证人";此外,可赋予法官根据具体案情和证人情况,将其他证人视为脆弱证人的裁量权。[82] 第二,被告人不认罪或者虽认罪但对被害人陈述存在异议,而该异议部分对案件定罪量刑有重大影响。第三,应通知公诉人、辩护律师到场。并且只有在辩护律师在场的情况下,才能对性侵被害人进行询问。第四,应当允许辩护律师询问性侵被害人。被告人如果有询问事项,应当事前将询问事项告知辩护律师,由辩护律师代其询问。此外,如果被告人没有委托辩护律师,法院应当通知法律援助机构指派律师代表被告人发问。[83] 或者被告人可将需要询问的问题以书面形式呈交审判法官,由法官代其询问,被告人则处于另一房间收听被害人的回答;如果有补充问题,则继续由法官代为询问。[84] 同时,法官应当参照证人询问之规则(如《法庭调查规程》第20条),过滤违反规则的问题。此方案能够避免正式庭审给被害人带来的紧张和焦虑,且可以较好保障被告人的质证权。

目前的司法实践中,有法官在公诉人和辩护律师在场的情况下,对性侵被害人进行庭下询问,但尚未形成统一做法。[85] 从上文关于公正审判权与交叉询问的讨论可知,保障被告人充分质证并非必须使其与被害人当庭对质。在审判法官的主持和公诉人的参与下,赋予辩护律师庭下询问未成年性侵或认知受损被害人、严重性侵案被害人的机会也可实现质证目的。

---

[82] 参见张吉喜:《论脆弱证人作证制度》,载《比较法研究》2016年第3期。

[83] 此方案符合我国目前刑事案件律师辩护全覆盖的改革趋势。

[84] 参见向燕:《性侵未成年人案件证明疑难问题研究——兼论我国刑事证明模式从印证到多元"求真"的制度转型》,载《法学家》2019年第4期。

[85] 由笔者对F1法官的访谈得知,也可参见陈瑞华:《论证人证言规则》,载《苏州大学学报(哲学社会科学版)》2012年第2期。

(二)性侵被害人出庭后如何作证

对于性侵被害人经传唤出庭作证的情形,[86]应当为被害人提供适当作证协助,完善作证保护措施、细化作证规则、优化法官角色,并加强法律职业人员专业教育和培训。

1. 为被害人提供适当作证协助[87]

从改善性侵被害人作证体验和证言质量角度出发,应当为被害人提供适当作证协助,增进被害人对法庭审理流程、作证权利义务、作证方式等方面的了解,缓解其紧张情绪并改善证言质量,提高出庭实效。具体可结合我国国情,适当参考澳大利亚的做法。自20世纪90年代起,澳大利亚各法域普遍在公诉部门(Office of the Director of Public Prosecutions,ODPP)内设立了辅助证人作证的专门机构,例如,新南威尔士州的"证人协助服务"(Witness Assistance Service, WAS)。该机构由了解刑事司法运作流程和被害创伤的社工、心理学家、咨询师组成,为证人提供广泛的作证服务,包括但不限于:告知审理流程和证人角色、陪同(审前)会见公诉人、告知可利用的特殊作证措施、组织审前法院参观、安排口译人员、陪同作证、告知庭审进展、提供与制作被害人影响陈述相关的信息等。"证人协助服务"的服务对象为严重刑事案件被害人及其家属、控方证人,但优先服务未成年人、性侵和严重家庭暴力被害人、杀人案件或交通事故中去世被害人的家属、弱势群体(包括残疾人、老人、精神病人)。鉴于我国紧张的司法资源,建议检察院、法院与专业社工组织、心理咨询机构、高校心理学

---

[86] 被害人在我国刑事诉讼中具有当事人地位,但由于其陈述为法定证据种类,因而天然属于广义的证人。在司法实践中,被害人除以当事人(通常是以附带民事诉讼原告的名义)身份出庭,也存在经法庭传唤到庭作证的情况。根据《法庭调查规程》第23条第3款的规定,即"被害人不参加法庭审理,仅出庭陈述案件事实的",便指后一种情形。本文的完善建议也主要针对该情形。这样的考虑不仅是由于被害人具有证人和当事人双重角色时,为其提供保护更为复杂,需要进一步研究;同时,这也考虑被害人作为当事人,可以委托诉讼代理人陪伴出庭,或者本人不出庭而由诉讼代理人出庭。即使被害人没有委托诉讼代理人,在未经法庭传唤作证的情况下,其具有参与诉讼的选择权。这意味着,没有选择参与诉讼,但因法庭传唤作证而不得不出庭的被害人可能更需要保护。

[87] 此点建议同样适用于上文所提倡的法官在公诉人和辩护律师参与下庭下询问被害人的情况。

或社会学院系开展交流合作,为性侵等严重暴力犯罪被害人和其他(犯罪)关键脆弱证人提供以改善被害人知情权和提供作证支持为主要内容的协助。同时,考虑我国较保守的性文化以及被害人的隐私顾虑,办案机关应当与提供服务的专业组织、机构签订保密协议,加强职业伦理教育和培训,降低被害人隐私泄露的风险。

2. 转变性侵被害人作证保护思路

如前文所述,我国当前的作证保护思路并不适合大多数性侵案件。对于熟人性侵案件中被害人出庭作证的,应以减少二次伤害为提供作证保护的主要出发点。首先,需结合被害人意愿和法庭设施状况安排具体的作证保护措施。在法庭具备视讯通信条件的情况下,可以安排性侵被害人通过视频作证。《法庭调查规程》第 14 条规定,应当出庭作证的证人,如果在庭审期间因患重病等客观原因确实无法出庭的,可通过视频等方式作证。为避免与被告人当面对质可能给性侵被害人带来的心理负担和二次伤害,建议相关司法解释或规范明确将“脆弱证人”纳入可以以视频方式出庭作证的证人范围。如若法庭不具备视讯通信条件,则可在法庭设置屏风,阻挡被害人同被告人视线接触;同时,应确保法官、公诉人、辩护律师能够观察被害人作证。[88] 其次,应当允许被害人作证时可由其选择的 1 ~ 2 名人员陪同以提供心理支持。陪同人员可坐在被害人身旁,但不得介入询问过程、干扰被害人作证。对于陌生人性侵案件中被害人出庭作证的,则可采取《刑事诉讼法》第 64 条中规定的“不公开真实姓名、住址和工作单位等个人信息”“不暴露外貌、真实声音”等措施,降低被害人的人身安全风险。

3. 细化证人、被害人询问规则

《法庭调查规程》第 20 条规定,向证人发问应与案件事实相关,禁止诱导发问,禁止威胁或误导证人,禁止损害证人人格尊严,禁止泄露证人个人隐私等。其第 21 条明确了对控辩双方违反上述规则发问的处理方式,即由对方提出异议,发问方说明发问理由,并经审判长判明情况予以支持或驳回;对方未提异议的,审判长可视情况予以制止。其第 27 条规定,对被害人的发问,参照适用证人的有关规定。

---

〔88〕 参见龙宗智、关依琴:《刑事庭审对质程序新论》,载《政治与法律》2020 年第 10 期。

值得注意的是,上述规定存在改进空间。第一,应当补充规定,在审判长主动制止不当发问的情况下,发问方也具有解释说明发问理由的机会。第二,建议通过列举和概括相结合的方式说明损害证人人格尊严的发问表现。为查明犯罪事实,庭审需要对证人"攻击性"的询问方式,从而揭露证言中的虚假、矛盾、遗漏、谬误之处。在性侵案件中,被害人的性声誉、性历史往往成为辩方攻击的焦点。笼统的"不得损害证人人格尊严""不得泄露证人个人隐私"之规定赋予审判长巨大的自由裁量权,若该权力被滥用,不仅可能限制辩方采取有效的质证策略,而且也不利于维护被害人的尊严、隐私。因此,应当列举"损害证人人格尊严"的发问表现,并规定"其他情形",有限保留法官的自由裁量权。此外,还需进一步思考性侵案件中"证人(被害人)个人隐私"的界限,具体而言,控辩双方涉及性侵被害人相关心理咨询记录或者性历史信息的问题是否属于"泄露证人个人隐私"而须被禁止或适当限制。第三,应当明确禁止控辩双方以性别、年龄、文化、残疾(包括身体、精神、智力)、职业等刻板印象为唯一基础的发问,[89]适度干预强奸谬见的运用,降低庭审程序对性侵被害人的二次伤害。第四,应当限制重复性问题,禁止语义模糊和复合型问题。第五,应当允许辩方向被害人诱导性发问。当前一律禁止诱导性问题之规定具有确保证言准确的良好初衷和法律职业者缺乏相关经验的现实顾虑,但它"违背了质证的发问原理……并会造成质证与作证的相互脱节或相互重复。更重要的是使质证难以有效发挥其发现、揭露虚假不实作证的特殊作用"。[90]鉴于被害人的控诉立场,其受辩方诱导而改变证言的风险较普通证人低,故允许诱导性发问可增强质证效果,不至于扭曲证言。[91]

4. 确保法官的"公正性"

"高某某、王某案"庭审法官在平衡被告人公正审判权与被害人隐私、尊严等利益时的表现,为优化我国性侵案的庭审法官角色提供了启示。诚然,由于两国诉讼模式的差异,法官角色有所区别,但两国皆以实现公正审判为目标。

---

〔89〕 See Evidence Act 1995 (Cth) s 41(1)(d).

〔90〕 顾永忠:《庭审实质化与交叉询问制度——以〈人民法院办理刑事案件第一审普通程序法庭调查规程(试行)〉为视角》,载《法律适用》2018年第1期。

〔91〕 参见龙宗智:《我国刑事庭审中人证调查的几个问题——以"交叉询问"问题为中心》,载《政法论坛》2008年第5期。

公正审判包括公正的裁判者,裁判具备理性基础,争议方在裁判形成过程中享有发言权等基本要素。[92] 法官必须居中裁断,其“公正性”主要表现在以下两个方面。

一方面,法官须保障询问被害人的方式恰当,程度适宜。目前,我国证人作证采用自然陈述和问答式相结合的方式。证人、被害人应当首先向法庭陈述其所了解的案情,而后再经控辩审三方询问。自然陈述允许被害人以自己的语言陈述案情,因此可能存在陈述冗长、内容偏离待证事项,以及不便于辩方及时提出异议的弊端。[93] 然而,其优点是有利于法庭全面了解案情,符合我国职权主义传统追求的实质真实诉讼价值,并因允许被害人大致掌控讲述顺序、方式、措辞和以语言形式外化创伤经历而具有潜在的治愈价值。[94] 综合考虑自然陈述的优、缺点,建议法律明确被害人陈述时不被随意打断的规定,保障其陈述的完整性和流畅性;但在被害人陈述明显偏离证明事项、表述不清或忽略某些重要情节时,法官应当提醒被害人。[95] 控辩审三方询问被害人,应先从公诉人开始,后由辩方询问;若有必要,最后由法官补充发问。询问被害人应遵循经细化的证人询问规则,避免不当发问。

另一方面,法官具有诉讼关照义务。首先,审判长需充分认识作证给性侵被害人带来的二次伤害。在实践中,法官普遍知晓辩护律师攻击式发问可能加重被害人创伤,故不要求其出庭。但也有部分法官对性侵被害创伤的认知不充分。以特殊作证保护措施的采取为例,有法官认为,采取的前提是区分熟人强奸和陌生人强奸,如果是前者则无必要提供特殊保护。[96] 显然,此观点的基本

---

〔92〕 See Ellen E. Sward, *Values, Ideology, and the Evolution of the Adversary System*, Indiana Law Journal Vol. 64(2), p. 308 - 310(1989).

〔93〕 参见龙宗智:《我国刑事庭审中人证调查的几个问题——以“交叉询问”问题为中心》,载《政法论坛》2008 年第 5 期。

〔94〕 Michael White & David Epston, *Narrative Means to Therapeutic Ends*, 1nd, Adelaide: Norton, 1990, Chapters 2 and 3.

〔95〕 参见龙宗智:《我国刑事庭审中人证调查的几个问题——以“交叉询问”问题为中心》,载《政法论坛》2008 年第 5 期。

〔96〕 由笔者对西藏某基层人民法院法官 F4 收集的问卷回答得知,该观点也与当前证人作证保护立法意图一致。

逻辑是避免被害人身份曝光以减少其人身安全风险,但这忽视了熟人强奸可能因信任破坏使被害人产生强烈的背叛感,加剧其心理创伤。[97] 此种情况下的被害人出庭同样需要法官敏感处理:法官既要结合被害人意愿和法庭设施条件为其提供作证保护,避免被害人遭受刺激和增强其作证信心;也要在被害人作证时,敏锐察觉其情绪变化,允许情绪失控的被害人稍作休息。同时,法庭可以为被害人提供饮用水和纸巾,以备不时之需。这些细节化的安排有助于缓解被害人紧张、痛苦的情绪,确保其证言质量。

其次,法官须关照辩方质证权,允许适当"攻击性"发问。被告人质证权的充分行使以被害人及其证言可信度受到一定质疑为代价。在"高某某、王某案"庭审中,法官对被害人情绪的关照也并非不加克制,其提议暂停询问往往是在被害人情绪崩溃,影响陈述时。当被害人诘问或谴责辩护律师时,法官主动、耐心地向其解释法庭规则和律师职责。又如《澳大利亚统一证据法》第41(1)(b)项关于"不当问题"之规定,法庭禁止"过度"(unduly)恼人、骚扰、恐吓、冒犯、压迫、羞辱、重复的问题。这表明程度适当的冒犯、压迫性等问题为法庭所接受。这与某些询问事项(如性侵行为的细节)本身可能给被害人带来羞辱、冒犯等不适体验不无关系。关于"过度"的理解,澳大利亚普通法和制定法未提供详细的指示,因而法官在该项的适用方面享有巨大的自由裁量权,需要结合具体案情判断发问是否"过度"。尽管如此,新南威尔士州刑事上诉法院(NSW Criminal Court of Appeal)在"女王诉TA迷奸案"(R v. TA)中认为:

> 第41条的运作是基于问题的相关性这一假设。即使推断提问具有相关性,其证明力轻微,那么对证人的一丁点骚扰、冒犯或压制便已足以使法庭运用41(1)(b)赋予的裁量权。然而,在本案中,辩护律师通过交叉询问请控告人对由含有她[被性侵场面]的视频录像而整理成的文字进行解释,而她本人对此性侵却无实质性回忆,这样的交叉询问策略在任何客观分析中,都非常令人痛苦。第41条的措辞将注意力引向了发问对证人的影响。在性侵案件中,法庭在认定交叉询问是否过度骚扰、冒犯、压制时,考虑交叉询问以及审判体验对控告人的

---

[97] See Mary P. Koss et al., *Stranger and Acquaintance Rape: Are There Differences in the Victim's Experience?*, Psychology of Women Quarterly Vol. 12(1), p. 13, 21-22(1988).

影响是恰当的。[98]

由此可见,对于交叉询问是否"过度"的判断,须权衡问题的相关性及其可能引出之证据的证明价值与问题可能给证人带来的损害,这需要结合具体案情分析。[99] 不可否认,这在实践中存在一定难度,因为法官并不总能预判某项发问是否具有相关性而能引出具有证明价值的证据。澳大利亚联邦最高法院就"Wakeley v. the Queen 案"评论道:

> 交叉询问的界限不易被精确定义,因为由交叉询问引出的事实和争议事实之间的联系(如果有的话),可能只在证据的其他线索浮现后出现。在交叉询问之初,也不存在法官能用以判定某个问题是否应被允许的一般相关性测试。一些最有效的交叉询问是以获得证人对某项看似无关的提议之认可而开始的。[100]

必须承认的是,普通法中法官对交叉询问的基本立场是尽量避免干预。诚如澳大利亚联邦最高法院在"韦克利诉女王案"(Wakeley v. The Queen)中的表态:

> 尽管将交叉询问控制在合理限度内于司法利益而言是重要的,法官应当允许律师在交叉询问中具有一定自由,使律师能够履行检验对方证人证言的职责……当然,可能会出现律师明显没有适当行使其自由的阶段。正是在那个阶段,法官应该进行干预,以防止律师对证人施加不适当的压力,以及不当延长昂贵的听证和审判程序。但是直至该阶段之前——法官要确保此阶段不被放过——在某种程度上,法庭是在实施交叉询问的律师手中的。[101]

---

[98] R. v. TA (2003) 57 NSWLR 444, 446[12][13].

[99] 参见[美]阿维娃·奥伦斯坦:《证据法要义》,汪诸豪、黄燕妮译,中国政法大学出版社 2018 年版,第 3 ~ 5 页。

[100] Wakeley v. The Queen (1990) 64 ALJR 321, 325.

[101] Wakeley v. The Queen (1990) 64 ALJR 321, 325.

我国当前的庭审实质化改革和自 1996 年《刑事诉讼法》便开启的对抗化改造表明,保障辩方质证权行使的充分性和自由度是改革的应有之义。故而法官应当秉持尊重辩方质证权的基本态度,采用酌情处理的方法,不宜以"损害证人人格尊严""人身攻击"为由武断或一律制止具有一定攻击性的发问。[102] 对于明显超出询问事项本身具有冒犯、压迫、羞辱性等的问题,法官应当要求辩护律师说明发问理由,确认问题的相关性和被害人答复对于查明案情的潜在价值。对于问题内容相关且被害人答复可能具有较强证明力但辩护律师发问方式(如措辞)不当的发问,法官应当要求辩护律师调整发问方式;对于与查明案情无关(前提是辩护律师本人也无法解释其相关性)的问题,或者证明力微弱,被害人却可能因回答该问题加剧创伤的,法官应当制止或者提醒被害人无须回答。当被害人抵触辩护律师的正常发问时,法官应耐心向其解释庭审规则和律师职责,适当引导其作答。

5. 加强对法律职业人员的教育和培训

上述关于法官如何保持"公正性"的两方面,其实都有赖控辩审三方庭审技能(尤其是询问证人、被害人)的强化和对性犯罪科学认识的加深。囿于案卷笔录中心主义的传统审理方式,我国法官、公诉人、辩护律师尚且欠缺识别和规范不当发问的技术及经验。法官自身可能存在不当发问的情况,比如,使用复合型问题,[103] 或者因难以区分诱导性和非诱导性问题而误用或不能及时制止控辩双方的诱导性发问。[104] 因此,控辩审三方皆需进一步适应证人出庭(包括被害人当庭陈述)的审理程序,熟悉证人询问规则,加强询问技能培训,提高识别、反对和制止不当发问的能力。

为避免强奸谬见不当影响司法人员审查判断证据以及改善性侵被害人在诉讼中的待遇,应当促进司法人员对与性犯罪相关的行为学、认知心理学等社

---

[102] 参见韩旭、王剑波:《刑事庭审质证运行状况实证研究——以 100 个庭审案例为样本》,载《法治研究》2016 年第 6 期。

[103] 参见左卫民:《刑事证人出庭作证程序:实证研究与理论阐析》,载《中外法学》2005 年第 6 期。

[104] 参见龙宗智:《我国刑事庭审中人证调查的几个问题——以"交叉询问"问题为中心》,载《政法论坛》2008 年第 5 期。

会科学研究的认知，包括创伤后应激障碍、强奸创伤综合症对被害人行为举止和陈述连贯性、一致性的影响。建议邀请相关社会科学领域专家参与性侵案件办理专题研讨会、讲座，并对办案人员进行定期的线上或线下培训；在核实相关鉴定意见依据的事实基础上，允许专家证人出庭说明和解释性侵被害人的症状，辅助合议庭对被害人陈述进行审查判断。[105] 此外，应当在司法系统中印发教育手册和指南，总结、列明常见强奸谬见，并结合国内外社会科学研究发现（包括实证数据），在每种谬见下具体说明真实情况。[106] 对于人民陪审员参与性侵案件审理的，应当在开庭前将该教育手册或指南分发给人民陪审员阅读。同时，结合《人民陪审员法》第20条[107]的规定，审判长在合议庭评议过程中，应当提醒人民陪审员注意性侵创伤对被害人在法庭中行为举止和陈述的影响以及本案可能涉及的强奸谬见，并进行必要的解释和说明。

Improving the Testifying Experience of Sexual Assault Victims: Lessons Learnt from the Australian Sexual Assault Law Reforms

Zeng Yuanjun

Abstract: Victim statements are key prosecution evidence for sexual assault cases, yet the legislature, administration of justice and academia have paid scant attention to issues concerning victim testifying at trial. The traditional Chinese trial system characterised by the file-transcript centrism is currently subjected to

[105] 参见向燕：《论性侵儿童案件中被害人陈述的审查判断》，载《环球法律评论》2018年第6期。

[106] 澳大利亚维多利亚州警方便采取类似措施来预防强奸谬见对办案警察的不当影响。See Victoria Police, *Fact Sheet: Challenging Misconceptions About Sexual Offending*, https://www.police.vic.gov.au/sites/default/files/2019-01/FINAL-factsheet-for-web-Challenging-Misconceptions.pdf.

[107] 《人民陪审员法》第20条规定："审判长应当履行与案件审判相关的指引、提示义务，但不得妨碍人民陪审员对案件的独立判断。合议庭评议案件，审判长应当对本案中涉及的事实认定、证据规则、法律规定等事项及应当注意的问题，向人民陪审员进行必要的解释和说明。"

challenges from the trial-centred procedure reforms aimed at consolidating the trial process. It is thus necessary to consider whether these victims should attend trial to testify and if so, how. Looking at sexual assault victims giving evidence in practical trials, this study finds that the Chinese sexual assault law reforms are lagging; and victims are prone to secondary victimisation due to the lack of victim and witness assistance services, the adversarial atmosphere of the trial, the defence use of rape myths, alongside the inadequate protective measures. The Australian sexual assault law reforms reveal a common approach taken by common law systems. Through canvassing the Australian reforms that range across procedural and evidence laws to dispel common myths and improve protection of victims, as well as observing the complainant testifying at the trial of Gao and Wang, it may prove revealing to Chinese reformists as regards balancing victims' interests in privacy and dignity against the defendant's access to a fair trial, and achieving best evidence.

Key words: Sexual assault; Victims; Testifying; Secondary victimisation; Rape myths

我国行政公益诉讼举证责任分配机制研究*

彭　玉**

内容提要：

司法实践中法、检、行对于行政公益诉讼举证责任分配的认知存在分歧；检察机关举证责任存在“前移”与“变化”的风险；目前检察机关“全方位举证”模式难以持久，亟须完善以举证责任分配机制为核心内容的行政公益诉讼制度。我国应通过立法构建明确、合理的行政公益诉讼举证责任分配机制：由检察机关承担证明行政机关违法行为或不作为导致公益受侵害，收到检察建议后经过合理修复时间公益仍处于受侵害状态的推进责任；行政机关承担其行政行为合法或已依法完全履职的说服责任。立法时，应分阶段确立不同审查标准、分层次列明检行举证责任内容：一般情况下适用“明显优势证明标准”；严重侵害公益的案件，适用“严格证明标准”。

关键词：

行政公益诉讼　举证责任分配　客观诉讼　明显优势证明标准

一、问题的提出

2015 年 7 月，全国人大常委会授权最高人民检察院在部分地区开展公益诉讼试点工作；2017 年 6 月，《行政诉讼法》迎来第二次修改，行政公益诉讼制度正式入法。自 2017 年全面开展至 2020 年 7 月，全国检察机关共立案办理公益

---

* 本文系国家社科基金“把社会主义核心价值观融入法治建设”重大研究专项“社会主义核心价值观融入检察机关服务保障民营经济健康发展研究”（项目编号：20VHJ004）的阶段性成果。

** 最高人民检察院检察理论研究所学术部副主任，助理研究员。

诉讼案件 31 万余件。其中,行政公益诉讼 29 万余件(占比 93.5%)。[1] 2021 年至 2022 年 3 月底,全国检察机关共立案办理公益诉讼案件 21.2 万件,行政公益诉讼立案 18.6 万件(占比 87.7%)。[2] 可以说,检察公益诉讼制度已在全国范围内有效实施,其中行政公益诉讼始终占据检察公益诉讼的大壁江山。

在行政公益诉讼案件的办理过程中,举证责任分配对于案件的结果起到决定性的影响作用。对于案件结果的预期,又将反过来影响案件当事人的行为和态度。这一影响会贯穿案发前、诉前与诉讼程序整个过程。因此,行政公益诉讼举证责任分配机制研究具有重要的实践意义。目前,我国并无关于行政公益诉讼举证责任分配机制明确的法律规定。现行行政公益诉讼制度的法律依据主要是《行政诉讼法》、全国人大常委会《关于授权最高人民检察院在部分地区开展公益诉讼试点工作的决定》、最高人民法院与最高人民检察院出台的相关司法解释以及实施办法等规范性文件。而这些规范性文件之间关于行政公益诉讼举证责任分配还存在规定不一致的情形。与一般行政诉讼相比,行政公益诉讼是新的制度,进入诉讼程序的案件量不多。这导致目前虽然行政公益诉讼制度已在我国全面实施近 5 年,办案法官、检察官、涉案行政机关工作人员对于行政公益诉讼中检察机关的诉讼地位、举证责任分配等基本问题的认知却仍存在一定的分歧。相关法律规范的缺失与法、检、行认知的分歧,导致行政公益诉讼举证责任分配成为司法实践中的争议焦点。目前,我国司法实践中行政公益诉讼举证责任如何分配,未来又应当如何构建行政公益诉讼举证责任分配机制,从而实现公平公正、确保行政公益诉讼工作顺利开展、国家利益和社会公共利益得到及时、有效、有力的保护,成为我国行政公益诉讼制度的核心问题。

对于行政公益诉讼举证责任分配加以研究和确定,实现行政检察公益诉讼

[1] 最高人民检察院:《检察公益诉讼全面实施三年办理案件 31 万余件》,载最高人民检察院官网,http://www.spp.gov.cn/xwfbh/wsfbh/202007/t20200708_472509.shtml。

[2] 最高人民检察院:《2021 年全国检察机关主要办案数据》,载最高人民检察院官网,https://www.spp.gov.cn/spp/xwfbh/wsfbt/202203/t20220308_547904.shtml#1;最高人民检察院:《2022 年 1 至 3 月全国检察机关主要办案数据》,载最高人民检察院官网,https://www.spp.gov.cn/spp/xwfbh/wsfbt/202204/t20220419_554526.shtml#1。

制度规范体系的迭代演进,实属当务之急。[3] 当前,关于行政公益诉讼举证责任分配已存在一些研究成果。有文章偏重理论阐释,以“规范说”为理论基础论证行政公益诉讼举证责任分配的规则构建;[4]有文章侧重实证分析,用大量裁判文书分析行政公益诉讼举证责任分配规则;[5]本文综合运用人物访谈、案例分析、召开主题座谈会等法社会学方法与法释义学研究方法,归纳目前我国行政公益诉讼举证责任分配现状及存在的问题,论证我国应当如何构建行政公益诉讼举证责任分配机制,并最终提出清晰、明确的立法建议:应分阶段确立不同审查标准、分层次列明检行举证责任内容。

由于法学界关于举证责任的含义与性质众说纷纭,在正式论述之前,本文拟对文中“举证责任”的概念加以界定。本文中所提“举证责任”,是指提供证据证明其主张的义务,即责任承担方应提出证据对其主张加以证明,如果不能提供证据或者提供的证据不能证明其主张成立,则应承担不利的诉讼后果。本文采取说服责任与推进责任之分对检、行双方应当承担的举证责任作进一步界定。推进责任,是指当事人举证证明其主张已经形成法律争议,可以在当事人之间转移,证明标准较低,只要能够形成合理疑点的初步证据,与败诉后果没有必然联系。说服责任,是指说服法官确信其主张成立的义务,不可转移、责任法定、证明标准比较高,主要采取明显优势证明标准和严格证明标准。[6]

---

〔3〕 参见刘艺:《论国家治理体系下的检察公益诉讼》,载《中国法学》2020 年第 2 期。

〔4〕 参见潘剑锋、郑含博:《行政公益诉讼证明责任分配的理论阐释与规则构建》,载《北京大学学报(哲学社会科学版)》2022 年第 1 期。

〔5〕 参见王建芹、王涛菲:《行政公益诉讼举证责任分配实证研究——基于 100 份裁判文书的分析》,载《石河子大学学报(哲学社会科学版)》2022 年第 2 期;牛正浩、高世宁:《行政公益诉讼的证明责任与证明标准——以全国法院 1610 份裁判文书为分析样本》,载《人民司法》2021 年第 4 期。

〔6〕 参见何玲、田晓晴:《论行政公益诉讼举证责任的分配》,载《江苏警官学院学报》2020 年第 6 期。

二、我国行政公益诉讼举证责任分配现状——从法、检、行多主体视角切入

为了全面、客观、真实地反映目前我国司法实践中行政公益诉讼举证责任分配现状,本文首先采取法社会学的研究方法,通过法官访谈[7]、检察官访谈[8]、行政机关相关工作人员访谈[9]、典型案例分析[10]、召开主题座谈会[11]等方法进行调研,以获知行政公益诉讼中法官、检察官、行政机关工作人员对于举证责任分配事宜的看法和建议,探析典型案例中检察机关与行政机关的举证情况、对案件判决结果的影响,了解主题座谈会中多方主体对于行政公益诉讼举证责任分配、检察机关诉讼地位等基本问题存在的困惑与分歧。

(一)法、检、行三主体存在认知分歧

在调研过程中,受访的行政公益诉讼办案检察官普遍表示,目前在行政公益诉讼案件的办理过程中,检察机关承担了绝大部分举证责任,具体包括:案件符合提起行政公益诉讼标准;存在行政机关违法行政行为或者不作为、不完全

〔7〕 法官访谈包括6名法官,均在行政庭工作并具有审理行政公益诉讼案件经验。分布于北京、山东、江苏、深圳、湖南等地的基层人民法院。

〔8〕 检察官访谈包括12名检察官,均为一线检察公益诉讼办案检察官,具有丰富的行政公益诉讼案件办理经验。分布于北京、山东、深圳、云南、贵州、四川、湖南等地市级检察院及基层检察院。

〔9〕 行政机关相关工作人员访谈包括6名公务员,主要在水利部门、环境保护部门、土地管理部门、文物保护部门等基层行政管理部门。分布于北京、山东、深圳、云南、贵州、四川等地。

〔10〕 典型案例主要包括最高人民检察院发布的第八批、第十三批指导性案例以及一系列检察公益诉讼典型案例,最高人民法院、最高人民检察院联合发布的检察公益诉讼典型案例中行政检察公益诉讼案件。

〔11〕 召开主题座谈会共6次,分别在云南大理、云南昆明、贵州安顺、四川眉山、四川成都、深圳罗湖召开,昆明、安顺、眉山、成都、罗湖座谈会主要邀请了市级检察院及其下辖基层检察院的公益诉讼相关部门检察人员,大理白族自治州座谈会除检察院的相关检察人员外,还邀请了当地公安、林业和草原局、文化和旅游局、生态环境局、市场监管局、律师代表、人大代表、政协委员、法院、司法局、人大司法和监察委、纪委、监委等部门人员和代表参会。

履职,并导致国家利益或者社会公共利益受到侵害的情况;已履行诉前程序,即已向行政机关发出检察建议但行政机关拒不履行或不完全履行。而行政机关仅对其已依法履职的主张负举证责任。若举证后仍存在案件事实不清等情形,检察机关要承担败诉风险。质言之,在受访的办案检察官看来,目前我国行政公益诉讼实际上实行的是“谁主张,谁举证”的举证责任分配规则。

与之形成鲜明对比的是,受访法官的看法。受访的行政公益诉讼案件审理法官普遍表示,在庭审阶段,行政公益诉讼案件参照实行的是一般行政诉讼的举证责任规则,即由被告行政机关承担证明其行政行为合法或已依法完全履职的举证责任。若举证后仍存在案件事实不清等情形,行政机关要承担败诉风险;检察机关的举证责任主要体现在提起诉讼阶段。关于检察院在提起行政公益诉讼时应当提交的材料要求,[12]有受访法官表示,检察机关在提起诉讼时提交的相关证明材料应达到“基本确认的程度”,即检察机关提起行政公益诉讼时,应当提交基本能够证明行政机关存在违法行政行为或者不作为、不完全履职等情形,并导致公益受侵的证明材料,否则,法院不予立案。但也有法官表示,由于目前并无过多的行政公益诉讼案件,检察机关已提起的行政公益诉讼案件均准备充分、证明材料充足,并没有发生过立案受阻现象。而且从一般行政诉讼案件的受理情况来看,由于实行“立案登记制度”,法院对于提起行政诉讼请求的原告不会过分严格审查,基本不存在立案受阻或被卡的情形。依此情形可以推断,检察机关提起行政公益诉讼时提交的证明材料只满足“初步证明”程度即可,不太可能出现行政公益诉讼立案受阻的情况。但持这一观点的受访法官同时也表示,这一推论并无事实根据,仅是参照目前一般行政诉讼的立案情况进行推测的。

与法、检的看法均不完全相同,作为被告的行政机关的相关工作人员在受访时表示,在行政公益诉讼中,行政机关要承担相比在一般行政诉讼中更重、更

〔12〕 最高人民法院、最高人民检察院《关于检察公益诉讼案件适用法律若干问题的解释》(法释〔2020〕20号)(以下简称最高人民法院、最高人民检察院司法解释)第22条规定,“人民检察院提起行政公益诉讼应当提交下列材料:(一)行政公益诉讼起诉书,并按照被告人数提出副本;(二)被告违法行使职权或者不作为,致使国家利益或者社会公共利益受到侵害的证明材料;(三)已经履行诉前程序,行政机关仍不依法履行职责或者纠正违法行为的证明材料”。

严格的举证责任。检察机关作为国家法律监督机关代表公共利益提起行政公益诉讼,相比一般行政诉讼的原告,具有明显的取证、举证能力的优势与作为国家机关的强势。在行政公益诉讼中,检察机关一般都会提出充分、翔实的证据证明行政机关存在违法行为或者不作为、不完全履职等情形,导致公益受侵害,以及行政机关收到检察建议后拒不纠正或不完全纠正的情形。相应的,作为主要的举证责任承担者,行政机关必须举出与之相当或者更确实、充分、翔实的证据证明其已依法完全履职,不存在违法行政行为或不作为等情形。否则,行政机关将承担败诉的风险。针对行政机关工作人员的这一"行政公益诉讼中举证责任相较一般行政诉讼更严格"的主张,受访法官表示,在行政公益诉讼中,证明标准与一般行政诉讼并无二致。只要行政机关举证证明其行政行为"事实认定准确、法律依据正确、行政程序合法",使法官达到"内心确信"的程度即可。

(二)检察机关举证责任呈现"前移"现象

我国行政公益诉讼的举证责任分配存在两个举证时间点:一是提起诉讼时,由检察机关承担举证证明被告违法行使职权或者不作为,致使国家和社会公共利益受到侵害,检察机关已履行诉前程序,行政机关仍不依法履行职责或者纠正违法行政行为;二是庭审时,由行政机关承担证明其行政行为合法或已依法完全履职的证明责任。目前的法律规范性文件与司法实践,普遍要求检察机关在提起行政公益诉讼时需要提交能够证明被告违法行使职权或者不作为,致使国家利益或者社会公共利益受到侵害,检察机关已履行诉前程序,行政机关仍不依法履行职责或者纠正违法行政行为的证明材料,否则将不符合起诉条件,存在诉讼受阻的可能性。这相当于把检察机关在行政公益诉讼程序中应当承担的举证责任几乎完全"前移"至提起诉讼之时,导致检察机关取证时限缩短,并且存在行政公益诉讼案件因"不符合"立案条件,直接被阻挡于诉讼程序之外的隐患。

(三)检察机关举证责任存在"异化"风险

在最高人民法院、最高人民检察院司法解释出台之前,2015 年最高人民检察院发布实施的《检察机关提起公益诉讼改革试点方案》(以下简称试点方案)对于检察机关提起行政公益诉讼的要求是"……应当有明确的被告、具体的诉讼请求、国家和社会公共利益受到侵害的初步证据……”,[13]2016年最高人民法院发布实施的《人民法院审理人民检察院提起公益诉讼案件试点工作实施办法》第12条则规定“人民检察院提起行政公益诉讼应当提交下列材料……(二)被告的行为造成国家和社会公共利益受到侵害的初步证明材料……”。与之前实施的两个规范性文件相比,最高人民法院、最高人民检察院司法解释关于检察机关提起行政公益诉讼应当提交的材料要求,最大的变化是把被告违法行使职权或者不作为造成公益受侵害的“初步证明材料(或初步证据)”修改为“证明材料”。关于这一变化对于司法实践的影响,受访法官的意见并不一致。有的受访法官表示,“几乎没有什么影响,因为法官在具体办理案件的过程中,一定程度内可以通过对于法律条文的解释达到想要的结果。是否符合和满足‘初步证明材料’或者‘证明材料’,很大程度上是由法官根据案件的实际情况和当时的司法政策要求来判断的”。也有受访法官表示,“由于目前受理的行政公益诉讼案件量不大,每个案件又都经过检察机关内部省检批准程序才起诉,证明材料非常充足,所以就目前的情况无法判断这一变化会造成怎样的影响”。另有部分受访法官表示,“检察机关作为国家公权力机关,其举证能力相比较一般行政诉讼的原告更强,在提起行政公益诉讼时,检察机关提交的证明材料应当达到基本确认的程度,案件才能受理立案”。受访法官之间的观点不一,也从侧面说明了这一变化的影响是未定的、存在多种可能和隐患。若这一变化导致检察机关提起行政公益诉讼时提交的证明材料应当达到基本确认行政机关违法行使职权或者不作为致使公益受侵害、收到检察建议后仍不依法履行职责或者纠正违法行为的程度,那么便会致使检察机关在行政公益诉讼中的举证责任由推进责任“变化”为说服责任,由检察机关承担举证不能的败诉风险(甚至是都不能进入诉讼程序的风险)。所以,最高人民法院、最高人民检察院司法解释第22条的规定存在致使检察机关在行政公益诉讼中的举证责任从推进责任“变化”为说服责任的风险。这也能够从一定意义上解释,为何受访的一线办案检察官普遍感觉“在行政公益诉讼中实际上是由检察机关承担绝大部分举证责任”。

(四)司法实践中检察机关“全方位举证”

调研发现,我国检察机关在司法实践中提起行政公益诉讼案件的胜诉率非

[13] 最高人民检察院:《检察机关提起公益诉讼改革试点方案》,载《检察日报》2015年7月3日,第2版。

常高。在试点工作期间,检察机关的胜诉率更是接近 100%,几乎无一案败诉。整体而言,自试点开始截至目前,行政公益诉讼工作取得了极好效果:有效督促了行政机关依法行政,及时保护了国家和社会公共利益,修复与整合了被破坏的法律秩序,维护了法律的统一实施,[14]甚至在更根本层面上推动了国家和社会治理体系和治理能力现代化的建设。检察公益诉讼是富含治理内涵的司法体制创新,该制度体现了我国国家治理体系和治理能力现代化所具有的在执政党领导下、改革与建构并重、注重社会主义公益保护、兼具国家主导与半开放性等特征。检察机关通过开展行政公益诉讼工作,可更有效参与国家和社会治理,有助于国家权力结构的不断优化,使司法机关在国家和社会治理结构中发挥越来越重要的作用。[15] 检察机关办理行政公益诉讼案件付出的努力与取得的成绩值得肯定,可是从更长远视角来看,这一状态却很难持久,而且伴随可能选择性"遗漏"一些取证难的公益受侵害案件的隐患。在行政公益诉讼制度改革起步阶段,中央、司法系统、社会公众都密切关注行政公益诉讼制度的发展和实施,对于行政公益诉讼工作的成效寄予厚望,检察系统也把公益诉讼检察提升到与刑事、民事、行政检察并列称为"四大检察"的重要地位。在这样的背景下,各地检察机关在办理行政公益诉讼案件时必当全力以赴,甚至"超力以赴",投入大量的人力、物力、财力办案,尽最大可能调查核实收集证据,而且还有多数地方检察院通过内部设置报批省检才可起诉的程序层层把关,在这种内外合力的推动下,在行政公益诉讼工作开展的前期,检察机关在办理行政公益诉讼案件时几乎都是"全方位举证",基本实现了"办一案、胜一案、治一片"。

(五)检察机关"全方位举证"办案模式难以持久

通过调研发现,现实条件下检察机关"全方位举证"的行政公益诉讼办案模式难以持久。我国检察机关开展行政公益诉讼工作存在诸多现实条件限制:第一,检察人员数量不足,基层检察院普遍存在案多人少的矛盾,而很多基层检察院都存在"一人检察官"的民行部门,即由仅一名员额检察官的民行部门同时负责民行检察与公益诉讼检察工作。第二,存在检察人员专业失衡的问题,检察系统内刑法与刑事诉讼法专业的检察官居多,民法与民事诉讼法、行政法与行

---

〔14〕 参见刘艺:《论国家治理体系下的检察公益诉讼》,载《中国法学》2020 年第 2 期。

〔15〕 参见汤维建:《检察机关提起公益诉讼的制度优化》,载《人民检察》2018 年第 11 期。

政诉讼法、侦查学、证据法学等专业的检察官不足,导致缺乏办案所需专业知识、专业技术、取证能力。第三,办案物力与财力保障不足,这主要是由于行政公益诉讼工作的开展往往需要专业的设备以保障取证、高昂的费用以进行鉴定。行政公益诉讼案件主要涉及生态环境和资源保护、食品药品安全、国有财产保护、国有土地使用权出让等领域,而前两种占据将近90%。而办理这两种案件往往需要专业设备取证、专业人员鉴定。目前仅少量地区设立公益诉讼专项资金,检察机关在办理公益诉讼案件中普遍存在设备不足、资金短缺现象。〔16〕第四,缺乏强制力保障、无明确法律责任后果的调查核实权不能发挥所期待的作用。没有制度保障的调查核实权在不自觉履行的人面前就是一纸空文,调查核实权的效能发挥仍依赖法律层面保障制度的完善。〔17〕在主题座谈会上负责行政公益诉讼工作的检察官以及受访检察人员普遍表示:在实践中,检察机关在收集行政机关的卷宗、处理决定等证据材料时,行政机关均存在不同程度的抵触;法律仅规定了检察机关收集证据材料时对方应当配合,并未规定对方不予配合时检察机关可以采取的措施及对方应当承担的责任,这导致取证存在困难。

在以上现实条件的限制下,检察机关办理行政公益诉讼案件采取的"全方

〔16〕为解决鉴定费高昂导致的办案资金不足问题,2019年最高人民检察院与生态环境部等九部委联合印发《关于在检察公益诉讼中加强协作配合依法打好污染防治攻坚战的意见》指出,要探索建立检察公益诉讼中生态环境损害司法鉴定管理和使用衔接机制,探索完善鉴定收费管理和经费保障机制,与相关鉴定机构协商,探索检察机关提起生态环境损害公益诉讼时先不预交鉴定费,待法院判决后由败诉方承担。目前,已有58家具有资质的鉴定机构列入该名单。但在调研中发现,主题座谈会上大部分检察人员表示该意见并没有真正发挥作用,名单内有些鉴定机构明确表示仍然需要先支付费用,还存在一些鉴定机构消极抵抗,高价鉴定难题仍未得到有效缓解。大理白族自治州检察院目前在办理刑事附带民事公益诉讼时由公安机关承担鉴定费用,但这一做法两家机关也存在意见分歧。而且依照相关规定,司法鉴定机构有严格的资质要求,有资质的机构数量十分有限,尤其是基层地区,本地往往没有具有鉴定资质的机构,这又会进一步增加鉴定成本和难度。

〔17〕参见上海市嘉定区人民检察院课题组:《检察公益诉讼调查核实机制研究》,载黄河主编:《深化依法治国实践背景下的检察权运行:第十四届国家高级检察官论坛论文集》,中国检察出版社2018年版,第471~472页。

位举证”模式难以持久。随着行政公益诉讼全面实施、案件数量逐步增加、行政公益诉讼检察工作的常态化,亟须进一步完善行政公益诉讼制度,为下一步行政公益诉讼制度的规范化运转和常态化开展提供制度保障。而其中,举证责任分配机制的构建当属行政公益诉讼制度建设的核心内容。

三、行政公益诉讼举证责任分配的影响因素

(一)行政公益诉讼属于客观诉讼的功能定位

通过研究诉讼目的及争讼问题的性质,分析行政公益诉讼的本质,明确其功能定位,是进行举证责任分配的基础和前提。法国学者莱昂 · 狄骥(Duguit)最早提出客观诉讼与主观诉讼的区分,后经德国、日本学者借鉴,在大陆法系国家诉讼法学研究中广泛使用。[18] 德国、日本主要根据诉讼目的的不同来区分主观诉讼与客观诉讼。一般而言,主观诉讼是以保护公民个人的权利和利益为目的的诉讼;客观诉讼,是指以维护客观的法律秩序和确保行政活动的适法性,而与原告个人的权利和利益无关的诉讼。[19] 具体而言,主、客观诉讼之间的区分标准主要包括诉讼目的、诉讼对象、原告资格与判决效力范围四个方面。主观诉讼以保护公民个人的权利和利益为直接目的,其诉讼对象为权利主体之间存在的因利害冲突而产生的争议,其原告资格以“法律上的利益”作为判断标准,判决效力只对案件争议中的诉讼当事人具有拘束力,即既判力的主观范围仅限于诉讼当事人;而客观诉讼以维护社会公共利益或客观法律秩序为直接目的,诉讼对象通常为宪法和法律特别规定的行为或事项,原告资格在于单行法律的特别规定赋予,一般是以与自己的法律利益无关的某种资格进行的诉讼,诉讼判决通常产生裁判外效力,[20] 通常客观诉讼的判决具有绝对的既判力。[21]

在我国行政公益诉讼中,检察机关代表国家和社会公共利益,针对行政机

[18] 参见[法]莱昂 · 狄骥:《公法的变迁　法律与国家》,郑戈、冷静译,春风文艺出版社、辽海出版社 1999 年版,第 151 页。

[19] 櫻井敬子·橋本博之『行政法』(弘文堂,2007 年)251 頁参照。

[20] 参见林莉红、马立群:《作为客观诉讼的行政公益诉讼》,载《行政法学研究》2011 年第 4 期。

[21] 成协中:《论我国行政诉讼的客观诉讼定位》,载《当代法学》2020 年第 2 期。

关的违法行政行为或者不作为导致公益受侵害、收到检察建议后仍不依法履行职责或拒不纠正违法行为的情形,向法院提起行政公益诉讼,请求法院判决确认行政行为违法或者无效、行政机关继续履职等。在司法实践中,我国行政公益诉讼表现出明显的客观诉讼特征:以维护国家和社会公共利益为目的,诉讼对象不属于"法律上的争讼",而属于法律特别规定的权限,行政公益诉讼中检察机关主要提起责令履职之诉,其判决具有绝对既判力。[22] 结合上述主、客观诉讼的区分标准可以确定,我国行政公益诉讼属于客观诉讼。

因为客观诉讼的判决具有绝对既判力,相应的,根据法理,其证明标准应当高于主观诉讼。关于我国一般的行政诉讼的界定,存在"客观诉讼说""主观诉讼说""客观诉讼与主观诉讼混合说"等不同界定,笔者认为,根据以上主、客观诉讼的区分标准,我国的一般行政诉讼,属于原告就本身权益受损向法院提起诉讼,从这个角度而言,其具有一定的主观诉讼的特性;可行政诉讼案件的法官对于被诉的行政行为的合法性进行全面审查,不受原告诉请的限制。我国行政诉讼的目的除保护原告合法权益外,根本目的在于通过司法监督行政机关依法行政。从这个角度而言,我国行政诉讼应当属于客观诉讼。因此,我国的一般行政诉讼属于客观诉讼,兼具一定的主观诉讼的特性。那么,与一般行政诉讼相比,行政公益诉讼作为绝对的客观诉讼,其证明标准要高于一般行政诉讼,我国行政公益诉讼应当设立相比一般行政诉讼更严格的证明标准。具体到行政公益诉讼的双方当事人,检察机关与行政机关均应当就其所承担的举证责任达到更严格的证明标准。

(二)检察机关作为国家法律监督机关的法律定位

除诉讼目的不同外,行政公益诉讼与一般行政诉讼的最大区别就在于作为"原告"的检察机关并非普通原告,而是国家法律监督机关、司法机关、公权力机关。一般行政诉讼中原告与被告行政机关之间是"被管理"与"管理"的关系,而行政公益诉讼中检察机关与行政机关之间是"监督"与"被监督"的关系。虽然在行政诉讼法中普遍强调"双方当事人法律地位平等",但诉讼双方当事人之间关系的实质不同决定了行政公益诉讼与一般行政诉讼存在本质区别。相应的,行政公益诉讼与一般行政诉讼中的举证责任分配也应存在一定差别。

---

[22] 参见林莉红、马立群:《作为客观诉讼的行政公益诉讼》,载《行政法学研究》2011年第4期;参见刘艺:《构建行政公益诉讼的客观诉讼机制》,载《法学研究》2018年第3期。

我国检察机关作为国家法律监督机关的法律定位决定了检察机关相较普通原告,具有更专业的、更强的取证能力、举证能力、诉讼提起与应对能力等法律相关技能。因此,相较一般行政诉讼中的原告,检察机关在行政公益诉讼中应当承担比一般行政诉讼中普通原告更重的举证责任。

(三)检察机关与行政机关参与社会治理的功能比较

行政权是现代国家治理体系中最庞大、复杂和最具有功能的权力,它的运行状况是依法治国的关键。[23] 我国行政机关作为国家权力机关的执行机关,是参与社会治理的首要主体。在我国社会治理之中,行政机关是第一顺位责任人。

我国检察公益诉讼制度的设计初衷是为了由检察机关监督、督促行政机关依法行使职权,维护国家和社会公共利益不受损害。试点方案指出,"……积极探索建立检察机关提起公益诉讼制度,充分发挥检察机关法律监督职能作用,促进依法行政、严格执法,维护宪法法律权威,维护社会公平正义,维护国家和社会公共利益"。[24] 司法实践中检察机关会优先选择行政公益诉讼,这有利于促进行政机关正确履行职责、及时有效维护公共利益,符合公益诉讼的宗旨和本质。[25] 行政公益诉讼是公益诉讼制度的核心组成部分,由检察机关针对行政机关违法行政或者不作为、不完全履职等情形,监督、督促行政机关依法履职,维护公益。在参与社会治理的过程中,行政机关是第一顺位责任人,行使社会治理的相关职权,直接发挥参与社会治理的首要作用;而检察机关是补充责任人,行使法律监督职权,通过监督、督促行政机关依法行政,发挥有效参与社会治理的补充作用。

(四)诉讼双方当事人举证能力比较

检察机关作为提起行政公益诉讼的"原告",由于其国家法律监督机关、司法机关的定位和性质,检察机关具有相当高水平的法律专业能力,包括调查核

---

〔23〕 姜涛:《检察机关提起行政公益诉讼制度:一个中国问题的思考》,载《政法论坛》2015 年第 6 期。

〔24〕 胡卫列:《国家治理视野下的公益诉讼检察制度》,载《国家检察官学院学报》2020 年第 2 期。

〔25〕 参见朱全宝:《论检察机关提起行政公益诉讼:特征、模式与程序》,载《法学杂志》2015 年第 4 期。

实、取证、提出明确的诉讼请求、庭上质证等法律技术相关的各方面。此外,由于行政公益诉讼诉前程序的设计,检察机关在诉前程序中即需要调查核实、收集行政机关存在违法行为或者不作为,致使公益受侵害的相关证明材料,并以此为基础向行政机关发出检察建议。因此,提起行政公益诉讼时,检察机关已经掌握一定的证明材料;行政机关作为国家权力的执行机关,具有较高水平的行政执法与社会治理能力,包括行政行为、行政程序、行政事实、行政后果、社会治理中的问题及解决对策等涉及行政事务与社会治理直接相关的各方面。此外,行政机关是具体行政行为的作出主体,其对于行政行为相关情况最了解。因此,在通常情况下,应当由行政机关对其作出的行政行为合法或其已依法完全履职承担举证责任,具体包括具体行政行为事实本身和其作出所依据的规范性文件两个方面。[26] 综上所述,行政公益诉讼双方当事人相比,检察机关在法律技术方面占据优势,而行政机关在行政事务与社会治理事宜上更胜一筹。

依据举证责任的基本分配原则——公平原则、便利原则、平衡原则等,诉讼双方当事人举证的能力对于诉讼的举证责任分配起到直接的影响作用。具体而言,依据公平原则,在具体的行政公益诉讼案件中,应考虑当检、行两方取证手段的保障、举证能力的大小、获取证据的难易程度等因素,依据案件的具体情况来确定由合适的当事人负责举证责任;依据便利原则,由哪方收集证据、提出证据、获得证据更容易,也就是说,哪一方距离证据的源头更近或更易于取得证据,在理论上就应由哪方来提供该证据并加以证明;[27] 依据平衡原则,分配举证责任要向举证地位、举证处境占优势或主张的待证事实盖然性低的一方倾斜,其举证责任分配上应当有相应侧重。[28] 在行政公益诉讼中,检察机关与行政机关在法律技术与行政事务方面各具优势,双方掌握的证据资源各有偏重,举证能力不同方面各有侧重,依照上述举证责任的基本分配原则,应结合检行双方实际情况合理配置举证责任。

---

〔26〕 参见程琥主编:《行政审判前沿问题探讨》,中国法制出版社 2020 年版,第 25 页。

〔27〕 参见季美君:《举证责任的分配原则》,载何家弘主编:《证据学论坛》(第 11 卷·三人堂与群言录),中国政法大学出版社 2006 年版,第 92 页。

〔28〕 参见刘金友:《论我国举证责任分配的基本原则》,载何家弘主编《证据学论坛》第 3 卷,中国检察出版社 2001 年版。

四、行政公益诉讼举证责任分配机制的构建

(一)应构建明确、合理的举证责任分配机制

由于目前我国行政公益诉讼举证责任分配机制缺乏明确的法律依据,致使司法实践中法、检、行三方主体对于这一问题的看法不一致,从而导致举证责任分配成为行政公益诉讼制度的争议焦点。作为行政公益诉讼制度的核心内容,应当通过立法对于我国行政公益诉讼举证责任分配机制加以明确规定,构建明确的举证责任分配机制。

另外,应当构建科学合理的举证责任分配机制。根据上文对于行政公益诉讼举证责任分配的影响因素的分析,应当综合衡量行政公益诉讼属于客观诉讼的功能定位、检察机关作为国家法律监督机关的法律定位、检察机关与行政机关参与社会治理的功能比较、诉讼双方当事人举证能力的比较等影响因素,构建科学合理的行政公益诉讼举证责任分配机制。

依据行政公益诉讼独特的诉前程序设计,以及司法实践中举证遇到的难题,构建科学合理的行政公益诉讼举证责任分配机制,需要分阶段、分层次加以论证。

1.分阶段确立不同审查标准

我国行政公益诉讼"诉前程序+诉讼程序"的制度设计,致使其诉讼双方举证内容、举证标准、举证程序等事项与一般行政诉讼不同,应结合制度设计划分为两个阶段加以分析。

我国行政公益诉讼中的举证责任内容涵摄了包括诉前程序在内的整个行政公益诉讼过程。在行政公益诉讼相关法律规范中,"违法行政行为"的表述出现了两次:一是在启动诉前程序时,检察机关在履职中发现"行政机关存在违法行使职权或者不作为,致使公益受侵的",应当向行政机关提出检察建议,督促其依法履行职责;二是在启动诉讼程序时,收到检察建议后法定期限内"行政机关不依法履行职责的",检察院依法提起诉讼。在提起诉讼时,检察机关需要提交的证明材料包括存在上述两次"违法行政行为"。那么,检察机关在举证时,对于这两次"违法行政行为"的审查标准是否一致?笔者认为,答案是否定的。

首先,在发现案源、启动诉前程序时,应主要采用行为审查标准。即检察机关只需明确证明行政机关存在违法行政行为,不必过分强调可见的损害结果,

不必明确证明违法行政行为与结果之间的因果关系。原因在于,诉前程序的主要目的在于督促行政机关依法履职,监督、提醒其纠正违法行政行为,而不是取代行政机关自我判断。若过分强调损害后果及因果关系,会加重检察机关调查取证的负担,不利于诉前程序制度设计目的的实现。此时采取行为审查标准,可以实现以最简便的手段达到保护公益范围广泛的目的。

其次,在启动诉讼程序阶段,应确立实质性合法审查标准。即检察机关应考量:收到检察建议后,行政机关行为方面、结果方面、履职条件等综合因素,判断行政行为在实质上是否合法。也就是说,提起行政公益诉讼时,检察机关应当举证证明收到检察建议后行政机关仍不纠正违法行政行为或不完全依法履职,导致公益继续处于受侵害状态。〔29〕

在调研过程中,受访法官关于行政公益诉讼中司法审查范围存在分歧。有法官认为,行政公益诉讼审查范围应包括启动诉前程序时行政机关存在的违法行为或不作,和与收到检察建议后至提起诉讼前行政机关的违法行为或不完全履职行为。有的法官则认为,审查范围仅包括收到检察建议后至提起诉讼前这段时间,行政机关的违法行政行为或不完全履职行为。笔者赞同前一个观点。两个不同阶段的行政行为一脉相承、互相影响,前一阶段的违法行为或者不作为是基础、前提条件,后一阶段的违法行为或不完全履职行为是结果、现实状态。行政公益诉讼司法审查范围应当涵盖两个阶段的两次"违法行政行为"。因此,相应地,检察机关在诉讼中应当提交两次"违法行政行为"相关的证明材料,具体包括行政机关存在违法行为或不作为致公益受侵害,收到检察建议后仍不纠正违法行为或不依法完全履职,导致公益继续处于受侵害状态的证明材料。〔30〕

2. 分层次详细列明举证事项

在宏观层面,依据行政公益诉讼制度的基本原理,参照举证责任分配相关影响因素,结合举证责任分配的基本原则,笔者建议,我国行政公益诉讼举证责任分配如下:由检察机关承担证明行政机关违法行为或不作为导致公益受侵

---

〔29〕 参见胡婧:《行政公益诉讼中违法行政行为审查标准省思》,载《山东警察学院学报》2019 年第 2 期。

〔30〕 此处所言检察机关应承担的证明责任为推进责任,并非说服责任,后文会进一步详述。

害,收到检察建议后超过合理修复期限公益仍然处于受侵害状态的推进责任,行政机关承担其行政行为合法或已依法完全履职的说服责任。

具体而言,检察机关的举证责任包括:(1)证明起诉符合法定条件;(2)初步证明行政机关存在违法行政行为或者不作为,致使国家利益和社会公共利益受到侵害;对于行政不作为导致的国家利益和社会公共利益受侵害的状态,检察机关需举证证明保护受侵害公益属于被告行政机关的职责范围,以及存在公共利益受侵害的事实;(3)人民检察院已履行诉前程序提出检察建议,国家利益和社会公共利益超出合理修复期限仍处于受侵害状态。行政机关承担的举证责任包括:(1)行政机关对于其作出的行政行为合法或者其已依法完全履行职责的主张负举证责任。(2)对于行政不作为导致国家利益和社会公共利益受到侵害的,检察机关举证证明存在国家利益和社会公共利益受到侵害的事实以及受侵害公益的保护,属于被告行政机关的职责范围,由行政机关负责举证证明其已依法完全履行相应行政职责,行政机关不履行或者仅部分履行相应行政职责的,应承担败诉后果。

如此建议,主要依据是一般行政诉讼原理、行政公益诉讼的性质与目的、举证责任的分配原则及司法实践需求。首先,作为参与社会治理的第一顺位责任人,行政机关对于其本身履职情况(包括是否履职、如何履职等情形)最了解,对于行政行为合法与否、作为与否的情况掌握最全面的一手证明材料。因此,由行政机关承担证明其行政行为合法或已依法全面履职的举证责任最为恰当、合理、便捷。若由检察机关承担证明行政机关违法行政行为或者不作为导致公益受侵害的说服责任,则实际上是要求"检察机关比行政机关还要了解行政事务",并且要求检察机关对于行政行为的合法性作出实质性判断,这实际上会冲击"行政机关的首次判断权";而且现实中,行政行为复杂、种类多样,行政职责广泛、内容丰富,作为法律监督机关的检察机关是完全不及专门行使相应行政职权的行政机关对行政职责范围、行政行为的要求、相关法律程序等内容的了解程度的。若是如此安排必会导致行政公益诉讼案件办理费时、费力、检察机关取证难等系列情形。而由检察机关承担证据推进责任,负责提出初步证据证明行政机关存在违法行为或者不作为致使公益受侵害的情形以及行政机关收到检察建议后仍不纠正或不完全履职的情形,由行政机关承担说服责任,负责证明其行政行为合法或已依法完全履行行政职责,则公平、合理、便捷,符合公平原则与便利原则等举证责任的基本分配原则。此外,依据平衡原则,分配举证责任要向举证地位、举证处境占优势或主张的待证事实盖然性低的一方倾斜。[31] 在行政公益诉讼中,检察机关是代表国家利益和社会公共利益提起诉讼,并非出自私益,所以其滥诉的可能性较低。[32] 而且一般而言,若存在国家利益和社会公共利益受到侵害的事实,存在行政机关不作为或者违法行为的盖然性较高,举证责任应向主张其行政行为合法或已依法完全履职的盖然性较低的行政机关倾斜。因此,在行政公益诉讼案件中,应由行政机关负责举证证明其行政行为合法或已依法完全履行行政职责。

其次,由于检察机关不同于普通原告,其作为国家法律监督机关、司法机关的法律定位,使检察机关的取证能力、举证能力等均远超于普通原告。因此,应赋予检察机关相较一般行政诉讼普通原告更重的举证责任。根据《行政诉讼法》第 34 条的规定,在一般行政诉讼中,原告提出其主张,由被告承担举证责任,这是行政诉讼举证责任分配的一般原则。最高人民法院《关于行政诉讼证据若干问题的规定》规定,原告在提起行政不作为诉讼中应当提供其在行政程序中曾经提出申请的证据材料(含两种例外情形)、在行政赔偿诉讼中原告应当对被诉具体行政行为造成损害的事实提供证据。[33] 相较一般行政诉讼的原告,检察机关应当承担更详尽、周全的推进责任。由于经过了诉前程序,检察机关已掌握了行政机关违法行政行为或者不作为,致使公益受侵害的初步证明材料,在检察机关正式提起诉讼时,应当要求检察机关证明起诉符合法定条件,并初步证明行政机关存在违法行政行为或者不作为,致使国家利益和社会公共利益受到侵害;并且证明已履行诉前程序向行政机关提出检察建议,但国家利益和社会公共利益超出合理修复期限仍处于受侵害状态。

再次,为了解决实践中普遍存在的"行政机关收到检察建议后是否已依法完全履职"认定难的问题,可通过采取明确列明检察机关及行政机关对于"行政机关收到检察建议后是否依法完全履职"的举证内容加以解决。通过查阅典型

---

〔31〕 参见刘金友:《论我国举证责任分配的基本原则》,载《证据学论坛》2001 年第 5 期。

〔32〕 参见朱全宝:《论检察机关提起行政公益诉讼:特征、模式与程序》,载《法学杂志》2015 年第 2 期。

〔33〕 参见最高人民法院《关于行政诉讼证据若干问题的规定》(法释〔2002〕21 号)第 4 条、第 5 条。

案例、召开主题座谈会及检察官访谈获悉,在认定"行政机关是否已依法完全履职"时,主要存在两方面的难题:

一是关于行政机关职责范围的界定,尤其是行政不作为案件,维护受侵害的公共利益是否属于被诉行政机关的职责范围?法律有明确规定的,自然依照法律进行界定;但法律没有明确规定或者规定模糊不清的,如何判断是否属于被诉行政机关的职责范围则成为案件的争议焦点。在"江苏省睢宁县人民检察院诉睢宁县生态环境局行政公益诉讼案"中,核心问题就在于判断"睢宁县生态环境局是否有责任处置或委托有资质的单位处置危险废物",若严格从法解释和法适用的角度看,法院的论理多少存在瑕疵;但法院从立法目的、立法本意出发去理解和解释相关条款,认定危险废物所在地环保机关的监管职责包括上述代履行职责,以实现及时处置危险废物、保护生态环境安全的立法目的。[34] 从立法目的出发判断行政机关的职责范围,属于功能主义路径,即通过目的解释进路去理解"行政职责",从公益保护的最终结果处罚来不断调整纳入司法审查的"行政职责",[35]这一路径有利于实现及时、有效、有力保护公益的目的,但也需要加以适当限制,应以现有法律规定为基础,结合案情采取文义解释、系统解释与立法目的解释相结合的解释方法,实现尊重现行法律规定与追求实现立法目的的平衡。

二是如何算作"完全"依法履职。调研过程中发现,目前比较常见的案件情况是行政机关收到检察建议后,没有全面充分地履行行政职责,修复被侵害的公益,导致公益继续处于受侵害状态。在"江岸区人民检察院诉武汉市国土资源局行政公益诉讼案"中,行政机关以法律仅授权其作出行政处罚决定,没有授予其强制执行的权力,依据相关法律规定其不享有强制执行的权力为由,主张其不执行行政处罚不属于违法。检察机关主张,根据相关法律和工作规程规定,该行政部门还可采取其他法律措施,而该部门既不与财政等部门协商执法问题,也未在法定期限内申请法院强制执行,这种情形就应当认定为未完全履

---

〔34〕 参见邱奕夫:《2019年度十大检察公益诉讼典型案例》,载中国新闻网,https://www.chinanews.com.cn/sh/2020/07-22/9244774.shtml。

〔35〕 参见王清军:《环境行政公益诉讼中行政不作为的审查基准》,载《清华法学》2020年第2期。

行法定职责。最终案件法官支持了检察机关的观点。[36] 遇到行政机关收到检察建议后"敷衍行政"的情形,若规定检察机关需明确证明"行政机关仍不依法履行职责或者纠正违法行为的事实",则有一定的难度,耗时耗力、浪费司法资源。由于检察机关承担的证明责任主要是推进责任。因此,检察机关仅负责举证证明"已经履行诉前程序,但国家和社会公共利益超出合理修复期限仍处于受侵害状态的事实"即可。

除前述情形外,最常见的情形是行政机关履职存在"客观困难"。受访行政机关的相关公务员普遍表示,在大多数行政公益诉讼案件中,行政机关收到检察建议后均会重视,并采取相关行动纠正违法行为或依法履职,在现实中,往往是由于客观原因(如行政处罚罚款追缴遇到被处罚人无可执行财产,导致追缴罚款失败、被严重破坏的生态环境短期内无法完全修复等情形),导致国家和社会公益仍处于不能完全修复的状态。针对这一现象,建议规定行政机关在举证证明其已依法完全履职时,只需证明行政机关已穷尽一切法律手段依法进行履职,确有客观原因导致当下超出合理修复期限公益仍处于受侵害状态的,若以后存在继续履行的可能,判决行政机关在条件满足时应及时继续履行法定职责;若以后均不存在履行可能,可判决驳回诉讼请求。

(二)行政公益诉讼的证明标准应当高于一般行政诉讼的证明标准

由于行政公益诉讼属于客观诉讼,诉讼判决结果具有绝对的既判力,对于国家和社会公众、行政机关以及相关第三人的权益具有重大的影响作用,因此行政公益诉讼应当设立严格的证明标准。一般而言,行政公益诉讼的证明标准应当高于一般行政诉讼的证明标准。关于一般行政诉讼的证明标准,目前主流观点的思路是针对行政诉讼的具体情况,设定多元的行政诉讼证明标准。但具体如何设计行政诉讼的证明标准,学界的观点亦相当多元化。姜明安主张,以明显优势证明标准为原则,以严格证明标准和优势证明标准为补充,主要区分标准是行政行为对于相对人的影响,包括受影响权利的种类及影响的严重程度。对于严重影响相对人权利的行政案件适用严格证明标准或排除合理怀疑

---

[36] 参见"江岸区人民检察院诉武汉市国土资源局行政公益诉讼案",岸检行公诉[2016]2号。

标准,影响程度越轻微,证明标准越低。[37] 在行政公益诉讼中,应当以“明显优势证明标准”为原则,对于严重侵害国家和社会公益的行政公益诉讼案件,应当适用“严格证明标准”。

具体而言,在一般情况下,行政机关提供的证据应当具有比检察机关“明显的证据证明优势”。这一“明显优势”是一个可量化的标准,需要法官在审理案件时,依据法律规定,把行政公益诉讼双方当事人提供的证据按照证明力的大小、案件的性质、对诉讼双方代表利益的影响大小等因素进行综合的比较分析。这种“优势”必须使法官在内心达到确信行政机关的主张真实可信的程度。[38] 而对于严重侵害国家利益和社会公共利益的行政公益诉讼案件,应当适用“严格证明标准”,即应当达到“排除合理怀疑的标准”。

更高的证明标准对于检察机关的影响在于,要求检察机关承担更详尽、周全的推进责任。不同于一般行政诉讼的原告承担推进责任范围的狭窄、有限,检察机关在提起行政公益诉讼时则要求提交初步证明行政机关存在违法行政行为或不作为致使公益受侵害,已发出检察建议但行政机关拒不纠正或不完全履职致使公益继续处于受侵害状态的材料。在诉讼过程中,检察机关还承担对被告主张提供反驳证据的推进责任。此时,检察机关提供的证据属于反证,旨在从真实性、关联性或者合法性方面反驳被告提供的证据,阻止被告举证责任的完成,维护受侵害公益的主张。[39]

五、相关立法建议

通过上文对于如何构建我国行政公益诉讼举证责任分配机制及完善调查核实相关配套制度的论述,本文于最后尝试提出具体的立法建议,为下一步我国的相关立法工作开展提供具体参考。

由于行政公益诉讼的独特性,建议等立法时机成熟后制定专门的检察公益

---

〔37〕 参见姜明安主编:《行政法与行政诉讼法》(第 7 版),北京大学出版社 2019 年版,第 479 ~ 480 页。

〔38〕 参见程琥主编:《行政审判前沿问题探讨》,中国法制出版社 2020 年版,第 27 ~ 28 页。

〔39〕 参见程琥主编:《行政审判实务问题解答》,中国法制出版社 2020 年版,第 193 页。

诉讼法,[40]专设"行政公益诉讼"部分。在这一专门立法中明确规定检察公益诉讼制度的目的、基本原则、受案范围、检察机关的诉讼地位、行政公益诉讼程序(包括诉前程序与诉讼程序)、举证责任分配机制、执行、调查核实相关配套制度等内容。

关于举证责任分配机制的构建需要注意以下两点:第一,要明确规定行政公益诉讼举证责任的分配机制,列明行政公益诉讼举证责任分配的一般原则及证明标准,应分阶段确立不同审查标准、分层次列明检察机关与行政机关的举证责任内容。第二,要明确规定检察机关调查核实的手段,明确规定有关个人、单位不配合时应当承担的法律责任。要明确具体规定行政公益诉讼中检察机关调查核实的具体方法和相关保障。

Research on the Distribution Mechanism of Burden of Proof of the Administrative Public Interest Litigation

Peng Yu

Abstract: In judicial practice, there are differences in the cognition of the distribution of burden of proof of the administrative public interest litigation among the court, procuratorate and administrative organ. There are risks of "forward shift" and "alienation" in the burden of proof of procuratorial organs; At present, the mode of "omni-directional proof" adopted by procuratorial organs is not sustainable, so it is urgent to perfect the administrative public interest litigation system with the distribution mechanism of proof burden as the core. China should

---

〔40〕 很多学者也持相同观点,认为应当制定专门的检察公益诉讼法。如王利明、冯玉军、马怀德等法学者在2023年9月21日中国法学会、全国人大监察和司法委员会、最高人民法院、最高人民检察院联合举办的检察公益诉讼立法专题研讨会上均表示,检察公益诉讼不同于一般的民事诉讼和行政诉讼,制定专门的检察公益诉讼法有现实必要性及可行性。参见闫晶晶、谷芳卿:《因应时代关切,凝聚立法共识——检察公益诉讼立法专题研讨会综述之一》,载《检察日报》2023年9月22日,第2版;崔晓丽:《马怀德在检察公益诉讼立法专题研讨会上表示 制定检察公益诉讼法具有现实性和紧迫性》,载《检察日报》2023年9月22日,第1版。

build a clear and reasonable distribution mechanism of the burden of proof for administrative public interest litigation through legislation: the procuratorate shall prove administrative illegal act or omission caused the infringement of public interest, after receiving the procuratorial advice the administrative organ failed to repair the public interest after a reasonable time, the administrative organ shall take the burden of persuasion to prove the administrative act is completely in accordance with the law; In general, "obvious advantage proof standard" is adopted, and "strict proof standard" is applied in cases of serious infringement of public interest.

Key words: Administrative Public Interest Litigation; Distribution of Burden of Proof; Objective Litigation; Obvious Advantage Proof Standard

“青鹰”板块

营救酷刑与防御性紧急避险

李焕集*

内容提要：

营救酷刑在刑法学领域的核心问题是能否为刑法违法阻却事由所正当化。在防御性紧急避险的鉴定中，营救酷刑情势应涵摄于"正在发生的危险"的避险前提；"不得已"要件对于极端情势下的酷刑实施提供了行为时的限制性条件以及事后司法裁量的比例性审查要件，具有限制权力和保障人权的重要内涵。在避险限度上，既有的人格尊严优于生命权的观点存在缺陷。应当重新审视人格尊严受侵犯这一判断前提，并在中国宪法的规范语境下以尊严的义务履行前提修正客体公式的判断基底。在客体公式的修正下，警方的营救酷刑行为并非必然构成对犯罪嫌疑人尊严的侵犯，营救酷刑得以经受避险限度中利益衡量的检验而成立阻却违法的防御性紧急避险。营救酷刑正当化与刑事诉讼法上的证据问题得以衔接，"滑坡效应"的观点不符合事实，绝对禁止营救酷刑反而会在极端的情形中丧失对被害人生命的保护。

关键词：

营救酷刑　防御性紧急避险　人格尊严　客体公式　阻却违法

一、问题的提出

在国内外日益严峻的反恐态势下，如何理性处理事前有效制止恐怖事件与保护犯罪嫌疑人人权的关系，已然成为法治国反恐所必须考量的一个问题。例如，2014年3月1日发生的云南昆明火车站暴力恐怖案件，该事件致使31人死亡，141人受伤。国家机关在通报此事时透露，该暴恐案8人团伙中，有3名案

---

* 德国柏林洪堡大学法学院研究人员。

犯已于案发前 2 月 27 日在云南红河州落网,[1]即在暴恐事件发生前掌握恐怖事件计划的案犯已先落网。此类问题不仅发生在反恐案件中,也发生在被害人的生命面临严重危险的情形中。以下是国内外两个真实的案件。

案例 1:中国台湾地区南投县曾发生一起绑架案件,被害人是一名不到 3 岁的小男孩。绑匪于取款时被警方逮捕,但仍不知该男孩下落。歹徒坚持要求放走他们,否则不说出藏匿小孩的地点。当时寒流南下,男孩身上衣服非常单薄,其父母忧心不已。绑匪被捕 3 日后方说出小孩的藏匿地点。但警方前往找寻时,只寻见小孩的尸体;而据法医研判,男孩应是在被警方找到前刚刚死亡,如果警方能早一些得到营救信息,或许可以及时挽救那个男孩。[2]

案例 2:2002 年 9 月 27 日,犯罪嫌疑人格夫根(Gäfgen)绑架了一名银行家 11 岁的孩子,并企图索取 100 万欧元的赎金。根据警方的计划,犯罪嫌疑人在 9 月 30 日前来收取赎金的时候被捕。但在接下来的审讯中,犯罪嫌疑人一再拒绝透露被害人的拘禁地点;警方虽然采取了诸多措施,但仍然无法找到被害人。第二天,考虑到被害人可能由于缺乏必要的饮水和食物已经处在极度的生命危险之中,警察达施纳(Daschner)下令在医生的监护下通过对犯罪嫌疑人进行恐吓甚至在必要时对其施加肉体痛楚的方式逼取有关被害人藏匿地点的信息。在审讯警察施加肉刑的方式之下,犯罪嫌疑人终于交代了被害人的藏匿地点以及被害人已于 9 月 27 日晚上被其所杀害的犯罪事实。[3]

案例 1 中,如果警方对绑匪进行刑讯使其供出小孩的位置信息,就可能有希望营救出孩子从而避免其死亡的结果,而此种行为是否为法秩序所保护?案例 2 中,警察实施了刑讯行为,但被害人还是难逃厄运,那么警察的行为是否合法?以上两个案例都将焦点共同指向了一个问题:在犯罪嫌疑人拒不供出营救被害人所必需的信息时,警察在别无他法而被害人或潜在的被害人正面临生命危险的情况下,出于营救被害人的目的,能否对犯罪嫌疑人施加酷刑以获取必

---

[1] 《昆明暴恐案 8 人团伙中 3 人于案发前在红河落网》,载财新网,https://china.caixin.com/2014-03-11/100649537.html。

[2] 参见吴巡龙:《私人不法取得证据应否证据排除》,载《月旦法学杂志》2004 年第 108 期。

[3] 参见王钢:《正当防卫的正当化依据与防卫限度——兼论营救酷刑的合法性》,台北,元照出版社 2019 年版,第 7 页。Vgl. LG Frankfurt a. M., NJW 2005, S. 692.

要的信息？这就是本文所要探讨的出于营救目的的酷刑问题，以下称为“营救酷刑”。[4]

（一）营救酷刑的定义

营救酷刑的情形可概括为：国家公职人员基于防止他人生命受到重大急迫危险的目的，为取得救助所必需的信息而对处于自己羁押或控制之下的犯罪行为人施加不属于法律制裁的剧烈的肉体或精神上的疼痛或痛苦。营救酷刑的行为在主观上是出于营救的目的而在危险预防的范围内实施的，此时，酷刑实施者唯一的目的是获取法益保护所必需的信息。[5] 同时，这一行为至少应在构成要件符合性上达到相关犯罪的定罪标准；如果不符合，则无须探讨本文所欲探讨的营救酷刑行为能否阻却违法的问题。

（二）营救酷刑类型及探讨范围

营救酷刑的论题集中在刑法学、宪法学以及刑事诉讼法学领域。近年来，随着恐怖主义势力的蔓延，在反恐背景下，营救酷刑的问题亦有深入讨论

〔4〕 学界对此问题的概括采用了不同的用语，有营救酷刑（参见王钢：《正当防卫的正当化依据与防卫限度——兼论营救酷刑的合法性》，台北，元照出版社 2019 年版）、营救式刑讯（参见夏彦：《试论营救式刑讯的正当性》，载《研究生法学》2012 年第 4 期）、预防性酷刑（参见杨春然、任培良：《预防性酷刑：阻却违法抑或阻却责任？——兼论酷刑的命运》，载《中国刑事法杂志》2013 年第 3 期）、基于营救目的实施的逼供行为（参见艾明：《基于营救目的实施的逼供行为之法律效果——以欧洲人权法院 Gäfgen v. Germany 案判决为例》，载《比较法研究》2014 年第 2 期）等；我国台湾地区主要称其为营救式刑求（参见李佳叡：《论营救式刑求之法律适用：以德国刑事法暨欧洲人权法为中心》，台湾大学法律学院法律学系 2013 年硕士学位论文）或预防性刑求［参见杨云骅：《〈公民与政治权利国际公约〉第 7 条对国内法之效力：以预防性刑求为中心》，载《台大法学论丛》第 43 卷特刊（2014 年）］。这些不同用语所涵盖的内容别无二致，笔者认为，“营救酷刑”这一概括用语，一方面能说明行为的目的内容，另一方面“酷刑”这一用语也直接将问题的焦点予以点明。因此本文选用这一用语，特此说明。

〔5〕 参见王钢：《正当防卫的正当化依据与防卫限度——兼论营救酷刑的合法性》，台北，元照出版社 2019 年版，第 246 页；王钢：《出于营救目的的酷刑与正当防卫——战后德国最具争议之刑法问题评析》，载《清华法学》2010 年第 2 期。

的必要。[6] 概括而言,这一问题所涉及的案件类型主要发生在危害公民人身类犯罪与危害公共安全类犯罪中,两类案件都涉及严重威胁公民生命安全的情形。其中危害公民人身类犯罪的发生以绑架类案件为典型,前文所举的两个案例均属于绑架类案件,这一类案件的案情主要为:警察逮捕了绑架犯罪嫌疑人,但人质被拘禁于不明处所,并因为饥饿、缺水或受有重伤等事由而面临生命危险,但犯罪嫌疑人拒不供出人质的位置信息,此时警察即有可能须考量是否需要为了救助人质的生命而对犯罪嫌疑人施以酷刑,迫使其交代人质信息。[7] 危害公共安全类犯罪的案情主要体现为:警察在逮捕了犯罪嫌疑人之前或之后,得知其已经在某处放置了具有危害不特定多数人生命安全的危险物质,但该犯罪嫌疑人坚持不说出危险物质的放置地,警察因此无法找到危险物质或有效疏散民众,此时警察即需考虑是否以施加酷刑的方式逼迫该犯罪嫌疑人说出危险物质放置地点,以救助不特定多数民众的生命。这一类案件中,以炸弹为危险物质的情形为典型。故后文主要以绑架类案件和炸弹类案件为例进行探讨。

由于这一问题涉及的范围比较广泛,为便于集中深入地探讨,并且希冀对回应国内的相关问题有所助益,笔者将本文所讨论的焦点限定为营救酷刑的行为能否为中国刑法上的正当化事由所正当化,重点探讨其能否成立防御性紧急避险的问题。至于本文讨论的案情范围,鉴于现实中的案件情形错综复杂,而本文所欲探讨的情形应尽可能对实践具有现实意义,故笔者并不仅仅将案情范围限定在完全理想的营救酷刑情形(警察在紧急情况下施加酷刑并成功逼取了营救信息,根据这一信息在千钧一发之际挽救了被害人的生命的情形)[8] 之中

---

[6] 相关文献包括程龙:《恐怖主义犯罪中的营救刑讯:正当化及其限度》,载《政法论坛》2020年第5期;杨春然、任培良:《预防性酷刑:阻却违法抑或阻却责任?——兼论酷刑的命运》,载《中国刑事法杂志》2013年第3期;王涛:《晚近德国法上禁止刑讯与保护人性尊严之讨论》,载《国家检察官学院学报》2013年第6期;龚刃韧:《“9·11事件”后美国政府的酷刑政策及其影响》,载《中国社会科学》2012年第8期;[美]理查德·波斯纳:《并非自杀契约:国家紧急状态时期的宪法》,苏力译,北京大学出版社2010年版;等等。

[7] 参见李佳叡:《论营救式刑求之法律适用:以德国刑事法暨欧洲人权法为中心》,台湾大学法律学院法律学系2013年硕士学位论文,第8页。

[8] 参见王钢:《出于营救目的的酷刑与正当防卫——战后德国最具争议问题之刑法问题评析》,载《清华法学》2010年第2期。

进行讨论。同时,本文也不欲将仅仅有主观嫌疑的人作为营救酷刑的对象。合适的探讨范围应是,对于已经符合《刑事诉讼法》第81条第1款[9]规定的逮捕条件,依法被刑事逮捕的犯罪嫌疑人拒不提供营救被害人所必要的信息,致使被害人面临生命危险,警方出于营救目的被迫对犯罪嫌疑人施加酷刑的情形。以下逐步深入地展开分析。

二、前提考察及正当防卫的否定

(一)构成要件符合性判断

营救酷刑的行为符合《刑法》第234条故意伤害罪的犯罪构成,警察对犯罪嫌疑人施加酷刑的行为属于损害他人身体健康的行为,侵害了犯罪嫌疑人的身体健康法益,主观上具有故意。

至于营救酷刑行为是否构成刑讯逼供罪,笔者认为不构成。客观构成要件上,刑讯逼供罪的要件之一是逼取供述,而供述属于刑事诉讼中的证据,是指可以用于证明案件事实的材料。[10] 这便要求行为人的行为应属于刑事追诉活动中的逼供行为,由此需要考察此时警察所实施行为的职权性质。根据《人民警察法》《刑事诉讼法》对于警察职责的规定,可依性质将其归结为危险预防和刑事追诉两类职权。营救酷刑中的行为属于哪一种,需要根据此时警察行为的法律基础为何来确定。在这一问题上,重点理论(Schwerpunkttheorie)认为,这取决于警察行为的重点为何,而判断标准在于依据理性一般人站在事前的时点对警察行为的客观目的倾向于何者加以判断。[11] 在存疑难以判断其系何种目的

[9] 《刑事诉讼法》第81条第1款规定:"对有证据证明有犯罪事实,可能判处徒刑以上刑罚的犯罪嫌疑人、被告人,采取取保候审尚不足以防止发生下列社会危险性的,应当予以逮捕:(一)可能实施新的犯罪的;(二)有危害国家安全、公共安全或者社会秩序的现实危险的;(三)可能毁灭、伪造证据,干扰证人作证或者串供的;(四)可能对被害人、举报人、控告人实施打击报复的;(五)企图自杀或者逃跑的。"

[10] 《刑事诉讼法》第50条规定:"可以用于证明案件事实的材料,都是证据。证据包括……(五)犯罪嫌疑人、被告人供述和辩解……"

[11] Vgl. Beulke, Strafprozessrecht, 11. Aufl., 2010, §6 Rn. 103; Rössner, 30 Probleme aus dem Strafprozessrecht, 2. Aufl., 2007, S. 52.

时,则应当基于法益保护的需要而优先将防止法益遭受危害的危险预防作为重点。[12] 在营救酷刑的场合,警察之所以考量酷刑施加这一措施,并非为了获取证据,而是基于被害人生命受到严重威胁这一亟须挽救生命的危险紧迫情势,因而在理性一般人看来,能够确定警察行为的重点在于危险预防。因此,警察的行为并非刑事诉讼法上的刑事追诉行为,而是属于人民警察法上的危险预防措施。对其职务行为性质的判断应基于人民警察法,而非刑事诉讼法。

诚然,客观上在营救酷刑的行为时点,危险预防与刑事追诉的性质从外观上来看同时存在,不能否认营救酷刑中含有刑事程序的要素[13],但是,此种要素的存在仅代表客观上警察得以将此过程中获取的信息用于侦查取证等刑事诉讼活动。质言之,此种要素仅是构成刑事程序的条件,而警察是否确实将此信息用于刑事追诉,才是影响该行为是否确属刑事追诉行为的关键。即便警察在刑事侦查中发现对法益的紧迫危险并采取措施加以应对,亦应将警察为消除危险而实施的具体措施认定为危险预防行为。[14] 因而,营救性的危险预防与逼供式的刑事追诉这两种行为仅因时间上的重合而具有相似的表象,但仍应根据行为的重心及其性质来判断警察的行为应被定位在何种法律的基础上。

主观上,基于构成要件的故意规制机能,刑讯逼供罪要求警方在主观上有逼取供述的故意,此种故意应有使犯罪嫌疑人在刑事追诉程序中作出供述的意图。因而就行为人的主观意图而言,应在犯罪嫌疑人的供述与刑事追诉程序之间具备某种程度的形式关联性(förmliche Zusammenhang),方才满足这一主观要件。[15] 然而,警察施加酷刑的目的不是收集证据证明犯罪嫌疑人有罪,而是防止危害结果发生,这两者截然不同。有观点认为,警察的主观目的有阶段之分,且以取得供述为达成救人目标过程中的中间目的,只要警察对于自己强制取得的供述可能在刑事程序中被使用具有间接故意程度的认知,即可肯定警察

---

〔12〕 Vgl. Knemeyer, Polizei-und Ordnungsrecht, 3. Aufl., 2003, S. 31.

〔13〕 Vgl. Jerouschek/Kölbel, JZ 2003, S. 619; Neuhaus, GA 2004, S. 523.

〔14〕 Vgl. Herzog/Roggan, Zu einer Reform der Strafbarkeit wegen Aussageerpressung—§ 343 StGB, GA 2008, S. 147.

〔15〕 Vgl. Geppert, Jura 1981, S. 82; Kuhlen, in: NK-StGB, 3. Aufl., 2010, § 343 Rn. 13.

有强制取供的意图。[16] 然而,间接故意的主观状态属于放任,与目的中的希望意图具有性质上的差异,并且造成此种中间目的存在的原因是实现制止危险目的的必要性所致。如若警方可通过其他方式获得信息,便完全不会采取刑讯的手段,这从侧面说明警方实际上并无逼供的故意。事实上,在案例 2 中,下令对绑架犯罪嫌疑人进行酷刑威胁的警察局副局长达施纳(Daschner)即在备忘录上表示:依据此所取得的信息将只用于救助人质,绝对不会被用在认定犯罪上。[17] 此备忘录便可证明警察有意排除以犯罪嫌疑人陈述的内容追诉其犯罪的可能,而后续的营救行动事实上也说明,行为人仅将其逼取的信息作为营救信息而非作证供述,故并不满足逼取供述故意这一刑讯逼供罪的主观故意所要求的形式关联性。由于营救讯问的目的在于消除迫在眉睫的恐怖主义犯罪危险,而非逼取有罪证据,因此其对于后续刑事诉讼真实性、公正性的影响较以取证为目的的刑讯逼供而言显著轻微。[18] 因此,营救酷刑的行为不符合刑讯逼供罪的构成要件。

(二)职务行为能否适用违法阻却事由

德国学界在判断营救酷刑的行为能否涵摄于违法阻却事由时,其中一个前提性问题是,违法阻却事由是否可以成为对警察行为的授权规范。对此,德国学界存在"纯粹的公法说"、"区分说"、"刑法公法混合说"以及"刑法说"4 种学说;而德国判例多采纳"刑法说"。"刑法说"认为,刑法中的违法阻却事由也是对国家行为的授权规范;警察的正当防卫行为不仅在刑法上,在其他公法上也同样合法。[19] 笔者认为,在我国现行的法秩序中,可以认为警察行为适用刑法中的违法阻却事由并不存在障碍。换言之,我国法律在此问题上采取的立场应为"刑法说"。理由如下:

---

〔16〕 参见李佳叡:《论营救式刑求之法律适用:以德国刑事法暨欧洲人权法为中心》,台湾大学法律学院法律学系 2013 年硕士学位论文,第 124 页。

〔17〕 Vgl. Wagenländer, Zur strafrechtlichen Beurteilung der Rettungsfolter, 2006, S. 21.; LG Frankfurt a. M., NJW 2005, S. 692.

〔18〕 参见程龙:《恐怖主义犯罪中的营救刑讯:正当化及其限度》,载《政法论坛》2020 年第 5 期。

〔19〕 各学说主张,参见王钢:《正当防卫的正当化依据与防卫限度——兼论营救酷刑的合法性》,台北,元照出版社 2019 年版,第 278 ~ 314 页。

第一,最高人民法院、最高人民检察院、公安部、国家安全部、司法部于 1983 年 9 月 14 日颁布实施的《关于人民警察执行职务中实行正当防卫的具体规定》(已失效)中,列举了 7 种人民警察应当采取正当防卫行为的情形,[20] 此条规定直接表明人民警察的行为可以通过刑法中的正当化事由判断行为的违法性。我国学界虽然存在对这一规定持批评立场的观点,[21] 但其核心观点主要在于保障公民法益。限缩职务行为成立正当防卫的空间,并不意味着警察行为绝对不可能构成正当防卫。

第二,我国《刑法》第 21 条第 3 款中规定了职务上、业务上负有特定责任的人不能为避免本人危险而适用紧急避险条款。这一款规定实际上考虑了职务上、业务上负有特定责任的人实施紧急避险行为的情况,而刑法对此采取规定限制的是此类行为人仅出于避免本人危险而实施紧急避险的做法。"因为他们所从事的职业和业务的性质决定他们有冒某种危险的义务,他们不能借口危险而逃避自己的义务。"[22] 这便意味着,刑法规范并不限制负有特定责任的人出于避免他人危险而实施紧急避险的适用情形。营救酷刑的行为即是警察出于营救他人的目的而实施的行为,故并不能被排除适用的可能性。如果认为职务行为根本不能成立正当化事由,那么《刑法》第 21 条第 3 款的规定即是纯粹多余的,但事实上并非如此。

第三,我国《刑法》第 20 条第 1 款与第 21 条第 1 款规定了为了"国家""公共利益""他人"而实施正当防卫和紧急避险的情形,而公务人员的职责范围正

---

[20] 其规定内容为:"一、遇有下列情形之一,人民警察必须采取正当防卫行为,使正在进行不法侵害行为的人丧失侵害能力或者中止侵害行为:(一)暴力劫持或控制飞机、船舰、火车、电车、汽车等交通工具,危害公共安全时;(二)驾驶交通工具蓄意危害公共安全时;(三)正在实施纵火、爆炸、凶杀、抢劫以及其他严重危害公共安全、人身安全和财产安全的行为时;(四)人民警察保卫的特定对象、目标受到暴力侵袭或者有受到暴力侵袭的紧迫危险时;(五)执行收容、拘留、逮捕、审讯、押解人犯和追捕逃犯,遇有以暴力抗拒、抢夺武器、行凶等非常情况时;(六)聚众劫狱或看守所、拘役所、拘留所、监狱和劳改、劳教场所的被监管人员暴动、行凶、抢夺武器时;(七)人民警察遭到暴力侵袭,或佩带的枪支、警械被抢夺时。"

[21] 参见张明楷:《刑法学》,法律出版社 2021 年版,第 309 页。

[22] 高铭暄:《中华人民共和国刑法的孕育诞生和发展完善》,北京大学出版社 2012 年版,第 26 页。

是维护国家、公共利益及他人的权利,我国《宪法》第28条[23]正是其依据。如果认为公务行为全然不得适用刑法的紧急权条款,那么将在很大程度上使《刑法》第20条第1款和第21条第1款规定的维护国家、公共利益及他人利益的规范目的落空,不利于保障国家、公共利益及他人利益。

第四,《人民警察法》第48条的规定建立起了职务行为与刑法规范之间的联系,其规定违反该法第22条的行为构成犯罪的,依法追究刑事责任。营救酷刑的行为在形式上违反了《人民警察法》第22条第4项中不得"体罚、虐待人犯"的规定,但其行为构成犯罪与否则应根据刑法进行判断,而判断构成犯罪与否必不可少的一环便是对违法阻却事由的判断。因而《人民警察法》第48条的规定实际上肯定了依据刑法判断行为是否构成犯罪的做法,故刑法中的违法阻却事由也顺理成章地具有适用于判断职务行为正当化与否的可能。

第五,我国的国家结构形式是单一制,立法权归属全国人大及其常委会,故不会产生这一问题。

由此,在我国现行法规范体系下,应认为警察的职务行为具有适用刑法中违法阻却事由的可能,其可以进入违法阻却事由正当化与否的鉴定中。

(三)正当防卫方案的否定

根据我国《刑法》第20条第1款[24]的规定,成立正当防卫至少应满足以下条件:存在现实的不法侵害行为;不法侵害行为必须正在进行;必须针对不法侵害人本人进行防卫;没有明显超过必要限度造成重大损害。至于主观的正当化要素是否为成立正当防卫的条件之一,学界则存在争议。[25] 但由于该争议主要集中在行为人客观上实施了防卫行为但主观上不具有防卫意识的偶然防卫等案件中,而在营救酷刑的场合,警察施加酷刑的行为主观上本就是出于营救

---

〔23〕《宪法》第28条规定:"国家维护社会秩序,镇压叛国和其他危害国家安全的犯罪活动,制裁危害社会治安、破坏社会主义经济和其他犯罪的活动,惩办和改造犯罪分子。"

〔24〕《刑法》第20条第1款规定:"为了使国家、公共利益、本人或者他人的人身、财产和其他权利免受正在进行的不法侵害,而采取的制止不法侵害的行为,对不法侵害人造成损害的,属于正当防卫,不负刑事责任。"

〔25〕行为无价值论者认为,成立违法阻却事由,要求行为人具备主观的正当化要素;结果无价值论者则认为,无须具备主观的正当化要素。参见张明楷:《行为无价值论与结果无价值论》,北京大学出版社2012年版,第153页以下。

的意图,并不存在这一问题,所以这一问题并不影响对营救酷刑是否成立正当化事由的判断。营救酷刑的行为是针对犯罪嫌疑人进行的,所以满足防卫对象的条件。因而,此处需要特别判断的是防卫前提和防卫限度是否合乎成立条件的问题。

1. 不法侵害类型及紧迫性的判断

无论行为人的不法侵害行为系作为还是不作为,笔者认为均可以证立。但是,针对作为与不作为进行防卫的方式与限度有所差异:一方面,针对作为行为的防卫只能是使其不再作为,而不是使其作为;另一方面,在防卫限度上,针对两类犯罪进行的防卫也存在显著不同。在营救酷刑的案件中,防卫行为并不是让犯罪嫌疑人不再作为,而是让其供出人质或炸弹所在位置的作为。如若将先前的作为当作防卫前提,那么依据特殊防卫条款,炸弹类案件中的防卫行为甚至可以是致人死亡的行为。针对不作为犯的防卫,以迫使行为人履行义务为必要限度。营救酷刑中只要犯罪嫌疑人供出了营救信息,就不能再对其进行防卫;因而应将两种案件类型中的不作为当作防卫前提,而不是其中的作为。[26]

在绑架类案件中,由于犯罪嫌疑人系持续犯,在被害人获救之前,都应认为行为人针对人身自由不作为的不法侵害行为正在进行。同时,人质的自由虽然持续遭到剥夺,但警察考量施加酷刑的目的不在于人质重获自由,而是避免人质生命受到危害。[27] 因而,即便可以肯定绑架类案件中对人身自由的不法侵害正在进行,但是促成警察考量施加酷刑与否的真正动机是被害人的生命面临紧迫危险而亟须营救。如若只是单纯的人身自由受到侵害,并不足以产生施加酷刑的意图,因而此处不法侵害的现在性更应该考量的是对于被害人生命不法侵害的紧迫性与否。

至于对不法侵害的认定标准,应当结合正当防卫的性质加以考虑。由于补充性要件的缺失以及限度条件的宽松,正当防卫权是在行使过程中所受限制条件最少、进攻性最强的一种;因而作为先决条件的正在进行的不法侵害只能限

---

〔26〕 参见张明楷:《刑法学》,法律出版社 2016 年版,第 156~157 页。

〔27〕 参见陈英淙:《从人性尊严与保护义务之冲突探讨法治国的刑求禁忌》,载《警学丛刊》2006 年第 6 期。

定在侵害者已经开始实施对他人法益构成现实威胁的身体行动上。[28]

在炸弹类案件中,有观点认为,自炸弹犯将炸弹设置完成时起,其便已经完成着手行为,炸弹爆炸的侵害迫在眉睫,随时可能会实现。因而在爆炸结果发生之前,爆炸的侵害行为显然具有现在性。[29] 由于炸弹具有随时爆炸的危险,在犯罪嫌疑人拒不供出炸弹位置的情形下,防卫人不可能精确地得知爆炸物的具体爆炸时间。如果只有等到爆炸物临近爆炸时才能被评价为不法侵害正在进行,那么无疑将断送防卫人在炸弹类案件中的防卫权利。因此,此种观点正确地认识到了炸弹随时爆炸的特性对于提前认定着手的影响。但结合前文对于作为及不作为的不法侵害行为的分析,应认为在炸弹类案件中,自犯罪嫌疑人拒不交代炸弹位置信息时起,即满足不法侵害正在进行的要件。

在绑架类案件中,虽然对于营救信息同样不确知,被害人的生命随时可能有丧失的危险,但是犯罪嫌疑人的不作为是否对被害人的生命构成现实紧迫的威胁在行为时点处于或然状态。并且与炸弹类案件相比,其危害结果的发生与破坏力并不如前者那般具有瞬间性与广泛性。可想象这么一种场景以便区分两种情势:在坐满观众席的电影院中,如有人惊喊一声"有炸弹!",此时无论是否确定有炸弹的存在,观众都将紧急奔离出现场;但如若有人惊喊"有绑匪!",此时危急的程度必不如前者那般紧迫。因而在两种案件性质的区分下,结合正当防卫的尖锐性对于不法侵害紧迫性的限制,以及后文将展开的紧急避险中的危险与正当防卫中的不法侵害的体系性区分,本文无法认同绑架类案件中行为人对于被害人生命的不法侵害正在进行。

综上所述,在绑架类案件中,犯罪嫌疑人对被害人人身自由的不法侵害满足现在性要件,对被害人生命的不法侵害则不满足现在性要件。但在炸弹类案件中,可以肯定针对生命的不法侵害行为正在进行。

2. 防卫限度的判断

基于正当防卫中对于"正在进行的不法侵害"的防卫前提要求,绑架类案件中的犯罪嫌疑人行为得以成立对被害人人身自由正在进行的不法侵害,而炸弹类案件中则成立对被害人生命正在进行的不法侵害。由此,在防卫限度的环

---

〔28〕 参见陈璇:《家庭暴力反抗案件中防御性紧急避险的适用——兼对正当防卫扩张论的否定》,载《政治与法律》2015 年第 9 期。

〔29〕 Vgl. Norouzi, Folter in Nothilfe-geboten?!, JA 2005, S. 308.

节,需要权衡的便是绑架类案件中对被害人人身自由的不法侵害与对犯罪嫌疑人实施酷刑的行为,以及炸弹类案件中对生命的不法侵害与施加酷刑的行为。此处主要分析绑架类案件中的防卫限度问题。由于炸弹类案件中的防卫限度问题进一步涉及生命权与尊严的价值衡量问题,故这一问题将在后文探讨避险限度时详细展开。

对于防卫限度的考察,结合《刑法》第20条第2款的规定,正当防卫的限度为没有“明显超过必要限度造成重大损害”。对于必要限度的判断主要分为两个层面:一是必要性的前提,即适合性的判断;二是必要性的内容。对此不少学者主张“最小损害原则”,即同等有效中最小损害之防卫手段的判断,也就是要采用对等适当的手段,且只能给攻击者造成尽量少的损失。〔30〕 但此种观点过于严苛,对于防卫人来说难以把握,更对当下过于轻易认定防卫过当的司法实践不利。合理的标准应界定在以制止不法侵害、保护法益的合理需要为标准,通过全面分析不法侵害的程度、所保护法益的性质和所造成的损害后果加以判断。〔31〕

其一,就适合性而言,适合性要件仅以开启终结或减低侵害的可能性而得以满足,并且建立在事前的判断之上。〔32〕 换言之,只有那些根据自身性质从一开始就完全不适于或没有机会防卫不法侵害的行为,才是不适当的。〔33〕 在营救酷刑的场合中,借由让犯罪嫌疑人承受难以忍受的痛苦而使其供出营救所必需的信息,相较在其他方式之下犯罪嫌疑人拒不交代的情形而言,更有助于迫使犯罪嫌疑人供出营救信息。因而在此种情形下,就适合性层面而言,施加酷刑的方式能实现防卫的目的。

其二,就必要性的内容而言,笔者难以认为施加酷刑的手段符合保护法益

〔30〕 Vgl. Roxin/ Greco, Strafrecht Allgemeiner Teil, 5. Aufl. 2020, §15 Rn. 42, S. 789; Kindhäuser, Strafrecht Allgemeiner Teil, 7. Aufl., 2015, §16 Rn. 17. 另参见林钰雄:《新刑法总则》,中国人民大学出版社2009年版,第190页。

〔31〕 参见张明楷:《刑法学》,法律出版社2021年版,第275页。

〔32〕 Vgl. Kudlich, LG Frankfurt a. M.: Strafrecht-Allgemeiner Teil: Nötigung und Nothilfe, JuS 2005, S. 378.

〔33〕 Vgl. Rönnau/Horn, in: Leipziger Kommentar, StGB, Band Ⅱ, 12. Aufl., 2006, §32 Rn. 169.

的合理需要。如前所述,在正当防卫的框架中实施酷刑的行为仅能够成为对于属于不法侵害范围内行为的防卫手段,而不能将不属于不法侵害范围的行为纳入考量。因此,在绑架类案件中,需要判断施加酷刑是否为保护被害人人身自由的合理需要。

对此,笔者的回答是否定的。第一,在没有对生命进行不法侵害的前提下,仅出于保护人身自由法益的目的对犯罪嫌疑人施加酷刑,由于酷刑本身就是以施加严重的精神或肉体痛楚为前提的,并且犯罪嫌疑人通过营救酷刑被贬低为"有效的信息源"使其丧失了人性个体的完整性[34],所以这种情形下被害人的人身自由难以与犯罪嫌疑人的人格尊严相抗衡。这种对犯罪嫌疑人施加酷刑的防卫方式,一方面有损犯罪嫌疑人的身体健康权,另一方面由于法益之间的极度失衡而难以被认定为保护法益的合理需要,因而势必将超过必要限度造成不应有的损害。第二,施加酷刑如若成立正当防卫,正当防卫的强势性将赋予防卫人在被害人人身自由受限的情况下直接发动酷刑的权利,这将极易造成酷刑滥用的态势,对犯罪嫌疑人的人权保障极为不利。因此,在被害人的人身自由遭受不法侵害时,对犯罪嫌疑人施加酷刑的防卫手段显然不符合必要限度的要求,属于明显超过必要限度造成重大损害的情形,因而不能成立正当防卫。

一个值得思考的问题是,《刑法》第20条第3款[35]规定了特殊防卫条款,对于绑架犯罪采取防卫行为造成不法侵害人伤亡的,不属于防卫过当。那么,是否可以认为此时应适用特殊防卫条款:既然造成伤亡不过当,那么施加酷刑亦不属于过当?

其实,仔细斟酌特殊防卫条款与绑架类营救酷刑的情形,并与同款中的行凶、杀人、抢劫进行同类解释即可发现,防卫条款中之所以规定造成伤亡亦不属于过当,主要有两个原因:一是此时被害人正处于不法侵害人严重危及其人身安全的侵害之中,不法侵害已经严重危及生命。但在绑架类营救酷刑的情形中,如前所述,此时仅能肯定犯罪嫌疑人正以不作为的方式对被害人人身自由

---

〔34〕 参见王钢:《正当防卫的正当化依据与防卫限度——兼论营救酷刑的合法性》,台北,元照出版社2019年版,第342页。

〔35〕 《刑法》第20条第3款规定:"对正在进行行凶、杀人、抢劫、强奸、绑架以及其他严重危及人身安全的暴力犯罪,采取防卫行为,造成不法侵害人伤亡的,不属于防卫过当,不负刑事责任。"

的不法侵害正在进行,而无法肯定其对被害人的生命正在进行不法侵害。故而绑架类营救酷刑不符合这一情势条件。二是特殊防卫的实施有助于挽救正处于被严重危及人身安全境地中的被害人人身法益,这也是防卫行为必要性中适合性判断的要求。但在营救酷刑的场合,实施特殊防卫即便致使犯罪嫌疑人死亡,也无法停止其不作为的不法侵害,因而不能有效保护被害人法益,难以符合正当防卫的必要性要求。

三、防御性紧急避险的适用

防御性紧急避险,是指为了防止某个对利益的危险,而对造成这种危险的利益实施侵犯。[36] 与正当防卫相比,防御性紧急避险是为了防止危险源对自己的法益造成危险,而不是防止不法侵害行为。同时,在防御性紧急避险中,避险人必须满足“不得已”的补充性要件。这两点是防御性紧急避险与正当性防卫在成立要件上的区别。

在正当性根据上,二者也存在不同。正当防卫的正当化根据系法权地位的平等,当某人以违反义务的方式侵入他人的自由空间时,受侵犯者不负有忍受、逃避的义务,其有权在未有效制止侵害以及保护法益所必要的限度内,对侵犯者的法益造成损害。[37] 防御性紧急避险中要么由于危险引起者受制于不可控的因素而不能被完全归责,要么尚未达到对法益的紧迫险境等因素,而在风险归责的视角下相较正当防卫的强答责性而言,体现出一定的弱答责性。[38] 此种弱答责性又有三个方面的体现:一是由于避险对象是危险的引起者,故其法益的值得保护性有所下降,但这种下降幅度要低于正当防卫中故意实施不法侵害的不法侵害人。二是避险对象客观上制造了危险,即便避险对象没有能力避免危险的发生,但是在风险管辖的视角下,相较完全无辜的受害者而言,危险引

---

〔36〕 Vgl. Kindhäuser, Strafrecht Allgemeiner Teil, 7. Aufl., 2015, S. 168.

〔37〕 参见陈璇:《生命冲突、紧急避险与责任阻却》,载《法学研究》2016年第5期。

〔38〕 参见陈璇:《紧急权:体系建构、竞合适用与层级划分》,载《中外法学》2021年第1期。

起者仍应承担由于无法防止和消除危险而造成的损害的责任。[39] 三是由于归责程度的相对弱化以及对避险行为的有效性保证,要求避险人实施避险行为需满足“不得已”的补充性要件。

由于警察实施的酷刑措施直接针对引起危险的犯罪嫌疑人,故营救酷刑的行为符合防御性紧急避险的避险对象。或许有人认为,犯罪嫌疑人在被警方控制之后便不再存在危险,因而,犯罪嫌疑人不应被视为危险源,继而应当考虑的是营救酷刑构不构成攻击性紧急避险?笔者对此的回答是否定的。

第一,只要犯罪嫌疑人掌握营救信息而拒不提供,其就存在对他人人身安全的紧迫危险,其并非通过直接作为的方式危害他人的生命安全,而是通过拒不提供营救信息的不作为方式致使他人生命陷于危险之中。因而不能仅因为犯罪嫌疑人已经被警方控制,无法直接通过作为的方式危害他人生命,便否认犯罪嫌疑人对被害人人身安全所实际造成的危险。

第二,防御性紧急避险和攻击性紧急避险的一个重要区别就在于避险对象的性质。攻击性紧急避险中的避险人所针对的是无须对危险负责的第三人的利益,[40] 而防御性紧急避险的避险行为所针对的则是危险源于其支配领域而对危险应负责的人,[41] 因而两者的重要区分点是此种危险是否由犯罪嫌疑人所支配而可归责于犯罪嫌疑人。在营救酷刑中,即便犯罪嫌疑人已由警方控制,但不可否认被害人的生命危险仍应归责于犯罪嫌疑人,而非无须对被害人生命危险负责的无辜第三人。因而基于对避险对象性质的判断,此一避险行为所应鉴定的是防御性紧急避险的要件符合性,而非攻击性紧急避险。

第三,攻击性紧急避险中的正当化根据与防御性紧急避险不同。从社会团结义务论证攻击性紧急避险正当化根据的观点,无疑是立足第三人即便是无辜

---

〔39〕 笔者曾通过对不同主体、不同要件的分析探讨防御性紧急避险的正当化根据。参见李焕集:《类型化视角下防御性紧急避险的正当化根据——兼论“生命冲突案”证成情形的适用根据》,载齐延平主编:《人权研究》第24卷,社会科学文献出版社2021年版。

〔40〕 Vgl. Engländer, Die Rechtfertigung des rechtfertigenden Aggressivnotstands, GA 2017, S. 242.

〔41〕 Vgl. Perron, in Schönke/Schröder Strafgesetzbuch, 30. Aufl. 2019, StGB § 34 Rn. 30.

的也应同意在他人遭遇险境时承诺一定牺牲的角度展开的。[42] 但防御性紧急避险的正当化根据并非来自社会团结义务,而是基于侵扰者答责的基本原则。[43] 营救酷刑中的犯罪嫌疑人显然不是无辜第三人,其并非因为无辜公民所应履行的社会团结义务而需承受营救酷刑,而是其自身是危险的制造者而具有提供营救信息的义务。因而,基于两者截然不同的正当化根据理论亦可判断,营救酷刑不应是攻击性紧急避险。

由此可见,营救酷刑的行为符合防御性紧急避险的避险对象要求。接下来需要探究关于避险情势、不得已要件以及避险限度的问题。

(一)避险情势的判断:正在发生的危险

无论是在绑架类案件还是炸弹类案件中,犯罪嫌疑人先前所实施的非法拘禁行为或炸弹设置行为,已然使被害人乃至潜在被害人的生命陷入危险状态。前文已分析犯罪嫌疑人的行为能否被评价为正当防卫中的不法侵害问题,此处探讨能否将其评价为紧急避险中的危险的问题,实际上涉及这两者的体系性关系问题。这一问题对于营救酷刑的正当化判断较重要,需要予以厘清。

在笔者看来,如果由人引起的危害均能评价为不法侵害,并通过正当防卫权予以回应,那么便无防御性紧急避险存在的必要。问题是,如果针对由人引起的危害的紧急权适用全然交由正当防卫回应,是否会出现负面效果?对此,我们需要重新在《刑法》第21条之中探寻新的规范内涵。

德国学者罗克辛(Roxin)主张由自然人引起的防御性紧急避险有4种案件类型,[44]具体到该案所要回应的营救酷刑而言,其恰恰得以落入第4种情形之

〔42〕 参见王钢:《紧急避险中无辜第三人的容忍义务及其限度——兼论紧急避险的正当化根据》,载《中外法学》2011年第3期;陈璇:《生命冲突、紧急避险与责任阻却》,载《法学研究》2016年第5期。

〔43〕 Engländer, Grund und Grenzen der Nothilfe, 2008, 96 ff.

〔44〕 4种案件类型包括:(1)现在之侵害不是由刑法上的行为引起的,例如,突发性痉挛、开车时突然失去意识,或由于车祸无可避免地冲上人行道而撞到行人等其他无法控制之行为;(2)侵害不是由违法行为引起的,如驾驶者已尽注意义务,遵守交通规则,却仍撞到突然冲出来之行人;(3)母亲生产时,医生为避免母亲的生命遭到危险或重大健康伤害而牺牲其子女;(4)所谓预防性的紧急防卫,即行为人因事后的防卫极困难或不可能而事先以预防性措施防备他人已准备的攻击。Vgl. Roxin/ Greco, Strafrecht Allgemeiner Teil, 5. Aufl. 2020, § 16 Rn. 73, S. 870.

中。预防性防卫[45]实际上指针对未达到现实紧迫程度的危害进行防卫的情形;而依据前文分析,绑架类案件中的情势判断即难以被评价为针对生命的不法侵害,因而更符合预防性防卫的情形。因而,欲厘清正当防卫与防御性紧急避险的关系,需要回答的便是,预防性防卫是否也能通过正当防卫予以回应?如果能,则至少防御性紧急避险在预防性防卫问题上无存在的空间,反之则有。针对这个问题,笔者以我国刑法规范体系为基础予以回答。

首先,在1997年修改刑法之际就有学者主张"增加预防性正当防卫的有关立法内容",[46]其中的预防性正当防卫,意为"不待不法侵害行为着手实施,只要其已迫在眉睫,就可对不法侵害者进行的正当防卫行为"。[47]这与罗克辛所称的预防性紧急防卫可谓异曲同工。然而在1997年正式修订刑法典时,立法者并未采纳这一意见。在现行《刑法》第20条的正当防卫条款中,至少从立法本意的层面而言,并不包含预防性防卫的规范内涵。

其次,即便不承认从立法本意的角度对《刑法》第20条进行规范阐释,而主张通过客观解释的角度探寻预防性防卫在《刑法》第20条中可能具有的规范空间,笔者对这种主张同样采取否定态度。正当防卫基于"正义无须向不正义让步"的原则,相较紧急避险而言,是一项相对"尖锐"的权利。这一尖锐的特性主要体现在两个方面:一是"不得已"要件的欠缺;二是限度条件的宽松。[48]事实上,建议增设预防性正当防卫立法的学者亦认为:"预防性正当防卫的成立条件如不予以合理限制,则易生公民滥用防卫权利之流弊。"[49]如若正当防卫得以适用于预防性防卫的情形,那么基于正当防卫的特性,实施防卫行为的条件以及限度将难以受到合理的限制。这对于预防性防卫情形中尚未着手这一相对缓和的情势来说,难以在合比例的范围内予以制衡。虽然在预防性防卫的情形中,权利人的防卫行为未必均会导致防卫时点过于提前的事前防卫弊病,但需

[45] 为了不引起预防性正当防卫属于正当防卫的观念误解,本文将预防性正当防卫、预防性紧急防卫的情形称为"预防性防卫"。

[46] 赵秉志等:《中国刑法修改若干问题研究》,载《法学研究》1996年第5期。

[47] 赵秉志等:《中国刑法修改若干问题研究》,载《法学研究》1996年第5期。

[48] 参见陈璇:《家庭暴力反抗案件中防御性紧急避险的适用——兼对正当防卫扩张论的否定》,载《政治与法律》2015年第9期。

[49] 赵秉志等:《中国刑法修改若干问题研究》,载《法学研究》1996年第5期。

要考量的是,当预防性防卫被纳入正当防卫的框架中后,如果权利人过早实施了防卫行为而构成权利滥用,在现行规范下是否还有足以遏制此种滥用权利的根据?

尽管在正当防卫权的限制理论上,有社会伦理限制理论〔50〕、必要性理论〔51〕、相当性理论〔52〕的建构,但这些限制理论在本源上均来自德国或日本;而此两国之所以会生成这些限制性理论,又根源于这两国在正当防卫的刑法条文上与我国存在差异的法律规范。现行《德国刑法典》第32条第1项〔53〕所规定的“被要求的”(geboten)以及第2项所规定的“必要的”(erforderlich)构成了社会伦理限制理论的规范依据。《日本刑法典》第36条〔54〕所规定的正当防卫的要件包含“出于不得已的行为”的概念,这便形成了其提倡必要性与相当性理论以限制正当防卫权的教义学根据。并且,即便日本的刑法条文明确规定了“不得已”的要件,在讨论上述欠缺侵害的紧迫性的场合,日本亦有学者认为不宜通过正当防卫加以解决。山口厚便认为,在欠缺侵害紧迫性的场合,恐怕有必要通过紧急避险加以解决。齐藤诚二亦认为,紧急避险中的“现在的危险”较之正当防卫中的“急迫不法的侵害”,其侵害的紧迫性要更为缓和;这意味着,该要件必须和“补充性”这一要件联系起来加以解释。西田典之在此种场合肯定了正当防卫的可能性,但这样的话对于紧迫性的判断便过于宽缓了,同时,这会导致

〔50〕 Vgl. Roxin/ Greco, Strafrecht Allgemeiner Teil, 5. Aufl. 2020, §15 Rn. 55, S. 798.

〔51〕 参见[日]松原芳博:《刑法总论重要问题》,王昭武译,中国政法大学出版社2014年版,第129页。

〔52〕 参见[日]松原芳博:《刑法总论重要问题》,王昭武译,中国政法大学出版社2014年版,第130~132页。

〔53〕 《德国刑法典》第32条规定,紧急防卫:(1)实施由紧急防卫所要求的行为者,不是违法地在行动。(2)紧急防卫是为了避免对自己或者他人的现时的违法的攻击所必需的防御。参见《德国刑法典》,冯军译,中国政法大学出版社2000年版,第14页。

〔54〕 《日本刑法典》第36条规定,为了防卫自己或者他人的权利,对于急迫的不正当侵害不得已所实施的行为,不处罚。参见《日本刑法典》(第2版),张明楷译,法律出版社2006年版,第20页。

没有必要考虑“补充性”的观点,因而这也是有疑问的。[55]

那么,刑法对于预防性防卫情形的规制是否存在规范漏洞,以致相应案件中的当事人无权实施防御行为?笔者对此持否定回答。“欲判断是否确有此类漏洞存在,须以法律本身的观点、法律的根本规制意向、借此追求的目的以及立法者的‘计划’为准。”[56]相比用抽象而无实体法根据的防卫权限制理论作为补充而将预防性防卫纳入正当防卫的范畴,将这一情形纳入我国现有的紧急避险体系中予以适用,无疑是现行法秩序内的优先选择。这主要得益于以下3个方面的原因:第一,预防性防卫的情势由于尚未着手,在是否能被评价为“正在进行的不法侵害”问题上颇有争议,但将其评价为“正在发生的危险”则毋庸置疑。第二,我国《刑法》中的紧急避险条款明确规定了“不得已”的补充性要件,这能够直接解决预防性防卫情形中对于防卫权过早行使的限制问题。第三,我国紧急避险条款对于由人引起的危险同样具有适用空间,即防御性紧急避险在我国刑法解释上的成立并不存在障碍。

因此,笔者认为,预防性防卫的情形不宜由正当防卫加以解决,而应当在紧急避险的体系中加以判断,这一情形也使防御性紧急避险的体系性位置得以确立。在紧急避险中,正在发生的危险相较于正在进行的不法侵害而言,能够使营救酷刑的更多案件情形受到检视,因而可能适用紧急避险的事实情况较正当防卫会更加广泛。[57] 正在发生的危险可包括紧迫性危险与持续性危险:前者是指即将发生的迫切危险,类似正当防卫中的不法侵害;后者则是指危险长期存在,且将随时可能转化为实际损害的状态。[58] 预防性防卫的情势恰好符合持续性危险的情形。在营救酷刑的案件中,炸弹类案件由于炸弹的设置而处于随时可能爆炸的状态,在犯罪嫌疑人拒不交代炸弹信息的情况下,便已构成不作为的正在进行的不法侵害,属于紧迫性危险。绑架类案件中,难以判断犯罪

---

〔55〕 参见[日]山口厚:《刑法总论》(第2版),付立庆译,中国人民大学出版社2011年版,第147页。

〔56〕 Karl Larenz, Methodenlehre der Rechtswissenschaft, 6. Aufl., 1991, S. 373.

〔57〕 Vgl. Wessels/Beulke, Strafrecht Allgemeiner Teil, 40. Aufl., 2010, §8 Rn. 307 f.

〔58〕 Vgl. Roxin/ Greco, Strafrecht Allgemeiner Teil, 5. Aufl. 2020, §16 Rn. 21, S. 850.; Wessels/Beulke, Strafrecht Allgemeiner Teil, 40. Aufl.,2010, §8 Rn. 306.

嫌疑人的不作为何时着手,但被害人生命又确实处于急迫危险的状态,故恰好属于前文所分析的预防性防卫的情势,应评价为持续性危险。如此一来,将营救酷刑案件情势涵摄于"正在发生的危险",一方面可以避免使被害人生命真正受到紧迫威胁的案件因为无法确定成立不法侵害而被过早地直接排除成立正当化事由的可能性,另一方面又不必担心此种较大范围的检视有可能导致滥用酷刑现象的发生。因为避险前提只是成立防御性紧急避险的第一个要件,是否真正满足紧急避险仍需经受后续要件的审查。

(二)"不得已"要件的分析

除却预防性防卫的情形外,是否存在其他情形应划入防御性紧急避险的框架之中加以回应?日本学者山口厚认为,紧急避险也包括指向现在的危险本身的场合;但是,只有在不属于不法的侵害或者是针对不具备能够施行正当防卫的紧迫性侵害等的场合,在不成立正当防卫的限度内,防御的紧急避险才成为问题。[59] 那么在满足紧迫性要件的情形下,是否不存在防御性紧急避险适用的空间?

如前所述的预防性防卫在避险情势上由于不满足不法侵害的紧迫性而落入防御性紧急避险的判断范围,绑架类案件即属于此类。炸弹类案件具备正当防卫的紧迫性侵害这一情势要件,其既可被评价为不法侵害,亦可被评价为危险。不法侵害与危险实际上属于一种包容关系,不法侵害因比危险包含更多的要素而在成立条件上比危险更严格,这一条件主要是在着手的成立上。绑架类案件由于难以成立对生命的不法侵害的着手,而应被评价为持续性危险,从而符合防御性紧急避险的认定前提;而炸弹类案件由于已然满足不作为着手的认定标准,因而既可被评价为不法侵害,亦可被认定为危险。

但炸弹类案件在满足正当防卫紧迫性侵害的情势要件的情况下,亦难以构成正当防卫。前文采取"刑法说"的观点,系认为警察职务行为具有成立违法阻却事由的可能,故而可以进行违法阻却事由层面的考察;但在炸弹类案件的具体分析中,却难以成立正当防卫。依照正当防卫的规定,在不法侵害严重危及人身安全的情形下,才得以实施特殊防卫。但正如前所述,根据防卫行为必要性中适合性判断的要求,防卫行为应适于挽救被害人生命;而在炸弹类案件的

---

〔59〕 参见[日]山口厚:《刑法总论》(第 2 版),付立庆译,中国人民大学出版社 2011 年版,第 142 页。

场合,实施特殊防卫直接致犯罪嫌疑人死亡,并不能停止犯罪嫌疑人的不作为不法侵害,亦不能有效保护被害人生命法益,即难以符合正当防卫的必要性要求。申言之,在此种情形中,营救酷刑的真正关键在于对营救信息的获取,这一关键信息的获取一定程度上依赖犯罪嫌疑人一方的供述,而非对犯罪嫌疑人实施如何凌厉的防卫行为。直接实施凌厉的防卫行为只会造成犯罪嫌疑人伤亡的后果,并不适于获取营救被害人生命的营救信息。换言之,此时警察实施特殊防卫手段的凌厉性与正当防卫所要求的必要性之间存在矛盾,从而无法通过正当防卫的审查框架。

既然笔者认为其不具备施行正当防卫的条件,那么便不得不进入对于区分正当防卫与紧急避险关键的补充性要件的分析,即“不得已”要件。必须出于不得已,是指法益面临正在发生的危险时,没有其他合理办法可以排除危险,只有损害另一法益,才能保护面临危险的法益,这是一个补充性要件。[60] 在笔者看来,紧急避险中的“不得已”要件同时发挥行为规范与裁判规范的功能。“刑法除作为法院的裁判规范之外,其亦为促成个人实行正确行动决定的意思决定规范。从评价规范层面而言,法的功能是作为一基准以决定某个事情是否在法的观点上为无价值。而从意思决定规范层面而言,法的功能主要在督促个人作出正当的行动决定。”[61] 本文在探讨营救酷刑案件的情形时,之所以不将其限定在理想且完整的营救酷刑的情形上,而是仅建立在满足《刑事诉讼法》第 81 条的条件上,即是为了将紧急避险中“不得已”要件的行为规范功能充分地释放出来,从而使对于营救酷刑违法性判断的问题不仅能够在司法裁判的层面上被加以回应,更能够在警察考虑施加酷刑的行为当时发挥指导性的价值功能。这也是这一补充性要件同时可作为行为规范与裁判规范的规范意义所在。

站在行为规范与裁判规范的立场上,分别需要回应的问题是:在犯罪嫌疑人拒不交代炸弹位置信息的情况下,警察在什么条件下施加酷刑是值得被法秩序所容许的?裁判者应当在何种容许规范的框架下判断警察施加酷刑的行为是否应当被予以正当化?进言之,此处回应这两个问题的视角不仅是一种正当化事由的要件符合性判断视角,更是一种功能化的判断视角;其所诉诸的目的是在此种极端的法益冲突案件情形中,我们如何能够在不同的法价值权衡中实

---

〔60〕 参见张明楷:《刑法学》,法律出版社 2021 年版,第 291 页。

〔61〕 余振华:《刑法违法性理论》,台北,元照出版社 2001 年版,第 26 页。

现法价值的最大公约数。

"不得已是一种无奈之举,紧急避险是权衡各种权益大小的前提下由危险引起的被动消极的反应。"〔62〕通过对不得已要件的分析,将对营救酷刑行为的正当性分析从以往的审查性视角向功能化视角的方向延伸,从而真正实现这一要件在行为时与裁判时的价值指引功效,有助于营救酷刑的正当化范围限缩与合宪性调控。

现代宪法构成法律体系的规范基础和价值基础,刑法的规范与学理亦有向宪法调整之必要,而限制国家权力、保障人权正是现代宪法的核心精神。〔63〕因此,"不得已"要件亦应在这一精神的指引下发挥作用。就此而言,"不得已"要件应该发挥以下功能:第一,警察在考虑施加酷刑之前,必须首先穷尽其他一切可能的方式,在已经过滤了其他所有可以实施的无须经过正当化事由审查即合法的手段之后,才能考虑酷刑的实施。第二,警察在满足所有要件而开启酷刑的程序后,在酷刑实施的过程中也应遵循一定的条件。具体而言,在犯罪嫌疑人仍旧不履行信息提供义务的情况下,警察采取的酷刑措施应从轻往重地逐级加码,而其采取的最重措施应受到目的性的限制。一是不能使犯罪嫌疑人失去交代能力,否则酷刑措施即刻沦为无效;二是不能采取使犯罪嫌疑人丧失生命的措施;三是应优先选择采取仅会造成短暂性痛苦的酷刑,滞后考虑采取会造成长期性不可修复痛苦的酷刑。为了达到上述目的,必须让具备相关专业素质和能力的人员实施上述措施。第三,警方采取营救酷刑的手段获得的信息是为了挽救生命,虽然通过此一不得已的手段获得的信息在客观上可以证明犯罪嫌疑人的犯罪事实,但是结合刑事诉讼法上的原理,营救酷刑的目的仅限于消除犯罪侵害法益的危险,避免该危险向实害转化。因此,绝不得以此作为取证的手段,收集不利于犯罪嫌疑人的证据,故而必须保证此一过程获得的消除犯罪危险的信息不用于后续的犯罪指控。〔64〕此外,从其作为裁判规范的功能而言,通过具有补充性要件的紧急避险框架进行行为的合法性审查比通过不具有补

〔62〕潘庸鲁:《关于紧急避险核心要件"不得已"研究》,载《犯罪研究》2010年第5期。

〔63〕参见张翔:《刑法体系的合宪性调控——以"李斯特鸿沟"为视角》,载《法学研究》2016年第4期。

〔64〕参见程龙:《恐怖主义犯罪中的营救刑讯:正当化及其限度》,载《政法论坛》2020年第5期。

充性要件而相对尖锐的正当防卫框架进行行为合法性审查,更能够将恣意实施酷刑的行为排除在营救酷刑正当化范围之外,从而最大限度地将极端情形下容许的酷刑实施控制在合理的范围之内。

因而,炸弹类案件不符合正当防卫的必要性条件,不构成正当防卫。从发挥正当化事由的行为规范和裁判规范双重作用的功能化视角进行分析,紧急避险中的补充性要件能够最大限度地将营救酷刑的正当性限制在合理范围之内,既能够在例外允许的程度上尽可能保护被害人的生命,又能够合乎比例地将对犯罪嫌疑人的伤害降至最低。相较缺失补充性要件的正当防卫而言,紧急避险的这一要件对于极端情势下的酷刑实施提供了行为时的限制性要件以及事后司法裁量的比例性审查要件,具有限制权力和保障人权的双重重要内涵。然而在紧急避险条款已然具备规范性限制根据时,发挥现有规范的教义学资源比理论性的补充具有更充足的合法性效力和理论性根据。

在绑架类营救酷刑的案件中,如前所述,其情势条件符合的是紧急避险而非正当防卫;同时,不得已要件于此同样可以发挥其限制及审查功能。在案例2中,从事后审查的视角看:一是警方在考虑施加酷刑之前已然尝试了诸多其他措施,但均未能获得男孩的位置信息,且无论警方如何讯问犯罪嫌疑人,其均拒不供出男孩所处的地点。二是从事发当时的时点来看,被害男孩因为寒冷或饥饿很可能已经处在极度生命危险的情势之中,这便使施加酷刑的方案在随着时间推进人质的生命越来越危险的情况下成为警方"不得已"的最后选择。对于警察达施纳(Daschner)所实施的恐吓措施来说,在其他措施均无效的情况下已然属于相对缓和的措施,没有逾越不得已要求对于酷刑施加的渐进要求。并且达施纳(Daschner)亦已在备忘录上表示据此所获得的信息绝不会被用在犯罪认定上,[65]这便说明其对于营救信息仅止于危险预防的目的有明确的把握,因此其得以满足不得已要件的审查。对于案例1来说,如若警察当时意欲考虑施加酷刑的方案,那么不得已要件将促使警察对于酷刑的施加在必要的时点和程度内进行。并且其在这一过程中获得的信息将被要求控制在危险预防的范围之内,由此便得以发挥这一要件的事前限权与事后审查的双重机能。

在对避险前提及"不得已"的避险条件进行考察之后,便不可避免地将对避险限度进行考量,这是营救酷刑能否成立防御性紧急避险的关键。

---

〔65〕 Vgl. LG Frankfurt a. M., NJW 2005, S. 692.

四、避险限度及客体公式修正

防御性紧急避险的避险对象是直接的危险源,此点不同于以无辜第三人为避险对象的攻击性紧急避险,而避险对象的不同也直接导致了二者在避险限度上严格程度的不同。在营救酷刑情形中,由于危险系由行为人引发的,其对于这一危险负有积极防止和消除的义务。[66] 危险的受害方对于危险的发生并无责任,因而其有权采取措施制止危险。同时,引起危险的自然人的法益值得保护性必然低于攻击性紧急避险中的无辜第三人。即便是在无行为能力人制造危险的场合,行为人只是不具有积极防止和消除义务的作为可能性,但是根据风险管辖原则,行为人仍需要承担由于无法防止和消除危险而造成的对自己损害的责任,宪法上的平等原则和公民权利限度规定也可为此提供依据。[67] 因此,在针对作为危险源的自然人实施避险措施时,必然不需要受到如同攻击性紧急避险那般的限制。换言之,在防御性紧急避险中,优越利益原则受到了缓和。[68] 在营救酷刑的案件中,需要在被害人的权利与警察实施酷刑所侵害的犯罪嫌疑人的权利之间进行利益衡量;如若在防御性紧急避险的框架中,警察的行为超过了必要限度,那么营救酷刑的行为便不能成立紧急避险,反之则得以成立。

(一)人格尊严优于生命权观点的论证缺陷

既有的反对营救酷刑正当化的观点均认为,此一行为侵犯了公民的人格尊严,无法在宪法上被合法化,因此不能成立正当防卫或阻却违法的紧急避

---

〔66〕 参见谢雄伟:《紧急避险基本问题研究》,中国人民公安大学出版社 2008 年版,第 166 页。

〔67〕 参见李焕集:《类型化视角下防御性紧急避险的正当化根据——兼论"生命冲突案"证成情形的适用根据》,载齐延平主编:《人权研究》第 24 卷,社会科学文献出版社 2021 年版。

〔68〕 Vgl. Wessels/Beulke, Strafrecht Allgemeiner Teil, 40. Aufl., 2010, § 8 Rn. 313.

险。[69] 但主张这一观点的论证均存在缺陷。

第一,有观点通过有关生命丧失后人格尊严仍受保护的案件,来论证国家负有的保护公民人格尊严的义务并不伴随公民的死亡而终结。[70] 但这一论证并不具有说服力。事实上,这一例子只能证明人格尊严在公民死亡之后可以独立存在,而不能证明生命权和人格尊严在公民未死亡时不能一体化存在,更不能以此证明人格尊严优于生命权。在营救酷刑的情形中,被害人的生命仍很有可能存在,因而此时不能直接否认被害人生命与人格尊严一体化存在的可能。而且,即便人质实际上已经死亡而警方并不知情,如果认为公民死亡后其尊严仍受保护,那么此时恰能证明即便人质已经死亡,其尊严亦受到保护,那么就必须同时将犯罪嫌疑人的人格尊严与被害人的人格尊严作进一步衡量,而不能仅将犯罪嫌疑人的人格尊严与被害人的生命进行衡量,从而在利益衡量范围中未必能得出人格尊严优于生命权的论断。

第二,有关安乐死的学说和判例并不能证明在营救酷刑的情形中,人格尊严比生命更应优先受到保护。在安乐死案件中,所权衡的人格尊严与生命均系于一人身上,此时天平的一端之所以偏向人格尊严,是因为病人作为一个权利的主体主动作出了放弃自己生命权的承诺。并且,即便是安乐死,在我国也仍未取得合法性。然而,在营救酷刑的情形中,所衡量的人格尊严与生命分别系于两个不同的主体之上,警方不可能直接推定被害人有死亡的意愿而放弃审讯犯罪嫌疑人。国家积极保护义务的存在正是以对生命权的保护为前提,因而有关安乐死案件的相关价值权衡并不能适用于营救酷刑的案件之中。有关医生为了病人的利益擅自对病人进行重大手术也侵犯病人人格尊严的结论[71]也不能适用于营救酷刑案件之中,因为医生将病人生命利益与人格尊严进行的权衡系发生在同一个主体之上;而在营救酷刑的场合中,被害人的生命与犯罪嫌疑人的人格尊严系于不同主体之上,无论是犯罪嫌疑人还是被害人都没有处分对

〔69〕 参见杨云骅:《〈公民与政治权利国际公约〉第7条对国内法之效力:以预防性刑求为中心》,载《台大法学论丛》2014年第43卷;李佳叡:《论营救式刑求之法律适用:以德国刑事法暨欧洲人权法为中心》,台湾大学2013年硕士学位论文。

〔70〕 Vgl. Kutzer, Strafrechtliche Grenzen der Sterbehilfe, NStZ 1994, S. 115.

〔71〕 Vgl. Muckel: Medizinische Zwangsbehandlung eines im Maßregelvollzug Untergebrachten, JA 2013, S. 953; BGHSt 11, 111(114).

方权利的资格。并且,医疗中保护尊严体现在手术之前征求患者的意见,在其同意之下方能实行手术。[72] 但警方不可能在犯罪嫌疑人不同意提供信息营救被害人生命的情况下不对其采取措施;相反,正是在犯罪嫌疑人拒不提供营救信息的情况下,才有施加酷刑的考量。

第三,通过"强制捐血"或"强制捐赠器官"救助他人生命的行为不可能阻却违法而得出人格尊严优于生命的结论。[73] 其不能适用于营救酷刑的案件之中,因为前后两类案件的本质不同:前者中人格尊严受侵犯的被害人并不是引起他人生命危险的危险源;而营救酷刑情形中则不同,引起被害人生命危险的危险源正是警方考量对其施加酷刑的犯罪嫌疑人。由此,便决定了前类案件考量的是攻击性紧急避险的成立与否,后类案件考量的则是成立防御性紧急避险的可能性。如前所述,攻击性紧急避险的避险限度要比防御性紧急避险的避险限度更严格,故而即便攻击性紧急避险中人格尊严优于生命权,亦无法推导得出防御性紧急避险中人格尊严必然优于生命权的结论。

第四,前述批判存在的问题根源于方法论上的缺陷,即试图通过将在其他具体个案中得出的具体结论上升为普遍性结论,进而将其放置在与其他情形有本质不同的营救酷刑之中进行比较和考量,得出营救酷刑情形中依然适用人格尊严优于生命权的结论。然而主张营救酷刑可以正当化的观点仅仅是主张在特定情形条件下方可成立,本便不宣称其为一个普遍性判断;因而即便在普遍意义上对其加以否定,也不足以形成在营救酷刑的案件中对此一具体判断的否定。以下这段话清晰地论述了应然的方法论指引:

> 法教义学的任务并非超越某特定法律体系的独特性而进入对于所有法秩序而言均具有普适性的命题,其使命却正是在于:将各个法秩序在其个别性的意义上加以理解。法存在的目的最终只是在于为了个案的解决,而且,从此目的论角度看,事实上,法不是规范的整体,

---

〔72〕 此处并不包括患者无法表达自身意志的情形,因为此时不存在人格尊严和生命权权衡的可能,只能选择生命权的保护。因而此处探讨二者的权衡得以可能的前提,是在两者之间能够作出选择。

〔73〕 Vgl. Wessels/Beulke, Strafrecht Allgemeiner Teil, 40. Aufl., 2010, § 8 Rn. 318.

而是判决的整体。[74]

(二)前提问题的重新审视:人格尊严有无受到侵犯?

毋庸置疑的是,上文主张人格尊严优于生命权的观点建立在营救酷刑必然侵犯犯罪嫌疑人的人格尊严,而应将人格尊严置于利益衡量一端的基础上。诚然,如果营救酷刑确实侵害犯罪嫌疑人的人格尊严,那么势必需要解决人格尊严与生命权能否以及如何衡量的问题;但如若营救酷刑并不侵害犯罪嫌疑人的人格尊严,那么将其与被害人的生命权予以衡量便是无本之木。对此,一个重要的前提性问题便是,营救酷刑究竟是否对人格尊严造成了侵害而得以置于利益衡量的一端?

我国《宪法》对公民尊严的保护条款规定在第33条第3款和第38条,[75]虽然法律上或学界上对于尊严没有一个确定的概念,但在判断人格尊严是否受到侵害的问题上,普遍被运用的方式是基于客体公式(Objektformel)的判断。此公式也被德国联邦宪法法院采用,即当具体的个人遭受使其主体资格或者法律主体地位陷入疑问的对待,从而被贬低为客体或者纯粹的工具时,其人格尊严就受到了侵犯。[76] 然而,作为判断人格尊严是否受到侵犯的基本而重要的客体公式,并非完全受到赞同,晚近亦有学者对此予以了相应的质疑。对此,有必要厘清客体公式的内涵,何以称其为判断公式的条件及其在营救酷刑中的具体适用等问题,从而回答客体公式本身是否合理,在营救酷刑的案件中又是否得以适用,如若不合理又能否或者应如何修正并适用等问题,以此为营救酷刑的行为是否侵犯人格尊严这一基本性问题提供有力的回答。

1. 现有对客体公式批判的观点

客体公式最初是由德国学者迪里希(Dürig)结合德国哲学家康德的道德哲学思想而形成的。客体公式与康德的绝对诫命的目的公式颇为相近,康德的目

---

〔74〕[德]古斯塔夫·拉德布鲁赫:《法教义学的逻辑》,白斌译,载《清华法学》2016年第4期。

〔75〕《宪法》第33条第3款规定:“国家尊重和保障人权。”《宪法》第38条规定:“中华人民共和国公民的人格尊严不受侵犯。”

〔76〕Vgl. BVerfGE 96, 375(399); BVerfGE 109, 279(312. f); BVerfGE 115, 118(153).

的公式主张:你须这样行为,做到无论是你自己或别的什么人,你始终把人当目的,总不把他只当作工具。这个原则的根基在于:有理性之物是以自己为目的而存在的。[77] 客体公式则是运用这一原理,从反面出发界定如何判断对尊严的侵犯。

然而,客体公式本身遭受了强烈的批评,批评者的理由主要有二:第一,此公式十分抽象,欠缺明确性,以致实际操作困难。[78] 第二,在现实社会关系中,国家为了顾及他人或整体社会的利益难免必须限制个人的权利,每个人多少都有成为公权力手段客体的时候,仅将符合文字意义上的客体作为判断人格尊严受侵害的标准,将会造成客体公式的涵盖范围过大,侵害动辄成立。[79] 德国联邦宪法法院试图在判决中具体化客体公式的标准,包括"人民的主体性受到根本性的质疑,或者在具体个案行为中存在对人格尊严恣意的蔑视""对人格尊严的蔑视是一种轻蔑人之所以为人的价值的行为"[80] 等;然而其判断标准仍难以达到明确的程度。我国亦有学者认为,对于尊严保障范围的认定,必须在个案中考虑国家干预的方式、过程,结合具体的生活领域,因而判断国家是否侵犯了公民尊严的客体公式有其理论上的局限性。[81] 赫德根(Herdegen)则认为,从客体公式或是对象手法的观点来分析对人格尊严的侵害,或是仅仅纯粹地将目的作为分析的前提,其结果将导致人格尊严的保障只是在很有限的领域内得以展开。[82]

2. 适用于营救酷刑的症结与修正

将上述质疑观点总结起来说,其一方面是从客体公式在适用方面的模糊性层面展开,另一方面是从分析视域的局限性切入,这是客体公式在一般意义上所遭受的质疑。在营救酷刑案件的客体公式适用中判断犯罪嫌疑人的尊严是否受到侵犯,与一般情形下的判断最大的不同在于,犯罪嫌疑人先前实施了威

〔77〕 [德]康德:《道德形上学探本》,唐钺译,商务印书馆2012年版,第46页。

〔78〕 Vgl. Herdegen, in: Maunz/Dürig, GG, 60. Lfg., 2010, Art. 1 Abs. 1 Rn. 36.

〔79〕 Vgl. Herdegen, (Fn. 69), Art. 1 Abs. 1 Rn. 36.

〔80〕 BVerfGE 30, 1(26); BVerfGE 1, 97(104).

〔81〕 参见王旭:《宪法上的尊严理论及其体系化》,载《法学研究》2016年第1期。

〔82〕 参见王涛:《晚近德国法上禁止刑讯与保护人性尊严之讨论》,载《国家检察官学院学报》2013年第6期。

胁被害人生命的行为，并且其拒不供述营救信息的行为正在危害被害人的生命，正是其拒不履行作为义务的行为迫使警方考虑动用酷刑的方式。此处实际上涉及尊严侵犯的判断与义务履行的关系问题，如若尊严的享有是无条件存在的，那么营救酷刑中犯罪嫌疑人的人格尊严是否受到侵犯这一问题的回答在客体公式的判断下与一般案件并无任何差别。但如若尊严的享有应当以遵循特定义务为前提，那么客体公式的判断结构本身便应根据这一性质作出相应修正，并且可能导致对此一问题截然不同的答案。对此，需要更具针对性地结合营救酷刑的特殊情境，重新思考客体公式应如何考量行为主体在营救酷刑中是否被客体化的问题。

(1)比较法上的理论镜鉴

实际上，赫德根(Herdegen)在对客体公式判断方法进行批判时便认为，当某人对第三人的尊严产生威胁之时，作为宪法义务的对第三人尊严的保护义务，也影响该某人自身尊严所被要求的尊重义务。此即，人格尊严所被要求的尊重义务程度由该主体自身的行为以及该主体自身行为所引起的对其他主体尊严或生命的危险决定。因此，以救命为目的而实施的违反主体本意且伴有医学强制的措施并非一定违反人格尊严。〔83〕

德国联邦宪法法院亦曾论及基本权利行使的条件，其认为："倘若我们将基本权利视为是对行为自由的广泛性保障，则此项保障唯有在行为自由未侵害到他人权利以及未抵触宪法秩序或道德律时方存在。德国基本法中所塑造的人类形象并非绝对至上的个人，相反地，基本法是基于团体关联性及团体连带性的意义，而将个人与团体的紧张关系折衡调和，并要求不损及本来的价值。对于立法者为保障及促进社会共同生活所为的可期待的自由限制，个人必须接受，同时必须以个人自主独立性的维持为其前提要件。"〔84〕

同时，德国联邦宪法法院曾数次在判决中致力具体化客体公式的内涵，其在审查航空安全法是否违宪的判决中曾提出一个观点，这在笔者看来，正是对客体公式重新省思的结果。其在判决中指出，当飞机上只有劫机的恐怖分子，

〔83〕 Vgl. Maunz/Dürig/Herdegen, 90. EL Februar 2020, Grundgesetz-Kommentar, Art. 1 Abs. 1 Rn. 22.

〔84〕 李建良编：《基本人权与宪法裁判》，台北，永然文化出版公司1992年版，第16～17页。

而无其他无辜的机组人员或乘客时,尽管击落飞机同样会导致劫机者死亡,但却没有侵犯劫机者的人格尊严;劫机者自主决定的行为应当被归责于其自身,其必须对自身所招致的情势负担责任,这恰恰是尊重了劫机者的法律主体资格。[85] 纵然有学者认为,此一论据虽然结论较好,但未清楚表达的论据是,航空安全法已经通过警告的规定,注意到劫机者作为一个人应享有的主体性,而非一开始就将其当作国家行为的纯粹客体,从而未对劫机者之人格尊严造成侵害。[86]

但这两种观点在笔者看来并不矛盾,判决中的观点所表达的思想在于,人是理性的主体,其必须对自己基于自主决定的行为负责。[87] 在劫机者实施侵犯他人生命的行为时,击落飞机的行为恰是使其负责的体现,而这也是法律将其视为一个法律主体的体现。后者则是认为警告本身才应被认为是尊重了劫机者的主体性,但正是基于其主体性,法律才规定了警告的前提性要求,最后在紧急情况下击落客机的行为是让这一主体对其自身行为负责,从而重新确立其主体性。可以说,两种观点均可确证劫机者并未被客体化的主体性。这也从另一个侧面印证,对一个将他人生命作为使自己犯罪目的得逞的手段的人,实施必要措施使其履行主体所应履行的尊重他人生命及尊严的义务的行为,并不侵犯其尊严,反而确证了其法主体性。

(2)我国宪法语境下的客体公式修正

由于人格尊严是一项宪法上的权利,客体公式的修正要获得规范上的合法性,应当被放在我国现行宪法规范之中加以考察,即找寻其在宪法上的依据。我国《宪法》在基本权利方面规定了限度条款,主要规定在第33条的“权利义务一致性”条款和第51条“权利的限度”条款中。《宪法》第33条在第3款规定“国家尊重和保障人权”之后便紧接着在第4款规定:“任何公民享有宪法和法律规定的权利,同时必须履行宪法和法律规定的义务。”《宪法》第51条规定:“中华人民共和国公民在行使自由和权利的时候,不得损害国家的、社会的、集体的利益和其他公民的合法的自由和权利。”由此,对于人格尊严侵犯与否的判

[85] Vgl. BVerfGE 115,118(151ff.;161).

[86] 参见谢硕俊:《击落被恐怖份子劫持之民航客机,合宪吗?——试评德国联邦宪法法院“预防性击落客机案”判决》,载《月旦法学杂志》2007年第10期。

[87] 参见刘建伟:《新康德主义法学》,法律出版社2007年版,第40页。

断，需要结合我国宪法语境下对于权利的限度规范加以考量。上述两条规定无疑均强调，在享有或行使相应的权利时，必须履行宪法和法律规定的义务。换言之，如若公民未能履行宪法和法律规定的义务而损害其他公民的合法的自由和权利，那么这将对公民自身享有和行使相应权利造成限制。

我国《宪法》在人格尊严的规定上，没有将人格尊严的保护置于整部法第1条的核心位置上，亦没有规定对于人格尊严绝对不得克减的内涵。德国《基本法》第19条第2款规定，任何情况下均不得侵害基本权利的实质内容，德国联邦宪法法院更是明确，基本权利实质内容的不可侵犯与人格尊严的不可侵犯紧密关联，任何对基本权利的限制都不能侵犯人格尊严这一内涵。[88] 这在德国法的语境下，使人性尊严成了不得克减的基本权利内核，也正因此，客体公式在德国语境下难以在尊严侵犯判断的相对化上进行修正。相比之下，我国宪法在规定基本权利的保障时，更强调公民必须同时履行宪法和法律规定的义务，不得损害他人合法的自由和权利；因此在我国法语境下判断营救酷刑侵犯人格尊严与否，应当对客体公式进行我国宪法语境下的本土化修正。既然我国宪法规定了权利义务一致性和权利的限度条款，公民享有基本权利的前提是履行宪法、法律规定的义务，不得损害他人的合法自由和权利，那么客体公式的判断在我国语境下便应当增加相应的判断基底。问题是，应以何种义务的违反作为判断是否不侵犯人格尊严的前置性条件？下文将结合营救酷刑的情形予以分析。

在营救酷刑中，犯罪嫌疑人先前实施的行为以及拒不供述营救信息的行为已然造成对被害人的生命危险，这已然违反其所应遵循的不危害他人生命权的法律义务。那么，侵犯他人生命权的行为，是否得以构成否定对人格尊严造成侵犯的前置性条件？对此，由于我国宪法的“权利的限度”条款内在蕴含了比例原则，[89] 故得以进一步根据比例原则来加以具体检验，即依据适当性原则、必要性原则以及狭义比例原则对其加以审查。

在适当性原则方面，将侵害他人生命权的行为作为否定侵犯人格尊严判断的基础，有助于迫使行为主体履行不危害他人生命权的法律义务。例如，在案例1中，若警察实施必要措施迫使绑匪供述人质绑架地点的位置信息，便为挽救男孩生命创造了条件，此一做法适于实现各主体间生命的平等保护。在必要

---

[88] Vgl. BVerfGE 84, 90 (120).

[89] 刘权：《比例原则的中国宪法依据新释》，载《政治与法律》2021年第4期。

性原则方面,在《宪法》第33条和第51条的规范脉络下,由于生命权为最基本的公民权利之一,理应将对生命权的尊重作为公民享有和行使自由和权利的必要前提,促使警察考虑施加酷刑的正是对被害人生命权的保护。在权利义务一致性条款和权利限度条款的规范下,最基本的生命权保护得以构成公民义务履行的最低限度标准,故而符合必要性原则。在狭义比例原则上,这样一种为保护被害人生命权而采取必要措施从而迫使侵害者履行尊重他人生命的法律义务的做法,能够使各主体的生命权获得平等保护。警察的营救酷刑行为一方面迫使绑匪履行自己的义务,另一方面促使被害人的生命权得到保护,这实则是合乎比例的。由此,将侵犯他人生命权的行为作为否定侵犯人格尊严的前置性条件合乎比例原则。

至此,修正的客体公式得以清晰:法律主体的人格尊严受到尊重的前提是履行尊重他人生命权的法律义务;当具体的个人未能尊重他人的生命权而使他人陷入丧生危险时,采取必要措施迫使其履行尊重他人生命权的法律义务的行为,并不会将其贬低为客体或者纯粹的工具,此时其人格尊严没有受到侵犯。反之,若主体不存在侵犯他人生命权的情形,当其遭受使其主体资格或者法律主体地位陷入疑问的对待时,其人格尊严就受到了侵犯。

由此,在修正的客体公式的判断下,警察的营救酷刑行为将不被认为侵犯了犯罪嫌疑人的人格尊严,即警察的行为仍然尊重了犯罪嫌疑人在法律上的主体性。那么具体而言,营救酷刑中犯罪嫌疑人的主体性表现在哪些方面?第一,犯罪嫌疑人实际上具有权衡警察施加酷刑与否的决定权,这便与法史上作为纯粹刑罚的酷刑施加有本质的不同。因为在以获取营救信息为目的的营救酷刑中,一旦犯罪嫌疑人决定供述特定信息,警方便得以停止酷刑措施,甚至可以认为,犯罪嫌疑人完全可以自己决定警方施加酷刑与否,它给了犯罪嫌疑人完整的权衡代价和后果的权利。[90] 第二,营救酷刑的目的是迫使犯罪嫌疑人履行公民主体所应当履行的义务,此时犯罪嫌疑人基于其先前的不法行为而负有供述特定营救信息的义务。此种义务是法律视其为独立的法律主体所赋予的,目的便是防止其危害他人生命,此种义务的确立也正是建立在对其主体性的体认之上。第三,如前文比较法理论所述,程序上警方在施加酷刑前所进行

[90] 参见[美]罗纳德·德沃金:《民主是可能的吗?新型政治辩论的诸原则》,鲁楠、王淇译,北京大学出版社2014年版,第33页。

的警告本身亦是尊重犯罪嫌疑人的主体性的表现正是基于犯罪嫌疑人的主体性,才让其作为独立个体依据其意志考量义务履行与否及其相应承担的风险后果,这是对其主体性的肯定。第四,酷刑施加的后果,亦是由犯罪嫌疑人为其独立作出的行为承担的相应后果。同时,犯罪嫌疑人作为主体对其自身行为负责本身亦重新确立了其主体性。因而从以上 4 个方面而言,在修正的客体公式下,营救酷刑中的犯罪嫌疑人并未被客体化,其人格尊严不应被认为受到了侵犯。

(三)小结:防御性紧急避险可以成立

在危害人身安全的爆炸类案件中,或在危害公共安全的炸弹类案件中,警察所实施的酷刑措施均是针对由于危险源在其支配领域而对危险可归责的犯罪嫌疑人,故警察营救酷刑的行为符合防御性紧急避险对于避险对象的要求。"正在发生的危险"包括紧迫性危险与持续性危险,炸弹类案件属于前者,绑架类案件属于后者,因而营救酷刑案件所面临的情形得以被涵摄在防御性紧急避险的避险情势中。防御性紧急避险的"不得已"要件对于营救酷刑的实施提供了事前的限制性要件和事后审查的比例性要件,在警察穷尽其他措施均无法获知营救信息而被害人生命越来越危险的情况下,营救酷刑符合"不得已"的要求。同时这一要件将会促使警察的酷刑实施在必要程度内进行,并且其在这一过程中所获得的信息必须控制在危险预防的范围之内。在避险限度及利益衡量上,主张人格尊严优于生命权的观点存在缺陷,回应这一问题应重新审视人格尊严是否受到侵犯这一基本问题。客体公式在适用于营救酷刑上存在本国宪法语境下的不适,法律必须以某种方式调整适应因紧急状态而发生的窘境。[91] 判断人格尊严是否受到侵犯应以尊严的义务履行前提为修正客体公式的基底,将犯罪嫌疑人本人的行为及该行为所引起的对其他主体的生命危险一并纳入考量,这一修正在我国宪法上具有相当的规范根据。因此,应认为警方的营救酷刑行为并非对犯罪嫌疑人人格尊严的侵犯,因为被害人的生命优先于犯罪嫌疑人的身体健康权,故而在防御性紧急避险的框架中,营救酷刑行为可以经受住避险限度中利益衡量的检验而成立阻却违法的防御性紧急避险。

---

〔91〕 参见[美]理查德·波斯纳:《并非自杀契约:国家紧急状态时期的宪法》,苏力译,北京大学出版社 2010 年版,第 164 页。

五、对营救酷刑正当化的疑虑及回应

营救酷刑是公法学领域存在的一个争议极大的难题,任何一方观点的论证都会引发另一方的尖锐质疑乃至批判。因此,笔者有必要对营救酷刑正当化可能存在的疑虑乃至异议进行预防式回应,以尽可能减少疑虑。

(一)对违法阻却性质的疑虑及回应

按照前文所述观点,营救酷刑应成立阻却违法的紧急避险。有观点则认为,应将营救酷刑视为阻却责任的紧急避险,并列举了6点优势。〔92〕然而,这些观点中有的优势在阻却违法的紧急避险中得以实现,有的则无法成为优势;并且主张构成阻却责任的紧急避险的观点还面临难以解决的问题。

第一,为了尽可能地限制营救酷刑的适用而主张成立阻却责任的紧急避险,实际上是通过给予行为人一种较不利的后果来达到限制酷刑适用的刑事政策效果。然而这一刑事政策上的考量能否达到理想的效果,可分两种情况视之:一是如果警察的行为是在满足防御性紧急避险的各个要件的情况下实施的,那么按照违法阻却事由的原理,便不应将其行为认定为违法。此时将其认定为阻却责任的紧急避险便失之偏颇,易致公允的裁判标准陷入模糊化的境地,致警察因不受行为可以正当化的保护而消极作为,忽视紧急状态下对于被害人生命的保护。二是如果警察的行为不满足防御性紧急避险的任一要件,那么便应直接构成犯罪,此时若认定其成立阻却责任的紧急避险则有放纵之嫌。因而这一阻却责任的紧急避险的做法不仅难以达到限制酷刑的效果,反而会因没有精细化区分而忽略对不同案件事实的精细化处理,难以实现个案正义。实

〔92〕 具体包括:其一,否定预防性酷刑的正当性,鼓励执法人员尽可能不使用酷刑;其二,将其作为一种事后的辩护事由个别性地排除行为人的刑事责任,使用酷刑的执法人员存在被追究刑事责任的风险;其三,使酷刑行为承担民事赔偿责任的风险;其四,坚持酷刑的绝对禁止,共谋犯、帮助犯和教唆犯因曾对该罪进行加功而可能要独立承担刑事责任;其五,在现有法律框架内处理预防性酷刑,有利于提高制定法处理问题的能力;其六,执法人员不仅有受到其他国家或者国际组织刑事和民事指控的风险,而且还可能使国家陷入违反国际义务的麻烦之中。参见杨春然、任培良:《预防性酷刑:阻却违法抑或阻却责任?——兼论酷刑的命运》,载《中国刑事法杂志》2013年第3期。

际上,违法阻却事由所建构的要件审查本身,便能够起到对酷刑实施的限制作用;尤其是紧急避险中"不得已"要件作为行为时的限制性要件与裁判时的审查要件时,便可以促使执法人员尽最大的可能不使用酷刑。因而,这一限制酷刑的刑事政策考量不应依靠让警方或国家负担高风险的方式实现,否则只会让警方在被害人真正危险的情况下贻误营救生命的时机,此时即便阻却责任也无济于事。

第二,违法阻却的紧急避险同样可以作为事后的辩护事由,其亦是在法律框架内处理,这一特点并不能成为阻却责任的紧急避险的优势所在。阻却违法的紧急避险框架不同于阻却责任的紧急避险框架,前者不事先设定行为违法,因而其中的补充性要件得以发挥对警察实施避险措施的时点与限度的指引,发挥行为规范与裁判规范的双重作用。因而,是否事后审查赋予追究刑事责任风险的考量在阻却违法的紧急避险中同样得以充分发挥;并且真正重要的是对要件的审查及其功能的发挥,若行为满足要件构成阻却违法的紧急避险,便无须承担民事赔偿责任,行为的法律效果因而得以明晰。

第三,阻却责任的紧急避险方案存在难以自洽与解决的问题。在认定正犯阻却责任的同时却主张让共谋犯、帮助犯、教唆犯独立承担刑事责任,明显在正犯与共犯之间有失罪刑均衡。共犯行为属于对正犯行为的加功,此时在正犯行为得以阻却责任的情况下,没有理由单独让共犯承担刑事责任。并且阻却责任的方案,一方面在否定了正犯阻却违法的可能性的同时,另一方面也笼统地否定了共犯行为阻却违法的可能。然而在正犯满足要件成立阻却违法的紧急避险时,既然正犯行为不违法,那么参与者的行为便更无须承担刑事责任,因而这种绝对化的处理方式并不利于对行为进行合乎教义学原理的认定。此外,认定阻却责任的紧急避险存在另一困境,即这一处理意味着营救酷刑的行为本身即属不法侵害行为,那么此时第三人便可再对警察的避险行为实施正当防卫,甚至是特殊防卫。如此一来,一方面不仅警察的营救目的难以实现,另一方面亦将使警察的避险行为本身面临生命危险,此时即便事后再赋予其阻却责任的定性也无多大意义了。因此,笔者认为,营救酷刑构成阻却责任的紧急避险的观点并不可取,其在符合防御性紧急避险各个要件的情况下,应构成阻却违法的紧急避险。

(二)与刑事诉讼法上证据问题的衔接

营救酷刑阻却违法,是否意味着刑事诉讼法上亦应认定此一情形下的证据使用是合法的？我国《刑事诉讼法》第56条规定，采用刑讯逼供等非法方法收集的犯罪嫌疑人、被告人供述和采用暴力、威胁等非法方法收集的证人证言、被害人陈述，应当予以排除。依照前文对于刑讯逼供罪构成要件符合性的涵摄分析，警察的行为并不符合刑讯逼供罪的构成要件，营救酷刑客观上属于警察行政职权上的危险预防措施，主观上因以营救生命为目的排除了刑事追诉上的逼供目的。既然并非逼供行为，那么其所获取的信息便不属于证据，即此一过程中收集的信息系仅作为警察营救生命所需的必要信息，而不能作为认定犯罪嫌疑人实施犯罪的证据使用。这其实亦是刑法上能够予以将其正当化的重要条件之一，因为一旦警方将这些信息作为证据使用，那么刑讯逼供罪的认定、紧急避险中的"不得已"要件和避险限度中的利益衡量都将被重新考量而难以阻却违法。因此，刑事诉讼法上的刑讯逼供禁令及其相应的非法证据排除效果亦将在营救酷刑中适用，营救酷刑的正当化必须限定在以营救生命为目的的范围之中。

那这是否意味着，犯罪嫌疑人的绑架、爆炸等罪行将因为证据阙如而无法被认定？实则未必。首先，可以明确的是，营救酷刑行为时获得的被害人陈述不得作为认定犯罪嫌疑人构成犯罪的供述。其次，如若犯罪嫌疑人系在后续程序中重新自愿供述的，此种后续陈述并非没有作为证据使用的余地。最高人民法院、最高人民检察院、公安部、国家安全部、司法部颁布的《关于办理刑事案件严格排除非法证据若干问题的规定》第5条中对此便有明确规定。[93] 既然先前采取刑讯逼供方法使犯罪嫌疑人作出供述后犯罪嫌疑人重复性供述的，都并非一概排除，那么在先前并非采取刑讯逼供而系基于挽救生命而进行的营救酷刑的情形下，犯罪嫌疑人重新自愿供述的，便更不应一概排除。重复性供述中后续供述能否作为证据使用的关键在于，犯罪嫌疑人在后续作供述的时候，其

---

〔93〕《关于办理刑事案件严格排除非法证据若干问题的规定》第5条规定："采用刑讯逼供方法使犯罪嫌疑人、被告人作出供述，之后犯罪嫌疑人、被告人受该刑讯逼供行为影响而作出的与该供述相同的重复性供述，应当一并排除，但下列情形除外：(一)侦查期间，根据控告、举报或者自己发现等，侦查机关确认或者不能排除以非法方法收集证据而更换侦查人员，其他侦查人员再次讯问时告知诉讼权利和认罪的法律后果，犯罪嫌疑人自愿供述的；(二)审查逮捕、审查起诉和审判期间，检察人员、审判人员讯问时告知诉讼权利和认罪的法律后果，犯罪嫌疑人、被告人自愿供述的。"

是否已经重新并且完全享有进行陈述与否的决定可能性。[94] 此种决定可能性又以是否受到加重告知(qualifizierte Belehrung)为判断重点,亦即犯罪嫌疑人有无在后续询问中被告知,其先前在非法讯问下所作的陈述将不被使用,而现在其可以重新自由决定进行陈述与否。[95] 既然如此,那么侦查人员、检察人员或审判人员在后续程序中履行加重告知义务,在满足相应条件的前提下,犯罪嫌疑人此种重新自愿作出的供述并非不能作为证据使用。

此外,营救过程中获得的物证并不当然应被予以排除。这一问题在德国法中系作为证据使用禁止的放射效力(Fernwirkung)问题,在美国法中则被称为毒树之果理论,亦即若通过刑讯逼供获取犯罪嫌疑人供述,那么以此口供获得的物证同样应予排除。但无论是在理论还是实践中,物证最终是否被排除都有具体个案权衡的空间。法兰克福地方法院法官在审理案例 2 时就通过个案审查的利益衡量法,综合考虑系争措施是否属于对法律无法容忍的违反,以及被指控犯罪的严重性(谋杀儿童)等因素,最后认为排除这些实物证据显失比例。[96] 理论上对于毒树之果理论亦存在"独立来源例外""稀释例外""必然发现例外"等仍旧可以使用物证的情形[97],这亦说明毒树之果规则并非绝对适用。既然营救刑讯并不属于刑讯逼供,那么"毒树之果"就并不当然适用于营救刑讯。[98] 更何况,毒树之果理论在我国并未有明确的刑事诉讼法规范依据,学界亦处在阐述引入这一理论的必要性阶段。[99] 因此,营救酷刑行为时的犯罪嫌疑人陈述不作为证据使用,并不意味着犯罪嫌疑人将因证据阙如而得以逃脱法律制裁。

(三)对"滑坡效应"质疑的回应

有观点认为:"一旦例外地使营救酷刑合法化,由于在实务中很难划分一条

---

〔94〕 Vgl. Rogall, in: SK-StPO, 4. Aufl., 2010, 136a Rn. 103; BGH 22, 134ff.

〔95〕 Vgl. Weigend, StV 2003, S. 438.

〔96〕 参见艾明:《基于营救目的的实施的逼供行为之法律效果——以欧洲人权法院 Gäfgen v. Germany 案判决为例》,载《比较法研究》2014 年第 2 期。

〔97〕 Vgl. Harris, StV 1991, S. 316 ff.

〔98〕 参见程龙:《恐怖主义犯罪中的营救刑讯:正当化及其限度》,载《政法论坛》2020 年第 5 期。

〔99〕 参见董坤:《非法拘禁型供述排除规则研究》,载《中国法学》2019 年第 5 期。

确定的界限并且鉴于国家机关对之加以滥用的风险,很可能使酷刑迅速扩展到'难以为法治国所容忍'的地步。"[100]对此,笔者认为:

首先,上述滑坡效应的观点与为限制酷刑实施而主张成立阻却责任的紧急避险的观点具有相似性,实质上均是基于一种刑事政策的后果考量而认定行为不法。但正当化事由的本质决定了营救酷刑与一般情形下直接成立犯罪的行为具有差异,对其必须予以个别化的司法裁量。"既然只是例外,就不可能普遍化,而且不存在界限不明的问题。"[101]这一司法裁量不需要亦不可能对所有的案件具有标准化的指引功能,而是需要实现个案中的裁量与判准。并且,在营救酷刑行为构成正当化事由的前提下,其便在阻却违法的要件框架中得以正当化,此时便不再是一种突破原则的"例外"合法化方案,而是遵循教义学内部体系原理的合法化方案。至于论者认为,正当化的紧急避险意味着从法律上确立一个带有提倡、鼓励性质的一般化的"正当行为",[102]笔者则认为这一提倡与鼓励的性质是在经受要件考量的正当行为范围之内发挥影响,其并非对于避险过当乃至构成犯罪的行为予以鼓励。正如正当防卫亦有防卫过当的权利滥用风险,但这不应成为否定正当防卫正当化性质带来提倡、鼓励意义的理由。

其次,通过刑事诉讼中对于案件双方的合理证明责任分配,有助于进一步控制营救酷刑构成防御性紧急避险的适用标准。使用酷刑的警察要想阻却违法性,需要承担举证责任,包括在决定使用酷刑时,有合理的证据显示犯罪嫌疑人是危险的制造者;该犯罪嫌疑人掌握解除这种风险的关键信息;除酷刑外,没有其他的手段可以解救无辜的第三人等。[103] 在任何负有举证责任的审查要件存在无法依据有效的证据加以证明的情况下,其行为都不能成立违法阻却事由,继而通过施加刑事责任实现特殊预防与一般预防的机能。

最后,从现行法律体系中可以发现,经过严格条件而得以适用"例外"措施

---

〔100〕 Kretschmer, Folter in Deutschland: Rückkehr einer Ungeheuerlichkeit? Rup 2003, S. 114.

〔101〕 张明楷:《行为无价值论与结果无价值论》,北京大学出版社 2012 年版,第 126 页。

〔102〕 参见蔡桂生:《避险行为对被避险人的法律效果——以紧急避险的正当化根据为中心》,载《法学评论》2017 年第 4 期。

〔103〕 参见杨春然、任培良:《预防性酷刑:阻却违法抑或阻却责任?——兼论酷刑的命运》,载《中国刑事法杂志》2013 年第 3 期。

的规范措施在现行法律体系中亦有相应的存在,并且其合法化并未导致滥用的情形。例如,2012 年修正的《刑事诉讼法》便增加了"技术侦查措施"一节。技术侦查措施,是侦查机关运用技术装备调查犯罪人和案件证据的一种秘密侦查措施,包括电子监听,秘密录音、录像,秘密拍照,传送个人情况数据等侦查措施,其因高度的隐秘性而被视为与公民个人的隐私权相冲突。[104] 但即便如此,在司法实践中,技术侦查措施并没有发生难以控制的滥用情形并达到所谓"难以为法治国所容忍的地步"。因而,认为例外适用将导致酷刑滥用的"滑坡效应"观点并不符合事实。如何严格控制营救酷刑的实施以及精细化个案中的司法裁量才是回应问题的关键,一概禁止反而会在极端的情形中丧失对被害人人权的保护。

结语

"在所有的刑法问题中,紧急避险的问题或许最能够表彰一个在特定时代中之特定社会的道德与刑法的价值观。"[105] 营救酷刑的合法性问题一度被认为是颇具争议的刑法难题,对这一问题的立场与观点都将折射出其背后不同的价值理念与抉择。由于此问题不仅牵涉刑法内部的正当化事由判断问题,更与一国宪法所建构与捍卫的价值秩序密切关联,故在对此一行为进行刑法规范上的分析的时候,也就不得不反复考量特定选择在整体法秩序中的正当性与合法性问题了。

同时,正当化事由判断下的案件必然牵涉不同法益的保全与抉择问题,其功能也体现在常态意义下的违法行为于此得以阻却违法;因而如若仅根据诸如酷刑为法治国禁忌之类的一般性原则而忽视极端情形中对被害人生命的保护,那么此种判断并不符合正当化事由本身的规范目的与价值内涵。由此可见,一种需经精确化缕析而又在整体法秩序中得以证成其合法性的教义学分析路径,便成了对此种案件进行裁断的应然选择。

---

[104] 参见程荣斌、王新清主编:《刑事诉讼法》,中国人民大学出版社 2016 年版,第 276 页。

[105] 王效文:《刑法中阻却违法紧急避难的哲学基础》,载《政治与社会哲学评论》2008 年第 26 期。

Rescue Torture and Defensive Necessity

Li Huanji

Abstract: The core issue of rescue torture in the field of criminal law is whether it can be justified in criminal law. In the identification of defensive necessity, the rescue torture situation should be confined to the "risk of being in danger", and the "last resort" element provides the restrictive conditions for the conduct of torture in extreme situations and post-judicial justice. The elements of proportional review of discretion have the important connotation of restricting power and protecting human rights. In the limit of necessity, the existing views that human dignity is superior to the right to life are flawed. We should re-examine the precondition of the judgment that human dignity is violated. Under the normative context of the Chinese Constitution, using the premise of fulfilling the obligation to modify the judgment basis of the object formula. In condition of the amendment of the object formula, the rescue of torture by the police does not necessarily constitute an infringement of the dignity of the criminal suspect. Therefore, the rescue torture can withstand the test of interest measurement in necessity limit in the framework of defensive necessity. Justified rescue torture and the problems with the evidence in the criminal procedure law can be connected. The point of view of the "landslide effect" does not correspond to the fact. If absolutely forbidden, it is more likely to lose the protection of the victim's life in extreme cases.

Key words: Rescue torture; Defensive necessity; Human dignity; Object formula; Torture convention

《人大法律评论》稿约

《人大法律评论》是在中国人民大学法学院支持下，由法学院学生自主创办、独立编辑并公开出版发行的学术出版物，现为中文社会科学引文索引(CSSCI)来源集刊。

《人大法律评论》初创于 2000 年，现包含“专题研讨”“论文”“评论”等板块，新设有“法哲学专题”“公法专题”“博士论文精华”等特色板块。

欢迎海内外专家学者、优秀学子惠赐稿件，来稿原则上在 1 万至 2 万字，特别优秀的稿件，可以不限字数。《人大法律评论》线上投稿系统现已正式启用，网址为：https://rdfl.cbpt.cnki.net/。

来稿请附中、英文标题和摘要(300 字之内)、关键词(5 个以内)，并于线上投稿系统中填写作者个人简介(包括姓名、单位、职务或职称、地址、联系电话、电子邮箱)。关于注释规范，请参见后附注释体例。

《人大法律评论》实行匿名三审制，编辑部收到稿件起 3 个月内向作者通报审录结果，每稿必复。

《人大法律评论》崇尚学术自由、严守学术规范。一旦发现作者一稿多投、抄袭或者存在其他严重学术不端行为的，本评论将向其所在单位、主管机关、学术团体及新闻媒体通报情况，并保留追究其法律责任的权利。

为了扩大本评论及作者知识信息交流渠道，除非作者在来稿时声明保留，则视为同意《人大法律评论》拥有以非专有方式向第三人授予已收录作品电子出版权、信息网络传播权和数字化汇编、复制权，以及向《中国社会科学文摘》《高等学校文科学术文摘》和中国人民大学书报资料中心《复印报刊资料》等文摘类刊物推荐转载已收录作品的权利。

《人大法律评论》编辑部

《人大法律评论》注释体例

一、文中注释一律采用脚注，全文连续编号。

二、非直接引用原文的，注释前加“参见”；引用非原始资料时，请注明“转引自”。

三、引用同一文献的，无论两个注释是否相邻，均应列出完整的文献信息，避免使用“同上”“同上书”表述。

四、表格的表号和表题在表身上方，插图的图号和图题在图形下方。图表制作应当使用可在文档中编辑的制图软件，勿使用截图。

五、注释及参考文献范例

(一)著作、教材类

(1)个人专著

[1]《习近平谈治国理政》(第4卷)，外文出版社2022年版，第24页。

[2]龚祥瑞：《比较宪法与行政法》，法律出版社1985年版，第255页。

(2)多位作者专著

胡锦光、韩大元：《中国宪法》，法律出版社2018年版，第89页。

(3)主编等其他著作方式作品

佟柔主编：《中国民法》，法律出版社1990年版，第67~75页。

(二)论文类

[1]苏永钦：《私法自治中的国家强制》，载《中外法学》2001年第1期。

[2]王利明：《合同无效制度》，载《人大法律评论》编辑委员会组编：《人大法律评论》2012年卷·第1辑，法律出版社2012年版。

[3]梁君瑜：《行政诉权研究》，武汉大学2017年博士学位论文，第36页。

[4]姜明安：《新时代中国行政法学的转型与使命》，中国法学会行政法学研究会2018年年会论文。

（三）文集类

尹田：《法国合同责任的理论与实践》，载梁慧星主编：《民商法论丛》第 3 卷，法律出版社 1995 年版。

（四）译作类

[古希腊]亚里士多德：《政治学》，吴寿彭译，商务印书馆 1983 年版，第 54 页。

（五）报纸

张志铭：《何谓法律真实？》，载《人民法院报》2002 年 3 月 15 日，第 3 版。

（六）古籍类

[1]（西汉）司马迁：《史记·商君列传》，中华书局 1959 年版，第 2229 页。

[2]《清实录》卷二四五。

（七）辞书类

《新英汉法律词典》，法律出版社 1998 年版，第 24 页。

（八）网络资料类

[1]洪明思、钟法：《5 位律界"大咖"成为杭州中院首批"律师调解员"》，载杭州网，http://ori. hangzhou. com. cn/ornews/content/2017 – 11/11/content_6712391. htm。

[2]刘松山：《失信惩戒立法的三大问题》，载微信公众号"中国法律评论"2019 年 11 月 19 日，http://mp. weixin. qq. com/s/wA3Jj923WNctVATeSKIhCw。

（九）裁判文书类

北京市海淀区人民法院（2018）京 0108 号民初 142 号民事判决书。

（十）案例类（案例中出现的姓名、名称需匿名化处理）

[1]"田某诉北京科技大学案"，北京市海淀区人民法院（1998）海行初字第 142 号行政判决书。

[2]"荣某某诉王某、永诚财产保险股份有限公司江阴支公司机动车交通事故责任纠纷案"，最高人民法院指导案例 24 号（2014 年）。

[3]"陆某某诉南通市发展和改革委员会政府信息公开答复案"，载《最高人民法院公报》2015 年第 11 期。

（十一）英文类

[1]L. Fuller, *The Morality of Law*, Yale University Press, 1969, p. 143.

[2]Randolph Quirk et al., *A Comprehensive Grammar of the English*

Language, New York, Longman Inc. ,1985 ,p. 1140.

[3] Mark Greenburg, *How Facts Make Law*, 10 Legal Theory 157 (2004).

[4] H. L. A. Hart, *Jhering's Heaven of Concepts and Modern Analytical Jurisprudence*, in Eaasys in Jurisprudence and philosophy, Oxford University Press, 1983, p. 269 – 270.

(十二)德文类

[1] Claus Roxin, Strafrecht Allgemeiner Teil, band Ⅰ, 4. Aufl. 2006, § 15 Rn. 19.

[2] Benjamin Vogel, Rechtsgüterschutz und Normgeltung, ZStW 129 (2017), S. 630 ,632.

(十三)法文类

[1] Marc Chevallier, *L'État de droit*, Montchrestien, 4eéd. , Paris, 2003, p. 16 – 29.

[2] Marc Poisson, «Le droit de la mer», *RGDIP*, p. 15 – 47.

(十四)日文类

[1]喜多了祐『外観優越の法理』(千倉書房,1977 年)215 頁。

[2]我妻栄 = 有泉亨『民法総則物権法(法律法体系・コンメンタール篇)』(日本評論社,1950 年)31 頁。

[3]於保不二雄「付加物及び従物と抵当権」民商法雑誌 29 巻 5 号(1954 年)1 頁以下。